Die hohe Gärung
oder vom Wunder der Dummheit

Aber dem Rüssel des Ebers gleich soll mein Wort
den Grund eurer Seelen aufreißen;
Pflugschar will ich euch heißen.
Alle Heimlichkeiten eures Grundes sollen ans Licht;
und wenn ihr aufgewühlt und zerbrochen in der Sonne liegt,
wird auch eure Lüge von eurer Wahrheit ausgeschieden sein.

Friedrich Nietzsche,
Zarathustra II/24, Von den Tugendhaften.

Jören Geilenberg

Die hohe Gärung
oder vom Wunder der Dummheit

Versuch einer klärenden Anthropologie
mit Fragezeichen

*Bibliografische Information der Deutschen Nationalbibliothek:
Die Deutsche Nationalbibliothek verzeichnet diese Publikation
in der Deutschen Nationalbibliografie;
detaillierte bibliografische Daten sind im Internet über
dnb.dnb.de abrufbar.*

Impressum

© 2020 Jören Geilenberg
401101-201215o
Umschlaggestaltung: HJT

Herstellung und Verlag: BoD – Books on Demand, Norderstedt
ISBN: 978-3-7526-0430-6

Inhaltsverzeichnis

Vorbemerkungen

„Ich denke, also bin ich" (wie der große Descartes einst gesagt haben soll - und so verblüffend wie trivial zugleich).
„Ich darf denken, also darf ich sein?" So könnte man fragen.
Ich kann denken, muß es aber nicht - bin aber trotzdem.

Das Letztere hat seine besondere Bedeutung. Darum vor allem soll es hier gehen, um das Wunderbare, um das Wunder des Daseins, um das Großartige humanoider Leistungen - ohne daß sich so sehr viele Leute dazu, dabei und damit im Denken überanstrengen.

Noch mehr aber soll es gehen um die frohe, nicht unbedingt immer sinnige Aus- und Anfüllung derselben naturgeschaffenen, wie menschengemachten Schöpfung mit einer gewissen Ungeistigkeit, der „Dummheit" nämlich, die so erstaunlich von dem Wunderbaren überall um uns herum genährt und erhalten wird, aus ihm zu sprossen scheint - obgleich sie doch diesem irgendwie auch einigermaßen quer entgegensteht und dabei nicht unbedingt nur banal ist.

Diejenige Dummheit, um die es hier geht (und hier auch etwas weiter gefaßt als gemeinhin üblich), ist nicht bescheiden. Darum sollen zu ihrer Deutung „hohe Worte" gesucht werden - Wortgeklingel. Ein gewisses Pathos ist dieser Dummheit und allem darum herum sehr angemessen, weil es so gut - und so gar nicht zu ihr paßt.

Der hier vorliegende Text ist weder leicht zu lesen noch einfach zu erfassen. Dann aber erscheinen seine Aussagen auch wieder trivial und wirken in ihrer monotonen Wiederholung ermüdend.

Darauf muß man sich einlassen, wenn man mit dem Inhalt klar kommen möchte. Dann jedoch eröffnet sich - vielleicht doch - Überraschendes. Der geneigte Leser mag im Laufe der Zeilen selber herausfinden, wie das gemeint ist.

Welt und Mensch

Falls man versucht ist, ein Grundübel innerhalb der Menschenwelt auf diesem einsamen Planeten Erde zu finden oder zu konstatieren, so ist dieses vermutlich keineswegs zuerst „das Böse", sondern womöglich die Dummheit. Wäre es allein die Bosheit, dann könnte man diese mit der nötigen Klugheit in Schach halten. So aber, wo die Bosheit immer wieder reichlich Verbündete findet, kann man es nicht - eben weil es nun an Klugheit mangelt.

Dummheit jedoch ist peinlich. Und klüger sein zu wollen, als ein wohl etabliertes „Mittelmaß" es vorlebt, erst recht. Die reale Geschichte hat immer wieder demonstriert, wie sich offizielle Körperschaften in Ideologien, Parolen, Normen ergingen, während das Leben völlig unabhängig davon in seinen eigenen mutwilligen Wegen verlief - grotesk, chaotisch, teilweise auch verheerend - so als hätte es nirgendwo überhaupt je einen denkenden Menschen gegeben. Und doch ist die Welt voll und übervoll davon.

Die innere Welt dieses (möglicherweise gar nicht so einzigartigen) Wesens „Homo sapiens" dürfte ein vieldimensionales Gebilde darstellen - also keine einfache Angelegenheit, die sich Satz für Satz von einem Anfang bis zur Vollendung beschreiben ließe. Im Leben hängt alles miteinander zusammen, das Ende mit dem Anfang, das Unten mit dem Oben und das Innere mit dem Äußerlichen. Das „Gesetz" in diesem Labyrinth ist selber ein Labyrinth. Also muß man sich darin suchend zurechtfinden, probierend, irrend und wieder neu beginnend.

Das kann man auch jederzeit unternehmen, ohne darum gleich eine Ideologie oder gar eine immer fündige „Dialektik" zu Hilfe nehmen zu müssen. Aber ganz einfach ist es nicht. Man muß vieles aus dem erklären, was man noch nicht weiß (Hypothese). Das Unbekannte erschließt sich aus dem, was solcherart erklärt werden konnte (Theorie). Dann aber muß alles noch bewiesen werden und den Realitäten standhalten.

Die „Wissenschaft vom Menschen", die immer wieder einmal gefordert wurde (als man herausfand, daß es sie noch nicht gäbe) und die auch schon überall als eine solche irgendwie präsent war (weil man sie irgendwo immer gut gebrauchen konnte), ist ziemlich komplex. Sie wird vom Menschen selbst auch gleich schon wieder in Frage gestellt. Der Mensch möchte lieber nichts verstehen, als selber Objekt sein für ein Verstehen seiner eigenen dunklen Gründe. Dieses könnte ihn sehr schnell allzu klein machen. Darum begreift der Mensch den Mond, die Sterne oder das winzige Atom - nicht aber sich selber, und wenn doch, dann reichlich verschroben und geschönt.

Die wirkliche Anthropologie als die „Wissenschaft vom Menschen" ist nicht einfach. Doch das ist nicht der Grund, warum sie so wenig populär ist. Der Grund liegt vielmehr darin, daß sie zugleich - wenn sie wahr sein soll - überhaupt nicht attraktiv ist - im Gegensatz zu so vielen anderen Wissenschaften außerhalb des Menschlichen. Die Ergebnisse einer wahren Anthropologie sind zu beschämend für das eitle Selbstgefühl dieses Menschenwesens, als daß sie irgendeine nennenswerte Öffentlichkeit finden könnten - bis auf gelegentliche (aber meist erstaunlich plausible) Offenbarungen in den diversen Kabarettveranstaltungen - zwecks „Unterhaltung".

Das große Buch zur Dummheit ist längst geschrieben worden, und zwar von der Geschichte selbst in etlichen beeindruckenden Kapiteln und dazu in vielen, unzählig kleinen Randglossen. Eigentlich ist dazu nichts mehr zu sagen. Doch ein weiterer Text, welcher das derzeitige Riesengebirge an Literatur um ein zusätzliches Steinchen vermehrt, ist immerhin handlich. Die Dummheit ist auch damit nicht aus der Welt zu bringen. Sie ist die Welt selber. Sie bleibt den Menschen erhalten, vorerst jedenfalls.

Lediglich für die Interessierten und für die halbwegs Klugen ließe sich damit einiges tun, damit sie nicht immer wieder so einfach dem Gang der allgemeinen und alltäglichen Weltvertrottelung aufsitzen und unnötig ausgeliefert bleiben, damit wenigstens sie einigermaßen verstehen, was das eigentlich ist oder doch sein könnte, in das sie da so unversehens hineingerieten und bei dem auch sie letztlich immer wieder anecken.

Das Buch der Geschichte ist hart zu lesen. Man sieht eine Menge darin (solange es noch nicht verschüttet, verscharrt, versteckt wurde), aber man versteht nur wenig. Man soll auch nicht viel verstehen. Man soll den faulen Frieden, das stetige frohe und satte Aufstoßen der alltäglichen Allerweltsdummheiten ja nie stören. Das ist und bleibt ewig erste Bürgerpflicht.

Zumindest in den industrialisierten Staaten der „ersten Welt" gibt es zur Zeit eine materielle Fülle und Überfülle - sogar eine Überfülle von Wissen. Wir leben darum aber nicht in einer Welt der Weisheit (mit zukunftssichernden Einsichten), welche diese Fülle - möglicherweise - nutzen könnte („für immer und ewig" oder wenigstens für die Enkel und allenfalls noch für die Urenkel).

Woher auch sollten ernste Anstöße kommen, wenn der Zwang, die Kraft, das Potential dazu einfach nicht vorhanden sind - gerade wegen dieser Fülle und Überfülle, die alles Bedenken irgendwie lächerlich und überflüssig zu machen scheint?

Aber ist denn diese moderne, diese so superschlaue, diese so propere Menschenwelt mit ihrer überbordenden Technik und ihren wissenschaft-lernden Teufelskerlen überhaupt gefährdet? Die derzeitige ist es schon, die zukünftige dann nicht mehr. Das freilich bleibt Ansichtssache.

Nichts in der Welt und im Leben der Menschen ist wirklich wichtig oder ernst oder hätte natürlicherweise einen tieferen Sinn (zumindest vom Standpunkt der Welt selber oder aus der Natur heraus). Der einzelne Be-troffene mag das freilich etwas anders sehen.

Das eigentlich Erschreckende ist ja, daß sich keiner zu erschrecken scheint über das Dumme, was sich überall so häßlich, so überflüssig - zu-gleich aber wie selbstverständlich breit macht.

Wen stört es z.B. daß er selber für seine eigene Beerdigung aufkom-men soll - so als lebte er tatsächlich ganz allein auf dieser Welt (und nicht einmal da brauchte er das)? Oder seit ungefähr dem Jahr 1970 weiß „man", daß die deutsche Bevölkerung abnimmt. Doch erst nach rund 30 Jahren scheint „man" das auch wahrzunehmen und beginnt, sich darüber vielleicht doch irgendwelche Gedanken zu machen - ohne sich dabei zu überstürzen.
Warum ist das so?

Das Wunder

In vielen hochentwickelten Industrieländern der offenbar allseits maß-geblichen, wirtschaftsmächtigen „ersten Welt" leben wir zur Zeit wie im Schlaraffenland, essen uns durch Joghurte und Pizzen, durch Krabbensa-late oder deftige Genießermenüs, durch Schlemmermahlzeiten all inclusi-ve, mit Ananas und Spargelspitzen.

„Power und kein Ende - so einfach funktioniert's: Immer eine Idee flippiger; Wohlfühlzeit, lebensfroher, schmerzfreier durch Kraft-stoff-Feldmagnet-Kur; Autoschlachtfest; leckere Variationen und schöne Füße in entspannter Atmosphäre; wie man Kunden vom hö-heren Nährwert seiner Angebote überzeugt ..."

In dieser Weise und noch viel mehr auf dieser Wellenlänge liest in Deutschland zur Zeit jeder jeden Tag - ziemlich unfreiwillig übrigens, denn es wird ihm aufs Auge gedrückt und das genauso herzhaft wie einst dem Ossi in der dumpfigen DDR das letzte Parteiprogramm seiner einzigartigen Einheitspartei - der größten und erfolglosesten aller Weltverbesserer (einstmals zumindest). Es sprudelt überall nur so von Optimismus, von positivem Denken, von Power (zugleich aber auch von „Auf und Davon" und „nur fort und weg!").

Doch dann gibt es auch noch die vielen „kleinen, einfachen" Dinge, die wie selbstverständlich unser Leben begleiten, so daß wir sie kaum noch wahrnehmen.

Zum Beispiel die Schere: Mit einer Schere zerschneide ich ein Blatt weißes Papier. Oder ich fülle eine Handvoll Erdbeeren (von sonst woher, nur nicht vom Garten um die Ecke) in eine Kunststofftüte. Ich steige in meinen Mittelklassewagen und brause zum Kaffeetrinken in die nächste Stadt - einfach so (weil sie dort vielleicht einen anderen Kaffee haben, den ich probieren möchte).

Ist das nicht ein Wunder?

Es ist ein Wunder.

Wie sah so etwas bei den Menschen vor vielleicht dreißigtausend Jahren aus, die - wie die Altertumsforscher herausfanden - auch schon so waren wie wir heute? Womit fuhren diese Leute damals eigentlich zum Kaffeetrinken, wo bekamen die Menschen dieser Frühzeit die Kunststoffbeutel her für die vielen Pilze und Beeren, die sie als Sammler und Jäger andauernd sammeln und jagen mußten? Womit schnitten sie damals ihre Haare und Fingernägel ab? Wo installierten sie die Steckdosen, aus denen der Strom für den Brotbackautomaten kommt? Womöglich aßen sie das „Brot" noch roh und brauchten keine Backmaschinen dafür? Vermutlich war überhaupt damals alles ein wenig anders als heute, und die Menschen träumten nur immerfort vom Schlaraffenland - hatten es aber nicht. Heute haben wir das Schlaraffenland, die wundervolle Spaßgesellschaft, das „coole" Schnapskasperleben - und was für ein Leben, was für Jux und Dallerei, was für eine tolle Sache und alles voller Wunder über Wunder!

Digitalkamera, Magnetresonanztomographie, Internetkommunikation. Und alles ist wie selbstverständlich.

Das ist das Wunder.

Wer aber hat das alles geschaffen, alles das, was wir ringsumher sehen und verbrauchen? Wer produziert das alles, die Socken, die Löffel, den

Stuhl, den Tisch, die Kartoffeln? Wer kann so etwas, wer versteht die große Kunst dieses großen Wunders?

Kennt jemand wen, der einen Fernsehapparat bauen kann oder ein Blatt Papier einfach so „schöpfen"? Also nicht einfach so, nackt und bloß, sondern durchaus mit den Maschinen, den Hilfsstoffen und Anderweitigem, was heute dazu „zur Verfügung" steht.

„Los, bau mal schnell ein Auto, du bist doch ein moderner Mensch, vielleicht sogar mit Abitur, da mußt du das doch können! Und elektronische Fensterheber muß der Wagen auch haben, weil ich meine tauben Arme für Besseres brauche als zum Fensterleiern (für Nordic-Walking nämlich)."

Niemand kann so etwas.

Ein Spielzeugauto kann er vielleicht aufmalen, ein Blatt Papier nach langem Üben und mit viel Aufwand (und fast unbezahlbar) irgendwie aus Faserbrei zurechtmauscheln - und das auch nur im Freizeitpark mit Anleitung. Eine Kunststofftüte kann er gleich gar nicht erschaffen (wie produziert man sich mal schnell - do it yourself - Folien aus Plastmaterial?).

Höchstens einen Computer bauen, das kann vielleicht noch jeder selber. Computerbauen geht ganz einfach. Dazu braucht es nur Schraubendreher und etwas Kleingeld für „die Teile". Ansonsten ist das nicht schwierig.

Ein Klosettbecken aber schon wieder - schön fein aus weißem Steingut, vielleicht auch blaßrosa getönt und mit Goldauflage am Rand? Kann man nicht wenigstens das selber machen? Oder müßten wir da doch wieder mit dem Spaten in den Vorgarten gehen, wenn wir das nicht können?

Haben wir einen Garten dazu? Und schmiedet uns einer einen Spaten?

Doch wir müssen das alles nicht machen. Wir mieten uns einfach ein Wohnklo mit Kochnische, das ist einfacher - falls wir das Geld dafür haben. Was aber ist Geld?

Geld ist auch solch ein Wunder. Man hat es und redet nicht darüber und weiß auch nicht, was es - eigentlich - ist.

Alles ist also wunderbar. Und es funktioniert tatsächlich.

Was ist der Mensch inmitten dieses Wunders? Wieso hat er das alles, wo er es doch ganz offensichtlich gar nicht kann und kaum versteht mit seinem bescheidenen und recht speziellen Hochschulabschluß - mal abgesehen von den wenigen Ausnahmen, den seltenen Violinvirtuosen, den genialen Tennisspielern, den kostbaren Entertainern, den begnadeten Managern der großen Industrie und den so selten weisen Führern der vielen

Völker? Ist „der Mensch" oder jeder Mensch auch so wunderbar wie alles das, womit er in seiner modernen Welt lebt?

Das soll hier bezweifelt werden.

Der Mensch ist nicht das Glanzlicht dieser Welt. Er ist einfach nur simpel, nicht ganz simpel freilich, denn er ist ja auch enorm schlau, also nicht völlig blöde. Aber ein bißchen piefig ist er schon. Es gibt also nicht nur diese immensen Wunder in dieser, unser aller Menschenwelt, sondern noch einiges andere - z.B. die Einfalt oder das Unwissen, das Nichtverstehen oder das Nichtwissenwollen.

Das Leben sei auch schwer und hart, behaupten gerne viele Leute. Das sind oft nette, positive, dynamische Menschen. Sie sagen das vielleicht so, weil sie meinen, daß es mehr Ehre einbringt, ein hartes Leben angestrengt zu meistern als ein labriges; vor allem aber auch, damit endlich dieses ominöse Wunder erklärt wird - als harte Arbeit nämlich, als Disziplin, Gehorsam, Unterordnung, Anpassung, Leistung und weiterhin Leistung und noch mal Leistung. Das Leben ist kein Wunschkonzert, so erfährt man hier und da. Das Leben ist schwer, es muß gemeistert werden, es ist also hart.

Man kann auch anderer Meinung sein. Das Leben ist nicht „hart", das Leben ist vielmehr dumm. Es ist zuerst und grundlegend dumm. Erst dann und damit kann „das Leben" dann auch mal hart werden, sehr hart, eisenhart, tödlich hart sogar, immer dann nämlich, wenn man über die Dummheiten stolpert und stürzt wie über eine zu lang geratene Schlafmütze. Das Leben ist zuerst dumm. Und ihre eigene, ihre persönliche Dummheit produzieren sich die Menschen selber extra noch hinzu, so wie vieles andere ebenso.

Doch dieses Leben lebt. Es verfügt über eine enorme Kraft, die stolz an jeder Dummheit vorbeizieht - aber nicht immer.

Bei der Dummheit denke man an einen Regenwurm. Ist der Regenwurm ein kluges Tier? Immerhin leben auf der Erde mehr Regenwürmer als Menschen und das trotz Umweltverschmutzung, Klimawandel und Finanzkrise. Das sollte doch zu denken geben.

Soviel soll erst einmal über das Wunder gesagt sein, damit dieses durch und durch pessimistische Pamphlet einen halbwegs positiven Anfang bekommt.

Aber nicht dieses Wunder ist wunderbar, sondern die Stupidität, aus der all das viele Wunderbare kommt, und der Weg, wie es daraus entsteht - nicht immer und gleich gar nicht immer zwangsläufig. Die überhaupt noch kaum artikulierte Tragödie unserer modernen Zeiten ist die Überfülle der Möglichkeiten, die man geradezu als eine Inflation der Potentiale bezeichnen könnte, und die zugleich damit verbundene dumme Lust, das alles nur eitel, selbstherrlich und unüberlegt gleich wieder zu vertun, zu vertändeln und zu vertrödeln, zu verhecheln und zu vermurksen.

Diese „Moderne" („die moderne Zeit") wird noch einmal in die Geschichte eingehen als das Trauerspiel der vertanen Chancen - falls es nach dieser Hoch-Zeit der industrialisierten Welt eine Geschichte überhaupt noch geben sollte. Es tut sich ja einiges, damit sich eine künftige Menschheit wenigstens die Schande ihrer Geschichte erspart und daß sie aus kommenden Katastrophen gewissermaßen jungfräulich und embryonal ganz neu, völlig uranfänglich und unbelastet wieder hervorgeht und tatsächlich von nichts mehr was weiß - außer Märchen und Sagen voller phantastischer Unglaubwürdigkeiten.

Die Erde ist dann endlich auch wieder eine Scheibe, der Mond wird jeden Abend hinterm Weiler mit einer Stange hoch gezogen. Und aller Segen kommt von oben.

Die Welt der Menschen ist nicht nur wunderbar, sie ist auch wunderlich. Die ideologische Brille verkleistert das. Der alltägliche Zweckoptimismus schüttet es zu und hinterläßt nur Oberfläche und Oberflächlichkeiten. Eine aufgeklärte Sichtweise wird wieder einmal erforderlich, damit das Wunder nicht entstellt wird, sondern wunderbar bleibt - falls daran überhaupt Bedarf bestehen sollte.

Evolution

Für das weitere wird eine kurze Abschweifung in das Biologische und Evolutionäre notwendig, weil vermutlich alles Leben und damit auch der Mensch auf dem fußt, was eine evolutionäre, biogene Entwicklung gestaltet und erschaffen hat (wie man unterdessen hier und da sogar ziemlich sicher zu wissen glaubt).

Die Welt funktioniert nur aus sich selbst heraus. So und nur so jedenfalls kennen wir sie - falls wir sie kennen. Und wenn die Welt „aus Idioten" konstituiert ist, dann funktioniert sie auch idiotisch und nicht anders - aber sie funktioniert. Allein das ist und bleibt der Fakt bis ans Ende aller Tage. Insbesondere wurde und wird die Welt von keiner anderen, höheren Vernunft daran gehindert, einfach nur zu funktionieren. So war es zumindest bisher.

Es ist auf lange Sicht gesehen lediglich eine Frage der Zeit, ob und wie auch eine „Dummheit" in die Evolution eingeht, wie sie mit ihren eigenen Eigenheiten zur Evolution beiträgt, wie sie sich gewissermaßen als etwas Besonderes bewährt und damit dann auch keine Schwäche oder eben keine „Dummheit" mehr ist und auch nicht mehr als „Mangel" oder „Fehler" stört und solcherart aus dem Lebendigen verschwindet - oder eben auch nicht.

Zuweilen paßt die Dummheit nämlich recht gut in die Evolution, auch weil diese ihr eigenen Spielraum bietet - nicht unbedingt immer zur reinen Freude derer, mit denen dann „gespielt" wird, und keineswegs auch jeweils zwingend zum Segen ihrer eifernden Exponenten und Aktivisten. Deren Schicksal nämlich interessiert die Evolution ebenfalls nicht. Sie verbratet sie. Sie verbratet alles - und unter Umständen auch noch sich selber. Die Evolution ist souverän, frei und unabhängig. Sie hat dazu Zeit im Maßstab von Ewigkeiten und Material ohne Begrenzung bis an den Rand des Kosmos und vermutlich sogar noch etwas weiter.

Das „Dumme" ist also die Evolution selber, einfach auch darum, weil diese nicht geistig ist. Darum wurde sie auch so relativ spät erst entdeckt, weil ein kluger Schöpfer den denkenden Menschen mehr schmeichelte als eine nur dumpfe Entwicklung.

Wer also auf eine Vernunft von außen hofft, ob das nun nur für ihn allein ist oder für „die Welt" oder für „die Menschheit", der hofft und wartet vermutlich auch heute vergebens.

Bemerkenswert an der lebendigen Welt ist das Fressen und Gefressenwerden. Es gilt zwar nicht ganz durchgängig, aber so häufig, daß jedes einmal von der Sonne geschaffene organische Energiepotential mehrfach genutzt wird. Erinnert sei an die Nahrungspyramide. Es gibt nur wenige Lebewesen, die da ganz oben sitzen. Und selbst die müssen sich noch mit kleinen Fressern abfinden, die an ihnen oder in ihnen selbst schmarotzen - Zecken, Läuse, Maden, Mikroben.

Der biologische Organismus braucht Energie, um seinen Stoffwechsel zu unterhalten und um über diesen Bewegungen zu generieren. Er braucht weiterhin Energie, um die für seine Struktur notwendigen Stoffe zu synthetisieren.

Das erstere ist der Lebensprozeß selbst, das letztere ist die besondere konstruktive Leistung, der Aufbau, die Erzeugung von Stoffen und Strukturen. Zunächst ist es ihre biochemische Synthese, dann die strukturelle Formung. In diesen „Baustoffen“ ist die in ihnen gespeicherte Energie nicht notwendig, sondern nur zufällig enthalten. Für eine Struktur an sich ist es zunächst unwesentlich, ob das Material, aus dem sie besteht, brennbar (eßbar) ist oder nicht. Das ist der tiefere Grund für die Freßbarkeit von Lebendigem.

Insbesondere die Pflanzen erzeugen auf diesem Wege unter Ausnutzung des Sonnenlichtes eine Menge von Strukturen (als Substanzen), die zugleich nutzbare Energie enthalten. Diese bilden dann das Energiepotential für die gesamte Tierwelt. Tiere „schmarotzen“ an Pflanzen und viele Tiere dann auch an anderen Tieren. Tiere können ohne Pflanzen nicht überleben.

Übertragen in die menschliche Gemeinschaft zeigt es sich, daß auch dort allerlei „stützende“ Strukturen gebraucht werden, wie Werkzeuge, Behältnisse, Geräte, Kleidungsstoffe, Luxusgüter, Maschinen, Straßen, Häuser, Büros usw., welche neben den Nahrungsmitteln produziert werden müssen. Die Arbeit, mit der das - direkt - geschieht, soll als „konstruktiv“ bezeichnet werden, weil sie Strukturen schafft.

Im „konstruktiven“ Fall werden die Nahrungsmittel und die sonstigen Substanzen und Strukturen selbst erzeugt. Im „schmarotzerischen“ Fall werden sie von anders woher okkupiert, vereinnahmt, angeeignet, beschlagnahmt, geraubt oder einfach nur „schon besessen“ (per Dekret).

Es ist aber nicht ganz leicht zwischen dem pejorativen „Schmarotzen“ und der mehr „positiven“, Nahrungserzeugung zu unterscheiden, streng genommen geht das vermutlich überhaupt nicht. Der Einfachheit halber wird hier das unschöne Wort „Schmarotzen“ für alles Fressen von fremdem Leben und fremder Lebensleistung verwendet, obgleich es da erhebliche Unterschiede gibt. Dieses Fressen ist bei einem Bandwurm oder einer Blattlaus von anderer Natur als bei einem Adler oder Löwen und wieder anders bei den Ameisen, welche die Blattläuse „melken“.

Und selbst das, was heute nicht verkonsumiert wird, wird morgen vielleicht doch noch gefressen, auch wenn es in langer Zeit schon etwas unverdaulich geworden ist. Die alte Dampfmaschine vereinnahmte noch vor kurzem alle englischen Kohlen aus der Erde. Und Diesels Motoren saufen heute das arabische Erdöl und werden nimmer satt davon. Wo sich erst einmal genügend konstruktives Potential angesammelt hat, beginnt fast zwangsläufig dessen Ausbeutung - irgendwann und sei es erst nach Jahrmillionen, wie bei den fossilen Brennstoffen.

16

„Edel" sind diesbezüglich nur ein paar Flechten und Moose in den Wüsten und Halbwüsten. Und die sind es auch nur, wenn sie sich nicht auch noch um den Platz an der Sonne streiten. Alles andere frißt anderes Leben und lebt davon, schiebt es zur Seite, will allein prosperieren. Leben ist Fressen und Fortpflanzen, erst dann kommt die Moral.

Was aber ist Moral?

Dieses Leben des Lebendigen vom und am Lebendigen ist grundsätzlich. Es gilt als edel, wenn es bei edlen Geschöpfen stattfindet, beim Adler oder beim Löwen etwa, die darum ja auch so beliebte Wappentiere geworden sind: Kämpfer mit dem starren Blick und der harten Pranke.

Der Löwe liegt den halben Tag faul in der Sonne. In seinem Kopf baldowert er gemächlich den nächsten Coup aus. Dann frißt er ein bißchen nahrhaftes Fleisch und begibt sich wieder zur Ruhe. Darum unter anderem ist er der König der Tiere und wird gefürchtet.

Die Kuh hingegen muß den ganzen lieben langen Tag mageres Gras fressen, damit sie satt wird. Und dann ist sie immer noch nicht fertig, dann muß sie erst noch stundenlang wiederkäuen. Deshalb ist sie ja auch nur „eine dumme Kuh". Doch man liebt sie sehr, wegen der süßen Milch.

Als nicht so vorbildlich gilt es, wenn das Fressen ein heimtückisches ist, ein Fressen von innen heraus, ein „bloßes" Schmarotzen, so als ob der Spulwurm nicht auch einige Jahrhunderttausende Evolution mit Hin und Her auf dem Buckel hätte, ehe er sich so warm betten konnte. Aber die Spulwurmwelt ist auch eine andere, ein wahrhaft fremde und lästige dazu.

Weniger häufig als dieses allgemeine Fressen der einen durch die anderen ist das Schmarotzen an der eigenen Art. Zuweilen ist es nämlich bequem, gleich die eigenen Verwandten, die Vettern oder Kinder, zu fressen, statt erst noch lange in der Gegend herumzusuchen und sortieren zu müssen. Freilich muß dazu dann auch eine besondere Biologie geschaffen sein - per Evolution. Ein Perpetuum mobile kennt auch das wild wuchernde Leben nicht.

Daß es bei solchem Fressen von seinesgleichen nicht sonderlich sozial zugeht, scheint sich von selbst zu verstehen. Aber es gibt so etwas. Das ist dann meist solitär und egozentrisch.

Der Hecht als Raubfisch gehört zu diesen Wesen. Man kennt die Geschichten der Angler und Fischköche vom „Hecht im Hecht im Hecht".

Wo es irgendwie von Vorteil ist und dabei dem allgemeinen Fortkommen keinen Abbruch tut, da wird auch vor dem Fressen der Verwandten kein Halt gemacht. Es muß alles genutzt werden - und es wird alles nützlich sein.

Alles unterliegt der Evolution, auch das Anorganische und auch das, was man „die menschliche Gesellschaft" nennt, das Geistige ebenso wie das Technische.

Die „Gesellschaft" tappte während ihrer langen Entwicklung in zufälligen Strukturen herum, Strukturen, in denen sie sich ausprobierte und deren einziges Kriterium die evolutionäre Stabilität, also das Überleben, war - und selbst das ist keineswegs zwingend oder notwendig.

Neben dieser Biologie ist Leben aber immer auch noch Leben, also noch etwas anderes als nur Ernährung und Vermehrung.

Was aber ist das Leben, wenn es sich nicht nur derart unmittelbar um sich selber kümmert?

Daß der Fels nicht gleich aus dem Berge stürzt, kommt daher, daß er massiv in den Berg eingebunden ist. Das Wasser, was sich hinter einem Wall staut, ergießt sich um so ungestümer, wenn der Damm gebrochen ist. Aber erst einmal muß es sich stauen. Der Anker in der Uhr hemmt die Räder und zwingt sie zur Regelmäßigkeit, zu Sekunde und Minute.

Man könnte meinen, daß es Hinderung, Bremsen, Aufstauen, Halten, Bewahren, daß es „Hemmung" ist, welche vor allen Gebilden in der Welt steht. Ohne Hemmungen gäbe es auf der Welt kein Halten, kein Besinnen, keine Struktur, nichts, nicht einmal das bloße Fressen. Hemmungen sind wesentlich, auch wenn sie dafür sorgen, daß man immer wieder „gehemmt" ist, daß man also „Hemmungen hat", dort gehörig zuzulangen, wo es was zu holen gibt, frei nach dem Motto, „wer zu spät kommt, den bestraft das Leben" (ein Satz, der übrigens nicht von dem etwas unglücklichen Reformer Gorbatschow stammt, sondern von flotten Wendegenossen aus der DDR, die immerhin so gut Russisch konnten, daß sie gleich mal selber übersetzten - ganz in ihrem Sinne: „Jetzt aber fix, sonst kriegst du nix!". Gorbatschow hatte vermutlich etwas Anderes gesagt oder zumindest gemeint als das Letztere.)

Die Evolution lebt von der spontanen Züchtung und Auslese. Die Schmarotzerei hat dabei so gute Voraussetzungen, daß sie quasi zum Zentrum aller Biologie geworden ist. Wie sollte da der Mensch eine Ausnahme sein! Fressen und Gefressenwerden bestimmt die Dynamik der biologischen Welt.

Die Evolution kann „irren". Eigentlich irrt sie sich ständig oder auch gar nicht, denn die Kategorie „Irrtum" ist für die Evolution ohne eigene

Bedeutung. Wenn es in der Natur ein „Nahwirkungsprinzip" gibt, dann hier bei der Evolution. Sie selektiert nur vom Heute auf das Morgen und nicht einmal so weit, sondern doch eher nur von gestern auf heute. Die Evolution schafft nicht „das Gute, das Starke, das Bessere", sondern sie entwickelt irgend etwas. Sie schafft auch nicht für die Ewigkeit, sondern nur für den Moment - der dann allerdings in den Zeitmaßstäben der Entwicklungen im Lebendigen auch schon mal einige Jahrmillionen dauern kann.

Mensch

Was aber ist der Mensch?
Der Mensch ist und bleibt nur ein Stück Biologie, zur Zeit jedenfalls und solange er sich noch nicht selber wieder in die wunderbare, unbegreifliche Schöpfung eines ihm genehmen Gottes umbehauptet hat. Die Biologie befaßt sich mit dem, was auf dieser Erde aus den klebrigen Proteinen besteht, aus Erbsubstanzen, und was letztlich bzw. zuallererst von den Sonnenstrahlen angetrieben und bewegt wird.

Leben aber ist mehr als nur Bewegung von Eiweißmolekülen. Eigene Strukturen bildet auch anderes, so die Erde selber, die sich abkühlt und dabei tektonisch rumort, die damit Landschaften erschafft und vernichtet; so die Sonne, welche auf der Erde die Luft und die Meere zirkulieren läßt.

Das Leben auf der Erde war auf einmal da. Ziemlich viel später kam noch der Mensch hinzu und begann als erstes Wesen, diese Welt zu erkennen und dann sogleich auch noch zu verändern, zu modeln, umzubauen, auszubauen.

Der Mensch, als er ganz am Anfang Mensch war, hatte sich zuerst immer nur der Natur anzupassen. Anderes kannte er vermutlich noch gar nicht, als seine Erkenntnisfähigkeit begann. Aber er „kannte" auch noch nicht „die Natur". Was also führte seinen Verstand zuerst, was bildete ihn?

Menschheitsentwicklung war Entwicklung in und mit dieser Natur, in welcher bekanntlich alles irgendwie zusammenhängt, wo die bunten Blumen tatsächlich nur für die fleißigen Bienen blühen und die fleißigen Bienen zugleich den bunten Blumen dienen, sie bestäuben und fortpflanzen. Der Regen regnet, damit das Korn reift. Die Sonne scheint, damit die Ähren wieder trocknen. Die Bücher werden gedruckt, damit der Mensch etwas zum Umblättern hat. Die bunten Blätter der Bäume im Herbst sind gut für die Konjunktur der Laubbläsergebläseindustrie.

Die Welt ist weise eingerichtet.

Insofern war der Mensch von Anfang an eingebettet in eine Harmonie, in der er selbst mit dieser Natur zurechtkam, weil er sich ihr gemäß entwickelte. Ein wenig von dieser Harmonie verspürt auch noch der moderne Mensch, wenn er in einsamer Natur Stille, Zuverlässigkeit und Geborgenheit entdeckt - falls er noch einsame Natur, wirkliche Natur findet. Er begegnet dort einer Ruhe und Selbstgewißheit, die tatsächlich aber aus ihm selber kommt, aus der eigenen, gewissermaßen angeborenen Freundschaft zu seiner natürlichen Umwelt. Der Mensch ist ein Geschöpf der Natur, nicht der Kunst.

Diese Harmonie allerdings erschien immer nur bei den Satten und in deren satten Momenten. Ansonsten war die Natur auch in der „Bosheit" rege und löschte aus, was ihr zu viel wurde. Ihr wurde recht schnell und immer wieder Vieles zu viel. Sie nahm und behielt davon nur das, was zufällig übrig blieb, beim großen, alltäglichen Zerreiben, Zerfleischen, Ausdörren und Verhungern. Die späteren Darwinisten nannten das auch gern den „Kampf ums Überleben" oder das „Recht der Stärkeren" - nur damit die Harmonie der Natur auch dort dann wieder Einzug halten konnte - eben alles Kampf - alles stark, alles Power!

Später versuchte der Mensch selber, die Natur zu verändern und bekam damit etwas für sich zu tun. Damit begann er in ungeahnter Weise auch auf sich selbst zurückzuwirken. Zuerst mit der Feldwirtschaft, später mit der Industrie fing er an, spezielle Strukturen zu erschaffen, die an die Stelle der ursprünglichen Natur traten und zur „Kunst" wurden, zur Künstlichkeit, die doch aber immer noch ganz in der Natur steht, wo sonst?

Heute ist der Mensch, besonders aber der Mensch in den Städten, fast ausschließlich nur noch von einer derart künstlichen „Natur" umgeben, die er selber in die Welt brachte - ohne sie tatsächlich auch selber geschaffen zu haben.

Diese Kunstwelt (von der weiter hinten die Rede ist) wird im weiteren Text als „das System" bezeichnet und muß solcherart von der Natur abgegrenzt werden, obwohl eine derartige Unterscheidung auch etwas fragwürdig wird.

Was ist nicht fragwürdig? Das Fragwürdige ist das Wesentliche, es generiert Fragen. Damit tut sich etwas - falls Antworten hinzukommen. Doch diese müssen immer erst gefunden werden. Antworten ohne Fragen gibt es auch reichlich, doch die sind nicht so gut.

Die Natur und auch die Evolution „wollen" das Chaos, das kreative, schöpferische Chaos, nicht jedoch ein vernünftiges, vernünftelndes Sonderwesen, den autonomen Menschen etwa. Die Natur mag das Bedenken nicht. Sie erschuf es trotzdem. Es besteht einige Aussicht, daß sie es auch wieder abschafft. Das ist vielleicht die eigentliche Ursache dafür, daß immer genug „Dumme" auf der Welt herumwuseln und in sie eingreifen und daß ständig ausreichend viele Machtbesessene die schöne Welt vermurksen. So bleibt der Natur das evolutionäre Potential ihrer Souveränität erhalten.

Daß der Mensch von den Tieren „abstammt", wissen unterdessen viele, daß er auch noch Tier ist, das will darum noch keineswegs ein jeder akzeptieren. Der Mensch ist nicht so weit vom Status des Tierischen entfernt, wie er oft und gern zu meinen vermeint. Sein Gehirn plus Verstand ist tatsächlich nur ein Spezialorgan, so etwa wie die Flossen beim Fisch oder die Flugmuskulatur der Vögel. Das Gehirn befähigt den Menschen zu einem speziellen Verhalten. Es macht es ihm möglich, „abgehoben" durch einen Ozean von Geistigem zu fliegen und diese besondere Fähigkeit für sein Fortkommen zu nutzen. So war es zumindest am Anfang.

Allein dieses Denken im Kopf des Menschen nutzt aber darum noch nicht zu einem überlegenen Verhalten gegenüber dem Animalischen schlechthin.

Der Mensch ist sterblich, und er ist triebhaft. Er bleibt tierischem Schicksal und tierischen Antrieben ausgeliefert. Er mag diese auch nicht unbedingt missen, selbst wenn er ihnen immer wieder etwas hilflos gegenüber steht.

Die „Überlegenheit" des Humanen über die Welt schlechthin (die in kaum einer Ideologie fehlt) wird vom Menschen selbst erkünstelt, sich selber zur Lust und Genugtuung, zuweilen noch gemeinsam mit einem gleichfalls erfundenen göttlichen Überwesen zur Rechtfertigung dieser „natürlichen" Anmaßung. Aber sie hält dem bohrenden Verstand (der dem Menschen ebenfalls zu eigen ist), nicht stand. Nun muß sich der Mensch entscheiden: für das eine oder für das andere, für das eigene Wirken in Mühe oder für das fremde Gewirktwordensein in Erhabenheit.

Der Mensch bleibt bei aller seiner Spezialschlauheit zugleich auch erstaunlich inkompetent und darüber hinaus sogar grunddumm, d.h. er schafft mit seinem einzigartigen Verstand nicht nur die eigene Lebensabsicherung und dazu seine massige Vermehrung (seine biologische „Erfolgsstory" gewissermaßen), er setzt mit eben diesem Verstand auch gleich alles wieder aufs Spiel. Zu Letzterem muß man gar nicht erst in eine ungewisse Zukunft schauen wollen, es genügt schon ein Blick in die jüngeren Vergangenheiten.

Einzelne Menschen mögen gegenteiliger Ansicht sein betreffs der Gewöhnlichkeit des Menschenverstandes, haben vielleicht auch triftige Gründe dafür. Für die Masse der Menschen gilt das aber nicht. Die Massen glichen immer schon sehr deutlich entsprechenden Erscheinungen aus dem Tierreich: Herden und Schwärmen, Schafen oder Heuschrecken. Die wenigen überragenden Einzelmenschen, die ihre zweifellos beachtlichen Spezialkenntnisse und Ausnahmefähigkeiten dem großen Organismus des humanoiden Lebens (und damit indirekt auch allen Menschen) zur Verfügung stellen, die damit vielleicht dem Anspruch des Nicht-mehr-Tierischen am nächsten kommen, bleiben Sonderfälle. Ausnahmen sind sie und nicht unbedingt immer nur beliebt. Wo ihre Einsichten über das Gewöhnliche, das Ordinäre, das Animalische hinausgehen, da haben sie vielleicht etwas zu sagen. Verstanden und akzeptiert werden sie jedoch von den Massen dann schon nicht mehr.

Daß der Mensch zumeist anders denkt, daß er meint, „sein" Geist wäre etwas ganz Außerordentliches, Exorbitantes, etwas was ihn vollkommen und absolut vom Tierischen abhebt, das ist verständlich. Es kommt dies zuerst daher, daß jedes Lebewesen sowieso nur sich selber sieht und zugleich für zentral und weltbestimmend hält und ist also der natürliche, gesunde Egoismus der Art.

Es hat aber auch damit zu tun, daß sich in den letzten Jahrtausenden der menschliche Geist verselbständigt hat und so eigenwillig wie zufällig ein ganz eigenes Leben begann, unterstützt und forciert von dieser ominösen „Megamaschine", von der noch die Rede sein wird.

Diese aber ist nicht mehr der Mensch. Sie ist etwas anderes, dem der Mensch unterliegt, dem er nicht mehr gewachsen ist, was er in seiner Gänze auch nicht mehr zu fassen vermag und welches darum doch noch lange nicht überirdisch oder göttlich ist.

Wo sich das Denken zur Zeit seiner Entstehung nur mit den Alltäglichkeiten des Menschen abgab und diese und nur diese sehr unmittelbar begleitete und an ihnen allein sich bildete und wuchs, da begann es sich eines Tages gewissermaßen auch auf Abwege zu begeben, stellte Fragen, die dem Alltäglichen nicht zukamen, befaßte sich mit Dingen, die zunächst nur lebensfremd erschienen, erschuf geistige Bilder, die keine realen Entsprechungen hatten, entdeckte aber auch Dinge und Zusammenhänge, die neue Kräfte mobilisierten und die ein ganz neues Leben ermöglichten, insbesondere das technische Leben - aber auch das bürokratische.

Am Ende waren die Papier kauenden und Kohle fressenden Monster entstanden. Der Mensch wurde abhängig von ihnen, bekam Uniformen, Leibwachen, Werkzeuge, Weisungsrechte, blieb dabei aber tief in seinem Inneren doch nur der kleine Mensch, der Urmensch von einst gewissermaßen, und begann etwas chaotisch und hilflos an „seiner" neuen Kunstwelt herumzumurksen.

Mit dem Menschen selbst geht es nicht anders als mit der Natur insgesamt: Erst die Bewegung, dann - vielleicht - auch noch das Denken.

Trotzdem befindet sich im Menschen viel Verstand, viel mehr als anderswo in der Natur, so viel Vernunft, daß ihn darüber auch gleich Illusionen befallen: Bessere Welt, ewiger Frieden, Gerechtigkeit, Reich des Verstandes, Sieg des Fortschritts, Freiheit - Gleichheit - Brüderlichkeit usw.

Doch dann kommen auch schon wieder die Urgewalten, das alte Dilemma, die Bewegung um jeden Preis und vor jedem Nachdenken, die maßlose Vermehrung, das Sich-Verlassen auf die Natur, auf Instinkte, auf eigene Launen und Gelüste, die Hingabe an uralte Automatismen und neue Maschinen, die wie Gespenster aus kalten Grüften mit eisiger Hand, aber heißem Ingrimm zupacken und zwingen, die zum Chaos animieren, zur Bewegung irgendwie, die viel versprechen, wenig halten und tatsächlich ganz gleichgültig sind und bleiben - eben nur das ewige Brodeln der Dinge unter der einheizenden Atom-Sonne auf diesem einen, einzigen blauen Planeten weit und breit.

Die Evolution erzeugt Bewegung vor dem Denken. Das ist nur natürlich, denn das Denken ist das Ende einer langen Kette von „Versuchen und Irrtümern" der Natur. Und womöglich ist es selber auch nur ein Irrtum. Das wird sich erweisen.

Nun aber will sich mit dem Menschen und seinen Maschinen das Denken vor und über die Natur stellen - so oder so, ob es dies vermag oder nicht. Es wundert sich dann, was trotzdem und noch so alles passiert.

Dieses Wundern wird zuweilen unheimlich und oft schmerzlich. Und tragisch ist, wenn es das Denken tatsächlich verursachte und allein das Denken, alles das, was dann so „unerwartet" eintritt - nicht gewollt, aber doch erdacht.

So entsteht zum Beispiel „der Funktionär" als ein eigentümliches Monster, halb Mensch, halb Golem, der nie so recht weiß, welchem „Herrn" er eigentlich „dienen" soll, der großen Maschine oder dem kleinen Mitmenschen, dem „Großen Ganzen" oder doch am besten nur sich selbst?

Und jene erst, die dem großen Golem ihr bescheidenes Dasein verkaufen, damit er es aufpeppt und gewaltig macht, was sind das für Wesen? Sie bilden den Hintergrund zu der alten Legende vom Teufel und der Seele und machen sie damit zum Faktum als immer wiederkehrende, strukturierende, eher emotional erfühlte als rational erdachte Situation zwischen einzelnen Individuen und übermächtigen und damit zugleich auch verführerischen Gewalten aus einem Dunkel von irgendwo.

Der Mensch steht am Scheidewege: Was will er eigentlich?

Aber nur der Mensch steht dort, nicht jenes Tier, welches sich selber Homo sapiens zu nennen vermag. Dieses Tier, Homo sapiens, bzw. seine Gattung wird noch lange überleben, „der Mensch" möglicherweise nicht.

In der Mitte des Lebens steht das „Glücksprinzip" (vermutlich nicht nur beim Menschen). Es ist das so trivial, wie es merkwürdig ist. Denn ein „Glücksgefühl" macht, daß zwar ein Mensch „glücklich" ist, eine Maschine aber nicht - oder noch nicht.

Hier hat die Evolution ein Organ geschaffen, welches künstlich offenbar noch nicht nachgebaut werden konnte (ebenso übrigens das Leid). Aber man arbeitet daran. Und noch etwas ist dabei so merkwürdig wie selbstverständlich: Das Streben nach Glück und das Meiden von Leid.

Genau das ist das „Glücksprinzip", welches überall vor und neben und auch hinter allen Motivationen steht - ohne daß man da erst lange fragt, ohne daß man sich dessen immer bewußt ist und auch dann, wenn man meint, sich nun aber einmal so richtig „schinden" zu müssen für irgendwas, unglücklich sein zu müssen, zu leiden für eine Idee, für einen Sieg.

Das Glücksprinzip ist nicht rational, ist weder gut noch böse, ist erprobt in einer Jahrmillionen währenden Entwicklung, ist aber auch ziemlich unbestimmt und unzuverlässig und moralisch zweifelhaft. Es ist jedoch die allein treibende Kraft unter aller Vernunft. Ohne diese Kraft verkommt Vernunft zu einer Maschinenware, die an einem „Leben" kaum noch Interesse haben könnte. Der Mensch aber besitzt einen Verstand, um seinem Glück nachzuhelfen und noch einiges mehr damit zu bewirken.

Es hat nicht jedes Leben auf dieser Erde das Glück, ein Mensch zu sein. Tier aber ist jedes Wesen - auch der Mensch. Das sollte - eigentlich - zu denken geben.

Die Geschichte der Menschen beginnt ohne Anfang. Man rechnet heute ca. zehn Millionen Jahre für die Zeit, in der ein erster Beginn für eine Menschenartigkeit zu suchen wäre. Das ist eine Zeit, die viel länger dauerte, als die Menschheit seitdem als eine solche lebt oder als bestehend angenommen wird. Der Mensch war in der meisten Zeit seines Daseins auf der Welt ein Entstehendes, ein Etwas, welches wird. Er ist es in gewissem Sinne heute noch.

Die lange, sehr langsame Geschichte dieser primären Entwicklung dürfte von einer beständigen „Weltenge" geprägt gewesen sein: Zu viele Individuen auf zu wenig Raum. Der Mensch vermehrte sich immer wieder rasant und füllte schnell jedes Territorium, welches ihm Nahrung liefern konnte, bis zum Rande aus.

In der langen Zeit während dieser Entwicklung bedeutete das immer permanenten Kampf, gegen fremde Stämme, gegen konkurrierende Unterarten. Die Menschen waren immer auch Eroberer, führten Kriege und rotteten aus, was sie störte. Sie konnten es, also probierten sie es. Es nutzte ihnen, also übten sie sich weiter darin. Der Krieg und der Kampf gegen das Fremde, das Unvertraute, gehören vermutlich grundsätzlich zum Menschen dazu. Feindbilder bzw. die Fähigkeit dazu sind ihm gewissermaßen angeboren. Diesbezüglich ist der Mensch kein Romantiker und war es auch nie.

Man hat sich vielleicht nicht ununterbrochen geschlagen. Aber man schlug sich immer wieder. Da man das nun einmal „konnte", tat man es auch, sonst wäre man anderweitig zugrunde gegangen, wäre verhungert, erstickt an seinesgleichen. Man ging sich aus dem Wege, wo das möglich war. Ansonsten rottete man alles aus, was dem eigenen Leben im Wege stand und was sich dabei irgendwie ausrotten ließ. Das hat sich bis heute kaum geändert.

Von der Vernichtung betroffen waren insbesondere jene Arten des Homo, die diesbezüglich weniger rigoros, weniger aggressiv, weniger selbstbewußt auftraten. Solcherart verschwand auch immer wieder das „missing link", das fehlende Glied in der Kette vom Tier zum Menschen, was man daher in der heutigen Welt auch nicht mehr lebend finden kann. Es verschwand alles, was die Kämpfe und Kriege nicht überlebte. Das mußten allerdings nicht die sein, die am wenigsten überlebensfähig gewesen waren, die „Schwachen" also. Die Evolution hat wie gesagt ihre eigene Logik und die geht nicht unbedingt mit einer genehmen Vernunft einher.

Der Mensch, der andere Mensch, speziell der besonders andere Mensch war jenseits aller Moral immer schon des Menschen Feind, nicht aber der Nahestehende, der Blutsverwandte. Der wurde das erst später. So blieben auf der Erde nur die Blutsverwandten übrig. Es ist dies auch der Grund dafür, daß alle Menschen zur gleichen biologischen Art gehören, daß es also heute nur eine einzige Menschheit gibt, die Überlebenden in diesem Bruderkampf nämlich. Alles andere ist niedergemacht worden. Auch heute noch zuckt es vielen in den Fingern, mit dem Ausrotten von Andersartigem munter fortzufahren - ohne dabei viel zu bedenken, daß sie selber eines Tages die Andersartigen sein könnten.

Daß das immer so gewesen ist, ist natürlich reine Hypothese, Vermutung. Einige wesentliche und dramatische Hinweise darauf liefert allerdings die bekannte Geschichte der Menschheit, in der diese Tendenz bis heute fortlebt. Leider ist das so und läßt sich nicht wegreden.

Sicherlich gab es auch immer wieder Stämme, die sich in extrem kargen Regionen gegen eine bloße Natur behaupteten, die sie immer wieder hinreichend dezimierte, so daß sie Kämpfe gegeneinander eher weniger nötig hatten. Dort hatten auch Spezies aus anderen Gebieten erst einmal gar keine Chance, geschweige daß sie auch noch erfolgreich Krieg führen konnten oder überhaupt wollten unter solch lebensfeindlichen Bedingungen. Um dort zu überleben, mußten die Menschen aber vieles können und eine Menge wissen. Sie mußten enorm klug sein und geschickt, geduldig und ausdauernd, vertrauensvoll und sozial. Sie mußten konstruktiv werden.

Die Kulturentwicklung, die aus den konstruktiven Bemühungen ums Überleben kam, produzierte das Mehrprodukt. Das Mehrprodukt jedoch wurde sogleich aufgefressen von den Mehr-Menschen, denen ja besonders die Konstruktivität das Überleben sichern wollte und mußte. Mit dem Mehrprodukt gelang es, einen wesentlichen Teil der Überbevölkerung auch noch zu ernähren und sie derart zu einer Normalbevölkerung zu machen. Es war tatsächlich die Konstruktivität und nichts anderes, die das Wunder des Mehrproduktes vollbrachte. Und es war die natürliche

Vermehrung der Bevölkerung, die es sogleich wieder auffraß. Eine Menschheit, die ihre eigene Vervielfachung nicht bewußt zu steuern vermag, bleibt der Natur und der Evolution hilflos ausgeliefert.

Das Mehrprodukt aber brachte auch den Luxus und den Edelmenschen auf den Plan. Aus Schaffenden wurden Raffende, aus Konstruierenden Regierende, aus eifrigen, aggressiven Volksverteidigern Versündiger am eigenen Blut. Der „Paschaeffekt" tat ein übriges, damit sich diese Sorte neuartiger Charaktere auch besonders schnell vervielfachte - schlicht und einfach nach den Gesetzen der Evolution. (Pascheffekt = beiläufige Charakterzüchtung per Großkinderproduktion im herrschaftlichen Harem.)

Ein anderes war die neue Not der Unterdrückten, die daran beizeiten starben oder in Kriegen verheizt wurden und so wieder Ausgleich schufen gegenüber der Vermehrung. Die Kriege blieben, sie wurden nur gewaltiger und gewalttätiger. Ein besonderer, besonders dynamischer Typ, die Kämpfernatur, der Herausragende, der Auserwählte (wie er sich selber derart elitär sah), wurde zum Zentrum, zum Schlüssel der weiteren Menschheitsentwicklung als einer nun einsetzenden rasanten und sekundären Entwicklung von ganz anderer Artung. Dieser kraftvolle, machtvolle, dynamische Mensch machte aus der Menschheit eine weltbeherrschende, nicht mehr nur biologisch, sondern unterdessen auch schon geologisch einschneidende neue und eigene Spezies, wie es einst schon einmal die Riesenexemplare unter den Sauriern geworden waren, aber auch die vielen winzigen Kalkbildner der Urzeiten.

Die sekundäre und damit die „eigentliche" Menschheit entstand.

Die Konstruktiven wirkten weiter, eher im Stillen und bescheiden, etwas kindisch und immer unter der Gnade und Obhut der höheren Kaste der besonderen Herrschaften. Sie hofften, die Mühen des Lebens mit ihren Erfindungen und Entdeckungen zu mildern. So hoffen sie heute noch. Sie schafften viel mit dieser Idee, doch das meiste wurde wieder gefressen von den Mehrmenschen. Die Technik begann allmählich ein Eigenleben, und die Bevölkerungszahl auf der Welt „explodierte" regelrecht.

Unterdessen ist eine neue Etappe in der Entwicklung angebrochen, eine evolutionäre „Bifurkation" bahnt sich an. Sie lautet: Mensch oder Technik?

Heute hat der Mensch (zumindest in den Industriestaaten) seine Vermehrung „im Griff" - nicht durch seine Vernunft oder Einsicht - sondern vermittels Technik und anderer Präferenzen. Die Technik selber ist es, die sich (dort) jetzt unbändig vermehrt, ziellos und zügellos, die sich in einem unablässigen Wachstum vervielfacht und vorerst noch vom Erdöl lebt, von den Kohlen und den Erzen, dies alles frißt und verbraucht.

Die Frage ist, wie lange noch - und was wird dann?

Man vermutet heute, daß der Mensch der Gegenwart, der „eigentliche Mensch" also, erst seit vielleicht hunderttausend, vielleicht auch schon seit fünfhunderttausend Jahren existiert. Das beides sind lange Zeiten. Die „Zivilisation" ist erst rund zehn- bis zwanzigtausend Jahre alt und die moderne Industriegesellschaft erst ganze dreihundert Jahre - reichlich gerechnet. Diesen Zeiten umgekehrt proportional verhält sich in etwa die Zahl der zugleich auf der Erde lebenden Menschen und der von ihnen initiierten Energie- und Stoffumsätze. Letzteres macht die letzten dreihundert Jahre dann doch wieder vergleichbar mit den Millionen Jahren davor. Man sagt, daß niemals während des gesamten Bestehens der „Menschheit" so viele Menschen gelebt haben wie jetzt am Beginn des dritten Jahrtausends westlicher Zeitrechnung. Und die Energie, die allein in der letzten Hälfte des letzten Jahrhunderts aus der Erde mobilisiert und dann ins Weltall hinein verpulvert wurde, übertrifft ebenfalls alles, was vorher diesbezüglich umgesetzt wurde.

Was ist dem gegenüber dann aber noch der Mensch?

Ist er das Wesen von vor Millionen Jahren, oder ist er der heutige, der „moderne Mensch", der Massenmensch also, der die Erde überzieht wie ein wild wuchernder Schimmelrasen auf einem noch immer fruchtbaren kohligen Substrat?

Aus einer evolutionären Perspektive bleibt der moderne Mensch (der heutige also) ein Nichts gegenüber den hunderttausend Generationen, die vor ihm waren und die allein prägten, was „Mensch" war und wurde (und vermutlich noch lange bleiben wird). Es ist daher weise, sich heute noch an die alten Paläolithiker zu erinnern, die nur mit Grabstock und Keule, Stein und Fell durch die Wälder streiften, denn ihre Art überlebte etliche Jahrzehntausende und sogar die Eiszeiten. Und nur solches wird auch fürderhin überleben - so oder so. Dummheiten konnten sich diese Faustkeilspezialisten von einst jedenfalls eher nicht leisten.

Neben dem Menschen gab es immer auch ihre Gemeinschaft, das Soziale also, welches seine eigene Entwicklung hatte. Wenn heute alte Knochen von urtümlichen Hominiden gefunden werden, aus denen sich deren Gestalt rekonstruieren läßt, so gilt das für den sozialen Bereich nicht. Von den einstigen Menschengemeinschaften gibt es keine fossilen Überreste.

28

Ihr Zusammenleben läßt sich nur sehr indirekt erschließen, wenn überhaupt. Bekannt von diesem „fossilen Sozialen" ist eigentlich nur, daß davon noch reichlich Merkwürdiges zu erwarten ist. Der Mensch ist vom Affen vermutlich viel weiter entfernt, als es die gemeinsamen Gene anzeigen.

Die Menschenwesen gehörten nicht zu den solitär lebenden Tierarten, wie zum Beispiel Feldhamster oder Braunbär. Das eigentliche Soziale (das ursprüngliche Soziale) war und blieb immer auch prägend für sie. Dieses Soziale aber ist zugleich immer auch das Individuelle. Es ist nicht schlechterdings Unterordnung, sondern vor allem Mitwirkung. Es ist im individuellen Empfinden jedes Gemeinschaftswesens mit angelegt und dort vor allem emotional verankert, weniger „kulturell" und künstlich erdacht.

Man geht heute davon aus, daß sich die Menschengemeinschaften über die längste Zeit ihrer Existenz auf eine geringe, überschaubare Zahl von Individuen beschränkte, auf die „Gruppe" oder „Sippe", also etwa zehn bis höchstens hundert Leute. Alles was darüber hinausging, entsprach einer anderen eigentümlichen Sozialität, war fremd, war erträglicher Nachbar oder gemiedener Feind, wurde geduldet oder verdrängt, wurde mißtrauisch wahrgenommen oder gleichgültig übersehen.

In der eigenen Sippe hingegen übte man bei allem sozialen Eifer eine erstaunliche Toleranz. Ein Angriff innerhalb der eigenen Sippe war „tabu", blieb das allerletzte Mittel - und wurde fast auch schon ihr Ende.

Der Mensch ist also nicht nur der Mensch, er ist auch die Gemeinschaft, das Volk, die Masse, die Gesellschaft. Der Mensch, das ist auch Verein und Partei, Klasse oder Kaste.

Doch was eigentlich ist „eine Gesellschaft"?

Volk und Masse

Volk ist das Aktive, Masse das Passive - so könnte man vielleicht eine Unterscheidung treffen. Volk lebt, Masse reagiert. Volk versucht sich selber zu bewahren, Masse wird verwaltet. Volk ist die größere „Schicksalsgemeinschaft", deren Untereinheiten sich aus dem Wege gehen können und trotzdem miteinander gut auszukommen vermögen. Im Volk will man einander nicht Feind sein. Massen werden geführt, organisiert, gelenkt und geleitet. Sie werden geknetet und umgerührt wie ein Brotteig, in welchem es gärt. Das Volk ist vielleicht der Hort der Weisheit, die Massen sind es nicht. Volk ist Hoffnung, Masse ist Blindheit.

> „Die Massen" von denen oft die Rede ist, sind nicht Mehrheit und auch nicht Vielzahl. „Masse" ist ein eigenes Phänomen an sich und wurde in der Vergangenheit hinreichend bedacht.
> (Gustave Le Bon, zitiert nach Elias Canetti)

In der Masse wird der einzelne Mensch fatal reduziert. Er bleibt Mensch, aber nicht mehr „ganz". Nur noch die einfachsten, urwüchsigen Teile von ihm können sich äußern, agieren und reagieren. Vermassung bedeutet individuelle Reduktion zu Gunsten von Einheitlichkeit, Gleichförmigkeit, Gleichschaltung, freiwillig oder erzwungen. In der Masse ist der Mensch tatsächlich ein anderes Wesen, auch sich selber ziemlich fremd, doch aber immer noch Mensch und in einigen Aspekten nun sogar besonders, Massenmensch nämlich. Damit jedoch ist dieser Massenmensch nicht mehr „eigentlich dumm", sondern „anders", gewissermaßen ein anderes Wesen, welches eine andere Ansprache wünscht und anders agiert und welches sich auch leicht ausrichtet in irgendeinem politischen Kraftfeld. Massen können gut zuhören, sich selber aber nur schlecht artikulieren.

Zuweilen ist es schön und macht glücklich oder auch unauffällig, in der Masse „aufzugehen". Ob das immer auch sinnvoll oder verständig ist, ist eine andere Frage. Masse ist immer das, was benutzt wird. Selber und an sich ist sie nur Herde, Menge, Trägheit, Wucht, eben „Masse".

Die „Demokratie" immerhin hat es geschafft, die Massen alle paar Jahre „Ja" und „Nein" sagen zu lassen (und „eh, laßt mich in Ruhe mit eurer Wahl!") und hat ihr damit - als bloßer Masse - einen bereits beachtlichen Sprachschatz beigebracht.

Wo ein Volk unterdrückt und gegängelt wird, neigt man gern dazu, solchem Volk eine natürliche Klugheit zu unterstellen, eine „Massenklugheit" gewissermaßen, die nur von der schnöden Herrschaft niedergehalten werde. Das unterdrückte Volk ist still und schweigt und überlegt sich tatsächlich genauer als sonst, was es sagt, wenn es sich äußert.

Wo das Volk dann „frei" ist, merkt man schnell, wie einfältig selbstgerecht und kurzatmig es tatsächlich bleibt, wie unfähig und lernunwillig, wie selbstgefällig, arrogant und ignorant, wie sehr nur Masse und wie wenig Volk. Unter der Vielzahl seiner Konstituenten schlummern dann aber doch ganz erstaunliche Talente und Einsichten, einige hier und ganz andere da.

Weil das so ist, muß ein Volk beherrscht werden. Es kann sich nicht mehr allein, „demokratisch" in der Welt bewegen. Das Volk (dieser etwas romantisierte „Körper" der Massen) ist nicht mehr die überschaubare Sippe von einst. Es muß „regiert" werden.

Jedes Volk hat dazu genau die Herrschaft, die es verdient. Dieser bekannte Spruch ist so traurig, wie er wahr ist und wie er immer wahr bleiben wird. Die Masse denkt nicht, sie lebt, sie plaudert und redet denen nach dem Munde, die ihr schmeicheln. Wie soll die Masse auch denken?

Ein Mensch kann denken, der eine so, der andere anders, der eine kurz, der andere lang, der eine tief, der andere flach und viele überhaupt nur sehr mäßig. Wie soll dieses Viele in Eines gehen, ausgerichtet, klar, eindeutig, brauchbar?

Darum hat das Volk seine „Vordenker" (oder „haben" diese eher „ihr" Volk?).

Immerhin denkt auch das Volk, es denkt so sehr und so stark, daß man von obrigkeitswegen glaubte, dem immer wieder einmal Zügel anlegen zu müssen, daß man eine Meinungsfreiheit einzuschränken hatte oder daß man Meinungen und Anschauungen gleich von Anfang an, im „Status naszendi" gewissermaßen, munter manipulierte.

Etwas denkt das Volk also doch. Oder sind das nur einige unter dem Volk, Sonderlinge, Aufrührer, Querdenker und Quertreiber, die sich da hervortun?

Die Menschen haben immer gedacht, denn sie sind denkende Wesen. Wenn sie heute nicht mehr denken oder nicht mehr so viel, dann darum, weil es sich nicht mehr lohnt, weil es daneben geht, weil andere es schon reichlich tun (oder eigentlich tun sollten) und weil man damit schnell mal quer steht zum großen Strom der Zeit.

Ein „Ruck sollte durch Deutschland" gehen, wurde vor einiger Zeit einem deutschen Politiker in den Mund gelegt und den Massen zur Belehrung an alle Wände geklebt. Sollte dieser Ruck womöglich mit einem wieder selbständigen Denken eines ganzen Volkes beginnen?

Man wird immer in die Irre laufen, wenn man den „allgemeinen" Leuten allgemeine geistige Fähigkeiten oder Einsichten unterstellt, die sie vielleicht haben sollten, aber nicht haben. Man darf sich dabei auch nicht von dem allenthalben vorhandenen geistreichelnden oder intellektualistischen Getue täuschen lassen oder vom satten Behauptungswahn aus den Herrenschichten.

Die Massen können gut und sicher nur mit Gemeinplätzen umgehen, die jeder akzeptiert, weil sie jeder anders und fast immer nur schön im eigenen Sinne versteht, „Freiheit, demokratisch, gerecht, ungerecht, reich, arm, Demokratie gut, Diktatur schlecht usw." Man tut weder den Leuten noch sich selber einen Gefallen, wenn man den allgemeinen mangelhaften Intellekt wegleugnet. Eine ganz andere Frage ist, ob man sich dazu lautstark und öffentlich bekennt oder Geschäfte gerade damit macht.

Es gehört zu den Grunddummheiten der Massen, daß sie das Gute, das ihnen selber Guttuende nie oder nur selten und wenn, dann mehr zufällig als bewußt gesucht und überdacht erkennen. Das ist auch der fatale Grund, warum sich das Gute nicht von allein durchsetzt, nur weil es „das Gute" ist. Die Masse erkennt nur, was ihr eingeblasen wird. Sie leidet lieber, als daß sie versteht und einsichtig handelt. Die Masse wartet auf die Einbläser, damit die ihr die Welt erklären und ihr sagen, was gut und was böse ist, schön oder schlecht, modisch oder nicht mehr in die Zeit passend. Dann posaunen sie dasselbe weiter, lautstark, ingrimmig, brünstig. Die Massen sind wie Megaphone - und ganz ohne Batterie.

Individuum und Charakter

In der Gemeinschaft wirkt das Individuum wie das einzelne Atom in einer Substanz. Das Individuum ist überhaupt das Einzige, was unmittelbar und direkt wirkt. Nur die vielen einzelnen Individuen bewegen einzeln die Welt der Menschen. Doch sie alle werden auch bewegt, von anderen Individuen nämlich, vom Resultierenden aus deren Gesamtwirken, auch von abstrakten Bildungen, die aus kollektiven Prozessen stammen und sich mit Naturkräften vermengen. Das einzelne Individuum ist immer auch ein ausgeliefertes und damit bloß reagierendes Wesen, welches sich orientiert wie die Eisenfeilspäne im Magnetfeld.

Was das Individuum maßgeblich umgibt, ist das Soziale, das Systemare und das Natürliche. Für ersteres und für letzteres ist das Individuum von Natur aus begabt, der Mensch ebenso wie das Tier. Das Systemare hingegen ist exhuman und ist als das „Gespenstische" zu einer neuen, spezifisch modernen Übermacht über den Menschen geworden.

Nicht Fähigkeiten und Begabungen sind sonderlich entscheidend, sondern der Charakter, der nämlich bestimmt, was aus Fähigkeiten und Begabungen wird, wie man sie einsetzt, ob man überhaupt etwas aus ihnen macht. Charakter ist nicht Intelligenz oder Verstand.

Der Charakter besteht aus angeborenen Komponenten, die sich intuitiv bemerkbar machen, und aus erworbenen, anerzogenen Teilen (Anpassung, Prägung), die wir bewußt erleben. Beide Komponenten müssen durchaus nicht miteinander harmonieren. Sie können recht verschieden sein.

Der Charakter ist im Menschen genau so etwas Ehernes und von Geburt oder früher Prägung an Gegebenes wie seine Statur oder Konstitution. Charakter läßt sich nicht ändern, nicht so ohne weiteres zumindest und nicht ohne andere, oft schmerzliche Verwerfungen in der Persönlichkeit. Charakter ist angeboren und gehört als solcher auch mit zu den unabweislichen glücklichen oder tragischen Erblasten eines jeden Lebens und einer jeden Person.

Im Gegensatz zu anderen angeborenen Besonderheiten weiß man das meist nicht und glaubt gerne, daß sich Charakter bilden, formen oder gar verändern lassen könne. Charakter aber läßt sich nur entfalten und ausleben - oder unterdrücken und deformieren.

Es gibt auch nicht den „charakterlosen" Menschen, von dem gelegentlich die Rede ist. Vielmehr ist „Charakterlosigkeit" selber eine der vielen besonderen Charaktervarianten mit spezifischer Eigenheit, die als Charakter genauso fest und starr angelegt ist wie alle anderen charakterlichen Anlagen. „Charakter zeigen" ist ebenfalls eine Charaktereigenschaft, zur eigenen Persönlichkeit zu stehen oder sich jedweden Menschen oder Umständen anzupassen, als „Kriecher" etwa und eben „charakterlos".

Charakter ändert sich mit dem Alter kaum. Eine „Persönlichkeit" wird in der Pubertät (also mit rund fünfzehn Jahren) fast fertig. Aber Charaktereigenschaften werden in Abhängigkeit vom Alter anders bewertet bzw. wirken sich anders aus.

Änderungen des Charakters, so notwendig sie auch im eigenen Interesse oder im Gemeininteresse sein mögen, werden nur ungern in Angriff genommen, weil man - nicht ganz zu unrecht - vermeint, „sich selber damit zu verlieren".

„Gehirnwäsche", wo sie erfolgreich ausgeführt wird, ist fast immer mit einer grundlegenden Veränderung des Charakters verbunden. Da das meist nicht sehr harmonisch möglich ist, sind die Produkte derartiger Eingriffe auch schon durch ihr merkwürdig erkünsteltes Verhalten zu erkennen.

Im Charakter fügen sich Unterbewußtes und Bewußtes zur individuellen geistigen Eigenart der Persönlichkeit, die dann teilweise wie ein Programm deren Handeln beeinflußt, reguliert oder bestimmt.

Eine der häufigsten Selbsttäuschungen besteht in der Annahme, alle Menschen seien „so wie ich". Weil ich selber mich einigermaßen kenne, erlaube ich mir, aus meinen Eigenarten auf die Eigenschaften aller zu schließen. Das ist bequem, und das ist einfach. Aber oft ist es falsch und gelegentlich sogar ganz falsch.

„Menschenkenntnis" bedeutet zu wissen, daß es über einer Grundausstattung gemeinsamer Eigenschaften, die allen Menschen gleichermaßen zukommt, eine Vielzahl verschiedener Veranlagungen und Bildungen gibt, die quasi erst einmal als solche erkannt und entdeckt und dann systematisiert und rationalisiert werden müssen, die schließlich gelernt werden, ohne daß man sie emotional nachvollziehen, also eigentlich verstehen kann.

Charakter ist auch Schicksal. Das, was da in unserem Inneren angelegt ist, dieses unterbewußte Wollen oder Verweigern, diese Hemmungen oder Imperative, das Spontane, Phantasievolle, Kleinliche, Großzügige, Bedenken, Larifari, das alles beeinflußt auch unser Werden.

Wir Menschen sind viel weniger frei, uns selbst zu formen, als wir oft meinen. Zuerst formen uns äußere Umstände, Zwänge, Angebote, Freiheiten und wirken auslesend auf die charakterlichen Veranlagungen ein. Dann erst haben wir selbst ein wenig Spielraum und können fördern oder bremsen - falls wir überhaupt einen Sinn dafür entwickeln.

Der explizite (politische) Inhalt unseres Verhaltens ist der Realisierung dieses Verhaltens stets nach- oder untergeordnet. Die Verhaltensantriebe kommen aus dem Charakter und bilden eine primäre Aktivität, welche nachträglich mit den jeweils naheliegenden aktuellen, politischen Inhalten aufgefüllt werden. Anpassungsfreudige Eiferer dienen jedem Staat oder jedem System. Notorische Kritiker kritisieren alles.

Man könnte glauben, daß die Menschen bereits als Funktionäre, Wohltäter, Bürokraten, Altruisten, Zuhälter, Arbeitstiere, Intriganten, Playboys, Folterknechte usw. geboren werden und ihr ganzes Leben so tun, als hätten sie einen ganz natürlichen Anspruch auf diese ihre angeborene Rolle im Leben, auf deren Entfaltung in einer entsprechenden Karriere. Das schafft Reibungen.

Menschen nach charakterlichen Merkmalen oder sonstwie zu unterteilen heißt, sie auf Schubladen verteilen, sie klassifizieren, sie in Kategorien einteilen, zum Beispiel in Gute oder Böse, Dumme und Schlaue, Häßliche und Schöne, Arme und Reiche. Das hat man immer schon gemacht, egal ob das andere nett fanden oder nicht. Meist fanden sie es anmaßend, taten es aber doch selber auch und eifrig - intern zumindest.

Die Unterschiedlichkeit der Menschentypen und Charaktere ist von weitaus größerer Bedeutung als das einheitliche, „genormte" Durchschnittsbild des Menschen, als „der Mensch" also, der sich darin eher nicht sehr häufig findet, obwohl so viel und so gern von ihm die Rede ist.

Der „Standardmensch", einfach nur durch eine abstrakte, staatlich garantierte „Würde" definiert und durch nichts sonst, ist ein bloßes Schemen, eine juristisierte Fiktion gewissermaßen, ein Wunschbild außerhalb der ordinären Fakten des Lebens.

Die Legitimation für eine unterschiedliche Charakterisierung des Einzelnen ist einfach der Fakt, daß die Menschen solcherart unterteilbar werden, sichtbar in ihrem besonderen, individuellen Wesen. Wenn sie hingegen nicht mehr unterteilt werden wollen, dann hieße das zumindest für die nicht ganz Naiven unter ihnen, sich einer allgemeinen, vielleicht „höheren" Vorstellung „vom Menschen" anzupassen, einzufügen, zu unterwerfen, Unterwerfung also unter die Norm eines vielleicht sogar utopischen Idealbildes.

Es ist naheliegend, daß Charakterisierung zu Bewertungen führt, damit zu Unterordnung, Überhebung, Dienstwilligkeit, Aufsässigkeit usw. und von daher schon eine heikle Angelegenheit bildet. In den Fragebögen werden die Leute nach Partei und religiösem Bekenntnis, Vergangenheit und Verwandten, Kontonummer oder Führungszeugnis befragt - nicht aber nach Charakter. Trotzdem ist der ganze Fragebogen eine einzige Charakterologie und jeder, der ihn liest und auswertet, tüftelt eifrig daran herum, was sich da denn nun für ein Charakter dahinter verbirgt - falls er nicht von vornherein weiß, daß es sich nur um eine Maschine handelt, die er da mit der Person einkaufen, anschalten und arbeiten lassen will.

Der schlechte, „miese" Charakter ist nicht nur unbeliebt, er wird auch generell gern abgeleugnet. Man will sich umgeben wissen nur von würdigen, „brauchbaren" Menschen, deren Charakter eigentlich keine Rolle spielt oder spielen darf, der „gute" nicht und der „schlechte" erst recht nicht.

Der Mensch kultiviert mit sich selber gern ein „graues Normwesen", eine funktionierende, sich einpassende Funktionärsnatur ohne Ecken und Kanten, gefällig, schneidig, stromlinienförmig und ohne erkennbare Eigenheiten, einfach und schlicht nur zwingend und vielleicht göttlich, zumindest aber würdig. Das aber bedeutet nicht, daß er darum einen Charakter nicht hätte. Unter Umständen hat er einen, tief in seiner Brust oder noch etwas tiefer, der ihn sogar gehörig bedrängt und zwickt und unruhig macht.

Individuell sieht das ganz anders aus. Da findet man in seinem Umfeld und vor seinem geistigen Auge die bekannte Welt voll mit „Typen", die in jede noch so erkünstelt scheinende Schablone tatsächlich passen - und dieselbe auch gleich wieder sprengen.

Natur

Was „Natur" sei, ist leicht zu sagen: Sie ist einfach alles. Schwieriger wird es zu erkennen, was sie nicht ist. Neben „allem" gibt es nämlich noch eine Menge „anderes", welches zwar auch in diesem „allem" steckt, aber doch nicht dazu gehören möchte oder soll und damit auch eine gewisse Berechtigung für Eigenständigkeit bekommt. Das „Künstliche" gehört dazu, aber ebenso das Geistige und selbstredend das „Unnatürliche". Was ist nicht alles „unnatürlich"! Der Mensch selber ist es. Dazu hat er sich noch einige andere Welten oder Orte „neben der Natur" erschaffen - viele Welten, große Welten, unüberschaubare Welten.

Und schon ist es nicht mehr einem jedem bekannt, daß es außer diesen Schöpfungen und Interpretationen auch noch eine Natur gibt. Eine merkwürdige Sache ist das.

Was ist das nun: „Die Natur"?

Natur erst einmal ist keine Kunst, vom Menschen nicht künstlich erschaffen. Natur ist alles das, was von selber passiert, ganz allein, ohne staatliche Gesetze und Verordnungen und auch ganz undemokratisch. Natur ist auch nicht das „Natürchen vor dem Türchen", in welches man eine geführte Exkursion anmeldet, wo „das Tier des Jahres lebt" oder wo man die wilden Reiser schneidet und die Wühlmaus massakriert und auch sonst für Ordnung zu sorgen pflegt, das bunte Herbstlaub umherbläst und den Wildwuchs mit dem Lärm einer ganzen Panzerarmee (Ohrschützer aufsetzen!) abrasiert in der schönen neuen Welt.

Natur, das sind zum Beispiel die Geschwulst im Darm und der Frostaufbruch auf der Chaussee, die künstliche Rohrleitung durch das Chemiewerk oder die große Leere im Kosmos.

Wenn es auch merkwürdig klingen mag, Natur ist auch eine Versicherungsanstalt oder die Oberfriedhofsbehörde - freilich hier schon etwas „verfremdet", doch immer noch aus Atomen und Molekülen bestehend mit ihrem aparten Eigenleben und aus nichts anderem sonst. Alles Künstliche ist sogleich wieder Natur, sobald der Mensch für einen Moment nur seinen Blick davon abwendet. Natur ist überall, in uns und um uns und außer uns - ob wir das mögen oder nicht. Abschaffen oder ignorieren wollte die Natur schon mancher, wirklich gelungen ist das noch keinem.

Es gibt auch keine Flucht aus der oder in die Natur. Doch man kann in die Wüsten und Wälder fliehen, weg von den herrischen Menschen, ihren künstlichen Gebäuden und stumpfsinnigen Attitüden. Es gibt hier und da noch Reste von Gebieten auf dieser Planetenoberfläche, wo die Natur noch „unverbaut" auftritt, ohne humane Bevormundung, Besserwisserei und Fehlurteile. Das ist natürlich auch Natur, doch „die Natur" allein ist es nicht.

Und manchmal ist die Natur ja auch ganz nett. Vor allem aber ist sie zuverlässig, erschreckend zuverlässig, in allen ihren so wirr scheinenden Bewegungen, in allem was da kreucht und fleucht.

Was alles kreucht und fleucht in ihr?

Nehmen wir als Beispiel wieder den Regenwurm. Er dürfte nach menschlichem Maßstab nicht übermäßig intelligent sein. Er dürfte regelrecht und typisch dumm sein, ein richtiger dummer Wurm, der nichts anderes kann, als durch die Erde kriechen und Dreck fressen statt ordentlich in Aktien zu spekulieren und vom Gewinn Mietshäuser zu kaufen. Dieser Wurm aber, oder doch seine Enkel und Urenkel, werden noch bescheiden durch die Erde kriechen, wenn sich der Mensch mit seiner hohen Intelligenz, mit seinen Maschinen, Raketen, Computern, mit Staaten und Bürokratien längst hinweggeräumt hat aus dieser schönen Welt.

Also ist der bescheidene Wurm vielleicht doch schlauer als der erhabene Mensch über ihm? Er ist nicht schlauer. Er profitiert lediglich von diesem „Wunder der Dummheit", wie der Mensch im Übrigen ganz ebenso. Wunder und Dummheit werden dieserart sehr allgemein und allgegenwärtig und „natürlich". Doch der verständige Mensch vermag sich darüber auch zu wundern - oder er wundert sich eben nicht, sondern packt gleich zu.

Geist

Am Anfang des Denkens stand nicht der Geist, sondern die Sprache, der Laut, das zum Wort gewordene Mund- und Halsgeräusch. Dieses seltsame Signal (nicht einfach ein Schrei) mit seiner eigentümlichen Wirkung brauchte noch keinen Geist, aber es erschuf ihn - langsam.

Das Wort war eines Tages nicht mehr nur emotional, es kam nicht mehr allein aus den Tiefen des Fühlens, es kam schon woanders her und war dort jetzt etwas Rationales, mathematisch gewissermaßen, abzirkelnd, bemessend, genau. Das Wort forderte Verstand und zugleich (um demselben gerecht zu werden) sich selbst noch einmal als Schatten im Kopf. Es schuf Verstand und bildete diesen weiter.

Als in diesem werdenden Verstand dann das erste Mal mehrere Worte aufeinander trafen, entstand der Geist - nicht aus diesen Worten, wohl aber aus den mannigfaltigen Beziehungen, die sich auf einen Schlag daraus ergaben, Neubildungen in einer noch unberührten Welt, in einer wahren Terra inkognita des bisherigen biogenen Seins.

In den langen Urzeiten, während welcher dann dieser Geist in den Menschen und über ihnen, über sie hinaus entstand, da war er am Anfang sicher der reine Wahnsinn.

Schon die ersten, unabhängigen, freien Gedankenbilder der Menschen waren vermutlich Anmaßungen und die ersten autonomen Leistungen des Geistes waren Chaos. Der Geist entstand und griff sogleich ins Leere, wohin auch sonst! Um sich selbst zu verwirklichen und zu bestätigen, mußte er unaufhörlich erfinden und phantasieren.

Die Gefahren, die von einem solchen Geist ausgingen, wurden indessen gedämpft durch seine geringe Kraft und Ausdauer. Denken strengte immer schon an, insbesondere wenn es umfänglich, logisch und genau sein sollte. Aber gegenüber dem, was der Geist eigentlich zu leisten hatte und was ihn entstehen ließ, nämlich das Leben seiner Träger unmittelbar zu befördern und zu schützen, blieb er in seinem weiteren Wachstum immer unterfordert, überdimensioniert und zugleich auch unfähig und hilflos.

Es gehört zu den durchaus natürlichen Absurditäten der Evolution, daß sie im Stande ist, auch Überflüssiges und Falsches reichlich zu schaffen. Die Evolution ist gewissermaßen auch eitel und gefällt sich selber - selbst im Blödsinn.

Zu einem Makel im Geistigen manifestierte sich das Überflüssige aber erst im Überfluß des Materiellen, zur Dummheit nämlich, an dessen Schaffung der Geist wiederum so sehr tätigen Anteil hat, daß es schon wieder wundern muß.

Diese Dummheit ist hier nicht definiert als das Fehlen von Geist, sondern als dessen spontane, vernunftunabhängige, triebartig selbständige Eigenaktion ohne jede Selbstkritik oder Rückkopplung, einfach nur so - aber oft auch mit Folgen und praktischen Konsequenzen.

Dort, wo es diesen materiellen Überfluß nicht mehr gibt, wo die blanke Not herrscht, dort ist auch heute und heute mehr als früher der Geist immer noch überfordert und zugleich wieder ganz am Anfang seiner Entwicklung. Denn wirklich zaubern, wie es ihm seine eigenen, wie magischen Illusionen zu allen Zeiten und auch heute noch einzugeben versuchen, das kann der Geist dann doch nicht.

Der Mensch, das ist nicht der Begreifende, sondern das Begreifen lernende Wesen.

Meist gehört mehr Mut zu einer Frage als zu einer Antwort. Wo der Mensch nur noch antwortet, erklärt, verkündet, da ist er schon verfettet und taub geworden. Der Geist muß fragen, um zu wachsen.

Geist ist nie im Besitz von einzelnen Menschen, wiewohl man den einen geistvoll nennt und den anderen geistig arm. Geist ist etwas Eigenes an sich und steht neben den Menschen. Er schwebt durchaus mehr über den Köpfen als in ihnen drin. Geist ist allgemein verteilt und heute nicht mehr nur in den Köpfen, sondern vor allem im Schriftwerk und unterdessen auch schon auf Filmen und Magnetbändern oder gar auf CD-ROM und MP3. Aber mit letzterem ist es noch nicht weit her (betreffs Geist und Geistigem).

Geist befindet sich so sehr außerhalb der einzelnen Individuen, daß man ihm schon immer auch eine ganz eigene Existenz angedichtet hat, als „Weltgeist" etwa und ähnliches. Die Menschen waren vom Geistigen seit je her derart fasziniert und beunruhigt zugleich, daß sie ihm eine absolute Existenz zuerkannten und ihn gar zum Urgrund allen Seins zu machen versuchten. Indessen ist „Alles Sein" ein großer Begriff. Vielleicht hat darin noch bedeutend mehr Platz als nur etwas Geist und die viele „Materie" darum herum?

Der Geist versteht die Welt zuerst, wie er sie verstehen will. Dann erst wird er von der Welt gezwungen, sie auch so zu sehen, wie sie ist, oder genauer: Die Wirklichkeit der Welt „ist" (für die Menschen) so, wie sie die Menschen zwingt, sie zu sehen.

Das Geistige ist nicht der Urgrund der Welt oder der Welt vollendete Verstandesbasis. Der Geist oder das Geistige ist voller Problematik und angehäuft mit Ungeklärtem. Er ist wie künstlich einer Welt aufgesetzt, die auch ganz ohne Geist mit sich selbst zurechtkommt.

Intelligenz

Was im Menschen selber sitzt, das ist seine Intelligenz, seine geistige Kraft, seine Fähigkeit, mit dem Geistigen umzugehen, davon etwas zu besitzen und damit zu agieren. Der Mensch wird geistig leer geboren, aber er bleibt es nicht. Er ist von Anfang an intelligent und saugt das Geistige aus seiner Umgebung auf wie ein Schwamm das Wasser. Zuweilen ist das kein ganz reines Wasser und der Geist auch mal ein Ungeist. Damit muß der Mensch umgehen. Er muß lernen, im Geistigen sein eigener Richter zu werden. Die Gedanken sind frei. Der Verstand, die Vernunft sind gefordert, seine Intelligenz hilft dem Menschen - oder läßt ihn im Stich.

Die Welt des Geistigen im Menschen, das Wesen seiner Intelligenz, bildet ein weites Feld. Das Wissen oder auch Falschwissen ernährt vielerlei Leute - und es ist eigentlich alles schon längst bekannt.

Der Mensch ist zum Beispiel in der Lage, wie ein beliebiges Tier zu agieren, je nach Situation, Stimmung, Veranlagung. Er vermag zu agieren, ganz ohne Gehirn, nur mit dem Kleinhirn, mit dem Zwischenhirn, mit der Großhirnrinde oder schließlich gar nicht mehr, weil ihm das alles unterdessen über den Kopf wächst. Da schaltet er dann schnell mal das Denken ab und vertraut auf das, was um ihn ist, vertraut tatsächlich auf die wärmende Sonne, auf den fürsorglichen Chef oder die sorgende Mutter. Da denkt er nicht, da „weiß" er, daß das andere um ihn herum auch nicht so kann, wie es will, sondern vielmehr will, wie es muß. Darauf verläßt er sich. Zuweilen ist er damit dann auch verlassen. Aber immerfort nur zweifeln oder mißtrauen, bedenken oder erwägen, das hält er nicht aus, das bringt Streß.

Auch der nicht mehr denkende Mensch vermag noch immer vertrauenerweckend zu erscheinen und zu agieren, besonders in Geschäftskleidung oder Uniform.

Das Fällen von Entscheidungen ist überhaupt ein Problem, dem der Mensch gerne aus dem Weg geht. Besonders unangenehm wird es, wenn er zwischen dem einem oder dem anderen Übel frei wählen darf. Dann fühlt er sich schon etwas verlassen und läßt lieber andere entscheiden. Dann tragen die die Schuld, und er darf sich beklagen.

Wenn der Mensch wenig weiß, fällt ihm das Entscheiden gemeinhin leichter, als wenn er viel weiß. Mit wenig im Kopf sieht er sich auch sogleich von einer entsprechend simplen Welt umgeben. Das ist so fatal wie auch bemerkenswert. Und es ist auch nicht ganz richtig.

Es gibt auch Leute, die nichts wissen, aber trotzdem ahnen, daß sie nichts wissen und die sich dann auf den simplen Grundsatz verlassen, auch nicht zu handeln, wo sie nichts verstehen. Und es gibt andere Menschen, die viel wissen, daran aber nicht irre werden und tatsächlich Entscheidungen fällen, die sogar sinnvoll und nützlich sind und über die die umgebende Menschenwelt nur staunen kann und für die sie dankbar sein sollte.

Es gibt auch entscheidungsfreudige Menschen. Die Frage ist dann, ob sie auch intelligent genug dazu sind und nicht nur das.

Und noch etwas anderes ist fatal: Reichtum macht zuweilen dumm, nicht unbedingt, nicht zwingend, aber doch reichlich oft - und zu oft. Der Überfluß beweist damit auch zugleich die Überflüssigkeit des Geistigen für das Vollendete, das Volle, das Satte. Lebendiger Geist, das ist unterwegs sein, hungrig bleiben, suchen, sich bemühen.

Fatal ist das allerdings, weil die Intelligenz meist antritt um eines „Nutzens" willen, etwa um satt und voll und fett zu machen, und daß sie nach Erreichen dieses Zieles wieder abtritt, wenn es darum geht, genau diesen einst erstrebten Standard nun auch zu erhalten und zu bewahren.

„Wozu brauchen wir Kraftwerke, bei uns kommt der Strom aus der Steckdose!" Das klingt überspitzt, doch eine halbe Welt denkt so, vor allem aber, sie handelt unterdessen auch entsprechend. Es ist schon einigermaßen spannend zu fragen, wie lange noch?

Intelligenz ist auch strukturiert. Man ist nicht einfach nur schlau, sondern man ist so oder so geistig besonders. Im Geistigen scheinen sich die Menschen untereinander überhaupt viel mehr als anderweitig zu unterscheiden. Da ist es gut, daß man das nicht auch sogleich von außen sieht.

Die Intelligenzbegabung läßt sich unter anderem und vor allem nach zwei Aspekten oder Typen unterscheiden:

Auf der einen Seite gibt es die auf das Auswendiglernen, auf das Faktenwissen spezialisierte Intelligenz, die "Wissensintelligenz", auf der anderen Seite die auf das Überlegen, auf das Verstehen spezialisierte Intelligenz, die "Verständnisintelligenz". Die eine kann nicht die andere ersetzen, aber beide für sich allein können bedeutend werden.

Im Allgemeinen besitzt der Mensch beide Intelligenzarten. Er braucht auch alle beide. Trotzdem sind diese Varianten unterschiedlich verteilt. Es gibt immer Fälle, wo Menschen alles wissen und doch nichts verstehen oder wo sie vieles begreifen und doch viel zu wenig wissen. Das Problematische an solchen Extremformen ist deren Fehleinschätzung: Wer viel versteht, dem wird ein großes Wissen zugetraut. Wer viel weiß, von dem glaubt man auch, daß er zugleich viel verstehen müsse. Mit Extrembegabungen wird immer leicht geblendet. Die Folgen davon sind ernüchternd. Die Ursachen bleiben jedoch oft unverstanden.

Auswendig gelernt ist schnell etwas. Aber etwas zu verstehen, zu begreifen, wirklich zu fassen, ist schwer. Gerade Leute mit gutem Gedächtnis spezialisieren sich schnell auf das Auswendiglernen. Da sie damit oft großen Erfolg haben, belassen sie es gern dabei. Aber zwischen dem Lesen eines Gedankens und seiner Verarbeitung ist ein weiter Weg, den manch einer gar nicht sieht. Er weiß nun etwas - und versteht doch nichts. Er erklärt sein Wissen in langen Vorträgen - und keiner kann ihm folgen.

Auf dieser Grundlage gedeiht das primitive Wissen von der Welt und vermehrt sich. Die Leute plappern nach, was sie irgendwo gehört haben. Wie ein Vervielfältigungsapparat verbreiten sie Weisheiten, ohne diese wirklich zu fassen, und erfüllen so ihre Aufgabe - aber nicht für sich, sondern im Auftrag des Systems, welches gerade auch dadurch vom Menschen unabhängig wird und sich diesem überordnet.

Einer wird es schon verstehen, was ich irgendwo aufgeschnappt habe und nun weitersage, agitiere, anordne, befehle, so meinen diese schlauen Leute.

Mangelnde Intelligenz hat Schutzfunktionen. Kein Individuum kann mehr begreifen, als es ihm seine geistige Fähigkeit ermöglicht. Das verhindert, daß das Individuum an sich selber irre wird. Das stumpfsinnige Leben eines Huhns vermag dieses selbst nicht zu erfassen und von einer „höheren Warte" aus beurteilen. Also langweilt es sich nicht. Wer dem anheimelnden Geplauder von Hühnern einmal gelauscht hat, kann das leicht nachempfinden. Das Huhn ist damit im Rahmen seiner Möglichkeiten zufrieden und glücklich.

So kann ein ganzes Volk im sinnlosesten Irrtum befangen sein, ohne daß es intellektuell darunter litte. Es leidet dann aber vielleicht einmal körperlich darunter. Das soll schon vorgekommen sein.

Intelligenz gehört wie Schönheit oder Kraft auch zu den körperlichen Prestigeobjekten. Nur wenige sind gern dumm. Und diesen Wenigen läßt sich Weisheit schon nicht mehr ganz absprechen.

So wie sich die Menschen heute maniküren, bodybuilden, liften lassen, so kümmern sie sich auch um ihre Intelligenz, die eine schlagende, schneidende, umwerfende sein soll und das in etwa mit dem gleichen Erfolg wie bei Kraft und Schönheit.

Der intelligenzgebildete Mensch ist der „Intellektualist", der intelligent sein wollende Möchtegerngeistige. Das schafft er auch immer - mehr aber nicht. Intellektualismus bedeutet eine müßige Welt geistiger Pamphlete und Ausreden, ein Pseudowissen, welches losgelöst von aller Realität, von allen Bedürfnissen ein eigenes, eigenwilliges und durchaus stabiles Eigenleben entfaltet. Intellektualismus besteht aus „Wissen an sich", um seiner Selbst willen. Intellektualist ist der Schlaue, der Geistreiche schlechthin und einfach so - für Geistreichelei und intellektuelles Feuerwerk, für Kurzweil und Unterhaltung.

Die Fehlleistungen von Intelligenz sind mannigfaltig und bilden ein ganz eigenes, allerdings weniger populäres Wissensfeld. Hier sei nur kurz die häufige Verwechselung von Ursache und Wirkung erwähnt. Sie gehört zum Normalinventar einfacher und primitiver Irrtümer. Wenn zwei Dinge zusammen vorkommen, dann wird ein Primäres und ein Sekundäres, Ursache und Wirkung, gern den eigenen Wunschvorstellungen gemäß „erkannt".

Solcherart z.B. meinten die Marxisten, daß die ungeeigneten Produktionsverhältnisse die Ausbeutung und damit das Elend in der Welt hervorbrächten. Es war jedoch umgekehrt: Aus den tatsächlichen humanoiden Eigenheiten gingen die ausbeutenden Produktionsverhältnisse hervor.

Verstand und Vernunft

Der Verstand ist das Primäre, was zum Verstehen dient und welches die Vernunft ermöglicht.

Verstand aber ist nicht ursächlich für das Leben, sondern zusätzlich. Er ist ein Anpassungsprogramm, mehr nicht. Er will nichts. Er muß nicht sein. Verstand ist grundsätzlich überflüssig. Das beweist nicht nur das muntere Leben der einfältigeren Leute, das zeigt die gesamte Natur, die zwar kompliziert, darum aber keineswegs sonderlich wissend ist.

Vernunft ist ein Werkzeug, welches sich mit den Menschen in diesen entwickelt hat, welches sie befähigt, zweckmäßig, zielgerichtet, erfolgreich zu handeln.

„Wenn ich dieses und jenes mache, so oder auch anders agiere und reagiere, aber jenes nicht tue und das andere lasse, so folgt daraus dieses und jenes, also erreiche ich dies und das" - so wirkt der Verstand.

Das vernünftige Handeln befähigt den Menschen zu leben und darüber hinaus, seiner geistigen, nichtmateriellen Welt über seinem Kopf auch in den tiefen Realitäten seines Daseins zur Wirkung zu verhelfen. Vernunft ist das Richtige, und das Richtige ist das, was zueinander paßt, was sich fügt und ein Ganzes werden läßt, wohingegen das Falsche zwar das Ganze auch will und einiges dafür tut, es aber doch nicht zustande bringt.

Ziele und Wünsche ergeben sich für den Menschen aus dem Glücksprinzip, auf daß sein Wünschen und Wollen zu seinem Leben passe und sein Leben zu seinem Wollen und Wünschen. Ob ihn dieses Glück dann wieder in die Irre führt, steht dabei erst einmal auf einem anderen Blatt. Vernunft ist nicht notwendig auch eine Garantie für alles. Aber Vernunft ist immer der erste und einzig mögliche Schritt dahin.

Über dieses Glücksprinzip wird dann doch wieder das Unterbewußte zu einem dominanten Faktor, welches die Autonomie von Vernunft zumindest in Frage stellt. Vernunft ist relativ. Sie ist insbesondere keine Kategorie der Moral. Wer sich im kalten Winter zu dünn anzieht, eigentlich aber nicht frieren oder gar krank werden will, der handelt trotzdem sinnvoll, wenn er mit dieser Krankheit wiederum einen Zweck erreicht, zum Beispiel eine Krankschreibung, die ihn vielleicht über eine weit kritischere Situation an seinem Arbeitsplatz rettet.

Der Wohnungsvermieter, der vor allem und zuerst nur reich werden will, handelt unvernünftig, wenn er die Mieten so kalkuliert, daß er damit seine Wohnungen gerade eben so erhalten kann, was die Mieter wiederum für sehr vernünftig zu halten geneigt sind usw.

Nur der Mensch vermag „vernünftig" zu handeln. Das System kann es nicht, und auch die Tiere können es nicht. Tiere und System sind darum aber nicht „unvernünftig". Sie agieren vielmehr außerhalb solcher Kategorien wie Vernunft oder Unvernunft und nach inneren Zwängen, die wir dann sogleich wieder als Zweckmäßigkeiten deklarieren, die sich aber jedem Willen entziehen bzw. solch ein „Wille" gleich selber sind.

Erst der Mensch kann den Pflanzen, den Tieren, der Natur oder seiner eigenen politischen Entwicklung Wünsche oder Ziele unterstellen (die aber dort selber nicht vorhanden sind) und dann dieses fremde Verhalten unter dem Gesichtspunkt von Vernünftigkeit beurteilen. Der Mensch neigt seit eh und je dazu, die Wesenheiten seiner Umwelt zu beseelen und sie sich selber gleich oder analog zu denken. Das macht sich einfach, bringt ihn weit, führt ihn aber immer auch in die Irre.

Das große System allen Lebens zum Beispiel denkt nicht und wünscht nichts. Doch die Menschen unterstellen dem System eine Vielzahl von Zielen, Zwecken, Bedeutungen, Tendenzen, Sinnhaftigkeiten usw. und diese auch noch in völlig verschiedener Weise. Das System aber ist niemandes Freund. Es „dient" nur denen - zufällig - die auch zufällig von ihm profitieren, bewußt oder unbewußt.

Die Vernunft der einen ist nicht die Vernunft der anderen. Was der eine für sinnvoll oder zweckmäßig hält, kann für den anderen ganz sinnlos sein. Urteile über die Vernunft anderer sind oft fragwürdig, insbesondere aber dann, wenn schon diese anderen selbst kaum in der Lage sind, zumindest über ihre inneren Antriebe Klarheit zu fassen und diese einsehbar und folgerichtig in ihr Vernunftkalkül einzubinden.

Vernunft orientiert sich an vornehmlich ideologischen Rastern. Wir sehen dazu immer nur unsere eigene Welt und diese wiederum aus dem engen Blickwinkel unseres eigenen Verstandes. Andere haben ganz andere Ausblicke, schauen in andere Wirklichkeiten, aus anderen Winkeln und mit anderen Vernebelungen. Deren Welt ist nicht unsere Welt, auch wenn diese beiden Welten Teile der einen, einzigen Welt sind. Die Vernunft ist einseitig und parteiisch und blind für alles zugleich nebeneinander.

Die Vernunft will nicht die Welt retten. Sie will nur dem Einzelnen helfen und dessen biologischer Art und das wiederum auch nur über ihn, diesen Einzelnen als Einzelwesen. Vernunft ist eine individuelle Angelegenheit und um so schwerer zu realisieren, je mehr sich gemeinschaftlich unter ihre Haube drängen.

Wer gewisse Dinge nicht ganz direkt und persönlich erlebt und erfahren hat, kann sie nur intellektuell, aber nicht wirklich verstehen. Jedes „wirkliche" Verstehen und Begreifen hat nämlich eine wesentlich emotionale Komponente. Das wird gern vergessen oder verdrängt, weil man eben die Erkenntnis mit dem rein Geistigen, dem rational Gefühllosen gleichsetzt. Wer sich allein auf dieses Rationale beruft, der kann die wirkliche Bedeutung, die Wirkung, die Fatalität, ja selbst das Glück an, in oder mit einer Sache auch nur „theoretisch" erschließen, kaum aber wirklich verstehen und nachvollziehen.

Der Mensch ist zuerst ein Gefühlswesen und „lebt" überhaupt nur als ein solches. Verstand, Ratio allein, „funktioniert" bestenfalls recht ordentlich - lebt aber nicht. Wo also das Leben in jeder Beziehung intakt ist, wo es kaum wirkliche Probleme gibt, dort wachsen Menschen heran, die wirkliche Probleme (selbst wenn sie unmittelbar davor stehen, ohne aber selbst davon betroffen zu sein) gar nicht verstehen, sie vielleicht sehen, nicht aber wirklich begreifen, sie mißverstehen und falsch interpretieren.

Solche Leute sind damit aber auch gefährdet durch Gefahren, deren tatsächliche Wirkung sie nicht zu erfassen vermögen. Sie sind nicht immunisiert durch die Gefahr. Sie kennen das Gefährliche nur wie der Arzt das Bakterium im Lehrbuch. Allein diese Kenntnis bewahrt ihn nicht vor einer möglichen Infektion.

Diese Problematik kennt der Mensch schon seit langem. Darum auch verläßt er sich dann krampfhaft und angstvoll, stur und oft auch dumm auf hergebrachte Sitten und Gebräuche, in der trügerischen Hoffnung, daß diese sich schon mal bewährt hatten und nun auch immer weiter bewähren werden.

Wahrheit

Der harte Kern des Geistes ist die Wahrheit. Aber darum ist aller Geist nicht zugleich alles Wahre. Wahrheit ist vielmehr eine Rarität. Sie ist auch nicht ganz so leicht als „Wahrheit" zu bestimmen. Nicht alles, was „wahr" genannt wird, ist es auch. Was aber „wirklich" wahr ist, damit läßt sich rechnen, damit kann der Mensch einiges anfangen.

Wahrheit kann den Menschen auch erschrecken, doch sie wird ihn nie belügen und im Stich lassen. Auf die Wahrheit ist Verlaß. Darum auch soll so vieles wahr sein, was es nicht ist. Und manches wird als unwahr verschimpft und ist doch nur die Wahrheit.

Was ist Wahrheit?

Was sie nicht ist, läßt sich schnell sagen: Sie ist nicht das Falsche, sie ist nicht die Lüge. Das aber ist schon viel. Doch was ist die Wahrheit noch und was ist sie zuerst?

Vor der Wahrheit steht der Wille zur Wahrheit, zur Entäußerung von allen subjektiven Einflüsterungen des immer regen Geistes. Wahrheit will das Objektive aussagen, sie versucht, was wirklich ist, in Worte zu kleiden, will das Faktum nennen. Das gelingt nicht immer. Darum gibt es auch halbe Wahrheiten, undeutliche Wahrheiten.

Die Praxis schlechthin ist nicht „das Kriterium der Wahrheit“, denn solche Praxis ist etwas Künstliches, etwas so Gewolltes. Man biegt sie hin, wie man sie haben will. Willkür ist irgendwie zwar auch „wahr“, doch auf einer anderen und nicht mehr allgemeinen Ebene. Objektiv bleibt nur das passiv Beobachtete, das, was alle so sehen und immer wieder so sehen (nicht aber, weil es „alle“ sind, die es so sehen). Es gelingt einfach nicht, es anders zu sehen. Wahrheit muß sich solcherart beweisen oder reproduzieren lassen, sonst ist sie es nicht mehr.

Die Dinge selbst und „an sich“ sind wahr. Doch das ist so trivial, wie es unbrauchbar ist. Denn wenn man die Dinge sieht, sind sie bereits nicht mehr das, was sie „eigentlich“ sind („an sich“). Ihr sichtbares Abbild wird im Geistigen abstrahiert. Und wie man dann dieses Abstrakte auch dreht und wendet, vermißt und anwendet, wenn es „richtig“ ist, bleibt es dabei immer kongruent zur Beobachtung, zum „Experiment“. Das Experiment allein ist darum aber noch nicht der Beweis für die Wahrheit. Es liefert nur Ereignisse, die wieder in ein Bild gefügt werden müssen.

Nicht alle Wahrheit läßt sich auch beweisen. Zuweilen sind die Belege verloren gegangen oder unsicher geworden. Dann wird sie fragwürdig. Vor fragwürdigen Wahrheiten muß man sich hüten. Wahrheiten muß man davor schützen, daß sie womöglich fragwürdig werden. Man könnte sie wieder dringend brauchen. Wahrheiten bilden den Grundstock zu einem Schatz. Doch wertvolle Wahrheiten sind selten. Meist hantiert man mit Vermutungen. Das funktioniert auch. Doch hier zeigt sich, wie komplex Wahrheit bleibt, eingebunden in die große, ganze Welt und verbunden wie diese mit allem. Vermutungen können schnell einmal ganz umgeworfen werden und damit zeigen, daß nur „etwas“ Wahrheit an ihnen war.

Wahrheit läßt sich nicht behaupten. Sie muß gefunden werden. Sie muß hinterfragt werden. Und sie muß vor allem immer wieder und immer wieder neu allen Zweifeln standhalten. Eine Wahrheit, die nicht bezweifelt werden darf, ist und bleibt verdächtig. Der Zweifel ist die Mühe, die die Wahrheit kostet.

Die Wahrheit verträgt auch keinen Glauben, muß ihn aber oft ertragen. Auch ständige Wiederholung, allgemeine Anerkennung, seriöse Einkleidung machen eine Wahrheit um nichts wahrer, als sie es an sich ist.

Eine „Wahrheit" kann sich als falsch, häufiger noch als unvollkommen erweisen. Daß sich hingegen eine Lüge nicht als Lüge erweist, wird vermutlich nur in seltenen Zufällen vorkommen.

Was Wahrheit „ist", weiß man nicht so sicher, was Wahrheit sein soll, schon eher. Man möchte einen Sachverhalt „richtig" kennen, also unabhängig von allen Behauptungen darüber. Man will ihn also nicht falsch kennen (Lüge), aber auch nicht willkürlich (Behauptung), sondern wirklich oder objektiv (Wahrheit), d.h. unabhängig von subjektiven Vormeinungen. Das wird einem nicht immer gelingen. Wesentlich dabei bleibt, daß die Vorstellung, was Wahrheit sein sollte, erhalten bleibt. Das ist dann schon so gut wie „fast Wahrheit".

„Wie duldsam ist die Wahrheit, wie anmaßend der Irrtum!"
(St.B. Stanton)

Charaktervariable

Die einzelnen Menschen wirken über ihre Persönlichkeit auf ihresgleichen ein und auch auf die gesamte Welt um sie herum. Die einzelnen Charaktere werden wichtig, weil sie sich zu Kräften aufsummieren. Um das besser zu erkennen, sollen hier „Charaktervariable" definiert werden, das sind humanoide Potentiale mit jeweils mindestens zwei Grenzwerten oder Grenzcharakteren.

Es werden vor allem zwei „Charaktervariable" behandelt, die so grundlegend wie ausschlaggebend erscheinen und die mit einfachen Charaktermerkmalen wie dumm oder klug oder gut und böse in etwa korrespondieren, darum aber nicht identisch mit diesen sind.

Es handelt sich zum einen um die „Intellektualitätsvariable" und zum anderen um die „Moralitätsvariable". Sie liefern eine wichtige, wenn auch unvollständige Charakteristik der Gesamtpersönlichkeit.

Intellektualität

Das Geistige, die Intelligenz macht den Mensch als Menschen aus, bestimmt sein Wesen und wirkt gemeinsam mit seinem Charakter, wird von diesem beeinflußt und beeinflußt wiederum ihn. Das Geistige im Kopf bestimmt wesentlich, was ein Mensch ist, was er konkret als Individuum darstellt. Dieses Geistige ist zugleich vieles, ist Wissen, Verstehen, Denken, Fühlen, Schlußfolgern, Kombinieren, Analysieren, Bilden, Phantasieren.

Hier soll der Versuch gemacht werden, als geistiges Charaktermerkmal eine spezifische „Intellektualität" zu definieren:

Intellektualität ist das mehr oder weniger bewußte Bemühen um Intelligenz, um Wissen, um Verstehen, also um geistige Kompetenz. Sie bildet das besondere Verhältnis des Menschen zu seinem Geist, der ihn in seiner Bewußtheit begleitet und ihn denkend macht. Sie wird für das weitere Verständnis in drei Stufen eingeteilt:

Der einfache Mensch - der primitive Mensch - der aufgeklärte Mensch (der wahrhafte oder der „eigentliche Mensch").

Diese drei unterschiedlichen Qualitäten bauen in diese Reihenfolge aufeinander auf. Die unterste Stufe ist das einfache Denken - „der Einfache". Voraussetzung für eine höhere Stufe ist das Erreichen der niederen. Die einzelnen Stufen korrespondieren damit mit der Altersentwicklung. Die drei Begriffe „einfach", „primitiv", „aufgeklärt" sollte man dabei nicht allzu wörtlich nehmen. Es sind Wortverwendungen, deren spezieller Sinn sich erst im weiteren Verlauf der Erörterungen dazu erschließt. „Intellektualität" ist nicht identisch mit Intelligenz. Allerdings geht sie mit dieser in etwa konform.

Eine Wertung, wie sie besonders der Begriff „primitiv" etwa im Sinne von „unterentwickelt, minderwertig" nahelegen könnte, ist damit nicht beabsichtigt, ebenso wenig die Auffassung für den „Aufgeklärten" oder „Wahrhaften" als besonders wertvoll.

Einfachheit

Einfach im hier definierten Sinne ist der Mensch, dessen Verstand nur unmittelbare, einfache und direkte Gedanken zuläßt. Für ihn haben damit Begriffe wie Lüge oder Wahrheit usw. keine heuristische Bedeutung. Denken und Sein bilden eine direkte Einheit.

Jeder Mensch beginnt seine frühkindliche Entwicklung auf der Stufe der Einfachheit. Diese ist im gegenwärtigen westlichen Kulturkreis etwa zwischen dem dritten und achten Lebensjahr abgeschlossen. In diesen Ländern verharren nur sehr wenige Menschen lebenslang auf dieser Stufe. Man kennt sie dann als naive, „einfache“ Leute, zuweilen auch etwas herablassend als „gutdumm“ bezeichnet, weil sie selbst mit den einfachsten Lügen gelegentlich ihre Schwierigkeiten haben. Es handelt sich zumeist um umgängliche, sympathische, häufig aber auch mißtrauische und zum Jähzorn neigende Zeitgenossen, die ihr mangelndes Wissen und Verstehen gern durch eine gewisse Sturheit kaschieren.

Nicht immer kann man die Schuld an ihrem Wissens- und Verständnismangel ihnen selbst zuschreiben, weil Bildung und Ausbildung vor allem eine Angelegenheit der Gemeinschaft ist, die dafür die Voraussetzungen schaffen und unterhalten muß. Es hat aber immer auch wieder Persönlichkeiten gegeben, die trotz mangelnder äußerer Belehrung aus eigener Kraft diese Zustände paradiesischer Einfachheit überwinden konnten - nicht immer jedesmal zu ihren oder aller Nutzen.

Der einfache Mensch ist leicht zu beeinflussen, so wie das in früheren Jahrhunderten große Bereiche der Bevölkerung waren, wo Analphabetismus noch die Regel war. Das kam, wie man weiß, den diversen Herrschern sehr zupaß, die vor allem auch darauf ihre besondere Macht zu gründen wußten und sich zuweilen rührend um den Erhalt solcher „Einfalt des gemeinen Mannes“ bemühten. Sie sahen es nicht gern, wenn einer etwas verstand. Sie verstanden selber oft nicht sehr viel. Sie hatten aber wohl schon erfahren, daß zu vieles Wissen leicht Unruhe erzeugen kann.

Erstaunlich ist, daß ein einfacher Mensch noch eher begreift, daß er „dumm“ ist, als die Menschen in der nächst höheren Intellektualitätsstufe der Primitivität. Es liegt dies aber weniger an seiner intellektuellen Einsicht als vielmehr an seiner praktischen Lebenserfahrung mit den „Schlauen“. Von diesen erst lernt er, daß er als einfacher Mensch „dumm“ ist, ansonsten wäre er einfach nur Mensch.

Wie ein Tier und dabei gesund sein, das ist einfaches Leben. Man merkt nicht die Gefahren und lebt so in den Tag, wie einem das die liebe Natur vorgegeben hat. Das Tier kennt nur die Gegenwart. Wie das Tier agiert der Einfache spontan. Nicht denken, aber handeln und erst nach dem Handeln das Getane gedanklich festhalten und beliebig kommentieren, unter anderem als „gewollt". Auch das Tier vermag im Glück zu leben.

Der Einfache lernt nur, wenn er dazu genötigt wird. Und dann lernt er auch nur auswendig, so als lernte er Gedichte oder Sprüche. Das ist archaische Intelligenz. Aus dem Einfachen spricht die Welt, die Menschenwelt. Er artikuliert in direkter, unmittelbarer, einfacher Weise, was viele denken und empfinden, unausgegoren, unsicher, unterbewußt, meist aber treffend. Kinder, Narren und Betrunkene reden die Wahrheit - meist eine traurige Wahrheit von der Welt.

Seine „Pflicht" erfüllen und ansonsten bloßes daher reden, das ist so etwa die Lebensmaxime der Einfachen.

Der Einfache entwickelt und kultiviert gerne eine Art von „Käferstolz", weil er wie ein Käfer die Welt aus den drei Krümeln erklärt, die er von ihr kennt. Anderes will er nicht zulassen, weil es ihn bedrücken könnte. Damit bleibt er stets auch der Mittelpunkt seiner eigenen Welt. Diese besondere, kleine „Welt" wird dann zu seiner „Innenwelt".

Einfachheit führt auch nur zu einer einfachen, bequem faßlichen Dummheit, zur „Dummheit an sich". Sitten und Gebräuche ersetzen dem Einfachen das Weltverstehen, vielleicht sogar das Gewissen, wie es bei den meisten einfachen Leuten der Fall ist.

Im Übrigen können auch Dinge oder Vorgänge „einfach" sein. Es sind dies die Trivialitäten, die ein jeder eigentlich kennt, die aber zugleich niemand kennt, weil sie vor allem verdrängt werden. Darum wirkt ihre Demonstration nicht. Darum sind sie niemals Maximen. Das Triviale, was jeder kennt, „kennt" kaum einer. Es wird gern übersehen und ignoriert.

Wer auf die einfachen Werte bei Mensch und Sache als auf die „billigen" Werte herabsieht, der wird auch ihrer Segnungen nicht teilhaftig werden. Viele hetzen den „großen" Angelegenheiten nach und verlieren damit mehr als sie gewinnen. Viele aber sind auch nur so simpel konstruiert, daß sie schon starke Reize brauchen, um sich überhaupt selbst als lebend zu bemerken.

Als weit gereister Seemann sah einer Jahr für Jahr, Jahrzehnt für Jahrzehnt von der Reling seines Schiffes hinab auf den Wellenschlag des Meeres. Und so meinte er, damit nun auch das Meer ganz und gar zu kennen. Dann aber ging das Schiff unter - und er konnte nicht einmal schwimmen.

Primitivität

Primitiv im hier definierten Sinne ist der Mensch, dessen Verstand sich so weiterentwickelt hat, daß er sich selber als denkfähiges Wesen begreift und das Denken als eine besondere, von anderen Tätigkeiten abgegrenzte und diesen gleichwertige Leistung auffaßt. Insbesondere begreift er den Verstand und dessen verschiedene Äußerungen als Werkzeug zur Erreichung vielfältiger Ziele.

Die Primitiven wissen immer schon alles (oder sie finden heraus, daß es - gewissermaßen - unnötig oder gar verboten ist, „alles zu wissen"). Das bilden sie sich zumindest immer fest ein. Wo es kein wirkliches Wissen gibt oder geben kann, hilft stets eine willfährige Phantasie nach. So gibt es niemals Fragen, die nicht auch beantwortet werden können. Und wenn doch, dann kann man solche Fragen immer noch ignorieren oder tabuisieren. Es ist immer alles vollkommen klar in der Welt der einfachen Denker.

Der Mensch neigt seit seinem allerersten Gedanken dazu, alles zu erklären und alles zu verstehen. Am Anfang des Denkens, in der historischen Entwicklung der Menschheit genauso wie in der individuellen Entwicklung vom Kind zum Erwachsenen, stand und steht nicht die Frage, sondern - paradoxer Weise - immer schon die Antwort. Zweifel oder Nichtwissen wird damit geradezu zu einem Kennzeichen erhöhter Geistestätigkeit über das einfache und erste Denken hinaus.

Die Entwicklung der primitiven Intellektualität hängt ab vom geistigen Umfeld und beginnt in den Industriestaaten etwa mit dem dritten Lebensjahr. Sie wird gefördert durch die Sozialisation und wird obligatorisch mit der Schulausbildung. Abgeschlossen wird diese Entwicklung je nach geistiger Regsamkeit, Bildungsangebot und äußeren Anforderungen oft schon in oder vor der Pubertätsphase - oft aber überhaupt nicht.

Der „Primitive" (in diesem Verständnis) zeichnet sich dadurch aus, daß er nicht unbedingt nachdenken muß, denn - endlich - weiß er ja alles (zumindest das Grundsätzliche, das Prinzipielle). Und er weiß, daß er immer und überall alles richtig macht.

Der Primitive ist intelligent genug, um die Vorteile seiner Denkfähigkeit zu erfassen, nicht aber um deren Fragwürdigkeit zu begreifen. Das Leben selber unterstützt ihn in diesem Irrtum, zumindest bis zu einem gewissen Grade. Es unterstützt den Primitiven genauso wie auch die Tiere, diese einfachen Wesen, die überhaupt nicht denken und trotzdem erfolgreich leben. (Tiere vermögen „mit dem Bauch" zu denken.)

Wo Primitivität zu einer Alltäglichkeit geworden ist, müssen sich sogar die intensiver denkenden Menschen ihrer befleißigen und ihr eigentliches Denken heimlich tun und ganz für sich behalten, auch wenn sie sonst „ganz offen sind für alles", so sehr ist der Primitive von seiner Vollendetheit eingenommen. Der Primitive liebt es nicht, wenn andere ihn belehren.

Das Wesentliche und zugleich das Zentralfatale an der Primitivität, ihre eigentliche Natur (gewissermaßen), ist ihre Unsichtbarkeit in breiter Runde (Normalitätsfalle), ist die grundsätzliche Unmerklichkeit für ihren Träger selbst. Er merkt sie nie und merkt vor allem nicht, wie sie ihn schädigt, direkt und vor allem indirekt. Er bleibt in dieser seiner Tragödie glücklich und macht sie zuweilen zur Tragikkomödie.

Der Primitive (als „Dummkopf") ist ein Vollmensch im Schicksal, im selbstbestimmten und doch nicht ganz bewußten Gang seiner Angelegenheiten. Ihm fehlt nichts - so meint er wenigstens.

Vieles kann man natürlich grundsätzlich nicht wissen oder erfährt es sowieso zu spät. Das ist hier auch nicht gemeint. Gemeint ist hier, was man wissen könnte und wissen sollte. Man kümmert sich nicht darum, man ist schon schlau genug. Besonders schlau dünkt man sich in Dingen, die einen nicht selber unmittelbar betreffen. Da weiß man gewissermaßen alles. Was hingegen die konkreten eigenen Belange betrifft, gesteht man sich schon eher eine Dummheit ein, eine kleine Dummheit, eine persönliche Dummheit. Es geht bei der Primitivität aber um die großen Dummheiten des Lebens, die auch ihre Wirkungen haben - im Großen und im Ganzen.

Bei der Primitivität befindet sich der Verstand des Menschen als spezielle biogene Bildung immer noch auf einem animalischen Niveau. Dieserart ist der Mensch seinem „Verstand" genauso ausgeliefert wie das Tier seinen Instinkten. Man muß dann nur hoffen, daß ein so festgelegter Verstand auf bereits recht hoher Ebene von gemeingefährlichen Fremdeinflüssen unbelastet bleibt.

In der Primitivität realisieren sich recht schnell ein ideologisches „Endwissen", „letzte Weisheiten" voller indoktrinierter Befehle, voller Enthemmer, voller Gewissensberuhiger, die von dem meist regen Verstand des Primitiven dann auch alle zum Zuge gebracht werden, sobald er nur aktiv wird. Und er wird schnell aktiv und tüchtig.

Erst der Aufgeklärte weiß (auch wenn er das als schmerzlich empfindet), daß es ein „Endwissen" nicht gibt, daß der Mensch der Suchende, der Zweifelnde und natürlich auch der Irrende bleiben muß.

Primitivität ist nicht identisch mit Dummheit, obwohl beides recht enge Verwandte sind. Dummheit an sich ist vor allem auch allgemein und harmlos, passiv, bedeutungslos. Primitivität hingegen wird schnell aktiv, eifrig, aggressiv, gefährlich, machtbegierig. Primitivität ist ein weites Feld und das eigentliche Metier aller Dummheit. Hier findet sie sich selbst, hier wächst sie über sich selber hinaus und zuweilen in unermeßliche geistige Höhen. Man hört es nicht gern und erlebt es doch immer wieder.

Primitivität ist nicht einfach nur dummes, konfuses Denken oder zielloses Handeln. Sie hat vielmehr ihre strenge Logik: Das eine folgt auf das andere - und alles findet seine Erklärung.

Die Logik selber ist vielleicht die Lehre vom richtigen Denken, aber sie ist nicht die Lehre von der Wahrheit. Der Mensch mag es, wenn sein Denken widerspruchslos erfolgt, weil es ihn sonst quält. Indem er sein Denken immer wieder von Widersprüchen und sich aufdrängenden Ungereimtheiten befreit, schafft er sich einen harmonischen Denkfluß. Dieser ist oft auch logisch richtig und zugleich falsch, was die Wahrheit betrifft. Das ist es, was die Primitivität und mit ihr die Dummheit stabil und so schwer angreifbar macht.

Die Dummheit ist weder Kavaliersdelikt noch Ruhmesblatt. Wo sie sich großtut mit ihren Erfolgen, ist sie einfach nur eine Schande.

Blieben alle Menschen zeitlebens einfältig „wie die Kindlein", hätten sie es auch nicht leicht, doch bliebe ihnen dann diese Schande erspart. Mit der Primitivität bleiben sie zwar dumm, aber eben nicht einfältig, und dieser Makel klebt dann auch an ihnen.

Der Primitive vermag in seiner Dummheit (die er selber als eine solche niemals erfaßt) sich selber immer nur als das Normalste der Welt zu erkennen, gewissermaßen auch gleich als deren Norm. Wenn er dazu noch erfolgreich und aggressiv ist, wird daraus auch die Norm der Welt, in der er emsig ringt und kämpft und von niemandem nichts besser wissen will oder muß.

Die faktische Unfähigkeit, etwas zu verstehen, oder das prinzipielle Desinteresse an vielerlei und damit auch am Verständnis wird von den Primitiven gern als Vollkommenheit gedeutet, als Perfektion, als Endgültigkeit, die sie in gewissem Sinne ja tatsächlich auch ist und die sie dann so und nicht anders ausleben wollen und für andere verbindlich machen.

Das praktische Wissen, was die Menschen für ihre tagtägliche Tätigkeit brauchen und was sie in ihren Geschäften umtreibt, ist nicht dasselbe Wissen, welches sie etwas oder gar alles verstehen läßt, nicht einmal diese ihre eigenen Geschäfte (in deren tieferen Urgründen).

Der Krämer, der sich geschickt seine Waren besorgt, um sie gewinnbringend wieder zu verkaufen, ist damit auf Wissen und Information und ein praktisches Verstehen angewiesen, das ihn voll auslastet und kaum Zeit für weiterführende Reflektionen läßt. Nun kommt es aber vor, daß er meint, weil er sein Geschäft mit Geschick und Findigkeit führt und voller Erfolge vorantreibt, müsse er nun auch sonst alles verstehen.

Der Mensch denkt im Übrigen „ökonomisch“. Er denkt in Schablonen und vereinfacht die Probleme. Dabei werden nur allzuoft Dinge übersehen, die wesentlich werden können. Dieses solchermaßen „erkannte“ Einfache nun aber auch für das Absolute zu halten oder es dazu zu bestimmen, das ist primitiv. Die ersten Menschen dachten vermutlich nur so.

Zu verwechseln ist die Primitivität nun aber nicht mit dieser alltäglichen Denkökonomie, die darin besteht, im Moment zumeist nur an das Unmittelbare, Gegenwärtige, Nächstliegende zu denken, wie es bei vielbeschäftigten Menschen häufig ist. Diese Denkökonomie erzeugt zwar eine „Situationsprimitivität“, die in ihren Auswirkungen nicht anders ist als die allgemeine, nur eben örtlich, zeitlich begrenzt. Sie sagt auch noch nichts aus über die ihr zugrunde liegende Intellektualität und ist viel leichter korrigierbar.

Primitivität ist nicht nur eine Eigenschaft des Charakters, eine Charaktervariable, Primitivität besitzt oder entfaltet ein Eigenleben. Es ist so, als würde sich die Primitivität („Dummheit“) wie eine äußere Macht, wie ein Dämon des Menschen bemächtigen.

Der Mensch muß handeln wegen innerer und äußerer Zwänge. Seine Primitivität, die sich immer auch auf fremde Erfahrungen sowie auf offizielle Normen stützt, wird dabei zu seinem einzigen Kompaß, führt und verführt ihn. Primitivität passiert in einem gewissen Sinne gegen den Willen dessen, der sie ausübt. Das allerdings befreit ihn nicht von seiner konstruktiven Verantwortung.

Die Erkenntnis der Primitivität ist uralt, nur eben versteckt, d.h. implizit wie so manches andere auch. Primitivität ist überall bekannt, wird aber nicht gern gehört oder akzeptiert, denn der Primitive ist quasi der normale, der perfekte Mensch. Er bestimmt das menschliche Leben und prägt die „Humanosphäre" entscheidend und hauptsächlich.

Das Besondere an der Primitivität ist nicht ihre erklärte Dummheit, sondern ihre fehlende Fähigkeit oder Bereitschaft zur Selbsterkenntnis dieser Primitivität und dies jederzeit.

Der Primitive, der einfach nur handelt, agiert, ohne viel zu denken, der Fakten schafft ohne geistigen Hintergrund, handelt „normal". Primitivität ist also nicht nur eine Frage des unvollkommenen Denkens. Primitivität folgt auch schlicht aus dem Handeln, aus dem Tun. Der Primitive geht vorgezeichnete Wege, ohne selbst zu suchen. Solange er mit seinem Tun auf keine Widerstände stößt, denkt er auch nicht. Selbst aufgeklärte Leute geraten (indem sie etwas tun, ohne dieses ausreichend zu reflektieren) schnell wieder in primitives Fahrwasser. Anpassung macht primitiv.

Gibt man den Primitiven alle Freiheit, so beginnen sie nicht etwa „schlau" zu werden oder nun endlich nach ihrer Aufklärung zu streben, sondern sie stellen Forderungen, deren erste in der Anerkennung ihre Dummheit besteht und (im Glauben an das Recht) diese - und sei es auf Teufel komm raus - individuell auszuleben zu müssen. Darum birgt Freiheit, wirkliche Freiheit, ein tatsächlich „ungeahntes" Risiko. Das ist die Tragödie mit der Primitivität. Primitivität ist nicht harmlos, speziell wenn sie sich „frei" entfalten darf.

Im Phänomen der Primitivität wird das Geistige fatal, wird zum Problem. Es kehrt sich in eigentümlicher Weise gegen sich selbst und übernimmt damit gewissermaßen den Part des Chaotischen, wie ihn die Evolution für ihr Wesen im Ablauf des Natürlichen aus den vielen bloßen Zufällen des Daseins erhält. Mit der Primitivität gerät der Mensch in den Bereich des Zufalls mit entsprechender eigener Verrenkung in mehr oder weniger gründlicher Verkennung seines eigenen Wesens als „Mensch".

Die Primitiven fühlen sich kompetent, und sie fragen nicht. Sie erklären, und sie wissen. Das bestimmt ihr Wesen und macht den Unterschied zum einfachen, netten Dummkopf.

Nur wer eigene Ansichten niemals auf die Probe stellt oder stellen muß, kann es sich leisten, immer Recht zu haben. Die Leute, die so weise tun, wie sie nicht sind, die uns aber andauernd mit Weisheiten verblüffen, haben es eben nicht nötig, den Dingen, von denen sie da reden, wirklich auf den Grund zu gehen. Und sie dulden die Zweifel darüber nicht, weil diese ihre schönen Denkgebäude mit ihren nur ihnen frommenden Weisheiten zum Einsturz bringen würden. Die Primitiven wollen perfekt sein.

Man könnte sie daher auch (weniger anstößig) als „die Perfekten" bezeichnen.

Das Problem mit den Primitiven (und das auch mehr für die anderen als für sie selber) ist nicht ihr relatives Unwissen, ihre Denkmüdigkeit, sondern vielmehr und erstaunlicherweise ihre Klugheit, die sich zweifellos bei ihnen findet, sogar besonders zweifellos gerade bei ihnen. Hier wird die Metapher vom Optimismus und Pessimismus mit dem Glas halbvoll oder halbleer einfach nur noch penetrant.

Es ist nämlich gerade diese Selbstschätzung der Primitiven, diese Einbildung von Komplettheit und Vollkommenheit, die ihr Wesen so charakteristisch ausmacht. Da wird dann alles Weitere, jede Bemühung überflüssig, da kann man sich alles sparen, da ist bereits alles bestens.

Das bleibt aber nicht so, weil die Welt eben doch anders ist.

Und sogleich beginnt die Primitivität zu nörgeln, einfach weil sie dann doch die Fakten störten, jene, die noch immer störend sind (obwohl sie sie für bestens hält) und jene, welche sie doch wieder als unzureichend empfindet, obgleich sie besser nicht zu machen sind.

An dieser Stelle beginnt dann das große Rühren, dieser so ungemütliche Kampf der Primitiven, die ja schließlich auch kämpfen möchten, etwas leisten, etwas schaffen - nur eben ohne allzu viel dabei zu denken und ohne den Dingen, die sie da anrühren, erst noch lange auf den Grund gehen zu wollen oder zu müssen. Dummheit allein läßt sich berücksichtigen, kompensieren, abstellen, Primitivität nicht.

Das Primitive, das ist das besserwisserische, klugtuende, allzu selbstsichere, kleingeistige, grobe, intolerante, rechthaberische, selbstgefällige, unleidliche, egozentrale Verstandeswesen. Der Primitive ist beleidigt, wenn man ihn „primitiv" nennt. Man hüte sich also, ihn derart „aufzuklären" oder, wie es im Spruch so schön heißt: „Ärger nie zum Scherz den Ochsen, er könnt' sonst in den Bauch dich boxen!"

Der Primitive muß schon selber darauf kommen. Nur ein Vorbild kann ihn stutzig machen.

Die an sich triviale Tatsache, daß das Leben auch dann stattfindet und „weitergeht", wenn jeder Verstand längst zum Teufel ist - einfach weil die Zeit weiterläuft - ist die große Weisheit und damit gewissermaßen eine Schlüsselerkenntnis aller Primitivität. Dann verkündet sie weise: „Seht nur, es geht doch!"

Man kann die eigene Dummheit nicht wirklich überwinden. Irgendwie dumm ist und bleibt man immer. Intelligenz ist sehr relativ. Das wissen aber nur die Leute, die schon nicht mehr ganz so simpel sind. Man kann aber dahin kommen, eine eigene Dummheit zu vermuten, zu begreifen, zu konstatieren und so immer wieder in Rechnung zu stellen und sich damit dann entsprechend behutsam zu verhalten.

Nicht nur hilfreich, sondern entscheidend dabei ist das humane Umfeld. Wo das in dieser Frage nicht belohnt, nicht ermutigt, nicht mitzieht oder sich unaufrichtig verhält, da wirkt ein derartiges vorbildhaftes Verhalten fatal, und die Dummheit wird dem gegenüber sehr schnell dominant.

„Ein Klügerer gibt nach" und läßt die Dinge erst einmal laufen, wenn er konstruktive Ambitionen hat. Das ist die Fatalität. Hat er hingegen ehrgeizige Ambitionen, bleibt er damit „der Klügere", denn mit dieser Methode manövriert er die Dummheit aus oder spannt sie gar vor den eigenen Wagen.

Die Primitiven begreifen nicht, was sie nicht begreifen. Besonders wenn sie dazu auch noch intelligent sind. Und die Primitiven sind fast alle immer reichlich intelligent. Daß sie das so gut wissen, das ist das Elend mit ihnen. Für sie selber aber ist es ein hohes Glück - solange nichts dazwischen kommt. Die Primitiven bilden das schlechte „Mittelmaß" der Menschen. Sie erzeugen die Mehrheit und die Masse. Sie bestimmen mit ihrer aparten Intellektualität und ihrem natürlichen Durchsetzungsvermögen, was in der Welt passiert. Sie setzen die Fakten. Wer das nicht wünscht, muß ihnen das Wort einschränken und sich zur Führerschaft über sie aufschwingen - oder sich einfach eine andere Welt suchen.

Die Beschreibung von Primitivität in der Literatur unter welcher anderen Begrifflichkeit auch immer ist Legion. Man kann gar nicht anders, als immer nur wieder über dieses Phänomen stolpern.

Im Streit sind die minderwertigsten Menschen am hartnäckigsten.
(Thomas Morus)

Nur ein leeres Leben hat die Empfindung, etwas geleistet zu haben.
Die Großen können nicht anders als bescheiden sein.
(St.B. Stanton)

Über die gesellschaftliche Funktion eines Übels: Die Menschen legen ein Präferenzraster vor ihren Verstand und sieben damit Argu-

mente, ob sie zur eigenen Präferenz passen oder nicht.
(Irle, zitiert aus Gustav Adolf Pourroy, Das Prinzip Intrige)

Je weniger Phantasie einer hat, desto schwerer kann er ja ihren Mangel erkennen.
Die Phantasielosigkeit anderer Leute kann sich jemand mit Phantasie
schwer vorstellen.
(Esther Vilar)

Es wundert mich, daß sich keiner wundert und keiner wissen will, ...
(Wolf Biermann, Dädalus)

Das Bedenklichste zeigt sich in unseren bedenklichen Zeit darin,
daß wir noch nicht denken.
(Martin Heidegger)

Ignoranz

Im hier benutzten Sprachgebrauch ist Dummheit nicht so sehr das
Dummsein, also der Mangel an Wissen und Verständnis. Als Dummsein
gilt hier vor allem das Dummseinwollen, das Nicht-verständig-zu-sein-
brauchen, also die Ignoranz.

Ignoranz ist vor allem und zuallererst die Leugnung eines Nichtwissens oder Nichtverstehens, also zugleich auch dieser Ignoranz selbst. Das
ist damit die schwerere, die tragische Dummheit.

Ignoranz ignoriert zuerst vor allem sich selber und die Dummheit
überhaupt und baut auf solch fatalem Fundament eine eigene Welt - „unsere Welt" - und das mit einigem Fleiß und Eifer und, wenn es nötig sein
sollte, sogar mit erheblicher Intelligenz.

Die einfache Dummheit, die alltägliche, ist nur die, zu der man sich
bekennt, die vor allem auch verziehen werden kann und muß. Dagegen
gibt es eine regelrecht "militante" Ignoranz. Sie wird immer dann wirksam, wenn der Körper über den Geist siegen will, wenn der Geist störrisch, aber das Fleisch stark ist. Indessen geht es hier aber nicht um Wil-
lensstärke, sondern um Wahrheit bzw. Unwahrheit. Es geht bei der Ignoranz um Erfolg, nicht um eine Schwäche. Man will sich in seinem
Schwung, in seinem Elan, in seinem heiligen Eifer durch nichts, aber

auch gar nichts aufhalten lassen, auch nicht durch eine störende Wahrheit, auch nicht vom eigenen Gewissen.

Dummheit plädiert auch gern für die allgemeine Verdummung, für die Emanzipation der Dummheit gewissermaßen. „Wir alle sind dumm", sagt der Dumme, „auch du bist dumm, und wir alle müssen uns damit einrichten". Dann aber versucht der Dumme, insgeheim pfiffig zu sein. Insbesondere will er damit erreichen, daß er sich selber nicht um seine eigene Entdummung zu bemühen hat. Davor nämlich hat er als Unbefähigter, Desinteressierter, Banause einen prinzipiellen Horror.

Natürlich sind alle Menschen unvollkommen - mehr oder weniger. Es geht aber darum, ob sie das auch bleiben wollen. Der „Primitive" ist immer fertig und sieht sich stets vollkommen.

Verdrängung

Verdrängung im Geistigen, das Wegdrängen störenden Wissens, ist dem Menschen ursächlich nicht fremd. Der Mensch besitzt eine große Kapazität, einen großen Pufferbereich für die diversen Verdrängungen. Ohne seinen Kopf immer frei zu halten und wieder frei zu machen von der Fülle der Eindrücke von außen wie innen, könnte der Mensch vermutlich überhaupt nicht mehr denken.

Gefördert wird die „Verdrängungsarbeit" vor allem auch durch kollektive Effekte, durch gegenseitige Bestätigung.

Man muß zum Beispiel etwas tun, was dem eigenen Empfinden zuwider ist. Aber da es alle tun, da es durch eine öffentliche Normung gefördert wird, weil vielleicht auch Staat und Ideologie dahinter stehen und weil es irgendwie auch Erfolge, also Vorteile bringt, wird die Verdrängung der eigenen Vorbehalte bzw. genauer: die Verdrängung der Skrupel betreffs solcher Vorbehalte als Leistung interpretiert und letztlich auch erzwungen.

Wenn es dabei Probleme gibt, schaukelt man sich aneinander auf und erwirkt so eine „Sippenbestätigung" für das eigene Verhalten, das dann das Wohlwollen aller findet. Gelegentlich läuft das alles aber auch schief, und die ganze Sippe gerät dadurch auf eine schiefe Bahn mit den entsprechenden Folgen.

Durch Verdrängen gewinnt das Neue Platz, egal ob das nun von Vorteil ist oder nicht. Die Widerstände gegen das Verdrängen haben etwas mit Stabilisierung des Bestehenden zu tun. Sie wollen verhindern, daß das Bewährte vorschnell aufgegeben wird.

Bei der Verdrängung geht es allerdings nicht um oberflächliche und vordergründige Dinge, sondern um ein Verhaltensinventar, welches alt und im Unterbewußtsein ziemlich tief angelegt ist. Da wird dann die Verdrängung zu einem echten Problem, weil sie dabei oft bereits an eine Selbstaufgabe heranreicht. Die Bestätigung der Verdrängung durch die Sippe muß um so häufiger erfolgen, je schwieriger die Verdrängung wird. Die sozial konstituierte Sippe kann verzeihen oder absegnen.

Die Gemeinschaftspraxis in der durch ihre beachtlichen Verdrängungsanforderungen geprägten modernen „Gesellschaft" ist im wesentlichen die ständige Aktivierung dieser Verdrängungsbestätigung. Daher ist es trotz des in diesem System dominanten Egozentrismus wichtig, immer auch „unter Leuten" zu sein.

Diese ganze Verdrängerei aber hat ihre Grenzen, und sie belastet enorm, zumal die Gemeinschaftsbestätigung ständig in Konflikt mit dem anderen Produkt dieser Verdrängungsanforderungen, dem Egoismus, gerät.

Wer wenig kennt und nicht viel weiß, der braucht auch nur wenig zu verdrängen und paßt sich schnell an alles Mögliche an. Anpassungsfähigkeit bringt evolutionäre Vorteile. Es ist daher die Frage zu stellen, wozu der Mensch dann überhaupt das „eigene" Denken gelernt hat, wenn er es so oft verdrängt oder ignoriert - vielleicht nur für Notsituationen, wo ihm dann nur noch eigenes Denken aus der Patsche helfen kann oder soll?

Intellektualismus

Man kann sehr intelligent „diskutieren" und doch dabei immer am Eigentlichen und Wesentlichen vollkommen vorbeigehen. Das macht den Unterschied zwischen „Intellektualismus" und intellektueller Kompetenz. Und das ist auch die Logikfalle des Geistigen. Der Geist vermag exzellent zu parlieren, ohne den Kern der Dinge, um die es eigentlich gehen sollte, auch nur zu streifen.

Weder Wissen noch Logik, noch überhaupt Geist können Wirklichkeit ersetzen. Sie können nur versuchen, Wirklichkeit zu interpretieren. Bei all diesen Versuchen sollten sie vor allem das Schweigen kultivieren, damit das Unterbewußte, der große, schweigende Zensor im Gehirn, Zeit bekommt, die wahre Wahrheit von der kursorischen Wahrheit zu trennen. Ein Diskurs löst nur die Probleme des Diskurses, nicht die der Wirklichkeit. Er präsentiert nur die geistige Oberfläche der Dinge und faltet sie hin und her - freilich recht verblüffend und erstaunlich zuweilen und immer wieder auch mit ästhetischer Schönheit.

Allein aus dem Umstand, daß es eine Unmenge Leute gibt (vor allem in Amt und Würden, mit Titeln und Autorität), die die Welt genau und vollkommen verstehen, sollte man nicht auch gleich schließen, daß es in der Welt nichts mehr zu erklären gäbe.

Aufklärung

Als „aufgeklärt" oder „wirklich" oder „wahrhaft" kann ein Mensch dann bezeichnet werden, wenn er sich der Fragwürdigkeit und Beschränktheit eines voll entwickelten menschlichen Verstandes bewußt geworden ist und dabei zugleich versucht, dessen Begrenztheit zu überwinden, seinen Täuschungen und Blendungen zu entgehen, seine Manipulierbarkeit zu ergründen. Das gelingt ihm, indem er insbesondere die eigene Intellektualität als permanent unvollkommen begreift und ständig weiterzuentwickeln versucht. Insbesondere versucht er, Wahrheit und Klarheit zu fördern. Viel Wissen ist ihm dabei immer von Nutzen, ersetzt aber das Verstehen nicht.

Der Anteil der in diesem Sinne aufgeklärten Menschen in der Gesamtbevölkerung bleibt allgemein niedrig. Der solcherart „Wahrhafte" in seiner Vollkommenheit ist der Intelligente an sich. Er ist aber auch die „Intelligenzbestie" und nicht notwendig ein „guter" oder „wertvoller" Mensch.

Intelligenz ist nicht gleich Intellektualität. Großes Wissen und große geistige Beweglichkeit führen nicht automatisch zur Überwindung der Primitivität. Ein gewisser und spezifischer Wille, ein eigenes Interesse ist dazu erforderlich. Man muß auch wissen wollen, daß man eigentlich nichts wissen kann, daß trotz aller Antworten doch alles offen bleibt. Von daher nähert sich der Aufgeklärte zugleich wieder der einfachen Natur, der Einfachheit in der Intellektualität.

Der Mensch, der seine Denkversuche als Primitivität erkennt, macht solcherart den ersten Schritt aus dieser Primitivität hinaus, obwohl er sie damit als Ganzes noch lange nicht abgeworfen hat und das auch kaum je

62

und vollkommen schaffen wird. Der aufgeklärte Mensch ist der, der seine Primitivität begriffen hat und der diese Erkenntnis auch nie verdrängt, selbst wenn er weiterhin dieser Primitivität verfallen bleibt.

Die Unvollkommenheit bei anderen erkennt man leichter und schneller als die eigene, zum einen weil man dazu mehr Maßstäbe hat, zum anderen aber, weil das Erkennen eigener Unvollkommenheit eine peinliche, unangenehme Sache ist, die etwas zu schnell erledigt, kompensiert und vergessen ist - und kaum anerkannt oder belohnt wird. Wer eigene Dummheit wirklich erfaßt, wird sie im Allgemeinen nicht weiter bei sich dulden wollen und hat ja auch zumeist die Möglichkeiten, sie bei sich selber auszuräumen.

Es sind vor allem die Frage und der Zweifel, das Interesse an Fragen und Vorbehalten, welches dem Menschen ermöglicht, sich von seinen Unwissenheiten wenigstens halbwegs zu emanzipieren. Wo in einer Ideologie das Zweifeln unerwünscht ist, dort sollte man als erstes diese Ideologie bezweifeln.

Alle wirklichen Einsichten über Wesen und Sinn der Welt kommen aus einer aufgeklärten Intellektualität. Ansonsten wären es Zufallsfakten, die die Evolution in die Köpfe streut und die dann auch keiner verstehen muß. Auch Tiere sind schließlich weise, indem sie nicht tun, wozu sie nicht berufen sind, wo sie aber „schlau" werden, wenn es um ihr Glück geht - und um ihren Bestand einfach nur als „Art".

Der Aufgeklärte, das ist der, der sich zu etwas Außerordentlichem, etwas Ungewöhnlichem aufgemacht hat, um dabei niemals fertig, niemals vollendet, nie komplett zu sein, immer auf der Suche, immer im Wachsen zu bleiben, der damit aber zugleich eins wird und eins bleibt mit der großen Welt rings herum, mit der Natur im Kosmos, die ebenso niemals fertig ist, niemals vollendet wird, die einfach nur immer in Bewegung ist.

Eine eigentümliche Paradoxie der aufgeklärten Intellektualität besteht in ihrem äußeren Auftreten. Während sich Primitivität gern als besonders aufgeblähte Klugheit, reichliches Alleswissen und große Selbstsicherheit in der Öffentlichkeit spreizt und die Einfältigen auf die falsche Fährte lockt, machten sich Aufgeklärtheit, echte Kompetenz, reiches Wissen oftmals erst einmal durch Nichtwissen, Zweifel, Unsicherheit, Bescheidenheit bemerkbar - oder eben auch gerade nicht. Äußeres Auftreten läßt keine Rückschlüsse auf Kompetenz oder Intellektualität zu. Da muß man schon genauer und vor allem länger hinschauen. („Personalchefs" wissen davon zumeist nichts und sollen es vermutlich auch nicht wissen.)

Jemand, der genau weiß, was er alles nicht weiß, begreift sehr viel mehr als einer, der nur weiß, was er alles weiß und kann. Von letzteren gibt es viele, zu viele und zu wichtige Exemplare. Letzteres „lernt" sich auch leichter und bequemer und ist oft schon mit ein paar Zertifikaten, Bescheinigungen, Diplomen und dergleichen mehr getan, bestätigt und erledigt. Mit diesen Papieren dann „wissen" sie „es", genau das alles nämlich, was sie alles wissen - mehr jedoch eher nicht.

Der aufgeklärte Mensch hat es nicht leicht. Bildung schafft auch Leiden. Ein Unschlauer wird gefeiert, wenn er zwischen all seinen unbeirrbaren Vorstellungen endlich auch einmal einen nur halbwegs klaren und vernünftigen Gedanken zusammenbringt. Dann ist er damit schon „der Größte" und voll rehabilitiert. Ein Kluger und Vernünftiger dagegen wird ständig belauert. Auf ihn, auf seine Autorität ist man eifersüchtig. Er braucht nur einen kleineren Fehler zu machen, sich einen Ausrutscher, eine Nachlässigkeit zu leisten, schon ist er bei der Masse „unten durch" und ausgemustert. Das System ist empfindlich. Es stabilisiert sich sicherer und autonomer mit und in Simplizitäten.

Innerhalb der aufgeklärten Intellektualität kann es der Mensch mehr oder weniger weit bringen. Aber er kann in keine noch höhere Intellektualitätsstufe übertreten. Dazu ist die menschliche Denkfähigkeit zu begrenzt. Eine noch höhere Stufe wäre ein „absolutes Wissen" über das Sein und das All, eine Stufe, die der Mensch schon darum nicht erreichen kann, weil ihm der Blick über die zeitlichen Grenzen seines Lebens und über die räumlichen Grenzen seiner Welt verwehrt sind.

Der Wert der Philosophie besteht ... gerade wesentlich in der Ungewißheit, die sie mit sich bringt. Wer niemals philosophische Anwandlungen gehabt hat, der geht durchs Leben und ist wie in einem Gefängnis eingeschlossen: von den Vorurteilen des gesunden Menschenverstandes, von den habituellen Meinungen seines Zeitalters oder seiner Nation und von den Ansichten, die ohne Mitarbeit oder Zustimmung der überlegenen Vernunft in ihm gewachsen sind. So ein Mensch neigt dazu, die Welt bestimmt, endlich, selbstverständlich zu finden; die vertrauten Gegenstände stellen keine Fragen, und die ihm unvertrauten Möglichkeiten weist er verachtungsvoll von der Hand.

(Bertrand Russell, zitiert nach Paul Tiedemann)

Das ist der ganze Jammer: Die Dummen sind so sicher und die Gescheiten so voller Zweifel.
(Bertrand Russell, zitiert nach Esther Vilar)

In der komplizierten Wissenschaft des Für und Wider gibt es in England höchstens etwa hundert bewanderte oder verdrehte Köpfe, die fähig wären, diese Tiefen zu sondieren. Der übrige Teil der Menschheit ist in unüberwindliche Unwissenheit versunken und den tierischen Leidenschaften verfallen, nur vom Instinkt beherrscht und nur imstande, einigermaßen über die allgemeinen Vorstellungen der fleischlichen Interessen zu urteilen.
(Voltaire, Der Mann mit den vierzig Talern)

Es ist zwar plebejisch, sich krampfhaft an das Nachrechenbare zu halten, nur um gewiß zu sein, daß man recht behält; aber das ist auch nicht Objektivität, sondern Schwäche. Wir dürfen hier an ein Grundgesetz der inneren Entwicklung erinnern: daß die Vollendung nur so weit erreicht wird, als ich von meiner Person abzusehen lerne. Das gilt nicht nur in der ethischen Sphäre. Auch ein Kepler oder Newton sucht die Objektivität der Mathematik und des Experiments als greifbare Verkörperung jener überpersönlichen Wahrheit, der gegenüber Ehrfurcht die einzige richtige Haltung ist.
(Carl Friedrich von Weizsäcker, Zum Weltbild der Physik)

Der letzte Schritt der Vernunft ist die Erkenntnis, daß es eine Unendlichkeit von Dingen gibt, die sie übersteigen. Sie ist nur schwach, wenn sie nicht bis zu dieser Erkenntnis vordringt.
(Blaise Pascal, Pensées)

Wer auf dem Wege des Nachdenkens sich selbst zum Problem werden kann, kann nicht dumm sein im eigentlichen Sinne. ... Nun sagt aber der platonische Sokrates mehrfach und setzt es an den Beginn der von ihm gepflegten Maieutik: Ich weiß, daß ich nichts weiß. Dieses große, die Erkenntnistheorie einleitende Paradox ist geradezu ein Musterbeispiel echter Einsicht, daß sich die Aussage der Sinne, des Leibes und seiner Funktionen also, grundsätzlich als trügerisch erwiesen hat. Diese Vermutung liegt nicht nur dem Dummen, sondern auch dem Durchschnittsmenschen meilenweit fern. Das Nichtwissen

des Tropfs und das sokratische Nichtwissen sind inkommensurable Begriffe. … Echte Bildung aber ist zweckfrei. ... Der Gebildete ist grundsätzlich sein eigener Lehrer und Erzieher; er ist ein echter Autodidakt.
(Horst Geyer)

Wer wenig kann, aber genau weiß, was er kann, besitzt mehr echte Klugheit (Weisheit) als einer, der viel kann, aber viel weniger, als er zu können glaubt.
Wenn schon die Weisen so dumm sind - wie dumm müssen dann erst die Dummen sein!
(Moritz Schlick, Aphorismen)

Der einfache Mensch ist also der Mensch, der bereits denken kann, der aber das noch gar nicht weiß, daß er denkt. Der primitive Mensch hingegen weiß, daß er denken kann, und er benutzt dieses Wissen, um sein Denken beliebig anzuwenden. Er läßt sich von seinem Denken führen und verführen - irgendwohin. Der aufgeklärte Mensch endlich denkt noch mehr, weiß aber zugleich, daß er ungenau, unvollkommen, abhängig denkt, also nicht souverän und zieht daraus seine Konsequenzen.

Der Einfache weiß nicht, daß er denken kann, denkt aber trotzdem - oder auch nicht. Er überläßt sich Eingebungen, Gefühlen, Instinkten. Der Primitive erkennt sehr klar seine Denkfähigkeit, weiß aber nicht um die Problematik seines Denkens und der Schlüsse, die er daraus zieht. Er denkt so, wie es ihm am besten zupasse kommt. „Primitiv“ steht hier also nicht mehr als Synonym für etwas „Erstes“, Einfaches, sondern es steht bereits weit über diesem - nur noch nicht hoch genug. Erst der Aufgeklärte steht höher und entdeckt und berücksichtigt die besonderen Schwierigkeiten im Denken. Er weiß: Es irrt der Mensch, solange er strebt.

Der einfache Mensch kennt keinen Zwiespalt, keine Widersprüche. Er kennt nur die eine einzige Welt in ihrer Ganzheit, schlägt sich mit dieser herum und bleibt vom Zufall abhängig. Der primitive Mensch baut sich (in seinem Geist) seine eigene, innere, zweite Welt, eine auch „menschlich“ großartige Welt auf, voller Scheinbarkeiten, die ihm aber - als solche - ein faktisches, ein reales Leben direkt und unmittelbar gar nicht ermöglichen kann. Er bleibt von sehr vielen Dingen abhängig, die er nicht weiß und die er nicht begreift. Der aufgeklärte Mensch aber erkennt diesen fatalen Sachverhalt zunächst erst einmal, sieht ihn und versucht dann,

66

ihn abzuschaffen. Er will die Primitivität überwinden. Er ist im Begriff, auszuziehen aus seiner kleinen, engen „Eigenwelt". Dazu verführt ihn der Verstand, und oft führt er ihn dabei auch in die Irre.

Für die Primitiven bleibt der Aufgeklärtere damit aber auch nur einer von ihnen, als einer der ihren erkennbar. Trotzdem zerstört er deren ideale Scheinwelt und verändert die realen Zustände - aber nicht irgendwie, sondern bewußt nachhaltig (soweit ihm das überhaupt möglich ist). Damit macht er sich nicht unbedingt beliebt, selbst wenn er auch zuweilen diese ganze „eigene" Welt „voran" bringt für noch mehr Leben und noch mehr Glück und noch mehr Leid. Ansonsten hält er sich lieber zurück und im Verborgenen und tut gut daran. Aufgeklärtheit sieht man den Leuten nur selten gleich mit dem ersten Eindruck an.

Einfachheit ist also Frage, bleibt implizit und meist auch unbewußt. Einfachheit kennt sich selber kaum.

Primitivität ist Antwort, Behauptung, Rechthaberei. Primitivität kennt sich selber bestens oder vermeint es zumindest.

Aufgeklärtheit wiederum ist Frage, jetzt aber bewußt und explizit. Aufgeklärtheit verliert sich leicht in Selbstzweifeln und verzettelt sich in Erwägungen.

Der Einfache weiß nichts vom Primitiven. Der Primitive begreift nicht den Aufgeklärten. Aber der Aufgeklärte findet sich wieder in einfachen Denkbildern, wenn er diese nur als richtig und solide erkannt hat.

Diese Einteilung in die drei Intellektualitätsstufen ist im Übrigen weder neu noch originell. Man kann sie überall im weiten Feld der Literatur wiederfinden. Mal erscheint sie direkter, dann wieder verborgen, einmal recht deutlich, dann wieder unter einer verschobenen Perspektive.

Dazu sollen hier ganz zufällig nur einige markante Beispiele gegeben werden:

> Immer befinden wir uns zunächst im Stadium des naiven Lebensrausches. Wir gehen im Augenblick auf, im Glück der Stunde, im Streben nach dem nächsten Ziel.
> Dann stellt sich die Reflexion ein, die nach endgültiger Wahrheitserkenntnis, nach dauerndem Glück, nach einem weltumfassenden Lebensziel verlangt. Damit treten wir in das Stadium der Illusion. Wir malen uns einen Idealzustand aus, in welchem die Rätsel gelöst, die Wünsche erfüllt und die Ideale erreicht sind.

Erst wenn dieses Zukunftsbild als Illusion durchschaut ist, erfolgt das große Erwachen. Es geht uns die niederschlagende Erkenntnis auf: Die Unvollkommenheit, unter der wir leiden, hat ihren Grund nicht in einem zufälligen Mangel des augenblicklichen Zustandes. Sie ist vielmehr in der Grundform der ganzen Erfahrungswelt begründet.
(Karl Heim)

Die wissenschaftliche Erkenntnis hat zwei Endzustände, die einander berühren: der eine ist der Zustand natürlicher Unwissenheit, in dem sich alle Menschen bei ihrer Geburt befinden. Der andere ist der Zustand, den die großen Geister erreichen, wenn sie nach Prüfung alles dessen, was die Menschen wissen können, zu einer Einsicht kommen, daß sie nichts wissen und sich in derselben Unkenntnis wiederfinden, von der sie ausgegangen waren. Aber dies ist eine wissende Unwissenheit, die sich erkannt hat. Diejenigen unter ihnen, die zwar der natürlichen Unwissenheit entronnen sind, aber nicht zur anderen durchdringen konnten, haben eine oberflächliche Kenntnis jener dünkelhaften Wissenschaft und geben sich als Eingeweihte. Sie verwirren die Welt und urteilen über alles schlechter als die anderen.
(Blaise Pascal, zitiert nach Lecompte du Noüy)

Es gibt drei Arten von Intelligenz: Die eine versteht alles von sich aus; die zweite erkennt, was andere begreifen; die dritte erkennt weder aus sich selbst noch mit Hilfe anderer. Die erste ist die bedeutendste, die zweite gut und die dritte unbrauchbar.
(Niccolo Machiavelli)

Meine Erfahrungen haben mich gelehrt, daß der Mensch nur notgedrungen ein denkendes Wesen ist. Von Natur körperlich regsam, ist er geistig gewöhnlich recht träge. ... Der Kranke arbeitet nicht gern [denkt dafür mehr], und der Gesunde denkt nicht gern. Anders wäre es widernatürlich.
Ich kann deutlich feststellen, wann ich mich im Laufe der Jahre geistig gehäutet habe. Sicher geht alle Entwicklung auf diese Weise vor sich, nicht durch gleichmäßiges Weitergleiten, sondern durch einen Durchbruch.
(Martin Andersen Nexö)

Tatsächlich aber ist das Verstehen ein Wachstumsprozeß, der nie abgeschlossen ist. Wer sich „fertig" fühlt, ist offensichtlich am Wesentlichen des Verständnisses vorbeigegangen. Wer dagegen „bekannte" Dinge immer wieder als fragwürdig und unklar empfindet, ist wohl auf dem richtigen Wege.
(Günther Ludwig)

Wer auf den rechten Weg will, der muß durchaus durch sich selbst hindurch.
(Wilhelm Busch, Sprüche)

Eine derartige „Dreiheit" wie „einfach-primitiv-aufgeklärt" findet sich ansonsten auch anderswo in der Welt immer wieder. Überall, wo es Entwicklung scheinbar nach einem Ziel hin gibt, findet sich als Basis etwas Bewährtes, Solides. Dann kommt die Unordnung, die Halbbildung, der immer wieder untaugliche, oft lächerliche Versuch, Vollendung im Unvollendeten zu finden und danach erst die wirkliche Vollendung, die Perfektion, die Größe, meist in etwas Komplexerem, die sich nun wieder zu einer Normalität zu schließen versucht, zu einer einfachen Basis, und der Kreis vollendet sich - das Dorf, die Provinz, die Metropole.

Entwicklung und Entwicklungsstopp

Um in der Intellektualität voranzukommen, bedarf es gewisser Bemühungen. Der Schritt von der Einfachheit zur Primitivität wird in den entwickelten Ländern heute im Allgemeinen erzwungen bzw. abgenötigt, vor allem durch die Schulpflicht. Der Schritt von der Primitivität in einen aufgeklärten Status erfordert dagegen fast immer eine eigene, individuelle Initiative. Man muß erahnen, daß es über dem angelernten, bloß aufgepappten Wissen hinaus noch etwas anderes und womöglich Wesentlicheres gibt. Dafür wird dann auch ein durchaus eigenes Interesse notwendig. Das hat man oder man hat es nicht. Darüber hinaus muß man sich weiterhin zumeist ziemlich bemühen. Dieser Schritt von der Primitivität in den aufgeklärten Status wird durch Sättigung, durch Saturiertheit zumeist gebremst, während er durch ungünstige Umstände, Unterdrückung, Not auch mal gefördert wird.

Es gibt also diese intellektuelle Entwicklung im Geistigen. Doch irgendwann sind die Leute fertig damit oder meinen es jedenfalls. Sie fühlen sich dann voll entwickelt, „erwachsen" gewissermaßen und hören auf zu lernen, zu denken, zu bezweifeln (falls sie damit überhaupt einmal angefangen hatten). Sie halten für ausreichend, was sie wissen und können. Sie halten für wahr, was üblich ist, und für gut, was sie vor Jahren dazu aufgeschnappt haben. Sie agieren, sie reden, sie handeln, als wäre alles, was sie da tun oder erzählen, anordnen, planen, behaupten, publizieren usw. unfehlbar, richtig, klug, bestens, nicht mehr zu überbieten, kurz: das Gegebene, das Fertige, das Unbezweifelbare.

Damit sind sie Fachleute, Experten, erwachsene Menschen mit vollendeter Handlungskompetenz. Manchmal sind sie das tatsächlich. Oft aber sind sie nur erfolgreich erstarrt in ignoranter Routine. Die Primitivität, die sie erreicht haben, bleibt das bleibende und charakterisierende Merkmal ihres Erwachsenseins. Das ist dann „der Entwicklungsstopp", den man bei vielen Leuten immer wieder auch direkt fühlen, zuweilen wie mit Händen greifen kann.

Lernen strengt an, Zweifeln bringt Ärger, Nachfragen ist mühsam, Zuhören wird uninteressant. Der Mensch ist komplett. Er handelt fortan aus sich heraus wie ein funktionierendes Fertigteil - zeitgemäß oder unzeitgemäß, klug oder dumm, erfolgreich oder zum eigenen Schaden, immer aber als eine vollendete Persönlichkeit, an der es nichts mehr zu deuten gibt. Um sich den Mühen einer Weiterentwicklung der eigenen Intellektualität zu entziehen, wird auch die Saturierung, der Überfluß, das „Schlaraffenland" angestrebt. „Der Fortschritt", der Fähigkeiten nötig hat, soll immer auch der Dummheit dienen - jenem Automatismus, der großes Glück bequem und ohne Mühe jedermann sogleich zugänglich macht. Man paßt sich an.

Anpassung wiederum befördert Karriere und der karrieristische Erfolg wiederum die Sättigung. Man heuchelt nicht nur nach außen hin, sondern auch ganz in sich hinein, um sich konfliktarm zu halten. Genügend Leute entwickeln ausgesprochene Tricks des Selbstbetruges, um sich einer stets mühsamen Aufklärung zu entziehen, die ja immer nur wieder Konflikte schaffen muß gegenüber einer zwar funktionierenden, aber ansonsten problematischen Umgebung.

Zu den diversen Formen von rationaler Schizophrenie scheint also auch diese vehemente Illusion (Selbstbehauptung, Selbstbetrug) zu gehören, jetzt endlich „im Glück angekommen zu sein" und sich dann dementsprechend „glücklich" und ignorant aufzuführen. Auslösend hierfür dürften die verschiedensten einschneidenden Ereignisse sein, zum Beispiel Schulabschluß, Prüfungen, Examina, Eheschließung, Kinder, Leiterposten, Kriegsende, Revolution, Auswanderung.

Es gibt auch einfach ein Bedürfnis dafür, welches sich den passenden Zeitpunkt dazu selber zimmert.

Entwicklungsstopp ist eine wesentliche Phase in der Persönlichkeitsentwicklung und keine gelegentliche und nebensächliche Angelegenheit. Mit dem Entwicklungsstopp entscheidet sich der Mensch für das jeweilige System, liefert sich diesem aus, paßt sich an die systemaren Gegebenheiten an und schließt seine Vernunftsentwicklung formal ab. Aus dem bis dahin noch offenen „Menschen" wird ein auf biologische Zweckmäßigkeit hin festgelegtes Mitglied einer lediglich biologischen Art. Anpassen heißt immer auch: selber aufhören, irgendwie aufhören, enden, sich in die Geschicke fügen, alles mitmachen und ansonsten auf Rente und Tod warten. (In den modernen „Spaßgesellschaften" ist zum Warten noch „das Genießen" hinzu gekommen.)

Jeder murkst auf seine eigene spezifische Art an seinem „Ende der Illusionen" herum. Es geht um Realisierung der „Realität" und Entidealisierung (- „ja, in der Jugend, als wir noch „Ideale" hatten …"). Etliche versuchen, ihren Entwicklungsstopp mit ungeeigneten Maßnahmen zu erzwingen. Sexualaktivismus oder Alkoholexzesse zum Beispiel gehören dazu. „Saufen" macht einfach nur krank und bringt keinen wirklichen, inneren geistigen Wandel. Bei der anderen Aktivität überschätzen sich die meisten. Sexualität und Alkohol allerdings können hilfreich sein zum Einstieg in eine erwünschte Teilverblödung - sie lenken erst einmal ab.

Die Philosophie vor und nach dem Entwicklungsstopp ist nicht dieselbe.

Vorher ist sie vor allem offen, naiv, idealisch, korrekt, wahr, weit, visionär. Danach ist sie mehr angepaßt, beruhigend, zweckmäßig, manipuliert und manipulativ, schwammig, mehrdeutig, unklar, demagogisch, eng.

„Erwachsen" im primitiven Sinne ist ein Mensch immer erst nach seinem erfolgreich praktizierten Entwicklungsstopp. Davor ist und bleibt er „kindisch" - unter Umständen ein langes Leben lang. Erfolgreiche Dummheit ist also Vorraussetzung für (primitiv verstandenes) Erwachsensein.

Dieser Entwicklungsstopp bildet so etwas wie den Tod der Intellektualität, zumindest das Ende ihrer laufenden Ansprüche. Mit dem Entwicklungsstopp klinkt sich der Mensch aus der weiteren Entwicklung des Geistigen aus, überläßt diese ihrer eigenen systemaren Mechanik und wird damit zum geistigen Passivum - wenn auch noch nicht ganz zum Tier.

Moralität

Der hier als Charaktervariable eingeführte Begriff der Moralität hat - indirekt - eine Menge auch mit Dummheit zu tun (mit Moral weniger). Und auch nur annähernd entspricht er der ewigen Frage nach „gut und böse".

Stellvertretend für die breite Literatur mit ihren unterdessen unfaßbar vielen Schriften sei für die hier zu betrachtende Moralität der weise Paracelsus zitiert:

> Je länger Geschrift, je kleiner der Verstand, je länger die Rezepten, je weniger Tugend ...
> dem der arbeitet, dem soll auch genommen werden, was er hat, uff daß er arbeite ...
> Der viehische Mensch, das ist, der da nichts weiß oder kann, als fressen, saufen, marketendern, Schätz sammeln, sich empor heben in Hoffart, Unzucht, in Wucher und aller anderer Ärgernuß."
> (Karl Bittel, Paracelsus, Leben und Lebensweisheit in Selbstzeugnissen, Reclam 1961)

Vermutlich geht es mit diesem Zitat nicht so sehr um den simplen Tatbestand einer Bosheit an sich, sondern darum, daß da ein Mensch ist (Paracelsus nämlich), der sich darüber wundert und das darum aufschreibt, der also in „der Bosheit" eine Besonderheit, eine Eigenheit des Menschen erkennt, die dessen Welt nicht nur einfach schädigt oder belastet, sondern vermutlich auch wesentlich prägt und formt und gestaltet. Letzteres will man weniger gern wahrhaben, doch sein Biograph fand es so bemerkenswert, daß auch er es zitierte.

Um zu klären, worum es beim „viehischen Menschen" wirklich geht, wird der Begriff der „Moralität" definiert und dazu aus der sozialen Hemmung abgeleitet. Moralität ist eine Charaktereigenheit und kann als eine Variable mit verschiedenen Werten aufgefaßt werden.

Moralität gliedert sich in zwei Werte:

Der konstruktive Mensch, (der »Konstruktive«) - der dynamistische Mensch, (der »Dynamiker«).

Für die Praxis wird noch ein dritter Wert definiert: Der ambivalente Mensch als Zwischen- oder Mischform aus Konstruktivem und Dynamiker. Er begründet keine eigene Qualität, konstituiert aber den Hauptanteil in der Bevölkerung.

Moralität ist kaum eine entwicklungsabhängige Eigenschaft, sondern vermutlich von Natur her gegeben. Sie ist direkt verknüpft mit den Handlungshemmungen, die als „negative Antriebe" das menschliche Verhalten unterbewußt steuern.

Moralität ist eine der wesentlichen Charaktervariablen. Sie ist nicht mit der Moral identisch und darf mit dieser nicht gleichgesetzt oder verwechselt werden. Es gibt aber einige vage Beziehungen zu dem, was landläufig als „Moral" bezeichnet wird.

Klarheit über die Moralität ist im Allgemeinen nicht vorhanden. Die Menschen ahnen sie wohl, führen moralitäre Urteile auch laufend im Munde, lesen darüber, hören davon, vermögen sie aber nicht immer genau zu benennen. Das soll auch so sein und hat „gute" oder vielmehr schlechte Gründe.

Die Begriffe „konstruktiv" und „dynamistisch" sind in der moralitären Verwendung von der Semantik her zunächst einmal etwas irritierend. Sie suggerieren die damit hinlänglich assoziierten Vorstellungen zu klug Aufbauendem oder kraftvoll Beweglichem. Sie haben damit auch einiges zu tun. Ihr hier speziell gemeinter Inhalt jedoch ist zusätzlich noch von wesentlich anderer Art und wird sich im Weiteren erschließen.

Der originäre Unterschied zwischen den Konstruktiven und den Dynamikern besteht einzig und allein in dem Vorhandensein oder Fehlen der spezifischen Hemmung - Schmarotzerhemmung - die also eine Verwendung des Mitmenschen für irgendwas, was auch immer, verhindert.

Konstruktive Tätigkeit („an sich") ist andererseits nicht an Moralität gebunden. „Schmarotzen" (also etwa auf Kosten anderer leben oder auf Kosten eines Sozialstaates usw.) können auch Konstruktive sehr gut. Bequemlichkeit lieben beide - oder auch beide nicht.

Menschen können wie Maschinen oder auch wie Haustiere als „Leistungsverstärker" wirken. Die Arbeit mit anderen Menschen wird daher zumeist ertragreicher sein, als nur selber die Hände rühren.

Wer einmal gelernt hat, wie produktiv eine „dynamistische" Tätigkeit sein kann und dabei bemerkt, daß ihm das auch persönlich „liegt", bei dem wird sich eine solche Harmonie bald einstellen. Wer dabei aber Skrupel bei sich selber beobachtet und auf diese hört, der wird die Harmonie trotz aller Effektivität solcher „Dynamizität" in anderen Lösungen dieser Frage suchen und finden.

Die moralitären Charaktereigenarten sind vermutlich angeboren, aber nur in ihren quasi embryonalen Grundvoraussetzungen, vor allen in der „Schmarotzerhemmung". Ausgeformt werden diese Vorraussetzungen dann erst im Leben durch Prägungen, Traditionen, Überschichtungen, Erziehung, Erfahrung usw. Die Grundveranlagungen zu einer „Gehemmtheit" lassen sich damit aber nicht grundsätzlich umkrempeln. Sie brechen immer wieder in glücklicher oder in tragischer Weise durch. Eine Umerziehung in der einen oder anderen Richtung scheint nicht möglich zu sein, wohl aber eine Verdrängung, ein bewußtes Gegenverhalten. Das jedoch bleibt stets eine labile Angelegenheit, ein nicht sonderlich verläßlicher, erkünstelter Versuch, auf den man sich nicht verlassen kann.

In der gesamten Literatur, in der besseren und erst recht in der banalen, finden wir immer wieder diese alte, geradezu „märchenartige" Unterteilung in „die Guten" und „die Bösen". Die Literatur lebt davon. Der Kampf zwischen Gut und Böse ist ein vorzügliches Unterhaltungsmittel für die Menschen. Daß dabei fast immer das Gute siegt oder siegen sollte, ist bereits die erste Merkwürdigkeit dabei. Man muß sich fragen, ob nicht auch schon hier eine Verwechselung von Ursache und Wirkung vorliegt, ob also nicht vielmehr nur das, was halbwegs und auf Dauer siegt, „das Gute ist"?

Bei genauerem Hinsehen und vor allem in der besseren Literatur läßt sich dann auch - wenigstens zwischen den Zeilen - ablesen, was der innere Kern dieses Guten und Bösen sein könnte. Und tatsächlich läßt sich fast immer wieder das Konstruktive und das Dynamistische darin ausmachen, die als letzte Ursachen für Gut und Böse in Frage kommen, meist dann aber in recht verschwommener, unsicherer, undeutlicher und verschränkter Form.

So findet sich zum Beispiel auf den ersten Seiten des Romans „Die Lebensuhr des Gottlieb Grambauer" von Ehm Welk eine knappe Metapher plus Skizze, die beiden Herren „Faßmann" und „Laßmann" betreffend, die beide eigentlich eine Person sein sollen mit der so beruhigenden wie aufmunternden möglichen Schlußfolgerung: „So sind wir ja alle".

Vielleicht wird dieses Bild auch so verstanden, wie das einst im Deutschland Hitlers offizielle Ideologie war, nämlich als Unterscheidung in „die Raffenden und die Schaffenden". Jeder konnte privatim sich das Seine aussuchen, sollte sich aber offiziell, nach außen hin, stets zur konstruktiven Seite bekennen.

Hierzu einige weitere Zitate zu dieser Thematik aus der Literatur:

> Für unseren gegenwärtigen Zweck genügt es, wenn zugegeben wird, ... daß etwas vom Wesen der Taube neben Elementen des Wolfes und der Schlange in unser Gemüt verwoben ist. ... Es entsteht daher sofort eine moralische Unterscheidung, ein allgemeines Gefühl des Tadels und der Zustimmung ...
> (David Hume)

- Dieser innere Krieg der Vernunft gegen die Leidenschaften hat bewirkt, daß die, die den Frieden wollen, sich in zwei Sekten geteilt haben. Die einen haben den Leidenschaften entsagen und Götter werden wollen; die anderen haben der Vernunft entsagen und Tiere werden wollen. Aber sie haben es nicht vermocht - weder die einen noch die anderen, und immer noch ist die Vernunft da und klagt die Niedrigkeit und Ungerechtigkeit der Leidenschaften an, stört die Ruhe derer, die sich an diese verlieren, und die Leidenschaften sind noch immer lebendig in jenen, die ihnen entsagen wollen.
- Die Begehrlichkeit ist uns natürlich geworden und hat unsere zweite Natur geschaffen. So gibt es zwei Naturen in uns: Eine gute und eine böse.
- ... ältere Lehre der Stoa, die erklärt, daß es keine stufenweise Aneignung der Tugend gäbe: Man hat sie entweder ganz oder gar nicht.
- Der Soldat hofft, Herr zu werden, der Mönch hofft, abhängig zu bleiben.
- Es gibt nur zwei Arten von Menschen, die Gerechten, die sich für Sünder halten, und die Sünder, welche sich für gerecht halten.
(Blaise Pascal, Pensées)

Besagt sie nicht [die Antwort], daß es sozusagen zwei menschliche
Rassen gibt - die Wölfe und die Schafe?
(Erich Fromm, Die Seele des Menschen: Ihre Fähigkeit zum Guten
und zum Bösen.)

[Nach Beginn der Großhirnentwicklung] ... hat sich aus der sozialen
Rückkopplung der Mehrheit der Schwachen (und nicht aus der Einsicht der Minderheit der Starken) ein nicht in das Konzept passendes
Gefühl für „Gut und Böse" entwickelt, das bis heute noch nicht wieder ausgemendelt ist. Das gibt zu denken.
Auf jeden Fall ist neu, daß einer Mehrheit nun eine Art „Minderhei-
tenschutz" gewährt wird. Aber endgültig ist noch nichts entschieden,
die Evolution kann noch hoffen.
Stärke und Schwäche, Gut und Böse sind keine moralitären Kategorien.
(Walter Böckmann)

[Es gibt] zwei Menschentypen: Autoritäts- und Machtmenschen.
[Autorität wird hier gesehen als die Anerkennung von äußeren Gege-
benheiten und Zurückstellung der eigenen Intentionen]
(Jaroslav Langer)

Zweitens - und das ist ein ganz fundamentaler Punkt - kommt hier
die moralische Zweideutigkeit der spezifisch menschlichen Beschaf-
fenheit zum Vorschein (ein Umstand, dem auch Aristoteles einige
Aufmerksamkeit gewidmet hat, allerdings ohne besonderen Erfolg).
Denn wenn es spezifisch menschlich ist, Intelligenz und Werkzeuge
zur Veränderung der Umwelt zu verwenden, ist es ebenso spezifisch
menschlich, mit Hilfe seiner Intelligenz eigennützige Zwecke durchzusetzen und Werkzeuge zur Vernichtung anderer Menschen zu verwenden. Und wenn es spezifisch menschlich ist, eine begrifflich und
vollkommen bewußte Wahrnehmung von sich selbst als Mensch unter Menschen zu haben, die dieselben Gefühle haben wie man selbst,
ist dies nicht nur eine Bedingung der Menschenfreundlichkeit, sondern auch (worauf Nietzsche hingewiesen hat) der Grausamkeit; und
ein raffinierter Sadist steht den Tieren nicht etwa näher als ein Men-
schenfreund, sondern erheblich ferner.
Es ist einigermaßen erschreckend, wenn man sich überlegt, was alles

passieren könnte, wenn der von alters her oft als oberstes moralisches Gesetz angeführte Imperativ »Sei ein Mensch! « wörtlich genommen würde. Das sollte auch den Begriff „Humanismus" bedenk-
licher machen. Er klingt erhaben und doch zu sehr nach Mensch.
(Bernhard Williams)

Natürlich gebrauchen wir einander ständig als Mittel für andere
Zwecke. Entscheidend ist nur, daß in diesem System niemand   nur
Mittel ist ... ohne zugleich Zweck [sein eigener Zweck] zu sein.
(Robert Spaemann)

Alle Menschen sind gleich, aber jeder ist anders. Er ist außen und innen - auch in seinen Dominanzbedürfnissen und Machtbefugnissen,
in der jeweiligen Mischung der individuellen Potenzen von Egoismus und Altruismus, von Rivalität und Solidarität, von sozial verant-
wortungsloser Herrschsucht und kritischem Wohlwollen im Zusammenleben, wozu auch das Mitgefühl gehört.
(Gerda Jun)

[Schopenhauer unterscheidet in seinen Auslassungen über die Ehre
„die bürgerliche Ehre" von „der ritterlichen Ehre". Erstere ist in etwa
gleichbedeutend mit einem konstruktiven Verhalten, letztere hingegen könnte als das Ehrverständnis des Dynamikers betrachtet werden: Recht hat (in der Ehre ist), wer Macht hat (wer obsiegt - wie
auch immer). Bemerkenswert dabei ist das Gespür für diesen feinen
Unterschied, der in der Art liegt, wie man zu Erfolgen kommt. Schopenhauer bemerkte ihn.]
(nach: Schopenhauer, Philosophische Aphorismen)

Konstruktivität

Der Konstruktive ist häufig (aber nicht immer) jener Menschentyp,
den man gemeinhin als brav, lieb, gut, nett, anständig, zuweilen dann
aber auch schon als den Gutmütigen, den braven Dummen sieht.
Daß es solche Menschen gibt, das weiß man. Doch es wird zumeist
nicht sonderlich beachtet oder gewertet.

Tatsächlich ist das konstruktive Verhalten nicht trivial oder selbstverständlich - warum auch? Es ist eher verwunderlich, wenn man es sich im biologischen Gesamtkontext betrachtet. Es ist durchaus eigentümlich und merkwürdig. Und so soll es auch hier abgehandelt werden.

Der konstruktive Mensch ist grundsätzlich gehemmt. Seine Hemmungen beziehen sich auf die Mitmenschen, auf die Gesamtgesellschaft und auf das Lebendige als Ganzes. Nach dem Glücksprinzip versucht er in seinen Handlungen diesen Hemmungen gerecht zu werden. Damit sieht er sich innerlich gezwungen, andere Menschen nicht zu behelligen und das Leben, die Natur, soweit ihm diese nahe treten, nicht zu zerstören.

Die Hemmungen schränken den Handlungsspielraum ein, so daß der konstruktive Mensch zu einem speziellen, „konstruktiven" Verhalten genötigt ist, welches er bevorzugt bei sich selbst entwickeln muß. Von daher kommt die Bezeichnung „konstruktiv", die sich allein aus der Hemmung noch nicht ergibt. Auch „Dynamiker" vermögen sehr konstruktiv zu wirken und müssen es auch, wenn sie „Erfolg" haben wollen.

Die Konstruktivität ist hier also definiert als die natürliche Beschränkung aller Handlungen auf Gegenstände und Vorgänge, die nicht zu Auslösern von Skrupeln werden können oder das Gewissen belasten. Skrupel oder Gewissen sind unmittelbare Äußerungen, Wirkungen oder Rückwirkungen der Hemmungen.

Konstruktivität, insofern sie angeboren ist, ist so geartet, wie es die biologische Entwicklung in langen Zeiträumen erzwang. Sie ist nicht rational. In komplizierten Situationen kann sie zu einer ihrem Zweck entgegengesetzten Wirkung führen, zu einer Schädigung der eigentlich zu schützenden Individuen. Solcherart ist sie also nicht automatisch das Vernünftige oder das Gute an sich.

Die Hemmungen des Konstruktiven bilden für diesen oft eine Belastung und Behinderung. Von daher wird er in unserer modernen Realität häufig als wenig lebenstüchtig eingestuft, was in der moralitären Mischwelt auch gerechtfertigt ist.

Der Konstruktive ist konstruktiv, weil er konstruktiv sein muß. Er muß schaffen, bauen, konstruieren, weil er anders nicht überleben kann. Er kann nicht rauben.

Konstruktivität ist damit zunächst einmal nur ein spezielles, „konstruktives" Verhalten dem Mitmenschen gegenüber. Das aber hat zunächst nichts mit „Konstruktion" zu tun, sondern entsteht aus einem dem Konstruktiven eigentümlichen Widerwillen, den Mitmenschen in den eigenen Konstruktionen einfach mit zu verbauen. (Wenn in der gehobenen Erbauungsliteratur früherer Zeiten von „Vornehmheit" oder vom „Adel der Seele" die Rede war, dürfte in etwa das gemeint worden sein.) Das bedeutet, man muß als Konstruktiver selber aus sich heraus und ohne Zugriff auf die Freiheit der anderen wirken. Dazu ist Konstruktivität, also konstruktives Handeln unumgänglich.

„Konstruktiv" im hier favorisierten Sinne ist ein Mensch darum, weil er sein Brot nicht durch die Benutzung anderer erwirbt, sondern aus sich selber, weil er dafür selbst „konstruktiv" werden und tätig sein muß. „Konstruktive Tätigkeit" wird hier alle Tätigkeit genannt, die den anderen Menschen und dessen ihm nötige Lebensumwelt nicht benutzt, ausnutzt, ausbeutet, bedrängt, beschädigt, ignoriert, sondern diese vielmehr zu bewahren sucht und befördert.

Der konstruktive Mensch erkennt menschliche Herrschaft von sich aus nicht an, er duldet sie nur. Er muß sie auch dulden, denn das gehört zu seinem Wesen. Er lebt mit ihr, findet sich damit ab und versucht, das Beste daraus zu machen. Oder er resigniert. Aber er will keine Macht über andere oder anderer über sich. Er sieht in Macht und Herrschaft niemals etwas Unbedingtes. Das hat er als Konstruktiver auch nicht nötig. Er braucht keine Herrschaft, weder über sich, noch für sich. Sie behindert ihn. Und sie bewirkt und schafft nichts mit ihm, was er mit seinesgleichen nicht auch selber schaffen und bewirken könnte.

Zuweilen aber gibt es auch vernünftige Herrschaft. Der Konstruktive bemerkt und beachtet sie dann kaum und hat also auch keine Not damit. Er hält sie seiner unmittelbaren Weltsicht gemäß schlechterdings für „Vernunft" - nicht für Herrschaft.

Der konstruktive Mensch läßt sich führen, aber nicht beherrschen. Er mag in der „Gefolgschaft" eines Führers leben und ganz freiwillig, nicht aber als abhängiger Knecht eines Herrn. Er kann auch selber ein Führer sein für andere, niemals aber ein Herr über diese. Das sind feine, aber wesentliche Unterschiede. Und wir wissen sehr wohl, wie dieselben von der Sprache der Demagogen zu allen Zeiten benutzt wurden.

Der konstruktive Mensch will frei bleiben und frei wählen können. Er will einer Vernunft folgen, einer Wahrheit dienen, das Sinnvolle tun. Er will Freiheit und Individualität auch der anderen erhalten und bewahren, denn sie gehören auch zu seiner eigenen Individualität und Freiheit. Er macht dazu aus Wahrheit und Vernunft ein Idol, dem er anhängt.

Vernunft und Wahrheit werden zwar ebenso vom Dynamiker geschätzt, denn auch er kommt ganz ohne diese nicht aus. Aber er nimmt sie nur als Werkzeuge, als einige Mittel von vielen und nicht einmal als die wirksamsten. Der Dynamiker kennt wirksamere Möglichkeiten als Wahrheit und Vernunft. Er macht daher aus diesen Tugenden kein Idol, keinen Maßstab aller Dinge. Sie bleiben für ihn bloßer Nebenwert.

Der Konstruktive erhöht Wahrheit und Vernunft zum Besonderen, zum Leitmotiv, zur außermenschlichen Herrschaft über sich selbst, der er zu gehorchen versucht. Dazu benutzt er sie als Tugenden und übt dazu Ehrlichkeit, Vertrauen, Zuverlässigkeit, Gerechtigkeit. Diese Tugenden versucht er zu objektiven Schiedsrichtern seines Handelns zu machen. Dabei ist er stets darauf bedacht, daß er selber das letzte Wort behält - keine immer einfache Sache. Er will sich nämlich auch nicht zum Sklaven einer Wahrheit oder Vernunft machen, womöglich einer falschen Wahrheit und einer schlechten Vernunft.

Im Streitfall verzichtet er auf das letzte Wort, wie auch sein konstruktiver Widerpart darauf verzichtet, und alles bleibt erst einmal noch offen - aber in Bewegung, in Bearbeitung. Man ist noch nicht reif für eine Entscheidung, man muß noch suchen. Manchmal muß entschieden werden, und man kann nicht warten. Dann muß der Würfel sprechen, nicht aber eine Macht oder ein fauler Trick.

Der konstruktive Mensch erkennt auch das System nicht an, obwohl er wie alle diesem viel verdankt. Er muß es aber dulden. Doch er versucht, wo er kann, dessen blinde Macht zu beschneiden. Lieber verzichtet er auf die warmen Annehmlichkeiten eines geführten, verführten Existierens, als daß er sich einem blinden Mechanismus blind ausliefert und seine Zukunft allein dem Hoffen überläßt. Das ist er sich selber schuldig.

Der Konstruktive respektiert und würdigt den Mitmenschen. Dieser ist für ihn niemals Objekt, sondern immer nur Subjekt, wie er selber. Auch das ist nicht immer ganz einfach, so zu sein und zu so bleiben. In diesem Sinne tritt der Konstruktive für die Gemeinschaft ein. Er ist sozial bzw. „soziozentrisch". Wenn er nicht der geborene Egoist ist, der nur respektiert, aber nicht würdigt, weiß er, daß ihm der Mitmensch nützlich ist zur eigenen Bestätigung, als Hilfe und für diverse Gemeinsamkeiten, die ohnehin nur in Gemeinschaft möglich sind. Darum aber „benutzt" er den Mitmenschen nicht, auch dann nicht, wenn sich manch einer vielleicht ganz gern einmal benutzen lassen würde.

Eine derartige Charakterisierung unterscheidet den Konstruktiven aus phänomenologischer Sicht vom Dynamiker, der andere Eigentümlichkeiten und Präferenzen hat.

Konstruktive Tätigkeit ist alle Tätigkeit, die den Menschen nicht benutzt, ausbeutet, ignoriert, bedrängt, beschädigt, sondern die ihn und seine Werte respektiert, bewahrt und fördert.

Konstruktivität ist Machtverzicht zu Gunsten des Verstandes und der Wahrheit - soweit das eben möglich ist.

Konstruktive „Gerechtigkeit" ist vor allem Wohlwollen, Verzeihung, Ehrlichkeit, Zurückhaltung, Sühnebereitschaft, Vergebungswille, Bewahrung, Neubeginn. Tugend ist immer nur konstruktiv, sonst ist sie es nicht.

Konstruktivität ist ziemlich sensibel und störanfällig und leicht auszuschalten - so wie etwas meist leichter zu zerstören ist als zu konstruieren und zu bauen.

Insofern der Konstruktive nicht nur passiv unter seiner Schmarotzerhemmung leidet, sondern aktiv versucht, diese zu akzeptieren und sogar zu kultivieren, muß er eine Denk- und Handlungskultur entwickeln, die über das Unterlassen von dynamistischen Praktiken hinausgeht und auch von Angriffen auf die Dynamizität absieht. Die Konstruktivität wird damit zu dem, was ihre Wortbedeutung nahelegt und gleichzeitig zu etwas Besonderem, was den Kontext der hier gemeinten Konstruktivität erzeugt. Der Konstruktive ist an seinen Handlungen, besser aber noch an seinen Äußerungen als solcher relativ leicht zu erkennen. Es gibt auch den „Stallgeruch" der Konstruktiven.

In der moralitären Konstruktivität erwehrt sich der Mensch als Gemeinschaftswesen der solitären Natur in sich selber und gewinnt so die Freiheit, die über jene persönliche Souveränität hinausgeht, die ein Einzelner gegen die Natur und zugleich gegen andere gewinnen kann. Konstruktivität macht individuell, zugleich aber auch sozial.

Konstruktive Charaktere sind keine Hirngespinste. Es gibt sie, wenn auch in Reinform nicht gerade reichlich, aber auch davon finden sich etliche immer und überall.

Richtig hingegen ist, daß die Konstruktiven in fast „natürlicher Weise" überall hintenangestellt sind, wenig oder nichts zu sagen haben, daß sie niedergehalten und unterdrückt werden - außer in speziellen Notsituationen, wo sie vielleicht einmal außer der Reihe einen Rat geben dürfen, wo sie dazu dann mit einem Male (und zu ihrer eigenen Verblüffung) auch gleich mal hinaufbefördert werden in der Hierarchie - scharf beobachtet und an der kurzen Leine gehalten.

Die Welt der Eroberer und Kämpfer fürchtet die Konstruktivität. Diese bietet ihr ein schlechtes Beispiel.

Konstruktivität ist eine emotionale Sache und keine rationale Angelegenheit. Rational konstruktiv können auch Dynamiker sein. Und sie sind es, wenn sie auf Erfolg Wert legen oder anders nicht zu Erfolgen kommen.

Weil der Konstruktive also konstruktiv veranlagt ist, ist er darum nicht notwendig ein „guter Mensch", ein „Gutmensch" gleich gar nicht. Besonders die Primitivität enthält für ihn noch viele Möglichkeiten, sich schlecht und schädlich und unsinnig aufzuführen.

Daß sich jemand darum bemüht und dafür kämpft, viel Geld zu verdienen und reich zu werden, ist leicht nachzuvollziehen. Daß aber jemand darum kämpft, etwas schaffen zu können und dafür arbeiten zu dürfen, ohne deshalb viel Geld oder überhaupt Geld zu verdienen, ohne also damit reich oder mächtig zu werden, das ist schon wesentlich schwerer einsichtig. Aber genau das ist das eigentliche konstruktive Anliegen.

Der Konstruktive ist keineswegs ein absolut oder auch nur besonders „edler" Typ von Mensch. Er ist lediglich einer, der nicht ausbeuten kann, obwohl er vielleicht auch das ganz gern möchte, den seine Skrupel daran hindern und ihm gewissermaßen den Genuß des bloßen Fressens ohne Wenn und Aber vermasseln. In der realen Welt ist der Konstruktive der geborene Verlierer, auch wenn er natürlich dann und wann auch einmal gewinnen kann. Es gibt schließlich Merkwürdigkeiten und Zufälle.

Auch in der Literatur finden sich reichlich Hinweise zur Konstruktivität. Dabei geht es nicht so sehr um die zuweilen etwas geschraubten Vorstellungen davon oder um eine idealistische Begrifflichkeit, sondern nur um die den Konstruktiven offenbar zugrunde liegenden Fakten einer Moralität, die konstruktiv sein kann und - nach etwas verschrobenen moralischen Kriterien - auch sein soll.

„Konstruktivität" ist also zweierlei. Es ist zum einen jedes „konstruktive" Tun (Bauen, Strukturen schaffen, organisierend wirken, konstruieren), und es ist zum anderen der Charaktertyp, der nichts anderes kann, als genau das und nichts sonst.

Gesetzt also, es habe ein Mensch bei dem fortdauernden Willen, einem jeden das Seinige zu geben, eine oder die andere ungerechte

Handlung begangen, so muß er selbst dennoch gerecht genannt werden, wenn er nur die Gerechtigkeit liebt und das von ihm auch insgeheim verübte Unrecht verwirft, ungeschehen macht oder den zugefügten Schaden nach Möglichkeit ersetzen will. ... Bei der wahren Gerechtigkeit kommt es also auf einen gewissen Seelenadel an, der es verabscheut, dem Betrug oder der Treulosigkeit etwas verdanken zu müssen.
(Thomas Hobbes)

Alle Moral ist Rücksicht auf die anderen. Der vornehme Mensch ist schlank, nimmt wenig Platz weg.
(Moritz Schlick)

Ein guter Mensch wäre ein Mensch, dessen Gewissen das „ich darf nicht" in ein „ich kann nicht" verwandelte.
(Robert Spaemann)

Aber bei allen edleren Naturen ist die Abneigung gegen Verrat und Betrug zu stark, um durch Aussichten auf Nutzen oder pekuniären Vorteil aufgewogen werden zu können. Innerer Seelenfriede, ein Bewußtsein der Integrität, ein befriedigender Rückblick auf unser eigenes Verhalten; das sind sehr wesentliche Voraussetzungen für das Glück und werden von jedem ehrlichen Menschen, der ihre Wichtigkeit fühlt, hochgeschätzt und gepflegt werden. [Einem „Gauner" sind diese Grundsätze fremd] ...
(David Hume)
Es gibt ausgeprägte Menschentypen, die Widerwillen gegen jegliche Ausübung von Macht empfinden.
(Jaroslav Langer)

Es geht darum, daß die Menschen dazu bereit sind, die Interessen anderer ihren eigenen Interessen voranzustellen. ... Wer als Utilitarist in seinem System gefangen ist, ... kann allenfalls reflektierend zurücktreten und bedenken, wieviel besser die utilitaristischen Ziele in einer Welt hätten verwirklicht werden können, in der es neben Utilitaristen nicht auch noch Halunken gäbe. Das stimmt natürlich - aber es ist einfach eine Utopie. Aussichtsreicher wäre es dagegen, wenn es hinreichend viele Menschen gäbe, die der moralischen Talfahrt

Widerstand entgegensetzten, zum Beispiel dadurch, daß es für sie Dinge gibt, die sie weder freiwillig noch unter Zwang tun oder dulden würden, ganz gleich, was andere tun oder womöglich tun könnten, daß es für sie bei den Präventivhandlungen Grenzen gibt.
Es muß offensichtlich zu allen Zeiten ausreichend viele Menschen geben, die ohne Rücksicht auf die Konsequenzen gewisse Dinge schlechterdings nicht tun - d.h. keine Utilitaristen (oder besser: Antiutilitaristen) sind.
(Bernhard Williams)

Aber ich glaube, daß sehr Wenige sein werden, die es bezweifeln und nicht aus eigener Erfahrung und Überzeugung haben, daß man oft gerecht handelt, einzig und allein damit dem Anderen kein Unrecht geschehe, ja, daß es Leute gibt, denen gleichsam der Grundsatz, dem Anderen sein Recht widerfahren zu lassen, angeboren ist, die daher Niemanden absichtlich zu nahe treten, die ihren Vorteil nicht unbedingt suchen, sondern dabei auch die Rechte Anderer berücksichtigen, ... indem sie aufrichtig nicht wollen, daß wer mit ihnen handelt zu kurz komme. Dies sind die wahrhaft ehrlichen Leute, die wenigen Aequi [Geraden] unter der Unzahl der Iniqui [Krummen]. Aber solche Leute gibt es.
[Taten von moralischem Wert erwarten keinen Lohn]
Denn grenzenloses Mitleid mit allen lebenden Wesen ist der feste und sicherste Bürge für das sittliche Wohlverhalten und bedarf keiner Kasuistik. Wer davon erfüllt ist, wird zuverlässig Keinen verletzen, Keinen beeinträchtigen, Keinem wehe tun, vielmehr mit Jedem Nachsicht haben, Jedem verzeihen, Jedem helfen, soviel er vermag, und alle seine Handlungen werden das Gepräge der Gerechtigkeit und Menschenliebe tragen.
(Arthur Schopenhauer, Grundlage der Moral)

... Verlierer, die wissen: Sie werden immer wieder verlieren, immer wieder nicht aufgeben, und das ist kein Zufall, kein Versehen oder Unglücksfall, sondern: Es ist so gemeint.
(Christa Wolf)

Gewissen

Das Gewissen ist gewissermaßen „das Bewußtsein" der Hemmung. Und es ist ein eigentümliches Bewußtsein, indem es nämlich nicht aus dem Individuum selber zu kommen scheint, sondern wie aus einer anderen, größeren, allgemeineren Welt, aus der gemeinsamen Welt, die sich nur zusammen mit den anderen Individuen erschließt. Aber das Gewissen bleibt immer auch dunkel. Es spricht keine sonderlich deutliche Sprache. Und doch spricht es zuweilen recht rational, wirkt damit jedoch nicht in das Bewußtsein hinein, sondern in die tiefer liegenden Emotionen. Das eigene Gewissen muß man immer wieder erst enträtseln und entschlüsseln, wenn man es richtig verstehen will. Und nicht immer ist es ein guter Ratgeber. Zuweilen scheint es auch blind zu sein.

Vom Gewissen ist viel die Rede, von den ihm zugrunde liegenden Hemmungen weniger. Aber man spricht von den „gewissenlosen" und von den „skrupulösen" Menschen (von Skrupeln geplagt, vom Gewissen also).

Hemmung wirkt passiv, Gewissen aktiv. Tatsächlich lassen sich beide Erscheinungen aber kaum voneinander isolieren.

Das Gewissen reagiert vorrangig auf die Benutzung anderer Menschen, auf soziale Abweichungen, weniger oder gar nicht auf eine Ausbeutung der Natur. Es ist „formiert" auf einen sozialen Zweck hin, der sich zuweilen über das (eigene) Leben selber stellt (Altruismus). Es sitzt auf einem tiefer liegenden Hemmungsmechanismus im Individuum und strukturiert damit eine soziale Kraft für die Gemeinschaft.

Das Gewissen muß daher ständig neu informiert, befragt, geprüft werden, ob es da nicht vielleicht doch auf Umwegen und zunächst unwissentlich belastet worden ist. Dabei ist es weniger die eigene Erkenntnis als die Reaktion der Mitmenschen, welche das Gewissen in den Individuen aktiviert. Daß es von daher leicht zu täuschen und zu manipulieren ist, liegt auf der Hand. Gewissen lebt von Kompetenz, Information, Wissen. Dieses alles kann verkümmert bleiben oder unterdrückt werden. Zur Not läßt sich Gewissen mit Gewalt unterdrücken. Dann nämlich ist solch ein „Befehlsnotstand" immer noch eine gute Rechtfertigung, obwohl die echt Betroffenen, die Gewissenhaften, sehr wohl wissen, daß das eine grobe Lüge ist.

Bei der Hemmung muß die echte, natürliche, spontane, innere Hemmung von allerlei Scheinbarkeit unterschieden werden. Oft ist es lediglich die äußere Angst vor Strafe, die jemanden konstruktiv sein läßt, obwohl er lieber andere ausnutzen, benutzen würde. Es ist dann vielleicht die Ungeschicklichkeit in diesen Dingen, die Faulheit und Bequemlichkeit oder die Feigheit, die ihn dazu nötigt, doch lieber das kleinere Übel zu wählen und selber konstruktiv tätig zu sein.

Darum aber ist es noch lange nicht so, wie flotte Dynamiker allzu gerne und mit Bedacht höhnen, daß der echte Konstruktive ein verhinderter Draufgänger sei, der nur zu faul sei, zu ungeschickt, zu wenig risikofreudig, um begeistert und erfolgreich ins volle Menschenleben hineinzugreifen und zuzulangen. Es gibt immer wieder Fälle (allerdings durchweg seltener), wo Konstruktive es sehr wohl schaffen, sich innerhalb der dynamistischen Systemwelt reiche Pfründen zu erobern, um in diesen dann aber deutlich genug zu demonstrieren, daß sie an einer bloßen Dynamizität überhaupt nicht interessiert sind.

Derartige Vorkommnisse sind in einer Dynamikerwelt aber immer auch höchst peinlich. Man tut einiges, um damit fertig zu werden. Derartige „Verräter" werden entweder mit den üblichen Mitteln der Intrige (nun aber mit geballter Kraft) wieder zu Fall gebracht und dorthin gedrängt, wo sie als Konstruktive hingehören: in den untersten Subalternbereich nämlich. Oder sie werden kurzerhand zu Heiligen erklärt, zu Außerirdischen gewissermaßen, und derart als nützliche, aber leicht trottelige Galionsfiguren für die glänzende Fassade einer verlogenen Mischwelt aus dem faktischen Verkehr gezogen und über dieser zum Glänzen und Scheinen gebracht.

Konstruktives Verhalten als Gesamtkultur gedeiht nur dort, wo niemand vor anderen Menschen oder vor einer Ausbeutung durch dieselben oder vor einem erpresserischen Verhalten des Systems Angst haben muß. Wenn sich derartige Angst bewahrheitet, dann wäre altruistisches Verhalten vernünftigerweise sinnlos und unwirksam und sogar schädlich, insofern es den Falschen zugute kommt. So wird konstruktive Passivität leicht verständlich.

Gewissen ist auch mehr als nur „das Gesicht" der Hemmungen gegenüber anderen. Es ist auch das ungute, rebellische Gefühl des eigenen Versagens gegenüber den Dingen, die man sich nicht rechtzeitig erraffte, gegenüber den Gelegenheiten, die man verpaßte usw. Es ist also eigentlich moralitär invariant. „Beißen" tut es trotzdem.

Über Gewissen wird viel geschrieben. Manches davon ist überzogen und einiges einfach falsch. Immer aber klingt letztlich dabei das Wesen des Gewissens an. Doch mit Sicherheit ist das Gewissen nicht die Stimme einer absoluten oder fremden Macht, die das Individuum sich - gewissenlos - unterwerfen möchte. Das Gewissen ist etwas ganz Ureigenes. Man hat es mehr, oder man hat es weniger. Hier nur zwei dieser nicht sonderlich glücklichen Versuche über das Gewissen:

Das Gewissen ist ein Bewußtsein, das für sich selbst Pflicht ist. ... Man könnte das Gewissen auch so definieren: es ist die sich selbst richtende moralische Urteilskraft.
(Immanuel Kant)

Die Angst vor der Bloßstellung und dem damit verbundenen Gesichtsverlust spielt ebenso eine Rolle wie die Furcht vor Strafe. Aber das ist nicht die ganze Geschichte. Das Unbehagen beim Regelverstoß und das gute Gefühl bei regelrechtem Verhalten dürften auf hirnchemischen Prozessen beruhen. Endorphinausschüttung belohnt regelkonformes Betragen, unabhängig davon, ob die Regeln auf kultureller Konvention oder stammesgeschichtlicher Programmierung beruhen.
(Irenäus Eibl-Eibesfeldt, Und grün des Lebens goldner Baum)

Idealismus

Idealismus (hier nicht als philosophischer Idealismus gemeint, also die letzten Ursachen der Welt betreffend) bedeutet, ein eigentümliches Interesse an den Erscheinungen haben, etwas aus Liebe zur Sache selbst tun. Er ist die Liebe zu den Dingen, die schon von Natur her die Menschen befähigen soll, sich mit ihnen zu befassen, sie sich freundlich zu gestalten.

Nichtidealisten sind einfach nur Mangelwesen, die ihre Weltbewältigung indirekt schaffen, zum Beispiel mit plumper Gewalt oder mit der Hilfe des Geldes, von dem sie dann ganz besonders viel brauchen. Oft verstehen sie nicht einmal, was sie damit dann eigentlich wollen in der Welt. Aber „wollen" tun sie.

Die einzige Kraft, die in der Welt der Menschen über das Automatische hinaus Werte schafft, ist der Idealismus. Aller „Realitätssinn" und

das vielstrapazierte und dann wieder so sehr versagende „Nützlichkeits-
denken" allein bringen es zu nichts - außer zu der ewigen Routine des
Umrührens des großen Sumpfes. Verbunden mit diesem permanenten
Automatismus ist immer auch Gewalt und Zerstörung, Fressen, Verdau-
en, Ausscheiden, Aufbauen, Zerstören, wieder Aufbauen und wieder ka-
puttschlagen - die ewige Gärung.

Der Idealismus möchte davon wegkommen, möchte das Bessere, das
Reine, das Vollkommene. Im „Idealen" versucht das Konstruktive seinen
Sinn zu suchen. Dem Idealisten geht es um einen Sinn - Sinnsuche.

Doch was ist das Ideale? Was ist der Mensch und was ist seine „Sendung"? Ist der Mensch tatsächlich der ewig Fortschreitende, der immer
nur größer Werdende? Oder ist es etwas anderes, was zu Idealen nötigt
und an diesen wachsen will, immer nur wachsen und nicht bleiben und
einfach nur so dahinleben?

Es sind viel eher Überfluß und Besitzgier, die das Leben auf eine
materielle Ebene reduzieren als Armut und Not.
(Erich Jantzsch).

Interesse

Etwas Merkwürdiges ist es mit dem, was man „Interesse" nennt und
warum man sich für etwas interessiert. Das Interesse für etwas scheint angeboren zu sein. Nur die interessierten Menschen fanden zu allen Zeiten
auch die Lust (und dann die Kraft), immer wieder (auch spielerisch) sich
mit Dingen auseinanderzusetzen, die ihnen nicht unmittelbar „Nutzen"
brachten, die ihnen aber die Vielfalt der Welt vermittelten und mit deren
Kenntnis sie dann so souverän wurden, wie sie es heute sind. Mit dem
Spiel erschließt man sich seine Umgebung, und das Interesse regt dazu
an. Es ist folgerichtig, daß das Interesse zu den Grundvoraussetzungen
für erfolgreiche Konstruktivität gehört. Ohne Interessen bleibt der
Mensch arm, innerlich wie äußerlich. Interesse an etwas gehört zu den
Talenten des Menschen.

Aber Interesse ist ebensowenig wie Idealismus moralitär festgelegt.
Doch nur das konstruktive Interesse verdient, besonders herausgehoben

zu werden. Die dynamistischen Interessen bleiben dagegen trivial (wenn nicht gar animalisch).

Interesse ist nicht auf Konstruktive beschränkt (ebenso wie Konstruktivität überhaupt). Bei den Konstruktiven aber hat das Interesse an den Dingen eine ganz andere Bedeutung als etwa bei den Dynamikern. Bei den Dynamikern ist es marginal, im konstruktiven Bereich jedoch wird es zentral und wird damit eine eigene und ganz wesentliche Kraft. Bei den Dynamikern tritt an die Stelle des Interesses der Trieb, der Wille.

Wer die Gemeinschaft bewahren will, sie vielleicht sogar voranbringen, der braucht diese eigentümliche „Liebe zu den Dingen" und auch zu den Gedanken, die über ihn selbst hinausgehen. So wie der Forstmann einen Baum pflanzt, der ihn und selbst noch seine Kinder und vielleicht auch noch deren Kinder überdauern wird - und trotzdem Nutzen bringen soll, so sollte der Mensch im Allgemeinen und der begabte und mit besonderen Fähigkeiten gesegnete Mensch im Besonderen Dinge tun, die über den Nutzen für ihn selbst und für den Moment hinausgehen.

Das wird er aber letztlich und hinreichend nur tun, wenn ihn dazu die Liebe zu eben diesen Dingen (und Gedanken) selber unmittelbar belohnt und befriedigt. Das ist sein Interesse, das will sein Interesse und das wünscht sein Idealismus, der so weltfremd damit nicht ist, wie er von den vielen erfolgreichen Kurzatmern auf dieser Erde so gern interpretiert wird.

Leute, die eine derartige Liebe zu den Dingen entwickeln oder an sich haben, ein Interesse also für irgend etwas, gibt es etliche, mehr jedenfalls, als das die egozentrischen Verhältnisse der Systemwelten zulassen.

Es ginge also darum, die Restriktionen erst einmal abzubauen, bevor man an eine Förderung geht. Ein Bauer wird auch seine Saat lieber nicht ausbringen, wenn er sieht, daß die Schädlinge schon darauf warten, um sie gleich wieder wegzufressen. Fördern heißt nicht nur fordern, sondern vor allem auch einen Sinn machen.

In unseren modernen Zeiten werden Interessen im übrigen immer mißtrauischer beäugt. Die durch und durch rationalisierte Wirtschaft wünscht immer mehr fremdgelenkte, interessenarme Verbraucher, nicht aber selbstbestimmte, wählerische und eigensinnige Kunden.

Dynamiker

Die „Dynamizität" wird hier zunächst einmal nur als ein spezielles, „ungehemmtes" Verhalten dem Mitmenschen (oder der Schöpfung) gegenüber definiert. Das hat noch nicht unmittelbar etwas mit „Benutzen" zu tun, sondern ist nur das Fehlen von diesbezüglichen Hemmungen und führt dazu, diesen Mangel in den eigenen Bestrebungen und Tätigkeiten und nach persönlichem Gutdünken zu verwenden, ihn mit „einzubauen" in den eigenen Lebensplan. Das bedeutet, daß man als Dynamiker immer auch im Zugriff auf die Freiheit der anderen selber wirken kann. Daraus erst ergibt sich die moralitäre „Dynamizität" - jetzt aber gewissermaßen automatisch.

Vollkommener „Dynamiker" in dem hier gemeinten Sinne ist also zunächst der, der keine Hemmungen hat, die ihn daran hindern könnten, seine Mitmenschen zu verwenden, Macht über sie auszuüben und sie dann auch regelrecht zu mißbrauchen bzw. die Leute ringsum kaum anders oder genauso zu behandeln (und zwar ohne alle Skrupel), als wären sie beliebige Gegenstände aus der unbelebten Umwelt, als wären sie Haustiere oder gar Freiwild. Damit aber handelt der Dynamiker dann auch wie ein biologischer „Schmarotzer". Dieser wird er faktisch und äußerlich auch dann, wenn er entgegenwirkende Hemmungen hat, diese aber durchbricht.

Dynamiker in diesem Sinn ist also nicht unbedingt auch der, der auf Kosten anderer lebt. Der Kranke, der ausschließlich von anderen versorgt wird, ist nicht zwingend ein Dynamiker, der arbeitsuchende Arbeitslose ebenfalls nicht. Wer auf Kosten des Staates bzw. des Systems lebt, muß von seiner Natur her ebenfalls nicht notwendig ein Dynamiker sein. Und selbst wer andere „ausbeutet", weil er durch Zufall in eine solche Position gefallen ist (zum Beispiel weil er eine Fabrik oder ein Aktienpaket geerbt hat oder einen reichen Papa), der muß ebenfalls nicht unbedingt - von seinem moralitären Wesen her - der Typ eines Dynamikers sein.

Es ist also zu unterscheiden zwischen der Grundveranlagung zum Dynamiker, seiner Selbstverwirklichung in geeigneten Systempositionen und der faktischen Dynamizität eines Lebens ohne eigene „Leistung", also auf Kosten anderer oder zu Lasten des Gesamtsystems.

Erwähnt sei hierzu sogleich, daß alle Menschen auf Kosten der Natur leben - und zwar ganz ausschließlich. Wenn im Urwald die Eingeborenen Feigen von den Bäumen ernten oder Ameisen verspeisen, so ist das nicht nur „Arbeit". Es ist immer zugleich auch Konsum. Und es ist stets Ausbeutung der Natur. Anders geht es nicht. Irgendwo „schmarotzt" alles, muß anderes zwingen und machtvoll wirken.

Die Bezeichnung „dynamistisch" bekommt eine sehr eigene Wertung, nämlich die des Dynamikers als eines „Feindes der Gesellschaft". Das aber ist dieser Typus nur dann, wenn es eine Gesellschaft überhaupt gibt - es gibt sie nicht. Im System hingegen, also in der tatsächlichen Struktur, in welcher der Mensch zu leben gezwungen ist, gibt es die Frage der Schädlichkeit oder Nützlichkeit nicht. Hier repräsentiert dieser Charaktertyp des Dynamikers einfach nur den kraftvollen, machtvollen, dynamischen Menschen, der sich Wirksamkeit und Erfolg auf seine Fahnen geheftet hat und damit eine durchaus positive, „fortschrittliche" Rolle spielt.

Der Dynamiker ist schlechterdings der „biologisch aggressive Mensch", wohingegen der Konstruktive der „menschliche" Mensch oder der „humane" Mensch ist - falls unter dem Begriff „Mensch" nicht nur eine zufällige animalische Spezies mit Denkvermögen verstanden wird, sondern vielmehr jenes Sonderwesen, welches sich aus der normalen Biologie herausheben und von der Evolution (oder auch von „Gottes Gebot") emanzipieren möchte und dazu dann auch und ganz unbedingt spezifische Maßstäbe anlegt, solches nämlich ganz ohne Gewalt, ohne Macht und sonstige biogene Kräfte tun zu wollen.

Der Dynamiker ist also der biogen aktive und/oder systemar erfolgreiche Mensch.

Was hier interessiert, sind zum einen die charakterlichen Eigentümlichkeiten des „Dynamikers".

Im Weiteren sind es die für die Benutzung und den Gebrauch anderer Menschen günstigen Systempositionen sowie die damit insgesamt verbundenen diversen Praktiken und eigentümlichen Phraseologien. Dynamiker kann man direkt und unmittelbar sein, ohne Verstellung. Meist aber ist man es insgeheim mittels Täuschungen, Lügen, Listen und vor allem mittels rechtfertigender Positionen.

Zu den „Dynamikern" im moralitären Sinne gehört zum Beispiel auch jene große Zahl kleiner und kleinster Kriecher, die sich von einer Hilfskraft zum Vorarbeiter hinaufdienen, um damit ihre von nun an Unterstellten auszunutzen, zu kujonieren und auch für sich arbeiten zu lassen - als sei dies das Normalste von der Welt. Wo jeder Anfänger wie „der Sprutz bei der Fahne" für die älteren Dienstgrade zu springen hat - und zu dienen, dort ist diese „dynamistische" Veranlagung gewissermaßen zur Folklore geworden.

Zu den Adepten angehender Dynamizität gehört ebenso jene unübersehbare Schar von „Fahrradfahrern", die eifrig nach oben buckeln, zugleich stramm nach unten treten und sich trotzdem als Humanisten fühlen und feiern lassen, wenn sie dabei Filzschuhe anziehen, die in die Kirchen beten gehen und immer schön die wichtigsten und bekanntesten Gesetze achten, um nicht aufzufallen und um sich auch im Himmel schon mal einen Platz zu reservieren. Moralitäre Dynamizität ist nicht nur Herrensache.

Vordrängelei bei allen möglichen Gelegenheiten ist übrigens ein simples und bequemes Indiz für einen nicht allzu konstruktiven Charakter, besonders wenn dies in unauffälligen, spontanen oder kritischen Situationen beobachtet werden kann und solcherart wenig einer vorbedachten, klugen Verstellung unterliegen muß, wie es in offensichtlicheren Situationen dann doch zumeist geübt wird.

Dynamizität ist nicht immer beliebt oder gar in Mode. Aber sie setzt sich immer wieder durch und findet ihre Mittel dazu. Dynamizität fördert einerseits das bedenkenlose, andererseits das allersorgfältigste Ausbaldowern der eigenen Vorteile. Dynamiker agieren schnell und sind immer „im Dienst" für ihre eigene Sache, die bald haushoch über allem anderen steht.

Im allgemeinen Sprachgebrauch ist ein „Schmarotzer" jemand, der viel verbraucht und wenig oder gar nichts produziert und sich auch um wenig oder um nichts kümmern muß. Dagegen ist ein Dynamiker im moralitären Sinn einer, der keinerlei Hinderung fühlt, erkennt, erlebt, wenn es darum geht, andere Leute oder auch nur das System (die Umwelt, die Natur) für seine persönlichen Zwecke wie Hilfsmittel, wie Werkzeuge zu verwenden, was diese Zwecke auch immer sein mögen. Dabei sei angemerkt, daß es bei der Ausnutzung des Systems schon weniger um derartige Benutzerhemmungen geht - wegen der „Fernwirkung" in demselben.

Für eine solcherart rein moralitäre Charakterisierung der agierenden Menschen bleibt allein der Hemmungsaspekt wesentlich. Für die Dynamiker werden also die Mitmenschen mehr oder weniger bewußt zu Objekten, ebenso wie Kühe oder Kartoffeln, Fabriken oder Äcker, und damit potentiell nur Mittel zur Verwendung oder Bereicherung, wie anderes auch. Daß dazu komplizierte „Spielregeln" geschaffen und eingehalten werden müssen, ändert nichts am Prinzip dieser Angelegenheit.

Die reale Strukturierung des Systems auch nach moralitären Voraussetzungen beginnt recht spontan: Einer klettert auf die Palme, um oben die Früchte abzuschlagen, unten werden diese von anderen aufgesammelt. Dann steht die Frage, ob jener, der sie oben holte, auch unten welche davon abbekommt und wie viel? Denn wenn er wieder heruntergestiegen ist, hat er zunächst einmal das Nachsehen - aber dann wird er auch nicht wieder hinaufsteigen, zumindest kaum freiwillig.

Der „Dynamiker" realisiert sich allmählich. Er „lernt" aus seiner Erfahrungswelt etwas Wesentliches, so bald und so unmittelbar, wie das nur irgendwo und irgendwie möglich ist. Er erlebt nämlich, daß die geschickte oder gewaltsame „Benutzung" der „Potentiale", dann aber auch des ganzen Produktionssystems (mit diesen Mitmenschen darinnen), sehr viel einträglicher oder „produktiver" ist als jede andere eigene Tätigkeit direkt und „konstruktiv" (also an der Materie selbst und unmittelbar).

Das nun ist der wesentliche Kern, das zentrale Motiv der Dynamizität überhaupt. Nur darum gibt es sie, nur deshalb entwickelte sie sich zu etwas Eigenem, zu einer mächtigen und bedeutsamen Angelegenheit.

Der Dynamiker hat bei seinen Expansionsbestrebungen gelernt, daß sich eigene konstruktive Arbeit kaum lohnt, daß sie ineffektiv ist und bleibt, daß Nehmen einträglicher ist denn Geben (faktisch), daß man an anderer, fremder Arbeit mehr verdient als mit eigener. Und anders hat er es dann auch nicht erfahren.

Damit diese Dynamizität nicht schlicht als Diebstahl öffentlich wird und bleibt, muß sich die gesamte Umwelt entsprechend umgestalten. Die permanente Tarnung gehört zu den Hauptaktivitäten der Dynamizität und macht einen nicht unwesentlichen Teil ihrer spezifischen „Arbeitsleistungen" aus.

Dynamizität ist mehr „Aneignung" und weniger unmittelbare „Arbeit". Die Aneignung erfolgt unter mannigfaltigen Vorwänden, die sie verdecken und wie Arbeit ausschauen lassen, als da sind: Beaufsichtigung, Organisation, Strukturierung, Besitzstanderhaltung, Handel.

So viel arbeiten, wie man arbeiten müßte, um so reich zu werden und so mächtig, wie „erfolgreiche" Menschen es sind und werden, kann niemand, vermag kein Mensch. Man muß sich dazu schon anderer Leute Arbeit zu eigen machen oder zumindest deren Anteile am Einkommen. Man muß dazu zum Überorgan über Unterorgane werden.

Damit erklärt sich dann diese Begriffsbildung des „Dynamikers" als eines Ausnutzers oder Ausbeuters, die allein aus der fehlenden Hemmung noch nicht folgt, sondern erst aus der daraus entstehenden besonderen sozialen Grundhaltung, die aber wiederum noch keineswegs identisch mit der offiziellen „Endhaltung" ist. Das „Dynamische" bekommt solcherart einen etwas schmarotzerischen Zug und wird darum hier (etwas umständlich) als „dynamizistisch" bezeichnet.

Damit der Dynamiker in einem Gemeinschaftssystem leben und damit diese Wirkwelt mit den anderen Dynamikern überleben kann, muß sie sich und allen eine restriktive Gesetzesgewalt geben, welche quasi als Prothese die fehlenden Hemmungen der Dynamiker ersetzt und so ein „soziales" oder besser: pseudosoziales Zusammenleben ermöglicht. Tatsächlich aber stellt es ein viel allgemeineres, abgehobenes Regularium „über" dem Sozialen dar und führt zu einer eigentümlichen neuen Kunstwelt, dem „System" (in dem u.a. „die Gerechtigkeit" vom „Recht" ersetzt wird).

Der Dynamiker ist zu konstruktiven Leistungen fähig. Diese Fähigkeit kommt aber nur begrenzt zur Geltung, da dem Dynamiker mit der Benutzung der Mitmenschen und des Systems im Allgemeinen weitaus effektivere Potentiale für einen Handlungserfolg zur Verfügung stehen. Er arbeitet nicht, er „läßt" arbeiten. Er „arbeitet" also auf einem „höheren Niveau".

In einem konstruktiven Sinn ist der Dynamiker ein Krüppelwesen, ein Wesen, dem etwas Wichtiges, etwas sozial Wesentliches fehlt. Es wird aber noch zu zeigen sein, wie ihm dieser Mangel zum Vorteil gereicht und damit „seine Evolution" bewirkt.

Wenn es bei der Dynamizität auch um den Mitmenschen geht, so ist doch das Primäre an der Dynamizität nicht der Mensch (so als wolle der Dynamiker nun den anderen Menschen unbedingt vergewaltigen und nichts anderes). Das Primäre ist vielmehr der Erfolg. Und da ist es dann einfach ein Faktum, daß ein gut kaschierter Raub, daß Diebstahl, Ausbeutung, Unterdrückung, Terror, Lüge schneller zum Ziel führen als eigene einfache Bemühung.

Manchmal wird auch der andere Mensch selber zum Ziel der Wünsche, zum Objekt des Verlangens. Darum jedoch bedeutet Dynamizität nicht notwendig Bosheit oder Bösartigkeit, nicht einmal beiläufig.

Die dynamikertypische Ungehemmtheit äußert sich in einer gewissen Gleichgültigkeit, in Desinteresse, Taubheit, Gefühllosigkeit gegenüber dem einen speziellen oder den vielen fremden Mitmenschen. Der „Dynamiker" ist also nicht primär „schlecht". Vielmehr ist er zuerst „pfiffig", sehr pfiffig, unglaublich pfiffig. Er ist „clever", „smart", „cool", erfolgreich, erfolgsgewohnt. Und er ist der geborene Siegertyp. Der Kämpfer ist er sowieso.

Der Dynamiker muß nicht notwendig von einem Willen besessen sein, andere zu beleidigen, zu quälen, zu tyrannisieren, anzugreifen oder ihnen sonstwie aggressiv gegenüberzutreten. Schon eher vergleichbar ist seine Haltung gegenüber den Mitmenschen mit der des Bauern gegenüber seinem Vieh. Eigentlich interessiert den Dynamiker der andere wenig. Speziell als „Mitmensch" ist er ihm ziemlich gleichgültig, insbesondere wenn an ihm „nichts ist", wenn er kein Potential besitzt irgendwie brauchbar zur Benutzung, zur Profilierung, zur eigenen Besserstellung.

Eine direkt feindliche Haltung ist damit nicht Voraussetzung für dynamistische Mentalität. Feindschaft bedeutet vor allem auch Anerkennung. Eine solche liegt dem Dynamiker fern. Die ist bei ihm gegenüber seinen Ausbeutungsobjekten schon natürlicherweise nicht oder nur in einem unterordnenden Sinne gegeben. Der Dynamiker wird erst dann auch typisch boshaft und vor allem direkt oder indirekt gewalttätig, wenn sich jemand seinem Willen entgegenstellt und er das nicht leiden kann oder dulden darf. Dann wird er „böse", zumeist aber auch nur in einer patriarchalischen Form, also berechnend und routiniert. Den Dynamiker regt nichts auf, was er nicht als seines „Standes" gleichwertig würdigen kann. Er ist gewissermaßen „von Adel".

Beim hier verwendeten Begriff der Dynamizität ist also zu unterscheiden zwischen der moralitären Veranlagung, dem „eigentlichen" Dynamikertypus einerseits, und einer entsprechenden sozialen Funktion bzw. systemaren Position, die in ihrer Funktion Dynamizität quasi für jedermann ermöglicht und auch tatsächlich zu realisieren vermag. Beides ist nicht dasselbe. Der moralitäre Typ „Dynamiker" bleibt das auch, wenn er praktisch gezwungen ist, konstruktiv zu sein oder wenn er sonstwie abhängig zu arbeiten oder zu dienen hat.

Ein Positionär wiederum „benutzt" auch dann, wenn er von seinem moralitären Typus her selber rein konstruktiv veranlagt ist und das Benutzen anderer „innerlich" eigentlich nicht will. Vielleicht ist er unter Umständen derart einfach oder primitiv veranlagt, daß er von diesem „inneren Willen" (zunächst) gar nichts merkt oder ihn glücklich verdrängt und glaubt, Leben müsse grundsätzlich und allgemein immer und überall so sein, also genau so, wie er es in seiner Pfründe persönlich erlebt. Er kennt

halt nichts anderes. Er sitzt hoch, doch sein Blick bleibt beengt und ein-
getrübt.

Ein potentieller Dynamiker kann also zu konstruktiven Leistungen genötigt sein. Und ein realer Dynamiker kann potentiell konstruktiv veranlagt sein. Solche natürlichen und sich immer wieder ergebenden Wider-
sprüchlichkeiten sind allerdings von nachrangiger Bedeutung, weil sich
im Allgemeinen die Tendenz zur Realisierung potentieller Veranlagungen
auch real zu entfalten versucht, was zumeist auch gelingt - gegen alle
Ideologie und trotz erheblicher Primitivität.

Der konstruktive Fleiß des Dynamikers macht - bei allen seinen Erfolgen, die sich von Fall zu Fall durchaus sehen lassen können und die für
die Menschenwelt zuweilen ausgesprochen segensreich sind - aus ihm
noch lange keinen konstruktiven Charakter, selbst wenn er auf Grund besonderer und zufälliger Systemmechanismen derart konstruktiv wirksam
wird.

Der Dynamiker ist in gewissem Sinne ein Moralkrüppel. Aber dieser
ist er nur vom Standpunkt der Konstruktivität aus gesehen. Ansonsten
kann er durchaus ein „Vollmensch" sein: gesund, stark, leidenschaftlich,
erfolgreich, kraftvoll, temperamentvoll, heißblütig oder kühl kalkulie-
rend.

Er vermag andere Menschen mitzureißen, kann führen und muß das
nicht unbedingt als Häuptling einer Räuberbande tun. Wenn er klug genug ist, sich in die Systemobliegenheiten einzufügen, kann er dort beachtliche Positionen einnehmen. Wenn dann die Situation, in der er seine Lebenszeit fristet, für ihn erfolgreich wird und bleibt, dann registriert man
vielleicht eine gewisse Selbstherrlichkeit, eine gewisse Großmäuligkeit,
doch ansonsten ist dieser Dynamiker ein ganz und gar normaler Bürger.

Der so viel und zuweilen so grundlos geschmähte „Kapitalist", der
Unternehmer, wiederum ist in seinem charakterlichen Wesen wie auch in
seinem praktischen Wirken nicht automatisch ein Dynamiker - nur weil
er Arbeitsplätze für andere anbietet. Die Praxis hat lediglich gezeigt, daß
sich ein Kapitalist allein als Konstruktiver im allgemeinen im System
nicht zu halten oder durchzusetzen vermag. Früher oder später wird er kaputt konkurriert.

Auch der Umstand, daß das System immer wieder reichlich und viel
Konstruktivität benötigt und verwendet, um überhaupt leben und überleben zu können, bedeutet nicht, daß es seinem Wesen nach konstruktiv
wäre. Konstruktivität ist lediglich die Basis aller Dynamizität und von da-

her unverzichtbar. Irgendeiner muß ganz unten arbeiten und auch immer wieder einmal „die Karre aus dem Dreck ziehen".

Moralitäres Dynamikertum wiederum ist ein Ding an sich, welches wie von allein und ganz automatisch überall entsteht, wo das Potential dazu vorhanden ist oder dafür geschaffen wurde. Dynamizität kommt aus dem Überfluß. Ob sie in den Mangelwelten der humanoiden Urzeiten bereits vorhanden war, bleibt fraglich.

Die Rechtfertigung des Dynamikers ist sein Leben selbst: Er lebt, er lebt gut, und er wird im Weiteren noch besser leben. Was also soll daran falsch sein, zumal er sich obendrein auch noch reichlich fortpflanzt (oder zumindest alle Mittel dazu hat)? Freilich, er braucht für sein Leben auch das Leben anderer Leute. Aber diese leben dadurch auch. Sie wären ohne ihn vielleicht schon längst ausgestorben, so etwa wie manche Nutzpflanze oder Haustierrasse, die man nicht mehr „brauchte".

Der Dynamiker sieht in seiner Umwelt zunächst die Machtstrukturen. Daher belächelt er die „Natur" des Konstruktiven, der für die Macht allgemein blind zu sein scheint und sie erst als letztes wahrnimmt.

In der „Natur" sieht er auch nur ein Objekt wie andere Objekte und vor allem sieht er in ihr zugleich eine feindliche Macht, die es zu bezwingen gilt. Der Dynamiker hat gelernt, daß er alles zwingen muß, ihm und vor allem ihm zu Willen zu sein, wenn er Erfolg haben will.

Im freien Menschen sieht er, wenn dieser sich nicht benutzen läßt, den Konkurrenten, der ihm selber den Platz an der Sonne streitig machen will oder machen könnte. Dann will er Streit und wird jene nur noch verächtlich behandeln, die den Konflikt nicht wollen. Der echte, reine Dynamiker muß immer siegen, er kann nicht teilen. Er untersucht das System nach dessen Möglichkeiten, darin aufzusteigen, d.h. Macht zu gewinnen und sich dazu immer mehr andere Menschen unterzuordnen und selber immer weniger untergeordnet zu sein, um so letztendlich immer freier und ungehemmter den eigenen, persönlichen, spontanen, willkürlichen Antrieben, den „Leidenschaften" folgen zu können. Wie er dazu vorgehen und agieren muß, das „riecht" er, das muß er nicht unbedingt auch vordergründig wissen.

Die Machtstruktur in der Umgebung des Erfolgsmenschen ist sein wichtigstes Stimulans und das entscheidende Kriterium für sein Handeln. Dieses Handeln ist im wesentlichen Politik, Machtpolitik, Intrige, Krieg, Kampf, Diplomatie, Gewalt.

Seine Maximen sind: Im System einen obersten Platz zu erreichen bzw. zu erkämpfen, den Mitmenschen zu meistern und ihn sich in mannigfaltigen Formen, direkt und indirekt, dienstbar zu machen, im System wichtig zu werden und damit schwer angreifbar oder ersetzbar, Natur und Menschen auszubeuten und in einer solcherart erschaffenen moralitären „Mischwelt" sich auch noch als ein vor allem benutzender Typ klug zu tarnen, so gut zu tarnen, daß über der Maske eine Art vernunftvolles, allverständiges Sonnenkönigtum erstrahlt. Dies wird ihm dann (auf seinen geheimen Befehl hin) auch noch vom Rest der Welt genauer erklärt und tagtäglich aufs Neue zelebriert.

Dem Dynamiker mangelt es naturgemäß an eigenen konstruktiven Erlebnissen. Darum müssen andere ihm diese darbieten. Davon wird er „reich" in diesem eigentümlichen Sinne. Doch niemals wird er richtig satt. Der Dynamiker muß ununterbrochen fressen, sonst wird er unruhig. Er lebt von der Tat, vom Wachsen, nicht vom bloßen Sein.

Die Dynamiker erschufen und bewahrten das System. Das System aber generiert die Macht. Alle Macht, die Menschen zur Verfügung steht, stammt nicht von ihnen selbst sondern aus dem System.

Man beutet aus, aber man spricht nicht davon, man hat Geld und verkündet nicht woher, man genießt und schweigt. Man redet nicht einmal unbedingt mit sich selbst darüber und wenn, dann nur „in Klausur", wenn man sich wirklich ganz unter sich wähnt und es dringend nötig wird, sich über den eigenen Standpunkt wieder einmal klar zu werden.

Denn die tatsächliche Dynamizität findet in der „Mischwelt" statt und ist dort - zumeist jedenfalls - geheim. Man praktiziert sie, man lebt sie (wie so manches andere auch), aber man äußert sich nicht dazu. Man nimmt diese leidige Dynamizität einfach so hin - auch und gerade die eigenen diesbezüglichen Aktivitäten - als wäre das eine fremde Naturgewalt, als müßte das so sein. Ansonsten redet man das eine und tut das andere. Das ist bekannt.

Dynamiker „wissen" nur in den wenigsten Fällen genau und direkt, was derartige „Dynamizität" eigentlich ist. Sie bedienen sich lieber allgemeiner Verkleidungen, Verstecke, Fassadierungen. Nur gelegentlich, da blecken sie nur allzu deutlich ihr Raubtiergebiß, damit man Bescheid weiß. Danach grinsen sie sogleich wieder. Sie stoßen einen im dunklen Treppenhaus von den Stufen und eilen dann zum Lichtschalter, um zu fragen, ob und wie sie einem helfen können. Das ist die „hohe Kunst", die nicht jedermann so schnell lernt, wie er meint, daß er das könnte. Man ist dafür begabt oder man hat sie eben nicht.

Dem moralitären Dynamiker geht es primär um die eigene Macht, um seine persönliche Selbstbehauptung. Er identifiziert sich mit der Welt. Er selber ist diese eine, einzige Welt. Alles andere ist nur Beiwerk, dem er lediglich dann eine gewisse Rechnung tragen muß, wenn er es sich nicht unterordnen und gefügig machen kann. Er kann sich vieles nicht gefügig machen. Er muß daher auch „sozial" sein.

Sein „soziales Engagement" beschränkt sich auf das Funktionieren, auf das sich Gefügigmachen des Systems, auf das Anwerben von Cliqueuren, die ihn bei „seinem Kampf" unterstützen sollen und dabei „nützlich" sind oder an denen er lernt und übt und wächst. Ansonsten beutet er aus, ganz hemmungslos oder aber mit listigem, pfiffigem Bedacht - für sich und für seine Cliqueure. „Nach mir die Sintflut", ist seine geheime Maxime.

Der Dynamiker lernt, daß allzu weites Denken in die Zukunft den Erfolg im Augenblick nur schmälern muß. Er hat und pflegt einen knappen Zeithorizont. Zu vieles Bedenken ist nicht seine Sache. Das ist ihm nicht notwendig angeboren, doch er lernt solches mit seinen Erfolgen von Tag zu Tag mehr. Oder er hat keine Erfolge. Aber dann wird er sowieso unbedeutend und nicht mehr maßgeblich, nicht mehr für sich und nicht mehr für andere und nicht mehr für alles.

Je nachdem, wie weit und wie flott er vorpLEScht und wie intelligent er dabei denkt, muß er auch seine Umgebung, Teile des Systems dazu modeln.

Der Dynamiker arbeitet auch. Er kann sehr fleißig sein und gewissermaßen vierundzwanzig Stunden am Tag „im Dienst" verbringen oder noch länger. Das ist nicht ungewöhnlich. Aber er arbeitet besonders und überdurchschnittlich effektiv in dieser Zeit, weil viele andere Menschen für ihn mitarbeiten, unter seiner Führung, die sich alle selber nur noch wie die verlängerten Arme einer erhabenen Gottschaft dünken. Er ist auf diese Weise ein „Hochleistungsleistender". Das wirkt nicht nur förderlich auf ihn selbst zurück, das macht auch öffentlich ein gutes Bild, einen guten Eindruck. Der Dynamiker muß nicht faul sein, im Gegenteil er kann sich kaputtarbeiten.

Zuweilen wird er selber regelrecht zum Opfer der allgemeinen Gier nach Mehr und Größer und Weiter - wird Opfer der großen Dynamizität des Systems am Menschen schlechthin, an dem er sich so aktiv wie lebensfreudig beteiligte. Das gönnt man ihm dann.

Der Dynamiker erfährt aber auch, daß der Mensch sich nicht ohne weiteres und ohne Widerstand ausbeuten läßt. Er dünkt ihm zuweilen störrisch bis hin zur Unvernunft.

Indem er lernt, diese Schwierigkeiten anzugehen und zu überwinden, wird er erst im eigentlichen Sinn zum Ausbeuter, zum Herren und zum Edelmenschen.

Jetzt hat er gelernt, daß die Ausnutzung des Menschen für ihn einerseits ohne innere Probleme, also Skrupel, funktioniert, andererseits aber zu erheblicher, existentieller Wichtigkeit wird. Aus dem zufälligen Dynamikercharakter wird der eigentliche, der bewußte und befähigte Dynamiker mit spezifischen Techniken, Methoden, Kenntnissen, mit denen er gezielt vorgeht, wo das nur irgendwie und ohne größere Gefährdung möglich ist.

Und schließlich kann er gar nicht mehr anders, weil er unterdessen in Strukturen steckt, die ein Weitermachen einfach fordern. Keiner wird so schnell von seinem sicheren Thron in einen bodenlosen Morast springen, nur weil er meint, daß er damit sein Gewissen reinigt (falls da überhaupt eines sein sollte). Er ist unterdessen in die dynamistischen Machtstrukturen des Systems eingebunden und entwickelt sie seinerseits mit seiner Findigkeit weiter und baut sie zuerst für sich selber, dann zugleich (und meist unbewußt) als weiterführendes Erbstück für das System aus. Weiter denkt er zumeist nicht, und falls doch, so hapert es gleich an den Konsequenzen.

Während der Dynamikercharakter so gut wie angeboren ist, muß die Dynamikerkunst erst erworben und erlernt werden und auch immer wieder geübt und trainiert.

Dynamizität ist von allen Künsten die, die den unmittelbarsten Erfolg bringt. Wem es um Macht, Karriere, Reichtum geht, der sollte daran zuerst denken und sein sonstiges Lernen, also etwa fachliches Streben, Geige spielen, Schlager singen, Comics malen etc. erst einmal hinten anstellen. Wer meint, mit einer neuartigen Blumengießmaschine oder einem Patent auf Kugelschreiber mit Beleuchtung reich zu werden, der irrt gründlich, selbst wenn dergleichen millionenfach nachgefragt wird. Niemand wird ausschließlich nur mit eigenen „Ideen“ oder „Erfindungen“ unabhängig und wohlhabend. Nicht einmal seinen Lebensunterhalt kann man sich mit Derartigem verdienen. Mit solchen Faxen allein schafft man sich nämlich nicht viel mehr als höchstens eine Domestikenstellung - bestenfalls. Als „plausible" Erklärung für eine überbordende Lebenshaltung ist Derartiges allerdings gut zu gebrauchen - und der Mäzen schaut schon mal aus nach Talenten dazu.

Es gibt nur die eine, einzige und wirkliche Kunst, Geld zu machen: Man muß es machen. Und man muß sich darauf und auf nichts anderes konzentrieren.

Das erscheint trivial. Trotz dieser Trivialität wird dieser Sachverhalt nur ungenügend zur Kenntnis genommen und gewürdigt. Das liegt daran, daß die Dynamizität eine Geheimkunst ist, so geheim, daß oft selbst ihre eifrigsten Adepten darüber erst aufgeklärt werden müssen (im Zuge ihrer höheren Weihen). Die Dynamikerkunst ist eine Kunst, der man sich nur selten öffentlich rühmt. Und gefeiert wird man darum gar nicht. Will man als erfolgreicher Dynamiker gefeiert werden, sollte man sich beizeiten eine Zweitkunst zulegen bzw. vom frisch erworbenen Geld einkaufen.

Man kann es - wenn man Glück hat und vielleicht auch begabt ist - in vielen Künsten zu einer Meisterschaft bringen. Aber es gibt nur eine Kunst, wo sich Meisterschaft sogleich auch rentiert. Das ist die Dynamizität. Nicht umsonst hat jeder erfolgreiche Künstler seinen „Manager". Ein guter Manager kann viel Mittelmaß zum hohen Erfolg aufpeppen.

Das moralitär Dynamische, das Dynamistische also, als moralitäre Eigentümlichkeit ist kein absolutes, grundsätzliches Weltelement, kein Ding an sich mit immerwährender Allgemeinexistenz. Es ist ja eigentlich nur ein und ursprünglich sogar ziemlich zufälliges Fehlen von Etwas, nämlich der Benutzerhemmung, was sich - auch wieder nur zufällig - durch besondere Gegebenheiten in der Entwicklung verselbständigt und zu einer eigenen Wesenheit wird. Moralitäre Dynamizität ist für das allgemeine Leben in der großen Natur nicht zwingend notwendig. Die Pflanzen beweisen das. Aber auch viele Tierarten demonstrieren es, wenn man von ihrem Leben auf Kosten anderer Arten, Pflanzen und Tieren, einmal absieht.

Dynamizität als Schmarotzerei ist hier also im engeren Sinne gemeint und als Fressen an der eigenen Art verstanden. Das gibt es bei Tieren auch. Beim Menschen ist es aber subtiler. Es ist kaum ein richtiges Fressen (Kannibalismus), sondern ein mehr indirektes Saugen an der Lebenskraft anderer. Das war eines Tages biologisch möglich geworden. Es hat sich dann fast zwanghaft wirkend und weniger zufällig in eine allgemeine

Menschheitskultur integriert und diese maßgeblich geformt und damit dann rückkoppelnd wieder dieses „Dynamistische" gefördert.

Humanes Leben ist auch ganz ohne dieserart Dynamizität möglich, dann allerdings in einer völlig anderen Kultur. Ohne Konstruktivität hingegen kann kein Mensch als Mensch leben. Konstruktivität ist die Vorraussetzung für jedes Gemeinschaftsdasein. Das ist der fundamentale Unterschied zwischen diesen beiden Charaktereigenheiten. Das eine besorgt den Erfolg, das andere hat ihn.

Noch am ehesten mit der landläufigen Vorstellung vom Schmarotzen zu vereinbaren ist das Dynamistische bei der Bequemlichkeitsschmarotzerei. Hier läßt sich jemand einfach nur versorgen. Vielleicht tut er dabei noch so, als erbrächte er eine Gegenleistung. Vielleicht ist der allgemeine Wohlstand so groß, daß er nicht einmal das nötig hat. Zumeist aber weiß der Betreffende selber nicht, wie sehr er tatsächlich keine Gegenleistung für den fremden Erhalt seiner eigenen Existenz erbringt. Er fühlt sich voll berechtigt und legitimiert. In diesem Sinne gibt es sogar „Zwangsschmarotzer" die gerne arbeiten würden, es aber nicht dürfen, die ernährt werden gerade darum, damit sie nichts leisten, die mehr verbrauchen müssen, als sie schaffen können. Vielleicht wissen sie, daß sie „der Gesellschaft" nur zur Last fallen (nicht aber dem System!), können aber nichts dagegen tun.

Ein Interesse an Bequemlichkeit legt nicht zuerst Wert auf Macht und Einfluß, auf Geld und Reichtum, sondern eben auf ein bloß bequemes Leben. Von daher ist es einerseits harmloser und weniger intensiv, andererseits aber auch viel weiter verbreitet als die aggressivere Dynamizität.

Bequemlichkeitsschmarotzerei ist nur möglich, weil es ein System gibt, welches die Zusammenhänge verschleiert. Solange dieses System für alle Menschen noch kein vollkommen leistungsfreies Leben garantieren kann (schlaraffisches Leben), solange erwächst aus dieser Bequemlichkeitsschmarotzerei die permanente Gefahr einer Versandung des Systems, einer Ineffektivierung bis hin zum Zusammenbruch. Der „reale Kommunismus" wurde eines der deutlichsten Beispiele gerade dafür.

Das Fatale an der Dynamizität ist und bleibt, daß sie immer auch dazu neigt, sich selber aufzufressen. Daher muß sie sich auch selber Grenzen setzen, gewissermaßen Hemmungen auferlegen. Meist aber macht das die Natur für sie. Und die Dynamiker selber hoffen ja auch auf die „selbstregulierenden Kräfte" der Natur, die schon alles ordnen werden - zu ihren Gunsten natürlich, denn sonst müßten sie einschreiten.

Wie Räuber und Beute in der Natur, so sehen sich die pfiffigen Dynamikertypen in das Leben eingebunden, sie selber natürlich weniger als Beute. Fressen oder gefressen werden, „Amboß oder Hammer sein", das ist ihre tiefverwurzelte Allerweltslebensweisheit.

Das Übel dabei ist nur, daß sie immer wieder über ihre Cliquen und Parteiorganisationen irgendwie offen oder verdeckt das ganze System, in welchem sie leben und wirken, in eine Fressersystem umwandeln möchten, einfach weil ihnen das so im Blut liegt. Schließlich kreieren sie sogar auch noch eine Fressermoral dazu. Und irgendwie läuft ihnen dann auch alles schon aus dem Ruder.

Daß es in den diversen Büchern von Hinweisen auf das Dynamistische nur so wimmelt, versteht sich von selbst, da ein Großteil derselben überhaupt von nichts anderem handelt.

Denn also ist der Mensch beschaffen, daß er nicht allemal ein Mensch ist, sondern ein Wolf, ein Otterngezücht, ein Fuchs.
(Paracelsus)

Wer mehr haben will, wer begierig ist auf Besitz, der wird keinen gleichen Umgang mit den Dingen wie mit den Menschen anstreben. Er wird nicht eine Ordnung in Gleichheit und Gerechtigkeit suchen, vielmehr ungleiche Lebensverhältnisse, Ungleichheit wollen. Dies führt aber zu Macht und Herrschaft. Die Menschen kommen hier eher in ein Verhältnis des Gegeneinanders als des Miteinanders.
(Arno Baruzzi)

Ein dummer Mensch wäre demnach unoriginell, unkreativ und humorlos und gegenüber anderen - in die er sich ja mangels Feingefühl nicht hineinversetzen kann - mitleidlos, rücksichtslos und intolerant.
[Ein Dummer hat kein Gewissen]
(Esther Vilar).

... denn die Sünde fing dort an, wo man sich auf Kosten eines anderen Glück und Lust verschaffte. Solange man sich jedoch selbst quälte, mochte man ein Tölpel sein, ein Idiot, ein Dummkopf, aber man war auf jeden Fall nicht gemein.
(Akos Kertesz)

Der Mensch ist von Natur aus auf Eigennutz eingestellt, das ist ein Teil seines Selbsterhaltungstriebes. Und das Streben nach Einkommen ohne Arbeit und Mühe liegt in seinem Wesen. Der menschliche Eigennutz hat viele Formen. Fleiß und Arbeitsamkeit sind eine Form davon, wie auch das Bemühen, mit dem geringsten Aufwand den größten Erfolg zu erzielen.
(L. Stadelmann)

Auch das Streben nach Macht über Menschen ist wesentlich eine Haltung des Konsumierens. Es ist der Versuch, seine eigenen Gliedmaßen, Körper- und Geisteskräfte um diejenigen anderer Menschen zu erweitern und diese sich dadurch einzuverleiben. Der andere Mensch ist für den Mächtigen oder Machtbewußten eine manipulierbare Sache, wie die Kräfte und Körper der übrigen Natur, die es sich einzuverleiben gilt, um damit eins zu werden.
(Paul Tiedemann)

Der Wunsch, mühelos nach oben zu kommen und auf Kosten anderer zu leben ist nur allzu menschlich und wird in jedem politischen System angetroffen. Parteigänger hier - Geschäftemacher dort. Der ideale Tummelplatz für Drückeberger ist überall, wo Leistung sich nicht auszahlt.
(„Die Sozialismusmaschine", Aus: Physik in unserer Zeit 19(1988/4),110 / Schweizer Ingenieur und Architekt 105 (1987/12), 1482)

Einen Dynamiker ficht keine „Einsicht" an, außer der einen, die ihm selber dient. Er kann nicht „erzogen" werden, höchstens irritiert. Und er kann gezwungen werden. Dann wird er munter und bekommt Ideen.
Die Dynamizität realisiert sich in mindestens so vielen unterschiedlichen Möglichkeiten, wie sie Methoden findet und erfindet, sich zu tarnen. Allgemein an der Dynamizität ist nur der Sondergewinn, der aber als ein solcher tatsächlich nur schwer zu fassen ist. Der sogenannte „Mehrwert", der sich in der direkt und einfach organisierten Arbeit für andere so leicht erkennen und bestimmen läßt, ist tatsächlich und allgemein keine ganz so einfache und plausible Angelegenheit. Solch ein „Mehrwert" nämlich läßt sich immer „rückwärts" umdefinieren als Sonderkosten oder Sonderlohn

für eine Sonderleistung - wie auch immer. Zuweilen ist er das auch tatsächlich. Aber wer will das so sicher wissen?

Neben solch allgemeinem Mehrwert wären zu nennen:
- Händlermarge, die sich ein Weiterträger von Waren selber zuerkennt, indem er ein Gefälle der Nachfrage ausnutzt,
- Spezialistenbonus für besondere Leistungen, die gebraucht werden, die aber nicht jeder zustande zu bringen vermag,
- Ausbildungsnachzahlungen für teure Qualifikationen, die zu Spezialisten oder Experten machen,
- Sicherungszuschläge für besondere Risiken, die sich ohne solche Risiken in müßige Gewinne verwandeln.

Und alles klingt plausibel. Es ist dann schwer, in solchen Sichtweisen neben dem „Dynamischen" tatsächlich auch noch das Schmarotzerische zu finden.

Auch „Arbeit" ist damit nicht einfach nur Produktion von etwas oder Verausgabung von Leben und Leistung (Zeitverbrauch). Genauso sind Freizeit und Luxus nicht einfach nur belastende, unproduktive Posten in einer allgemeinen Ökonomie. Manche Leute „arbeiten" tatsächlich ununterbrochen und sieben Tage die Woche. Wesentlich dabei ist nicht „wie" sie das schaffen, sondern „daß" sie es können und dürfen.

Aber schon der Umstand, daß es immer wieder gelingt, frei verfügbares persönliches Einkommen anders zu verteilen, in die eine oder andere Richtung, zu mehr Einheitlichkeit oder zu größeren individuellen Unterschieden, zeigt, daß diesbezüglich eine „Gerechtigkeit" willkürlich sein kann, vielleicht sogar sein muß. Wenn sie aber willkürlich ist, kann man sich auch ausmalen, zu wessen Gunsten und gegen welche Interessen.

Man findet den Dynamiker nicht unmittelbar, wenn man nach ihm sucht, auch nicht, wenn man zugleich über ihn stolpert. Man soll ihn ja auch nicht finden. Und doch gibt es ein sehr sicheres Mittel, seiner habhaft zu werden, nämlich immer dann, wenn er sich selber „outet", wozu er selber wissen und verinnerlicht haben muß, was er will, was ihm gelingt und wie es ihm gelingt und wie es anders nicht möglich ist. Das kommt vor. Es kommt auch vor, daß sich genau das herumspricht. Dann staunen die Leute, zum einen darüber, was es so alles gibt in ihrer schönen Welt, oder im anderen Fall, wie jemand so provokant und leichtsinnig sein kann, tatsächlich „aus der Schule zu plaudern".

Und wenn sich jemand nicht an die Regeln hält, so daß die Gerichte einschreiten, dann wird es auch „offiziell" klar und man muß sich dann nur fragen, ob die Gerichte überall sein können und vielleicht auch noch, ob es für alles Gerichte gibt. Beim Moralischen zum Beispiel werden gerne die Achseln gezuckt. Das sei „ethisch", das erledigt man beim eigens dazu einberufenen Kaffeekränzchen und dort durchaus nicht nur so nebenbei.

Die Unterteilung in Konstruktivität und Dynamizität führt leicht zu einer unrealistischen Schwarz-Weiß-Malerei und womöglich auch noch gleich in eine Unterteilung nach Gut und Böse. Das aber wäre grundfalsch. Es handelt sich bei dieser ganzen Angelegenheit der Moralität vielmehr um ein heuristisches Prinzip, und dieses wird überhaupt erst im Übergangsfeld zwischen Konstruktivität und Dynamizität, also in der „Ambivalenz" zwischen beiden, komplex und schwierig - aber auch wichtig.

Es gibt nicht viele „reine" Dynamiker oder „reine" Konstruktive. Die meisten Menschen sind Mischtypen aus beiden Veranlagungen. Außerdem kommt noch eine Unmenge anderes hinzu, was dieses schöne, einfache Bild bis zur Unkenntlichkeit trüben kann.

Es handelt sich bei diesem im Übrigen um Eigenschaften, die dem Menschen ziemlich unabhängig von Stand und Herkunft anhaften und überall vermischt auftreten.

In der Ambivalenz sind die Hemmungen nicht vollkommen entwickelt und ausgeprägt, oder sie sind entweder verschüttet oder bevorzugt.

Während die solcherart moralitär nur ungenau charakterisierte Person schwer, eigentlich gar nicht, einem der beiden Variablenwerte zuzuordnen ist, sind es seine Handlungen immer, mal so und mal so. Darüber hinaus neigt der ambivalente Charakter je nach Umständen leichter zu einer Überwindung seiner Benutzerhemmungen, während es in anderen Situationen auch zu deren bewußter Pflege und Verstärkung kommen kann. Damit ist der ambivalente Charakter eher einer äußeren Beeinflussung in der einen oder anderen Richtung zugänglich, die dabei aber nicht seine wesensartige Grundausstattung zu verändern vermag.

Zu unterscheiden sind dabei einerseits die „natürlichen Mischtypen", also Leute mit naturgemäß mehr oder weniger stark ausgebildeten Benutzerhemmungen und die „künstlichen Zwischenformen", wo äußere Umstände die Benutzerhemmungen speziell einschläfern oder auch aktivieren oder wo eine Erziehung sie in der einen oder anderen Art zu beeinflussen sucht. „Gelegenheit macht Diebe" vermag aber auch Menschen über sich hinauswachsen zu lassen.

106

Wenn die fehlenden Benutzerhemmungen eine angeborene Sache sind (und einiges spricht dafür), dann kann man sich fragen, wie es mit deren Vererbung und mit der evolutionären Auslese bestellt ist.

Der ritterliche Haudegen, der im Kampfe fällt, bevor er eine hinreichende Zahl von Nachkommen gezeugt hat, wird sich eher selten in seinen Erben wiederfinden. Die Fresserelite oder Dynamikerkaste, wo sie auftritt, muß einen feigen Menschentyp heranzüchten, der Angst hat, sich für die Dynamikerpartei zu schlagen und der auch nicht den Mut aufbringt, sich selber ins Schwert zu stürzen, wenn es ihm an die Ehre geht.

Was nun die „Zuchtwahl" für das Dynamistische betrifft, so sei dafür ein „Paschaeffekt" in Betracht gezogen. „Paschas" waren bekanntlich wichtige Leute, die viele Frauen hatten und mit diesen viele Kinder, die also ihre besonderen Gene besonders reichlich und massiv der Nachwelt vererbten - in vielen, vielen kleinen Paschas, die groß wurden und die wiederum kleine Paschas zeugten und immer so weiter. Man könnte gleich anfangen zu rechnen, was solcherart am Ende herauskommen muß. Züchtung aber verlangt auch, daß sich deren Produkte nicht vermischen. Das war das Problem aller Klassen und Kasten, die sich „rein" (edel) aus solchen Fortpflanzungsgebräuchen empor- und hinaufentwickeln möchten, hinweg über den tristen Rest der Welt, und wo die Edlen immer nur unter sich zu bleiben wünschten.

Dann jedoch vermochten diese Erhabenen doch nicht ganz auf das andere zu verzichten, was vielleicht noch mehr reizte, vielleicht auch, weil so viel konzentriertes Edeltum in sich aufgehäuft, ihnen selber dann zu viel wurde?

> Mit wenigen Ausnahmen galt für die Mehrzahl der Kulturen, daß erfolgreiche Männer über die Kontrolle der Ressourcen auch mehr Nachkommen in die Welt setzten.
> (Irenäus Eibl-Eibesfeldt, Die Biologie des menschlichen Verhaltens)

Nach Gerhard Lenski gab es bezüglich der Verteilung des Surplus (Überprodukt, Luxusproduktion) große Unterschiede bezüglich verschiedener „Gesellschaften", unabhängig von ihrer technischen Entwicklungsstufe, also immer „Gesellschaften" mit mehr oder mit weniger Ausbeutung bzw. Gerechtigkeit. Es kann daher behauptet werden, daß größere Ungerechtigkeit bezüglich der Verteilung mit einem größeren Dynamikeranteil korreliert. Damit entstand eine Kultur der Ungleichverteilung und damit verbunden eine Förderung des Paschaeffektes, der wiederum den Dynamikeranteil weiter ansteigen ließ. Eine mögliche Bereitschaft von Frauen zur Vielweiberei hat dem dann Vorschub geleistet.

Zerstörung

Zerstörung bedeutet Reduzierung oder Vernichtung von Funktion - dies aber nicht allgemein, sondern speziell, und zwar Zerstörung von „gewollten" oder anerkannten Funktionen. Dazu dient wiederum die Veränderung oder „Zerstörung" von Struktur, obgleich man „Struktur" nicht eigentlich vernichten, sondern nur wandeln kann (aus Zweckmäßigkeit wird Unbrauchbarkeit).

Zerstörung ist etwas Besonderes. Zerstören geht leicht, Bauen ist mühsam. Zerstören ist zumindest immer leichter als bauen, geht flotter vonstatten, läßt sich flinker organisieren, ist schnell getan. Zerstörung erfolgt zuweilen fast von allein.

Was ist die Zerstörung? In welchen Kontext des Seins und Werdens läßt sie sich harmonisch einfügen?

Entsteht die Zerstörung nur aus der parteilichen Sichtweise des Menschen, oder ist sie natürlich fundamental? Ist jedes Werden, jede Wandlung zugleich auch Zerstörung des einen und Aufbau des anderen, oder läßt sich alles Geschehen in ein Aufbauen einerseits und ein Verfallen andererseits einteilen?

Mit Zerstörung läßt sich jedenfalls erpressen. Das ist hier das Besondere an ihr. Denn damit kann die Zerstörung zu einem ungeahnten Potential werden. Und sie wird es auch. Man braucht das nicht weiter zu illustrieren. Zerstörung ist auch Gewalt, und Gewalt ist die letzte Trumpfkarte jeder Macht. Die eingängigste Metapher dafür ist die Schutzgelderpresserei. „Willst du nicht mein Opfer sein (Zahlemann), schlag ich dir die Fresse ein (dein Geschäft)". Das ist hier und da ein sicheres Unternehmen, vielleicht das sicherste überhaupt. Es findet sich häufig auch dort, wo man es eher nicht erwartet, selten aber im hellen Licht.

Die Dynamizität wirkt zugleich auch darum besonders effektiv, weil sie sich zu ihrer Durchsetzung und gegen natürliche Widerstände vorrangig destruktiver Prozesse bedient, zum Beispiel der Gewalt unter einer Macht, von der das Benutzen selber bereits die erste und unmittelbarste ist. Die Dynamizität erschafft sich mit ihren unbestrittenen Leistungen zugleich ein mächtiges Potential für Zerstörung und damit für Erpressung und damit für ihre Macht.

Wem man nichts nehmen kann, den kann man nur schwer gefügig machen. Wer aber etwas hat, der läßt sich leicht zum Opportunisten „erziehen". Aus dem Almosen der Reichen wird die Knute zur Züchtigung. Der Überfluß macht nicht wehleidig. Wer reichlich hat, der kann auch bei sich selber reichlich zu Bruch gehen lassen, ohne darum gleich arm und anfällig zu werden. Wer sich mit dem großen Geldschein die Zigarre anzündet, der demonstriert damit auch, daß er leicht jede Verleumdungsklage abschmettern oder bezahlen kann. Wo schon viel ist, kommt auch noch was dazu. Das Phänomen Zerstörung integriert sich solcherart durchaus in einen Schaffensprozeß - und wird noch unverständlicher.

Gelegentlich ahnt der Dynamiker, daß er nicht nur die produktive Sonne, sondern zugleich auch so etwas wie Krebs und Tod der Gesellschaft ist und daß er sich nur mittels Gewalt, Macht und Ordnung erhalten kann. Wer wollte bezweifeln, daß Gewalt die wirksamste Methode ist, die eigenen Vorstellungen von Ordnung durchzusetzen?

Die Zerstörung hat alle Vorteile des fallenden Steines. Aber dieser Vorteil kann nur genutzt werden, wenn ein hohes Niveau vorhanden ist, hoch genug, damit von dort das Dynamikertum aus bloßem Fallen und Verfallen seine Kraft und Macht saugen kann. Dabei weiß man sich vielleicht im Unrecht und erstickt die eigenen Ängste und Skrupel im Gebrüll der Phrasen, in Aufmärschen und im Getöse der billigen Ideologien.

Der Böse erschlägt den Guten. Der Gute aber, wenn er er selbst bleiben will, erschlägt den Bösen nicht. Das ist das Grundgesetz, nach dem sich das Böse auf der Welt hält und ausbreitet. Es wird allein durch die Zerstörung, die es selber braucht und daher mit sich bringt, im Zaum gehalten. Das Böse wächst nur, solange es am Guten fressen kann.

Ein instruktives Beispiel für die Wirkung der Zerstörung bietet die „Sandkastenmetapher": Zehn Kinder bauen in einem Sandkasten aus Sand Straßen, Plätze, Häuser und Brücken. Sie spielen damit ein konstruktives Spiel. Ein weiteres Kind kommt hinzu und zertritt alles, was da aufgebaut wurde.

Was nun? Aufbauen dauert lange, Zerstören geht schnell. Ein Kind kann solcherart leicht zehn andere Kinder oder mehr in Schach halten und ihnen so seinen Willen aufzwingen.

Das Umgekehrte jedoch, daß da ein Kind kommt und in diesem Sandkasten bauen will und dann auch erfolgreich baut, während sich darin zehn andere nur mit Dreck beschmeißen, ist ganz unmöglich. Mit seinem konstruktiven Spiel kann es die Tobenden, die Kaputtwerfer, nicht stören oder gar terrorisieren. Es bliebe dies nur lächerlich.

Die Zerstörung ist das große und entscheidende Potential der Dynamiker. Damit halten sie die Welt in Bewegung und in ihrer Gewalt. Damit verbunden ist sogleich auch Lüge und Täuschung. Die „Fassade" aber (hier eine eigene Begrifflichkeit), die mehr als nur Lüge und Täuschung ist, sorgt dafür, daß das Bild von dieser permanenten Weltzerstörung erträglich bleibt. Man sieht nicht mehr, was man tut und was andere tun - fast nicht mehr. Mit Zerstörung kann man eine Welt in Atem halten, solange zumindest, wie sich noch etwas zerstören läßt.

Das Schaffen selber kann Potentiale auch vernichten - Ressourcenplünderung - steht also immer auch in erheblicher Nähe zur Zerstörung. Wer sich also auf das bloße Wirken und Schaffen (als ein so gern gefeiertes „Positivum") beruft, der sollte sich immer auch an dessen Kehrseite messen lassen.

Man kann sich an dieser Stelle vielleicht auch einmal fragen, ob die letzten Intentionen des harten Kerns der einstigen deutschen Naziführung nicht genau das waren, wenn sie an eine künftige „germanische" Weltherrschaft dachten, als einen Versuch nämlich (wie so manche „Experimente", Kulturentwürfe, Utopien in der Geschichte der Menschheit), auch einmal die pure Ausbeuterei und Schmarotzerei über die Mittel von Kraft und Macht, Erpressung und Zerstörung zum offen und allein bestimmenden Wesen einer „neuen" Menschenwelt überhaupt und grundsätzlich zu machen. Zumindest dieser eigentümliche, negative, destruktive Wirkbestandteil des Dynamistischen (nun aber in Reinkultur), wie sich das in Massenvernichtung, in KZ und Zwangsarbeit apokalyptisch äußerte, hatte es diesen deutschen „Nationalsozialisten" vermutlich sehr angetan.

Da es so etwas immerhin schon einmal gegeben hat (sogar im großen Stil - wenn auch nicht für lange Zeit), scheint dieses ganze fatale Potential eine bloße Fata Morgana dann wohl doch nicht zu sein.

> O wehe, welch ein großes Unheil zu begehen sind wir bereit, die wir aus Gier nach Herrscherfreuden den eigenen Stamm vernichten wollen!
> (Bhagavadgita)

Das Konzept der Intellektualität und Moralität gibt einiges her. Aber es ist ein zu enges Hemd, als daß es dem Menschen passen würde. Der Mensch in seinem Wesen ist umständlicher, verworrener, vielschichtiger - und oft auch noch ganz anders. Das sollte man bei der Verwendung solch einer Charakterisierungen nie aus den Augen verlieren.

Primitivität und Moralität

Dummheit wird von Konstruktivität nicht veredelt, und Primitivität kann Konstruktivität flugs ins Gegenteil verkehren. Der Dumme will auch als Konstruktiver sein Dummheitsrecht durchsetzen, auch gegen alle Vernunft. Er schafft dies auch stets, wenn er nämlich im Überfluß lebt und aus dem Vollen schöpfen kann. Darum sind der Überfluß und das bessere Leben so schön, aber auch so heikel. Sie fördern die Dummheit und damit so häufig auch das Ende vom Überfluß und schließlich das eigene Ende. Erst im Mangel und in der Not ist der sonst so flotte, geschwinde Mensch bereit, die Bequemlichkeiten der eigenen Unbedarftheit hintenanzustellen, zu fragen, sich umzuschauen, zu suchen, zu lernen, zu denken - aber eben leider auch jedem ersten besten Demagogen hinterdreinzulaufen, weil das viel einfacher ist.

Irgendwie liegt diesbezüglich nämlich eine Weisheit über der Herrengesellschaft, die ihre Domestiken kurz hält und im Mangel beläßt, damit diese nicht überschnappen. Leider nur reicht diese Weisheit so wenig auch bis in ihre eigene „feine Gesellschaft" hinein.

Die „Produktivität" der Dynamizität ist so groß, daß selbst der Konstruktive ihrer Faszination unterliegt. Er sperrt die Augen auf und schaut und staunt und fragt sich, wie „die" das denn nur machen.

Ja wie denn?

Und der Konstruktive fragt sich dann auch, ob nicht vielleicht mit ihm selber etwas nicht ganz in Ordnung ist, wenn es ihm trotz bestem Willen, trotz ziemlicher Anstrengung und viel Fleiß nicht so gut gelingt.

Diese Frage wird überall und immer wieder gestellt. Sie ist eine der häufigsten Fragen, die die Menschen auf ihrem Lebensweg begleiten. Die Frage ist dann aber auch, ob sie beantwortet wird und wie sie beantwortet wird. Nicht jeder mehr oder weniger konstruktiv Veranlagte kommt dahin, daß er begreift, daß die Mängel nicht bei ihm, sondern in einer vertrackten, quasi biogenen Natur zu suchen sind, die er dann zuerst vielleicht „das Schicksal" nennt.

Die meisten kommen zu anderen, kurzatmigeren und flotteren Schlüssen. Sie sind primitiv. Und es zeigt sich nun sogleich, daß die Primitivität auf diesem Feld eine recht eigentümliche und unrühmliche Rolle spielt, indem sie nämlich der Dynamizität so oder so zuarbeitet und gewissermaßen so etwas wie ein Kumpan von ihr wird.

Der Konstruktive leidet jetzt unter seinen Hemmungen. Er will, aber er kann nicht. Also geht es nun darum, wie dieser hinderliche Übelstand, den er als Primitiver zwar fühlt, aber nicht in seinem Wesen erkennt, abzustellen ist, wie man ihn umgehen, überwinden, überlisten kann. Darum gibt es in der primitiven Welt eine regelrechte Kunst, diese Hemmungen einzuschläfern, abzuschwächen, zu ignorieren.

Im Krieg zum Beispiel ist diese Kunst bereits emotional geprägt: Der Feind, der Gegner, das Böse muß vernichtet werden, einfach weil es „das Feindliche" ist (ansonsten muß oder sollte man nichts darüber wissen). Man hat „es" erlebt, „es" griff unverschämt an, „es" langte frech zu. Derartiges treibt dann irgendwann noch dem letzten Schützen Arsch mit Donnerhall das Blut ins Gehirn hinein und braust damit gleich alle möglichen Zweifel nieder, wenigstens für einen Moment, für den Moment der Wut und des Zornes - und der Tat.

Aber auch im zivilen Leben gewinnt die Kunst des Selbstbetruges hohen Wert - Überlebenswert. Man produziert sich ein Recht, einen Feind (zum Beispiel einen moralischen Feind), eine Notwendigkeit oder eine Wichtigkeit - und am besten alles zugleich. Man hat dafür Ideologien, Religionen und sonstige Demagogien mit reichem Inventar an „Lehren", die man durchsucht, um Gründe zu finden, die eigenen Bedenken immer wieder einzuschläfern. Man arbeitet meist unbewußt, aber wirksam und unmittelbar an der Überlistung seiner Hemmungen. Man „formiert" sich, bringt sich in einen anderen, etwas „abwesenden" Zustand, der keiner Rationalität standhält, wohl aber dem realen Leben - falls dieses nicht zu hartnäckige Fragen stellt. Es kommt zuletzt nur auf das Gefühl an. Ist dieses „im Bauch" gut, ist alles gut. So scheint es jedenfalls erst einmal.

Entscheidend ist das Ergebnis, der Erfolg. Ein großer Erfolg deckt vieles zu. So erschlagen die einen Völker die anderen Völker. Der Erfolg gibt ihnen Recht. Doch eigentlich wollten sie das gar nicht, wie kam es nur? Nun aber sind sie die Sieger. Und weil sie die Sieger sind, die Sieger der Geschichte, waren die anderen eben Unmenschen, Untermenschen.

Und es mußte so sein - bis es dann auch wieder einmal andersherum kommt.

Das alles vollbringt die Primitivität. Und das ist eine echte Leistung. Es ist eine Leistung der Dummheit, die damit zu einer eigenen, eigentümlichen historischen Kraft wird.

Hinzu kommt, daß das bei der anderen Konstellation - dynamistischer Charakter plus Primitivität - mit anderen Gründen ebenso förderlich für die Primitivität wirkt. Primitivität ist die natürliche Kraft (der Dummheit), die in der dynamistischen Mischwelt die konstruktive Fassade baut und sie mit allerlei Hokuspokus, vor allem aber mit Denkschwäche und Inkonsequenz, am Leben hält und immer wieder neu aufpoliert. Da gibt es immer viel zu tun.

Hier schließt sich die heikle Frage der bewußten Volksverdummung, der Manipulation, der Demagogie an. Denn wenn Dummheit solchen Wert hat, dann muß sie wohl auch gefördert werden, dann kann man ja vielleicht nachhelfen oder pflegen und päppeln, was sich da bereits nützlich eingerichtet hat. Andererseits wird Dummheit auch immer wieder zu einem erheblichen Ärgernis.

Die Primitivität hat viele Gesichter. Fast tragisch wird sie dort, wo sich ein Konstruktiver einbildet, ein Dynamiker zu sein oder werden zu können. Indem er dann immer wieder über sich selber stolpert, wird er seines Lebens nicht froh. Das Umgekehrte, daß sich ein Dynamiker einbildet, ein Konstruktiver zu sein, funktioniert viel einfacher. Diese Schizophrenie ist zumeist sogar die Regel.

Ein Kardinalproblem des Konstruktiven ist, daß er so gern und so sehr (aus „Überzeugung") seine „Weisheit" zum Dogma erhebt, daß er also so primitiv ist und bleibt. So aber muß er auch sein, wenn er sich behaupten und durchsetzen will. Denn wenn er sich damit nicht durchsetzen kann, kann er sich all seine Weisheit gleich ersparen. Weil das so ist, regiert in der Realgesellschaft (neben dem System) im humanitären Bereich die Dummheit, und die konstruktive Attitüde ist reichlich unbeliebt. Ein Konstruktiver hat bescheiden zu bleiben - oder zu siegen.

Die Primitivität ist nicht unschuldig. Es sind nicht nur die Dynamiker, die in recht natürlicher Weise immer wieder die drückendsten Probleme bereiten.

Hat jemand Schwierigkeiten mit dem Denken und Wissen, ist er aber zugleich umtriebig, dynamisch, eifrig, ruhelos, ehrgeizig, dann will und muß er handeln für sein Seelenheil. Da er aber nicht genügend nachdenkt, muß er blind handeln. Das führt dann dazu, daß er einfach nicht oder zu spät erkennt, wo er Unheil anrichtet. Dann nützen ihm - als Konstruktivem - auch seine Skrupel nicht mehr.

Und dann gibt es leider auch noch diese unselige und primitive Kumpanei des Konstruktiven mit dem Dynamiker. Da der Dynamiker die Macht hat, biedert der Konstruktive sich bei ihm an. Er macht ihn auch von sich aus zu seinem Herrn (und will dann etwas von ihm). Der Grund dafür ist gar nicht zuerst seine Schwäche, sondern vielmehr seine Unwissenheit über die wahren Verhältnisse unter den Menschen. Er erkennt die Dynamizität und die Dynamiker einfach nicht als solche. Er hatte keinerlei klare Haltung gegen sie aufgebaut. Die Dynamiker ihrerseits werden auch alles tun, daß es so bleibt. Darin haben sie Übung.

Und selbst ein Wissen darüber würde erst einmal nur zu Konflikten führen, nicht etwa zu einer Befreiung.

Primitivität und Dynamizität bilden gemeinsam so etwas die Fundamentalmisere der Menschheit - falls man eine solche überhaupt anerkennt und die Menschenwelt nicht überall und zu allen Zeiten längst als bestens betrachtet und sich auch sonst nicht wundert. Die Biologie zumindest hat die moderne Menschheit (wie sie ist) längst und für alle Zeiten eindeutig anerkannt - in Form ihrer Massenvermehrung nämlich (wie einst die Dinosaurier). Paläontologen in hunderttausend Jahren werden viel auszugraben haben.

Dynamizität und Primitivität haben beide evolutionäre Ursachen - aber es gibt Unterschiede.

Die Primitivität läßt sich bis zu einem bestimmten Grade beheben oder kompensieren, jedenfalls im Prinzip. Sie ist der beliebte Angriffpunkt vieler Weltverbesserer: Die „Erziehung" zum besseren Menschen, zum neuen Menschen, zu „unseren Menschen" ist hinreichend bekannt. Ein wenig läßt sich hier tatsächlich erreichen, aber längst nicht so viel, wie man gerne glauben möchte.

Die Dynamizität kann nicht beseitigt werden. Ihre nachteiligen Folgen lassen sich jedoch systemar abschwächen. Diese „Aufgabe" hat wesentlich zur Systembildung beigetragen. Das System „reguliert" das Dynamikerleben und stabilisiert die Humanosphäre.

Primitivität paßt sich an, wenn sie dazu erzogen wird. In einer Welt, die von Dynamikern dominiert und wesentlich ausgestaltet wird, wird sich Primitivität daher auch immer dynamikerähnlich, den Dynamikern adäquat verhalten, ausgestalten, modeln, wenn sie damit auf Erfolg hoffen kann.

Das passiert alltäglich mit all den daraus entstehenden, oft merkwürdigen, zuweilen grotesken Frustrationen. Von daher kommt es, daß innerhalb und mit der Primitivität der Unterschied zwischen eigentlich konstruktiven Charakteren und dynamistischen sehr verschwimmt, ja ganz unkenntlich wird, so sehr unerkennbar wird, daß eine solche Unterscheidung selbst schon fast zu einer Absurdität zu geraten scheint.

Andererseits aber bilden die Primitiven damit eine mächtige Reserve, eine großartige Manipulationsmasse für die an sich gar nicht so zahlreichen Dynamikerkräfte innerhalb des Systems. Primitivität unterstützt, was an der Macht ist. Primitivität ist der universale Verstärker für alles, auch für Machtumstürze, für Revolten und Revolutionen.

Dynamizität passiert in der Primitivität auch aus Bequemlichkeit. Man bestimmt oder verfügt gern über andere Leute und hat diese damit unter Kontrolle. So ist man vor Überraschungen sicher und muß sich selber nicht mehr auf sie einstellen. Die betroffenen anderen Menschen werden dann gewissermaßen wie Haustiere gehalten oder domestiziert. Man findet auch nichts dabei, man hält das sogar für üblich, für „familiär". Man macht keinen Unterschied zwischen einem Esel, einem Hund oder einem Knecht. Das ist bequem. Nur muß man sich dann nicht wundern, wenn diese anderen Menschen sich auch wie Haustiere benehmen, wie Esel, wie Hunde und dumpf, stumpf und störrisch werden - oder zurückbeißen.

Die Dummheit scheint überhaupt das wichtigste und mächtigste systemare Potential zu sein. Aber ihr fehlt es an Inspiration. Diese liefert die Dynamizität, sie schafft gewaltige „Aussichten". Ohne Dynamizität bliebe Dummheit eher harmlos, wäre vertrottelt und dabei gutmütig. Mit Dynamizität wird die Dummheit bösartig, penetrant, unfein, eklig. So befruchten sie sich beide gegenseitig, diese beiden Hauptuntugenden.

Die Primitiven mögen eine Kritik an der Dynamizität nicht sonderlich gern. Sie empfinden das wie Nestbeschmutzung, wie Entweihung ihrer eigenen, nur „noch nicht ganz" erreichten Ideale und Ziele.

Das Benutzen, Verwenden, Konsumieren selbst und für sich allein ist eine simple Sache, wie bloßes Fressen. Dazu braucht es wenig Verstand. Bloßes Konsumieren fördert also Dummheit.

Der Konkurrenzkampf aber, der unter den Dynamikern um die beste, die einträglichste, die bequemste Pfründe herrscht, der läßt sich mit Dummheit nicht gewinnen, der braucht spezielle Befähigungen, Pfiffigkeit, Gerissenheit, Intelligenz und vor allem „Wichtigkeiten". Konkurrenz belebt das Geschäft. So fördert die Dynamizität den Geist.

Wenn alles das keine „Dialektik" ist und „Kampf der Widersprüche", was dann?

Dynamizität ist die Kardinaldummheit, die Dummheit aller Dummheiten schlechthin. Und sie ist eigentlich ein Verhängnis - eben weil sie mit bildsamer Intelligenz so wenig gemein hat. Sie bildet die primäre, die ursächliche Tragödie der Menschheit, die zu dieser unterdessen aber wesentlich dazugehört.

Daß man diese Dynamikertragödie ebenfalls unter die Dummheiten und nicht unter die Verhängnisse rechnen muß, hängt damit zusammen, daß der Mensch seine eigene Art „Homo sapiens" nennt, also „der verständige Mensch" oder „der zur Vernunft Fähige".

Dynamizität kann man aber nicht als Vernunftsleistung oder als Ergebnis vernünftiger Bemühungen werten. Wenn also eine Fähigkeit zur Vernunft vorhanden ist, diese aber nicht genutzt wird, dann ist das dumm.

Oder diese Fähigkeit zur Vernunft ist tatsächlich gar nicht vorhanden, sondern lediglich eingebildet (weil es sich so herrlich großartig macht). Dann freilich wäre das verhängnisvoll.

Denn das Faszinierende an jeder Dynamizität ist, daß sie - bei aller Schlauheit, Raffinesse, Gewitztheit, Pfiffigkeit - letztendlich immer wieder in das eigene Messer läuft, sich selber schädigt, umbringt, ausmerzt. Und genau das ist eben Dummheit (in diesem Falle vielleicht sogar eher eine „nützliche" Dummheit). Diese prinzipielle Dummheit der Dynamizität kann von keiner Schlauheit kompensiert werden. Man sagt dann auch gern: „Das ist aber dumm", was bedeutet, daß die alltägliche Sprachbildung diese Art von Dummheit, die aus dem Verhängnisvollen kommt, als eine solche zu erkennen vermag.

Zur Synergese zwischen Primitivität und Dynamizität ist zu sagen, daß höhere Gauner, also Gauner in Position, sich dumm stellen müssen, damit sie so auf die Sprache der natürlichen Trottel eingehen können. Sie müssen Dummheit regelrecht kultivieren, damit sie auf die primitiven Schichten Einfluß gewinnen und diesen Einfluß halten können, damit daraus Anerkennung und Macht wird. Diese Herrenmenschen müssen nicht wirklich dumm sein. Es besteht allerdings eine nicht unerhebliche Gefahr, daß sie dann mit ihrem Erfolg dumm werden, wenn nicht gleich in ihrer Generation, dann in der nächsten, denn Dummheit ist auch verführerisch.

116

Es scheint geradezu ein Markenzeichen primitiver Naturen zu sein, die Welt nur als Widerstand gegen eigene, unbewußte, unklare, unartikulierte „Urlust" zu begreifen, die irgendwie aber vehement nach Entfaltung und Verwirklichung strebt. Da gibt es dann keine Möglichkeit einer rationalen Aufarbeitung solcher Gegebenheiten, sondern nur immer wieder das Erlebnis unmittelbaren physischen Anstoßes an Grenzen.

Diese Primitivität kann mehr Schaden anrichten als alle Dynamizität zusammen. Aber sie ist selten so zielgerichtet wie die Dynamizität. Der Dummheit mangelt es an Konsequenz.

Die Primitiven bewundern und verehren die Erfolgreichen genauso, wie sie sie als Gauner und Strolche diffamieren oder hassen. Daß aber Strolche und Gauner und Reiche und Erfolgreiche fast immer dieselben Personen sind, das wissen sie nicht, das ignorieren sie auch, und das liefert ein gutes Beispiel für primitive Schizophrenie.

Die Dynamizität findet in der Primitivität eine wertvolle und mächtige Stütze. Was nutzt alle Konstruktivität, wenn der Konstruktive nicht lernen will, vernünftig zu kooperieren, wenn er selbstgefällig und borniert in seiner Primitivität verharrt und sich mit seinem biologischen Funktionieren zufrieden gibt?

Befehlen, herrschen, schmarotzen kann er nicht oder nur schlecht. Das will er daher auch bald nicht mehr. Also bleibt ihm nur das Gehorchen, das Dienen. Aus dieser Not macht er nun auch noch eine Tugend. Er redet auf einmal von Pflichten und Pflichterfüllung, von Treue und Ehre, von gesellschaftlichen Normen, vom Schicksal und vom Sich-schicken darein und das Beste daraus machen usw.

Es gehört zu den traurigen „Selbstverständlichkeiten" des offiziellen Lebens, daß viele der Konstruktiven das Phänomen der Moralität oder der Dynamizität gar nicht begreifen und auch kaum Interesse dafür zeigen, so als hätten sie eine unbewußte Angst vor solch einem Verstehen (möglicherweise nicht unbegründet). Sie sind in Illusionen befangen, glauben das offizielle Gebrabbel vom Dynamischsein und von Positivität und Tüchtigkeit, vom Ärmelhochkrempeln und was sie sich da alles noch selber anerziehen wollen oder was ihnen vorerzählt wird.

Nur ab und zu befällt sie dabei ein ungutes Gefühl, besonders aber, wenn es sie selber einmal ganz konkret betrifft. Sie ahnen, daß da vielleicht grundsätzlich etwas im Argen sein könnte, daß sie selber die Dinge vielleicht etwas zu positiv sehen. Darauf kommen sie aber kaum noch. Deshalb sind sie ja auch primitiv - und wollen es bleiben.

Die Primitivität ist es letztlich, die verhindert, daß die Dynamizität niedergehalten wird. Die Primitivität trägt die Schuld dafür, daß eine Demokratie, als eine echt demokratische „Massenherrschaft", immer wieder so schlapp wie borniert endet.

Dummheit ist für die Dynamizität von erheblichem Nutzen. Sonst müßte man sich fragen, warum die Dummheit in dieser durchgeistigten Menschenwelt eine so bedeutende und spezifische Rolle spielt.

Wenn man klug ist, kann man mit der Dummheit beachtliche Geschäfte machen. Man kann die Dummen „für dumm verkaufen" und auf ihre Kosten Einkünfte erzielen und Vorteile erreichen. Man kann sie benutzen und ausnutzen, vor den eigenen Karren spannen und sich von ihnen sonstwohin schleppen lassen. Allerdings muß man sie dann immer weiter für dumm verkaufen, konsequent, rücksichtslos, frech, dummdreist und muß dazu schon einige Register an Bösartigkeit ziehen, sonst wird es nichts Rechtes. Man muß mit den Dummen auf höfliche Weise hart und brutal umspringen. Berücksichtigt man das Letztere, so ist dann die eigene Intelligenz dazu schon gar nicht mehr so wichtig.

Die Dummen begreifen das zumeist nicht einmal, sie nehmen es wie Schicksal, wie Weltenlauf schlechthin. Wenn man ihnen einredet, wie großartig, wie tüchtig sie sind und man wolle nur immer das Beste für sie, wenn ihnen dazu nur gehörig geschmeichelt wird, glauben sie das auch: Alle individuelle Güte ihnen gegenüber legen sie dagegen gern als Schwäche aus.

Die Primitivität ist die Intellektualitätskonstitution, die auch die Moralität quasi zum Unding werden läßt und vollkommen verwischen kann. Primitivität ist das große Feld des Selbstbetruges und der Selbstgerechtigkeit. Der Primitive, so richtig zurechtgemacht, aufgeputzt, geschult, korrumpiert und gepäppelt, ist ein vortrefflicher Verbündeter des Dynamikers. Er wird dessen Handschuh, Mundwerk, Holzhammer und Klosettbürste. Dummheit ist das Primäre, Bosheit und Verbrechen sind das Sekundäre. Das Schlimme und Schlechte in der Welt besteht vor allem wegen der Dummheit, wird von ihr übersehen, nicht erkannt und sogar beschützt. Es kann sich im Schatten des Nichterkennens und Nichtwissens so prächtig und monströs vervollkommnen.

Dummheit ist damit nicht mehr nur dieser harmlose und nur gelegentlich etwas peinliche Mangel, als der sie so gern betrachtet wird. Dummheit ist nicht das kleinere Übel, sie ist der Kern allen Übels.

Haben und Sein, Raffen und Schaffen

Es gab in noch nicht allzu vergangenen Zeiten eine Konjunktur von Begriffen, wie „Schaffen und Raffen" oder „Haben und Sein", die einen gewissen moralitären Anklang an sich haben. Daraus wird ersichtlich, wie interessant das Moralitäre immerhin ist. Es läßt sich im Übrigen auch bestens in Demagogien einspannen, ist aber nicht von sich aus demagogisch.

Diese Geschichte vom „Haben oder Sein" wurde vermutlich von Erich Fromm popularisiert.

Habsucht und Neid sind nicht von Natur aus so stark, sondern infolge des allgemeinen Drucks, ein Wolf unter Wölfen zu sein.
(Erich Fromm, Haben oder Sein: Die seelischen Grundlagen einer neuen Gesellschaft)

Dort findet sich auch eine immerhin interessante quantitative Beurteilung der diesbezüglichen Weltsituation: Von allen Menschen sind 10 Prozent haben-orientiert, 10 Prozent sein-orientiert, 80 Prozent schwankend.

Im Groben läßt sich diese Idee etwa wie folgt beschreiben: Sein ist das Erstrebenswerte, das Leben, das Lebendige, das Gute. Haben ist die Habgier, die Ausbeutung, der Zwang, die Unfreiheit, das Böse.

Das „Sein" ist das Leben an sich und in seinem animalischen Kern, zugleich zweckfrei und sich selbst genug seiend, wie es das bei allen Tieren ist und auch im Menschen erlebbar wird.

Das „Haben" sind die Zutaten für alles im biologischen Sinn „höhere Sein", insbesondere aber für das Sein des Menschen, welches nämlich ohne „Zutaten" gar nicht mehr auszukommen vermag. Der Mensch und die Tiere, ja selbst die Pflanzen, müssen alle etwas „besitzen", um zu leben, und sei das nur der schmale Raum, in dem sie sich in jedem Moment ihres Seins befinden. Zumeist aber ist das mehr als nur „sein" und dieses Mehr müssen sie dann auch beschaffen, behandeln, bewahren, verteidigen, damit es verwendbar wird und damit es das ihre bleibt.

Es ist im Übrigen eine Philosophie, die aus der satten Ecke der Welt geschrieben wurde, wenn auch mit einen Blick in den Abgrund des deutschen Faschismus.

Heute leben wir (noch) in einer großen, großzügigen Zeit. Die Leute „haben" alle genug und viel und gelegentlich schon viel zu viel. Und da macht sich eine solche Philosophie ganz gut: Nicht bloß immer haben wollen, noch mehr haben wollen, raffen, sondern auch mal nichts tun, leben, kreativ sein, philosophieren ...

Aber es gibt auch das andere, das kleinliche, das betäubende, absorbierende, knebelnde Leben, wie es Generationen vor uns ertragen mußten. Da war es dann sehr gut, etwas zu erraffen, um etwas zu haben, auf dem man dann auch mal ausruhen und „sein" durfte. Wer damals nicht schaffte und raffte und sich nicht den kleinlichen Zwängen anpaßte und einfügte, der konnte sehr bald ein erfülltes „einfach nur Dasein" als Bettler auf der Straße genießen.

Es ist leider so, daß der Idealismus des bloßen Seins nur oder zuerst kontemplativ ist und damit wenig oder nichts bewegt, zunächst wenigstens. Hingegen ist der Materialismus der Rafferei unmittelbar tätig und wirkt sofort und verändert die Welt - irgendwie. Diese Bewegung des Schaffens oder Raffens mag zufällig sein und vielleicht auch fatal, aber sie ist Bewegung. Sie ist die zuweilen hoch gepriesene „Tat" schlechthin.

Der „tätige Mensch" ist zunächst einmal nur ein „Tätiger", ein „Macher" von etwas, und sonst nichts. Seine Tat muß erst noch beurteilt werden. Aber ein Urteil ist schon wieder Idealismus. Da scheiden sich dann die Geister.

Fast immer findet die Bewegung ein Ende, weil alles ein Ende haben muß - damit ein neuer Anfang ist, besonders wenn es derart in die Vollen geht wie beim Schaffen und erst recht beim Raffen. Dann wird das Ende gelegentlich auch fatal. Die Träume der Idealisten dagegen sind immer und ewig rein und schön - weil es nur Träume sind.

Manchmal jedoch kommt auch beides zusammen. Die Illusion wird Realität und Raffer werden Schaffer - sich selber wundernd über ihre Schöpfung. Zuweilen sind sie damit (wie bei so manchen erhabenen Lichtgestalten der Geschichte) dann beides zugleich: Träumer und Kannibalen.

Eine allfällige Macherei jedenfalls ist es, welche besonders unsere moderne Welt in ständiger Bewegung hält – immer wieder Anderes, immer mehr Neues, ja nie stehenbleiben, ja niemals zu einer Besinnung kommen oder gar nach einem Sinn fragen – so als könnte beim bloßen Anhalten gleich überhaupt alles erlöschen. Es erlöscht aber nicht, es wird überhaupt erst richtig sichtbar – falls man dazu die Augen offen hält.

Das System

der zeitgemäße Herr der Welt
dehnt sich im Feuer zu Maschinen,
die seinem Wollen grollend dienen;
aber das Glück ist nicht mit ihnen.
(nach Rainer Maria Rilke)

Spätestens seit der Begriff „System" in der öffentlichen Kommunikation die Runde macht, vermutet man auch, daß nicht eigentlich der Mensch selber der Herr seiner Welt ist, sondern ein anderes Etwas. Und diesem anderen Etwas muß er gehorchen - während er dieses Etwas zugleich erschafft oder doch an seiner Erschaffung, Bildung, Wandlung maßgeblich beteiligt ist. Dieses andere Etwas ist „das System".

Es wird hier einfach nur „das System" genannt, obwohl „System" natürlich sehr vieles und sehr viel Anderes, Spezielleres oder Allgemeineres sein kann. Alles ist System: Welt, Kosmos, Natur, Ökosystem, Währungssystem, Gesellschaftssystem usw. Alles greift ineinander, hängt zusammen, beeinflußt sich gegenseitig, mal mehr, mal weniger, mal augenfällig, mal unbemerkt.

Die einzelnen Tiere und Pflanzen bilden jeweils ganz besondere, für sich seiende, isolierte Systeme, scharf begrenzt in Raum und Zeit. Sie bilden und sind die „biologischen Organismen", die Individuen. In ihnen wirken die einzelnen Zellen, die Organe „systemar" aufeinander und unabhängig von jeder Intelligenz.

Oder ist solches optimale Zusammenspiel „Intelligenz" zu nennen? Sicher nicht, es ist „systemar". Es greifen die unbewußten Kräfte und Strukturen des Systems ineinander, so wie sie auch den Felsen zum Absturz bringen, wenn er über seinem Schwerpunkt verwittert ist, so wie sie das Wasser die Hänge hinabtreiben, blind - aber folgerichtig, vehement und stur - und geistlos „dumm".

Auch die biologischen Arten, die Fortpflanzungsgemeinschaften der jeweiligen Lebewesen, bilden Systeme, die nun aber schon nicht mehr so abgegrenzt sind wie die Organismen selber. Sie sind diffuser in die Umgebung hineingestellt. So kann sich etwa auch ein Eselhengst noch mit einer Pferdestute versuchen und Maultiere zeugen, die keine fruchtbare Rasse zu bilden vermögen, obschon sie sich für die Menschen recht nützlich machen können.

So strukturieren eine Windhose, ein Tiefdruckgebiet, ein Zyklon (zusammen mit dem Wetter - aber auch ganz für sich) ein System, wo vieles ineinander greift und wo man mit einer gewissen Phantasie auch eigene Dinge entstehen sehen kann, fast wie einen jeweils eigenen, eigentümlichen Organismus - die Windhose oder den Tornado oder den Regen, den Nebel, die Dürre usw. Das Wetter ist strukturiert wie das biologische Leben, freilich auf viel „niedrigerem" Niveau. Es wird aber von derselben Urkraft genährt, von der Sonne.

So kann man sich nun auch ein besonderes System vorstellen, herausgegriffen aus dem Gesamtsystem der Welt, ein System, welches uns Menschen besonders angeht, in welchem wir leben, welches wir (fälschlich) als „Gesellschaft" zu gestalten vermeinen, welches uns aber ganz und gar in seiner Gewalt hat, dem wir eifrig gehorchen oder dem wir ähnlich eifrig Widerstand leisten können, welches wir jederzeit ignorieren, aus dem wir aber kaum zu entweichen vermögen.

Dieses scheinbar staatliche, scheinbar gesellschaftliche Gebilde soll hier „das System" genannt werden mit der Hoffnung, daß es schon ungefähr verstanden werden wird, was genauer damit gemeint ist, daß man sich daran „gewöhnt".

Genau erfassen können wir es nämlich nicht, genau so wenig übrigens, wie wir das Leben in seiner Vollständigkeit in jedem Moment und zugleich im Ganzen fassen können.

Etwas als „System" zu bezeichnen besagt, daß da eine innere Struktur und Funktionalität ist, die zu erkennen wesentlich sein kann für das, was da ist.

Kein Wesen vermag aus eigener Kraft über das hinauszugehen, womit es von Natur aus ausgestattet wurde. Es muß mit den Kräften vorlieb nehmen, die ihm eingeboren sind. Das betrifft auch das Denken, die logischen Fähigkeiten oder das Wissen bei den Menschen.

Alles, was darüber dann hinausgeht, ist die Folge von zusätzlichen Kräften, Prothesen, Kunstgebilden, Bildungen mit eigener Autonomie. Die moderne hochtechnisierte Welt ist ein solches Gebilde mit eigener Autonomie: Das System. Der Systemwille ist nicht mehr Menschenwille, und die Systemkräfte gehorchen ihren eigenen Potentialen.

Das System realisiert sich in einer "geschachtelten Form".

Das „gesellschaftliche" System ist Teilsystem des Geosystems, also der Natur im Bereich der Erde, und mit diesem wiederum Teil des kosmischen Systems, des Weltalls, also der Natur im Ganzen.

Das „gesellschaftliche" System wiederum ist Hauptsystem gegenüber diversen Untersystemen. Diese greifen ihrerseits in komplizierter Weise ineinander, umeinander, übereinander. Es ist in zahlreichen Fällen eher willkürlich, wenn gewisse Teilsysteme als solche definiert werden.

Es gibt das System der politische Willensbildung, das der Technik, das der Bürokratie, der Konsumkultur, das Schulsystem, das Gesundheitswesen usw.

Wesentlich bleibt dabei aber stets die Unterscheidung zwischen dem objektiven Systemaspekt (in welchem Umfang dieser auch immer gesehen wird) und dem subjektivem Systemaspekt, in dem ein jeder sich selber aktiv wie passiv existierend erlebt.

In letzteres greifen die Menschen bewußt ein. Das System wird durch ihr Handeln laufend beeinflußt und geändert. Der objektive Systemaspekt hingegen ist dem Menschen grundsätzlich unzugänglich. In diesem ist der Mensch ausschließlich passiver Teilnehmer und weiß nichts davon.

Der objektive Systemaspekt wird gewissermaßen durch Vergangenheit und Zukunft vertreten, während sich der subjektive Aspekt allein in der Gegenwart realisiert.

Die Menschen können sich immer sicher fühlen in dem, was sie machen. Aber in dem, was sie mit ihrem Tun erreichen wollen, bleibt ihre Sicherheit mehr oder weniger eingeschränkt.

Diese Systemmetaphorik hat an sich selber etwas Fatales und ist damit tatsächlich längst allgegenwärtig - als Entschuldigung nämlich.

Ein Erdbeben, ein Wirbelsturm, eine Epidemie richten unter Umständen gigantische Verwüstungen an, Leid, Not und Tod. Sie werden notdürftig bekämpft, gemildert, aber ansonsten als Schicksalsschläge hingenommen. Was bleibt den Menschen anderes übrig?

Wird menschliches Tun selber katastrophal wie in Kriegen oder ökonomischen Desastern, kann die Masse der Menschen auch nur passiv darauf reagieren, muß das ertragen, über sich ergehen lassen - und möglichst schnell wieder vergessen. „Das Leben geht weiter", hört man dann landauf, landab.

Zur Erklärung wird allgemein (wie hier nun ebenso konkret) nun aber „das System" zitiert - nicht immer mit seinem Namen, zuweilen einfach nur als „die" („die da oben", „die Volksfeinde" etc.) oder als eine unnennbare Schicksalsmacht - aber eben nicht Erdrutsch, Dürre oder Seuche, sondern als etwas Geheimnisvolleres, was irgendwie auch aus den Menschen selber kommt.

Das möchte man dann nur noch schnell abtun und vergessen, falls man es überstanden hat. Doch es begann in diesen Fällen nicht von außen, sondern aus dem mehr oder weniger begeisterten Mittun oder galanten Wegschauen und häufig aus einem kollektiven Wollen, welches alle Kritik daran schon im Keim erstickte. „Sie zogen aus mit bunten Wimpeln und kehrten heim mit wunden Pimpeln".

Was konnten zum Beispiel die entsetzten Deutschen gegen ihren eigenen Faschismus tun? Was haben sie getan?

Ohne den Widerstand gegen die Nazis klein reden zu wollen - es gab ihn, und er war heroisch - faktisch aber glich er nur ein paar Nadelstichen in ein Monster, was sich bereits im eigenen Blute wälzte. Das System des deutschen Faschismus wurde vor allem durch die machtvollen Schläge der damaligen Sowjetarmee zerschmettert, die ihrerseits daran wuchs und wuchs und an diesem Kampf zu einer Weltmacht wurde. Die alliierten Westmächte rieben sich verdutzt die Augen.

Das aber ist Systemdynamik.

Systemdynamik ist unverständlich. Man beschreibt sie so oder so, findet aber nur schwer einen rationalen Zugang dazu. Daß „wir" nicht nur Menschen sind, die gemeinsam auf „dieser Erde" unser Leben fristen, sondern daß da noch etwas anderes neben und in uns und mit uns wuselt, ist einerseits längst bekannt, andererseits aber auch immer wieder befremdlich und so merkwürdig, daß es einfach nicht gesehen und wahrgenommen wird.

System ist fast alles. In dem hier vorliegenden Text wird (fast) alles damit erklärt. Es wird auch recht pauschal erklärt. Mögen sich gut bezahlte Spezialisten mit Einzelheiten befassen - oder auch nicht! In diesem Kapitel geht es nur um den Begriff des Systems selbst, damit man sich ungefähr ein Bild machen kann, was damit gemeint ist.

„System" wird hier als ein Abstraktum gebraucht, so wie andere weitaus bekanntere Begriffe auch, wie „Freiheit", wie „Demokratie". Wer weiß schon genau zu sagen, was Demokratie oder was Freiheit eigentlich ist? Im ersten Moment scheint das stets ganz klar zu sein - aber nur im ersten Moment.

Mit dem hier gebrauchten Begriff des „Systems" ist es erst einmal umgekehrt. Er ist erst unklar, und es ist zu hoffen, daß dieser Begriff am Ende wenigstens plausibel erscheinen wird. Entscheidend ist sein heuristischer Wert, wie man mit ihm sich etwas „denken" oder vorstellen kann.

Beliebt wird der Systembegriff darum aber nicht werden, denn er verspricht nicht viel Gutes, auch wenn das System tagtäglich viel Gutes und unterdessen längst auch Unverzichtbares erschafft.

System als der richtigere Begriff an Stelle von „Gesellschaft" ist auch längst im Schwange. Man hat begriffen, daß da etwa Komplexes wirkt, welches sich immer wieder so eigenartig quer zum „Menschlichen" stellt und daher nicht so recht „gesellschaftlich" anmutet. „System" ist seit langem bekannt und akzeptiert:

> Die Gesellschaft ist ein dynamisches System, welches die Individuen, aus denen es besteht, überlebt. [organisatorische Ebenen über der Ebene der biologischen Spezies]
> [Das System] ist das Ergebnis menschlichen Handelns und Zusammenwirkens, jedoch nicht das Ergebnis einer bewußten Gestaltung durch den Menschen (also weder natürlich noch künstlich)
> Der in der modernen Gesellschaft erreichte Komplexitätsgrad mag im Vergleich mit einem Organismus bescheiden sein, er übertrifft jedoch bei weitem alles, was seine menschlichen Mitglieder durch zielbewußtes Planen erreichen können. [Autopoiesis]
> (Erich Laszlo)

> In einer vollentwickelten Bürokratie gibt es, wenn man Verantwortung verlangt oder auch Reformen, nur den Niemand. Und mit dem Niemand kann man nicht rechten, ihn kann man nicht beeinflussen oder überzeugen, auf ihn keinen Druck oder Macht ausüben. Bürokratie ist diejenige Staatsform, in welcher es niemanden mehr gibt, der Macht ausübt; und wo alle gleichermaßen ohnmächtig sind, so haben wir eine Tyrannis ohne Tyrannen.
> (Hannah Arendt, Macht und Gewalt)

> ... die Gesellschaft [System] etabliert sich als das Verfallsprodukt der Gemeinschaft [Gesellschaft], und zwar in einem nicht umkehrbaren fortschreitenden Prozeß.
> (Max Weber)

Vom „System" ist also immer schon mal die Rede. Da gibt es dieses und jenes „System", meist ein politisches oder weltanschauliches, dem man sich anzupassen hat oder hatte, oder auch nicht.

System aber ist mehr als nur ein ideologischer Verlegenheitsbegriff. System ist offenbar ein tatsächlicher Organismus - allerdings mit recht diffusen Eigenheiten, die ihn nur schwer faßbar und leicht unsichtbar machen.

Das System ist (nach der Natur mit Krankheit und Tod) die erste Urgewalt, die den Menschen auch einmal das Fürchten lehrt, ohne daß er allerdings wüßte, was ihm da so sehr Angst macht, was ihn in seinen Fängen hält, beutelt und zu Dingen treibt, die er eigentlich nicht will. Er wittert Geister und Gespenster. Diese können in solcher Weise ziemlich realistisch werden.

Wo der Mensch hingegen vom System beschenkt wird, da denkt er nicht daran, da glaubt er, er sei es ganz allein, der so tüchtig ist, daß er dieses Glück verdient hat. Niemand auf dieser Welt hat sich irgend etwas „verdient". Ein jeder nimmt nur oder bekommt oder gibt oder hat zu geben. Das ist auch schon alles.

System bedeutet etwas konkreter, daß jeder Mensch das Leben innerhalb von festen, vorgegebenen Strukturen und dort in „Positionen" zu verbringen hat, egal wie sinnig oder unsinnig, nützlich oder schädlich diese sind. In diesen Strukturen findet er zufällig mehr oder weniger Freiraum und Möglichkeiten, selber etwas dazuzutun, was dann in das System einfließt und dort dann seine Wege geht, oft ganz andere als ursprünglich vorgesehen. Das System hat seine eigene Verdauung und lebt sein eigenes Leben.

Ohne diese „annehmende, resorbierende" Systemstruktur aber wird nichts aufgenommen, anerkannt, verwertet, verdaut, bleibt alles fremd und isoliert oder wird abgestoßen. Der Mensch ist selbst noch in seiner Kommunikation auf das System angewiesen, damit es seine Stimme weiter trägt - unterdessen elektronisch.

Ein Blick in die Systemwelt ist immer auch wie „eine Reise nach Absurdistan". Wer eine solche Reise nicht mitmachen will, der will und wird auch die Besonderheiten systemarer Eigentümlichkeiten der Menschenwelt nicht verstehen.

Im System findet sich vieles: das strukturierende Prinzip der Natur, der Mensch und seine sozialen Voraussetzungen, der Mensch und seine gesellschaftlichen Ansprüche, der Mensch und seine dynamistischen Interessen, die Technik als größter Umsetzer und Verbraucher von Substanzen und Energie, welche längst eine Eigenwelt erschaffen hat - noch nicht autonom wie die Natur, wohl aber dem Menschen als Einzelwesen völlig überlegen.

Die besondere Frage im Zusammenhang mit dem System ist die seiner Autonomie oder Autarkie, seiner Abhängigkeit vom Menschen oder seine Unabhängigkeit von diesem. Das System ist beides: autark und abhängig. Es ist mit der Menschheit „verfilzt". Es ist aber nicht diese selbst. Es stellt sich vielmehr über sie und dominiert sie.

Wenn wir uns jetzt noch einmal unsere unmittelbare Umgebung anschauen, wenn wir etwa in den Kleiderschrank oder ins Küchenbüfett blicken, so finden wir da einiges. Wir müssen dann schnell zugeben, daß da eine Menge hängt oder liegt, was wir tagtäglich gut gebrauchen können, was wir wie selbstverständlich hinnehmen und benutzen und nach dem oft geringen Geldwert kaum sonderlich beurteilen und schätzen. Aber wir sind zugleich nicht und wohl auch niemals in der Lage, auch nur eines dieser Dinge selber herzustellen - obwohl wir uns für so kreativ und tüchtig halten. Vielleicht brächten wir irgendwie noch einen hölzernen Kochlöffel zustande. Aber auch das wäre schon fraglich, speziell wenn das feine, scharfe Messer zum Schnitzen dazu fehlt.

Wie viel Aufwand, wie viele Ideen, wie viele Entwicklungsbemühungen, wie viel Ingenieurkunst, wie viel Forschungsgeist steckt in allen diesen simplen Dingen unseres Alltags!

Man könnte meinen, wenn das alles „von Menschen" gemacht ist, dann müßten alle Menschen eminent kluge, fleißige, intelligente, fähige, kreative, geniale, tüchtige Leute sein und damit dann vielleicht auch noch umgänglich, wohlwollend, vernünftig, weise. Das denkt man dann und erschauert gar vor lauter Andacht vor diesen fremden Leuten und fühlt sich selber nur noch als dürftiges Nichts. Dann aber suche man einmal diese Menschen! Man wird Mühe haben, auch nur einige davon zu finden. Und genau an diesem Punkt kommt man dann gleich noch ein zweites Mal ins Staunen, weil man nur so sehr wenige so sehr befähigte Leute zu entdecken vermochte. Und schon sieht alles auf einmal wieder wie ein Wunder aus.

Da sollte man sich dann die Dinge, von denen diese Überlegungen ausgingen, noch einmal anschauen und sich vorstellen, wie die Produktionsstätten heute aussehen, in denen sie entstanden. Man findet dort Maschinen, Apparate, Geräte, Behälter, Automaten - und kaum noch Menschen. Die Menschen, die man findet, wissen vielleicht nicht einmal, was da passiert, was da „eigentlich" vor sich geht oder was sie selber „wirklich" machen. Sie wissen nur, daß sie etwas einwerfen müssen, etwas herauszuziehen haben, etwas ankleben sollen oder auch mal nur geschäftig hin- und herzulaufen haben, damit es nach Arbeit ausschaut (damit sie dann wenigstens dafür bezahlt werden).

Das ist das System, die große Maschinerie, die „Megamaschine", was man da sieht. Der Mensch steckt in ihr mit drin wie ein Maschinenteil (oder wie ein Made im Käse). Maschinen produzieren für Maschinen. Sie produzieren gewaltig. Vom „Abfall" der Maschinen lebt und afft sich heutzutage der Mensch. Und trotzdem ist wiederum alles durch die Köpfe und Hände von Menschen gelaufen, irgendwo und irgendwann und irgendwie. Wie viele kreative Gedanken waren nötig, um einfache Dinge in die Produktion zu bringen, eine Schere, einen Zapfhahn, ein Blatt Papier, ein Kondom, einen Nagel, eine Praline, eine Kaffeetasse?

Also wie viele Gedanken waren nötig? Wie viele Leute gibt es, die hundert Gedanken, die zehn Ideen, die durch eine einzige Neuerung dazu beitrugen, und wie viele gibt es, die gar nichts dazu beitrugen, die also gewissermaßen gar nicht dazugehören und die trotzdem damit leben?

Wenn auf zehn Personen (während ihrer gesamten Lebenszeit) nur ein bleibender, sich wirklich „materialisierender" Gedanke kommt, dann wäre das bereits viel und völlig ausreichend. Nimmt man weiter an, daß auf einige Personen mehr als nur ein Gedanke dieser Art kommt, dann wird die Zahl der Menschen, die am „Fortschritt" ganz unbeteiligt sind, noch erheblich größer.

Ein großer Teil von materialisierten Ideen wird ohnehin von den Vorfahren übernommen, viele veralten und verschwinden auch wieder. Wer kann heute noch schriftlich Wurzeln ziehen oder mit Logarithmen rechnen? Wer kann noch Glas blasen oder eine Kirchenbank schnitzen? Wer weiß, wie Wolle mit der Hand gesponnen wird oder wie man Butter im Butterfaß schlägt?

Die Patentämter sind obendrein voll mit unbrauchbaren oder unerheblichen Patenten. Viele Vormerkungen auf Urheberschaft haben lediglich „taktische" oder „strategische" Bedeutung und bringen ansonsten gar nichts. Und viele Ideen haben auch nur in einem sehr engen Umkreis Bedeutung.

Es ist das der Technik anerzogene und nun ihr innewohnende, von ihr auch selbst beförderte, quasibiologische Prinzip des „Normierten", des Wiederholbaren, der Gleichheit in Masse, was sie so gewaltig, so riesig macht im Vergleich zu den dann doch eher bescheidenen Beiträgen der Menschen bezüglich dieser Massendurchsätze an Material und Energie.

Eine kleine Idee, millionenfach durch die Automaten gehämmert, wird dann zur „materiellen Gewalt", die alles menschliche Maß übersteigt - und vielleicht auch überflüssig macht. Massenproduktion, Vervielfältigung, Normung.

Ist nicht auch der Mensch schon von Natur aus genormt? Anzüge von der Stange, Nierentransplantation, Schuhe aus der Fabrik - alles ist die gleiche Biologie.

Eine Geschichte, zehntausend Bücher, ein Plärrer am Megaphon - tausende begeisterte oder frustrierte Zuhörer, ein Witz durch den Äther - und Milliarden überkommt zugleich das Gähnen. Ein neuartiges Hebelchen - und Millionen neuer Geräte mit diesem neuen Hebelchen geistern durch die Werbung, dann durch die Haushalte und dann in die Müllberge. Das ist das kleine Geheimnis der großen Technik.

Es scheint, als bestünde zwischen „künstlich" und „natürlich" kein wirklicher Unterschied. So wie Äpfel auf den Bäumen wachsen, so „wachsen" Unterhosen an den Maschinen. Und die Maschinen „wachsen" in den Maschinenfabriken, der Stahl sprudelt aus dem Stahlwerk, der Strom quillt aus den Fernleitungen. Eine Fabrik, die Autos produziert, ist im Prinzip nichts anderes als eine Plantage, auf der Zuckerrohr wächst.

Wichtiger bei beiden ist die Besitzfrage, der Profit: Wem gehört das alles, wen fettet es, wer lebt davon? Der Garten ist wichtiger als der Gärtner, der Garten bringt den Gewinn, der Gärtner muß nur bezahlt werden.

Die Ideen werden ziemlich nebensächlich. Sie kommen und wirken und wirken ein oder auch nicht. Aber es läuft alles. Manchmal läuft es etwas besser oder auch schon mal daneben, dann wird es wegselektiert oder auch nicht.

Es ist unter den Menschen nur eine kleine, obendrein auch relativ machtlose Minderheit, die - fast wie nebenher - immer wieder die nötigen und auch mal die unnötigen Ideen hervorbringt, die dann in die Systemmechanismen einfließen und dort Wachstum erzeugen oder bremsen, aufhalten oder beschleunigen. Es ist nur diese mehr zufällige als geplante Minderheit, diese in der großen Alltagspolitik reichlich unmaßgebliche Minderheit, die wie ein wohlfeiler und bescheidener (bestenfalls etwas „unheimlicher") Katalysator wirkt, der die Dinge am Laufen erhält und weiterentwickelt - irgendwie, irgendwohin.

Die unterdessen riesigen Energiemengen und Stoffdurchsätze, die dafür nötig sind, vermag dieser „Katalysator" (Geist) nämlich auch nicht bereitzustellen. Und diese wenigen Menschen sind vielleicht tatsächlich das, was die meisten übrigen in einer prachtvollen Menschenwelt zu sein sich einbilden, nämlich fähige, kompetente, kluge Leute, geniale Organisatoren, konstruktive Verwalter, gewissenhafte Planer, begabte Künstler, während sie zugleich und in der Masse tatsächlich nur „Fachidioten" sind, also fleißige Spezialexperten mit eingeengtem Horizont, emsige Bürokraten oder gar nur hilflose Eiferer, klingelnde Lärmer, blendende Scharlatane - Stumpfsinn, Öde, Dummheit überall. Und alles das besteht zugleich - nämlich als „das Wunder der Dummheit".

Das System gibt es seit längerem. Die reale „Gesellschaft" (wie sie sich nun einmal nennt), kann ohne dieses System nicht leben, oder doch nur so, wie sie über die Jahrtausende hinweg von durchaus externen systemischen Wirkkräften entwickelt und organisiert wurde.

Die mangelnde Kenntnis des Systems und seiner Rolle für die Menschen ist die Ursache vieler Mißverständnisse, Unklarheiten, Konflikte und vor allem Ängste.

Auch wenn das System nicht erkannt wird, so fühlt man es doch überall, kann ihm aber nicht ins Gesicht blicken. So bleibt das System die finstere anonyme Macht im Dunkeln, der allmächtige Gott(vater), das Reich der Geister und Dämonen, aber auch ganz konkret unsere Angst vor dem Leben in all seinen Erscheinungen und Figuren.

Das System nämlich „will" durchaus seine eigene Entwicklung, seine Autonomie und übergeht schnell und oft die Interessen einzelner Menschen. Solange das System aber noch auf die Menschen angewiesen ist, muß es sich dann korrigieren lassen. Das ist für die Menschen oft schmerzlicher als für die fühllosen Systemstrukturen.

Etliche Leute nutzen diesen Sachverhalt aus - oft ohne die Mechanismen überhaupt zu begreifen. Sie haben durch Erfahrung gelernt, die Systemkräfte und Wirkungen zu ihrem Werkzeug zu machen. Sie sind gewissermaßen Kumpane des Systems geworden. Die Angst vor diesen Menschen (ganz deutlich in der Bürokratie, im Machtgeklüngel der Staaten) ist dann fast stets die Angst vor dem nicht greifbaren System, die auf dessen vereinzelte Funktionsträger übertragen wird, mit allen Konflikten, die aus solchen kaum vermeidbaren Mißverständnissen entstehen. Als Bürokrat kann auch ein harmloses Männlein fürchterlich wirken - als ein ausgesonderter Rentner weniger.

Das System hat kaum Bewußtsein. Es ist „dumm". Als solches aber bleibt es unabhängig. Und die Systemkräfte wirken derart, daß es seine Unabhängigkeit zu bewahren sucht. Das System fördert keine Spezialisten. Das System fördert aus eigener Kraft und Initiative nur Stumpfsinn und Dummheit auch bei denen, die von Natur aus Intellekt besitzen.

Ansonsten wieder fördert es die Strukturierung und das Wachstum von allem und jedem, was sich am Durchsatz beteiligt. Der „Durchsatz" ist der Stoffwechsel des Systemorganismus. Für diesen allein lebt es, mit diesem „will" es immer nur wachsen, will fett werden und noch fetter. („Fett" ist - evolutionär - die Reserve für kargere Zeiten und sichert dann das Überleben.)

Das System „will" sich an die Stelle einer Menschheit setzen und die Welt beherrschen. Tatsächlich „will" es natürlich nichts. Es sieht nur so aus, als wollte es etwas. Das System agiert blind und biologisch. Es will auch die Menschen genau genommen nicht „beherrschen", das wäre dann - für ein System - doch zu dumm. Es will die Welt fressen. Es will sie in Durchsatz verwandeln. Es will, es muß Energie entwerten und Entropie produzieren. Das System muß wachsen, bis es platzt. Das ist seine einzige naturgemäße Sendung.

Das System funktioniert am besten, wenn sich alle Menschen willenlos und gläubig, mechanisch und zuverlässig in das Gefüge des Systems einpassen. So scheint es zumindest zu sein. Und weil das so scheint, ist es so auch erwünscht und wird gern von seinen begeisterten Aposteln gepredigt.

Das System selber wünscht das nicht. Das System muß damit auch keineswegs Erfolg haben. Das System wünscht gar nichts, es agiert nur. Jedoch die Systemdomestiken auf allen Ebenen wünschen etwas. Was sie sich dazu unter Systemharmonie vorstellen, entspricht etwa dem vorig beschriebenen.

Das System degeneriert den Menschen und dressiert ihn - wenn er das zuläßt. Meist muß er das zulassen. Das System „will" (und muß) sein eigenes Systemleben am Substrat des Menschen und an der durch ihn und mit ihm entstandenen Technik realisieren. Diese Technik (samt Bürokratie) hat unterdessen längst ein Eigenleben entwickelt, mit dem sie die Menschen in ihren Bann zieht und regelrecht manipuliert und bevormundet. Nicht der Mensch fährt das Auto, sondern das Auto benutzt den Menschen, damit es Benzin verbrauchen kann - möglichst viel Benzin oder Dieselöl.

Das System ähnelt einem lebendigen Organismus und ist ein autonomes Wesen, welches unabhängig von den Menschen (und ihrer „Gesellschaft") existiert und agiert, obgleich es dabei auf die Menschen (noch) nicht verzichten kann. Die Menschen sind (noch immer) die wichtigsten Bausteine des Systems, aber sie haben fast keinen Einfluß auf das Leben, auf das Werden und Wachsen und Vergehen des Systems.

Insofern ist das System eine Wesenheit, die außerhalb aller moralischen Wertung steht. Es ist als ein solches weder gut noch böse. Indem es das Leben der Menschen befördert, kann es gut genannt werden, indem es an ihnen schmarotzt und ihre Interessen düpiert, wird es als böse bezeichnet.

Das System ist sich seiner selbst nicht bewußt. Es handelt nur nach eigenen Zwängen in ihm selbst, nach eigener Auslese und „Nützlichkeit". Die Förderung des Menschenlebens gehört nicht zu seinen erklärten Zielen. Wenn sie dennoch stattfindet (und sie findet recht häufig statt), dann ist sie darum zwar „gut", aber nicht gut im Sinne eines moralischen Wertes. Sie ist nur gut, weil der Mensch sie als „gut" aufspürt oder so definiert. Das Entsprechende gilt für die Übergriffe des Systems gegen die individuellen Interessen des Menschen.

Insofern aber das System von den aktiv und bewußt tätigen humanoiden Systemfunktionären gestützt und gefördert wird (wenn auch nur in murksprozessualem Aktivismus), bekommt es moralische Relevanz.

Das System selber „kämpft" nicht. Es gehört zu keiner biologischen Art mit deren speziellen evolutionären Besonderheiten. Aber das System verfügt über ganz enorme materielle und ideelle Potentiale und Kräfte, die wie Kampf aussehen, wenn sie wirken. Es besitzt eine „Wucht", die sich durchsetzt, indem sie quasi autokatalytisch dort sogleich Kräfte neu erzeugt, wo diese abbröckeln oder eingeengt werden. Das System lebt von einem gewissermaßen physikalisch vorgegebenen Potential. Es ist energiegeladen und rotiert. Seine Bewegung reißt einiges mit sich und anders um, wenn es sich ihm in den Weg stellt.

Nur immer schön „mit dem Strom schwimmen", war daher zu allen Zeiten ein recht praktischer Ratschlag für jene, die „das Beste daraus machen wollen". Und wer schafft es schon, den Wasserfall bergauf zu schwimmen!

Dieses System an Stelle der zuweilen dort noch vermuteten Gesellschaft ist ursächlich dafür zuständig, daß es in unserem modernen, humanen Menschenleben so eigenartig, so „entfremdet", so exhuman zugeht.

Für das System ist der Mensch nur ein Hilfsmittel und ein Anachronismus obendrein. Es „will" diesen Menschen abschaffen. Der Mensch ist schwach, unzuverlässig, anfällig, angewiesen auf warmen Mief und soziale Fürsorge, auf Luft und Licht, Natur, Spiel und Spaß.

Das alles muß das System überwinden, wenn es in seiner Evolution das Weltall erobern will. Das „will" es natürlich nicht, aber es „macht" es. Denn was sollte es sonst machen, wenn es, indem es lebt, zugleich auch etwas anstreben, etwas bewegen muß? Das System ist der größte aller „Macher".

Im Unterschied zu den Organismen, den Menschen, Tieren und Pflanzen ist das System aber kein geschlossenes Wesen, welches als solches den traditionellen Gesetzen der Evolution unterliegt. Das System ist ein Einzelgänger und ohne greifbaren Körper, ohne faßbare Begrenzungen obendrein. Es entwickelt sich trotzdem wie ein Organismus und erschafft sich ein eigenes Leben. Seine Intelligenz bleibt dabei erst einmal auf dem Niveau einer Amöbe, einer Algenkolonie, also noch ganz und gar unterentwickelt. Das System hat kein Bewußtsein. Es „kennt" sich selber nicht. Das System „will" auch nicht leben - existiert aber trotzdem sehr massiv.

Mit der Komplexität des Systems hat es eine eigene Bewandtnis. Das System ist ganz außerordentlich komplex und zugleich sehr wenig intelligent. Oder besser: Es ist blind. Insbesondere ist es blind gegenüber seiner eigenen Existenz und deren Bewahrung. Das wird oft nicht gesehen oder verstanden. Man meint, ein komplizierter Mechanismus müsse auch schlau sein und damit sicher und zuverlässig. Das ist aber das System nicht. Man kann sich einen primitiven Organismus vorstellen, eine Qualle etwa. Auch die Qualle ist sehr komplex aufgebaut. Wer versteht schon das Funktionieren einer Qualle vollständig?

Die „Intelligenz" des Systems ist eine verborgene, so etwa wie die eines Maulwurfs. Sie steckt nicht als Programm in einem Wissensspeicher, sondern als Struktur in seinen konstituierenden Bestandteilen. Diese Strukturen wiederum schreiben jederzeit allen Positionen, deren Tun und Lassen, vor. Jedes Element des Systems für sich allein ist mehr oder weniger unwissend, einfach, simpel. Alles zusammen funktioniert. Ein zentrales Bewußtsein gibt es nicht.

Wenn auch der Begriff des System etwas unklar und schwer zu analysieren bleibt, so schafft doch die Anerkennung seiner Existenz bereits eine Menge von neuen Einsichten in das Wesen Mensch und in sein allgemeines Schicksal. Schon darum - als heuristischer Begriff - ist der Umgang mit einer „Systemrealität" sinnvoll. Es geht dann nur noch darum zu zeigen, daß ein solches monströses Unikum tatsächlich existiert und daß es nicht etwa nur der willkürliche und „nützliche" Auswuchs einer Ideologie ist.

Das ist tatsächlich wichtig, wenn der Systembegriff nicht zu einer bloßen Ausrede für alles und nichts verkommen soll. Der beste Schutz dagegen ist, das System erst einmal zu ignorieren und zuzusehen, die Welt ohne dieses Vehikel ordentlich zu verstehen. Das allerdings wird dann um einiges schwieriger.

Die Menschen möchten sich gern in Sicherheit wiegen. Das System aber will und braucht das nicht. Das System läßt sich - solange es autonom ist - nicht unter eine Vernunft zwingen. Alle Versuche, die es bisher dahingehend gab, sind schon in ihren Anfängen gescheitert.

Das System existiert nicht als Individuum mit einem Selbsterhaltungswillen. Es kann nicht sterben, es kann nur verschwinden, vergehen wie eine Wolke am Himmel. Es funktioniert aus zufälligen Kräften heraus, so wie eine Windhose, die an einem heißen Sommertag über den Acker zieht und dabei ein Energiepotential aufzehrt. Diese Vernunftlosigkeit bekommt dann auch der Mensch als Individuum zu spüren, gelegentlich recht schmerzlich.

Das System (und der Mensch in ihm) lassen sich abbilden mit den Metaphern des Urwaldes, der Gärung, des Sumpfes, des Panoptikums oder einer eigenen und zufälligen Bildung, einer exhumanen biogenen Struktur jenseits von Gut und Böse.

Im Bild des Sumpfes wird der Mensch vom System unterworfen und malträtiert. Im Bild des Panoptikums wird der Mensch nur entmündigt, bleibt dabei aber zumeist wohl versorgt und satt: Die schöne Überflußwelt mit viel, viel schön blödelndem „Sinn". Im Urwald wird der Mensch zum Kämpfer aller gegen alle. Und für die bloße Natur spielt der Mensch lediglich die Rolle eines an sich toten, aber funktionierenden Elementes, auf welches und mit dem die Naturgesetze wirken.

Ich habe sachliche Gründe zu der Annahme, daß das menschliche Denkvermögen nicht geeignet ist, das dynamische Verhalten sozialer Systeme zu erforschen. Unsere Sozialordnung gehört zu der Gruppe von Systemen, in denen zahlreiche, miteinander eng verknüpfte, nichtlineare Regelkreise wirksam sind. Während der vielen Jahrtau-

sende, in denen sich das menschliche Denkvermögen entwickelt hat, ist es niemals notwendig gewesen, solche Systeme zu verstehen und zu durchschauen.
(D.L. Meadows)

Was aber soll in dieser Schrift hier nun das besondere Eingehen auf „das System"?

Die Antwort lautet: Es ist vor allem das System, was die Dummheit pflegt und päppelt - zugleich aber erschafft es das Wunder - nur das System allein, niemand sonst, insbesondere kein Mensch in dieser Menschenwelt mit ihren vielen modernen Maschinen!

Die Megamaschine

Das System ist keine soziale Einrichtung für die Menschen, sondern ein autonomer „Organismus", der offenbar und „irgendwie" auf Stoff- und Energieumsatz drängt. Das scheint eine nach wie vor ungeklärte Frage zu sein: Wohin strebt „die Evolution" und warum „strebt" sie überhaupt? Der wichtigste, aber nicht der erste Hinweis auf solch einen Mechanismus stammt vielleicht von Lewis Mumford: Staatsmaschinerie Ägypten, eine „Maschine" als Bild und als Konkretum. Diese „Megamaschine" illustriert damit dann so etwas wie den bürokratisch-technischen Aspekt des Systems.

Eine Armee aus Soldaten ist das konzentrierteste Bild einer „Megamaschine", einer großen Maschinerie - aber eben keiner „technischen Maschine". Eine Armee besteht aus Menschen, und Menschen bilden „die Rädchen", Wellen und Lager, wie es speziell bei den Heeren aus ältesten Zeiten besonders augenfällig war.

Diese implizite Entdeckung, die zur Schaffung schlagkräftiger Kriegstruppen führte, kam aus der Beobachtung, daß sich gewisse Verhaltensweisen des Menschen, wenn sie unabhängig vom persönlichen, individuellen Willen „verwendet" werden, wie die Einzelteile einer Maschine oder wie die Ziegel eines Hauses zu einer größeren, ausgerichteten, gleichgerichteten, ineinandergreifenden Einheit zusammenbauen ließen, die dann Dinge vollbrachte, die einer unorganisierten Masse von Menschen gleicher Zahl ganz unmöglich war, besonders aber, wenn man den Soldaten einer solchen Armee das eigene Denken abtrainiert hatte.

Das nächste, was die Megamaschine initiierte, war die Verwaltung, die Bürokratie, die aus der gemeinsamen und gleichgerichteten Arbeit erwuchs, und zwar so, wie sich diese vergrößerte, ohne daß sie deren Qualität änderte. Derartiges ließ sich besonders deutlich in den alten hydraulischen Kulturen, zum Beispiel beim Bau von Dämmen oder Wassergräben beobachten. Es fing ganz klein und individualistisch an und wuchs zu gigantischen Projekten - mit zwingenden Auswirkungen auf alle Beteiligten.

Die moderne Technik, wenn man sie sich genau betrachtet, erst recht wenn man genauer hinter die Kulissen schaut, erscheint gewaltig, und sie ist es auch. Nur sollte man sich in humaner Selbstherrlichkeit davon niemals blenden lassen.

Die Technik ist ausschließlich ein Teil des Systems und schon lange nicht mehr eine nur humanbestimmte, abhängige Hilfsangelegenheit des Menschen, ein „Werkzeugpark“ - wie einst Speer und Faustkeil. Die Technik ist ihre eigene, eigendynamische Angelegenheit. Es ist eine Illusion, die Kraft, das Potential, die Zuverlässigkeit der Technik als eine nur menschliche Leistung zu betrachten, so als wäre sie lediglich der verlängerte Arm des verantwortungsbewußten Menschen. Diese verführende Vorstellung und ihre Verführung aber leistet sich der Mensch zu seiner Selbsterhöhung und Selbstbeweihräucherung immer wieder. Sie ist falsch, und sie ist gänzlich irreführend.

Die Technik, das sind Mechanismen, die sich am Substrat Mensch entwickelten und die sich jetzt nur noch in dem Maße für die Menschen bewähren, wie die Technik ohne das „Ersatzteil“ Mensch nicht auskommt. Insbesondere ist sie immer noch auf den blinden Lebenswillen der Menschen angewiesen. Denn ein eigenes Lebenszentrum vermochte die Technik bisher noch nicht zu entwickeln. Das aber ist demnächst von der Technik zu erwarten - falls ihr bis dahin nicht die Energiereserven ausgegangen sind.

Der konkrete Mensch innerhalb der Technosphäre ist genauso auswechselbar wie jedes andere leblose Ersatzteil. Die Entwicklungskräfte der Technik sind ebenso biogen wie die des Menschen. Der einzelne Mensch ist nicht mehr frei in der Technik. Er könnte sie nicht einmal mehr einfach zerstören, wenn er das wollte. Die Masse der Menschen als Gesamtheit ist vollkommen durch diese Technik gesteuert und damit so hilflos, daß diese Masse als Ganzes heute bereits nur noch ein willenloses Anhängsel der Technik darstellt.

Aber das System ist keine Maschine. Es besitzt lediglich Aspekte, die sehr an eine Maschinerie erinnern. Das System ist auch kein Organismus so wie ein Lebewesen, denn es fehlen ihm wesentliche Merkmale eines Lebewesens, wie räumliche Abgeschlossenheit, Fortpflanzung, Tod.

Das System betrifft keineswegs etwa „nur Bürokratie", also das wohlgeordnete Büro, die übersichtliche Dienstwegestruktur, die strenge Befehlshierarchie.

Strukturen müssen nicht „übersichtlich", nicht überschaubar sein, um zu funktionieren. Korruption zum Beispiel ist meist unübersichtlich und funktioniert prächtig. Das macht sie ja auch so aufregend und reizvoll.

Im System bleibt vieles „geheim". Es wird nur von wenigen gekannt. Noch mehr aber wird nicht einmal von wenigen gekannt und funktioniert nur um so vehementer.

Dieses „System" liefert zugleich die Erklärung für das „Wunder". Das System schafft alles, was der Mensch, der einzelne Mensch, selber nicht oder sogar niemals schaffen kann. Das System ist - gewissermaßen - der „Sesam", der sich öffnet, sobald der Mensch das magische Wort „simsalabim" spricht. Dann kann er sich bedienen.

Die „Kunstwelt" des Systems ist aber nicht nur künstlich. Sie ist auch Biologie - eine eigene Biologie, Systembiologie, technische, ökonomische Biologie, Leben eines neuartigen Monsters, welches Kohle frißt und Erdöl säuft und mit den Überresten davon die Welt vollkackt. Das ist das eigene, eigentümliche Leben der „Megamaschine".

Heute hört man gelegentlich von „Schwarmintelligenz" reden, die tatsächlich überhaupt keine Intelligenz ist, sondern vielmehr die pure Stupidität. Man hat auch schon viel über Bienenstaaten und über die eigenartige Welt der Ameisenhaufen gelesen oder über das „blinde" Zusammenwirken von den Zellen in einem geschlossenen Organismus. „Das System" ist - vermutlich - ähnlich zu verstehen - und ähnlich schwierig. Die Megamaschine ist nur ein Teil dieses Systems - seine sichtbare „Bürokratie" - samt Schreibtisch, Aktendulli und Bürosessel, der Staat gehört dazu.

Der Mensch steht in spezieller Verwandtschaft zur Megamaschine und weiß nicht so recht, ob er diese „seine" merkwürdige Schöpfung lieben oder hassen soll. Im Überfluß liebt er sie und verliert sich dabei selber. Ansonsten mag er diese Maschine nicht so recht leiden. Sie macht ihm Angst, denn sie ist der Moloch persönlich.

System und Mensch im System

Der Mensch „erschuf" einst das System als eine Art Bediensteten, als Superarbeiter, als Schlaraffenlandgenerator. Diese Zeiten sind vorbei, zumindest in den hochindustrialisierten Ländern. Der Golem ist da.

Der Mensch ist nun für dieses System insofern ein Problem, als sein „innerer Stoffdurchsatz" prinzipiell begrenzt ist und für die natürlichen und wachsenden Ansprüche des Systems zu wünschen übrig läßt. Der Mensch kann und er will auch nicht unbedingt so viel fressen, verbrauchen, zerstören, wie das System ihm zumuten möchte. Er kann nicht, weil seine Kapazität biologische Grenzen hat. Er kann zum Beispiel nicht beliebig viele Sofas oder Kücheneinrichtungen erst in seine Wohnung und dann wieder auf den Sperrmüll schaffen, selbst wenn er das Geld dazu hätte, weil er so viel gar nicht schleppen oder auch nur organisieren kann - er allein, ohne helfende Maschinen.

Der heutige Mensch ist nicht mehr direkt das Geschöpf der bloßen Natur (ohne „System"). Zwischen Mensch und „Natur" hat sich eine zusätzliche Struktur geschoben. Die Evolution greift nicht mehr nur am Menschen an, sondern auch an den Systemstrukturen und mit diesen dann auch am Menschen, aber eben anders. Es geht vorrangig um die Selbsterhaltung des Systems, nicht um die der menschlichen Art. Die Kämpfer, die gemäß dem Darwinschen Kampf ums Dasein kämpfen, bilden sich nur noch ein, daß sie für sich selber kämpfen. Sie kämpfen aber kaum noch für sich, sie kämpfen für das System und sterben dabei aus. Das System züchtet sich derweil andere, geeignetere Spezies von Schlammspringern heran.

Die konstruktive Benutzung des Systems für die eigenen, konstruktiven Ziele von Menschen, setzt Restriktion und bewußt steuernde Eingriffe in das System voraus, die in jedem Fall zu einer Verringerung der Systemautonomie und damit auch zu einem Systemabbau führen. Der Geist setzt sich an die Stelle der blinden Mechanismen. Das „mag" das System nicht, denn davon wird es am Durchsatz gehindert.

Die Benutzung des Systems zum Zwecke dynamistischer Interessen bedeutet stille Anpassung an das System und kluge Förderung seines eigenen spontanen Wachsens. Das System ist nützlich für die Dynamiker und daher allgemein moralisch fragwürdig, wenn nicht überhaupt „schlecht", weil die dynamistische Benutzung, Ausnutzung, Ausbeutung das System noch um einiges vernunftloser, blinder, spontaner macht, als es schon ist. Nur mit Sich-wundern und Wegfressen läßt sich keine Welt erhalten - wohl aber kaputtmachen, auch für die Dynamiker selber.

Das System gewinnt seine eigene Dynamik, seine „Seele", überhaupt erst durch die Dynamizität. Das System wird zum Komplizen der Dynamiker, und diese nehmen es als ihre Welt, als ihr Beziehungsgeflecht, als ihre Staatsbasis, als ihren Urwald. Sie integrieren es in ihre Cliquen, beginnen in seinen Kategorien zu denken, biedern sich ihm an und führen es fassadisch herausgeputzt als „die Gesellschaft" in allgemeiner Narretei dem Volk vor der Nase herum, bis dieses gehörig staunt und hofft, daß das auch gut gehen werde. Indessen: „Hoffen und Harren macht manchen zum Narren".

Wer sich gegen das System auflehnt, wer es manipulieren oder erpressen will, der bekommt auch als Dynamiker seine Probleme mit ihm. Das System ist zwar dumm, aber es ist zugleich übermächtig.

Dann und wann wird das System durchaus bei seinem Namen genannt - von ganz gewöhnlichen Leuten. Es heißt dann „DIE". Das ist zugegeben ein etwas eigentümliches Wort für eine so große Sache. Aber das System ist merkwürdig. Man hört oder sagt: „die wollen ..." oder „die machen ..." oder „die denken ..." usw. und zuweilen wird es auch noch konkreter, aber auch schon wieder ungenauer. Es heißt dann: die Partei ..., die Stadt ..., die Kommune ..., das Land ..., der Staat ... usw. Man denkt dabei natürlich immer an Personen, man denkt konkret - und denkt falsch. Wie sollte man sonst denken? Betreffende Personen werden angegriffen oder auch gelobt - und wissen nicht wirklich wie und warum ihnen das geschieht.

Und wer sind diese Personen, und wo und wohinter stehen diese „DIE", wem dienen sie, wen repräsentieren sie?

Indem man sich nicht mehr darum bemüht, diese Personen ganz konkret und ihre besondere Rolle, ihren ganz privaten, persönlichen Aktivismus, ausfindig zu machen, gibt man zu, daß es um sie auch gar nicht geht. Nur das, worum es dann geht, das System, das kann man eben auch nicht fassen und begreifen. Es wäre lächerlich und müßte scheitern, wenn man es mit seinem richtigen Namen benennen wollte. „Das System hat ja heute wieder was angestellt ..." und man würde alle Fatalität mit einem solchen Satz zugeben. Das will man nicht.

Das System ist für keine Anfrage zuständig. Es ist keine Behörde. Es ist für nichts verantwortlich, es ist kein juristisches Subjekt - obwohl es für alles zuständig und maßgeblich bleibt.

Im System hält sich der Mensch schnell für befähigt, nämlich wenn er Erfolg hat. Doch darum muß er nicht klug sein. Auch das System ist nicht intelligent. Aber irgend etwas trägt den Menschen im System. Damit dünkt er sich sogleich schlau und pfiffig - solange es ihn trägt. (Es gab einmal einen großen Deutschen, der solcherart - vorübergehend - „der größte Feldherr aller Zeiten" wurde.)

Das System funktioniert irgendwie. Diese Trivialität des Funktionierens ist zugleich seine Haupteigenschaft: Es funktioniert nämlich tatsächlich. Damit ist schon sein ganzer und einziger „Sinn und Zweck" dargelegt. Das System muß nur funktionieren, sonst gibt es nichts mehr von Bedeutung. Es bewältigt einen Energieverbrauch, einen Stoffwechsel, bestehend aus Material, Menschen, Energie, Schicksalen, Substanz, Geist, Stoff.

System ist aber nicht nur ein flottes, fettes, wohl geschmiertes Wirken. System, das ist auch Sand im Getriebe, Zerfressen, Erosion, Korrosion, Fäulnis, Sumpf. Der Mensch weiß das zu unterscheiden - das System nicht.

Da gibt es das ganz konkrete Rosten der Maschinen, das Verwittern der Fassaden, die Ermüdung der Materialien, bis sie brechen. Das sind auch die zermürbende Dummheit, die zerstörende Unvernunft und aller immer neue menschengeschaffene Schwachsinn, der am System genauso wie am Menschen frißt.

Der Mensch selbst ist ein korrosives Agens. Daß er das in aller Unschuld ist, weiß er nicht immer und will es auch nicht unbedingt wissen. Das System kompensiert diese Zerrüttung aus seinen quellenden Überschüssen. Das System ist auf Ressourcen angewiesen und muß und will Verbrauch befriedigen.

Das System wird zwangsläufig wie eine Person beschrieben, aber es ist keine Person. Das System ist eine eigene Bildung, ein Monstrum, ohne eine konzentrierte eigene Bewußtheit, aber mit einem starken und strammen Willen.

Gegenüber der Produktion des Systems bleibt der Mensch - von seinem Wesen her - der permanente Konsummuffel, weil die Produktion unterdessen immer größer ist, als es sein Verbrauch je sein kann. Wenn da nicht künstliche Zerstörungen durch Kriege oder Katastrophen, hausgemacht von elitärer Dummheit oder durch bürokratische Fehlleistungen erzeugt, hilfreich eingreifen oder eigene, eigentechnische Bildungen und

Entwicklungen (Maschinen für Maschinen) aushelfen, ist das System in seiner Evolution durch den Menschen ernsthaft behindert.

Auf dem System lastet der „Entropiedruck" (eine falsche Metapher, klingt aber gut). Das System will und braucht Umsatz, Wachstum, Bewegung, Wucherung, damit es existieren, selektieren und immer weiter „werden" kann. So wie die Energie der Sonne einst die „Ursuppe" mit wucherndem Leben versah, so schafft heute die massive Verbrennung der fossilen Energieträger die Kraft für das System und das in einer Weise, in der die Beteiligung der Menschen daran nur noch schwaches Alibi ist und schon eher eine Behinderung darstellt.

Die humanoiden Spezialisten, die es nun aber zweifellos gibt, und ohne die das natürlicherweise ignorante System tatsächlich auch gar nicht überleben kann, befinden sich damit immer und überall in der wenig beneidenswerten Rolle, ungeliebt etwas leisten zu müssen oder zu wollen. Sie leben davon. Ihr Spezialistentum (also diese Aktivität außerhalb der eingefahrenen Gleise) ist zum Teil auch der Stoff, aus dem sie ihre individuelle Selbstachtung schöpfen. Im Laufe der Zeit absorbiert dann das System diese Extraleistungen. Wenn es damit zusätzliche Lebenspotentiale gewinnt, vervielfältigt es diese sogar und wandelt sie so in systemeigene Organe, die nun ihrerseits wieder Anpassung verlangen und so Dummheit und Stumpfsinn fördern.

Sinnfälliges Beispiel dafür sind die heutigen Automobile als „eigentliche" Systemlebewesen, die energisch ihre eigene Dynamik betreiben und in denen der in sie hineingefaltete Mensch immer mehr zum Roboter wird, zum willenlosen oder fremdgesteuerten Wesen, zur bloßen Systemkreatur - zum Zombie, Systemzombie. Der Mensch im Auto wird fast schon zur blödsinnig wilden Witzfigur degradiert, nur damit für den Auslauf, für das Ausleben dieser Maschinchen viel Zement gebrannt und als Beton vergossen werden muß, viel Öl gepumpt und geläutert werden kann, damit diese Maschinen dann die Städte verdröhnen und verpesten und die schon etwas deplazierten, unbeautoten Menschenreste darinnen ins Abseits gedrängt werden (auch wenn die dafür zuständigen Stadtväter und Stadtmütter noch so sehr dagegen sein mögen).

In ihren eigenen Wohnsiedlungen werden die Leute solcherart zu Gehbehinderten degradiert, ständig besorgt erst nach links und dann nach rechts stierend und überall ängstlich an die Straßenränder hüpfend. Wer da nicht aufpaßt und sich nicht anpaßt, ist zumindest nicht ganz auf der Höhe der „modernen Zeiten" und auch schnell mal breitgefahren.

Das Auto korrumpiert als simpler Willensverstärker mit Regendach, Lichthupe, Fensterheber, Einparkhilfe usw. Sein kleinerer kapriziöser Bruder, das motorisierte Zweirad, das schwere Bike zwischen den Schenkeln, wird eigens darauf getrimmt, daß es mit seinem blubbernden, rülpsenden Motor die mächtigen Blähungen imitiert, welche starke Männer seit Urzeiten schon so unwiderstehlich machten.

Das ist das moderne Sinnbild für das Individuum: der Fahrer im fahrenden Vehikel. Er braust, er „rast" womöglich (mit ganzen 30 km/h) die überfüllte Landstraße entlang, kann nicht viel langsamer, nicht viel schneller fahren, weil er im Verkehrsfluß „schwimmt", muß Abstand einhalten, Kurven richtig ausfahren, Verkehrsschilder beachten und meint doch auf der ganzen Fahrstrecke, daß er selber, er ganz allein „ein Auto fährt". Dabei bleibt er eingebunden in einen Organismus, dem er viel mehr gehorchen muß, als er ihn selbst noch beeinflußt. Sogar der Umstand, daß er an diesem Tag, zu dieser Stunde diese Straße benutzt, ist vermutlich mehr vorbestimmt, als er sich das selber zuzugestehen bereit ist.

Und er ist ziemlich allein in seinem Auto. Mit ihm sind es Millionen. Der Mensch glaubt sich frei. Und doch wird er mehr bewegt, als er selber anderes bewegt. Das System agiert durch seinen menschlichen Willen hindurch und macht dabei mit ihm, was es will - nicht was er will. Er merkt es nicht. Er meint, er sei jetzt „alles".

Das Auto infantilisiert den Menschen. Vom Fußgänger auf einsamer Straße möchte man wissen, wo denn „sein Auto" steht - so wie man das kleine Kind anspricht: „Wo ist denn deine Mami?" Der Mensch ist zum Bediensteten einer Technik geworden oder zum Hilfsorganismus, zum mehr oder weniger willigen und begeisterten Domestiken des Systems. Die Geister, die er rief, haben ihn nun in ihrer Gewalt und halten ihn auf Trab.

Freilich, nachdem er dies erkannt hat, läßt er sein Auto in der Garage und geht - erstmal - wieder zu Fuß. Aber nicht lange, dann will er, dann muß er wieder mithalten und treibt seine Benzinkutsche mit zweihundert Kilometern pro Stunde und mehr über die Autobahnen. Sie will es so von ihm - die deutsche Autobahn.

Das System „fördert" alles das, wovon es selbst gefördert wird. Der Mensch fiel in diese Selbstentäußerung hinein, ohne sich ihrer überhaupt richtig bewußt zu werden. Während er sich mit der Natur auseinandersetzte und dabei auch recht erfolgreich war, kassierte ihn die Natur über das System wieder ein und entmündigte ihn. Triebhörigkeit und Hemmungsschwäche taten das ihre dazu.

Der Mensch hofft auf Gott, auf das Schicksal, auf „seinen guten Stern" oder eben auf das Wohlwollen des Systems und reflektiert kaum darüber. Er schaut zu (falls er innerhalb seines Lebenskampfes oder -krampfes überhaupt die Muße dazu findet) und fragt sich gelegentlich, ob er in dieser Entwicklung nicht vielleicht auch, möglicherweise, eventuell, eine eigene, autonome Rolle spielen könnte - oder ob er nur mitschwimmt. Und dann muß er sogar gegen den Strom schwimmen, weil ihn irgendwas dazu treibt oder zwickt.

Die Natur, die kosmischen Kräfte haben bisher alles „genutzt", was irgendwie sich in Bewegung setzen wollte. Das ist das ganze Geheimnis von Fortschritt und Entwicklung.

Zur Zeit wird das vergleichsweise riesige Potential der fossilen Energieträger aufgezehrt, weniger vom Menschen, mehr von den Maschinen. Teleologisch könnte man meinen, das System habe mit seiner vom Geist des Menschen katalysierten Entstehung die Aufgabe, auch diese Energieaufstauung auf der Erde endlich dem Weltraum zu übergeben, nichts anderes. Aber auch das ist tatsächlich nur Zufall. Sinn wird damit nicht geschaffen, denn einen Sinn dazu braucht es nicht.

Das System setzt in besonderer Weise den Menschen außer Kraft. Es braucht ihn, es benutzt ihn, aber es läßt ihn in seiner eigenen Herrschaft nicht zu. Es hat seinen eigenen kopflosen Kopf, seinen eigenen Geist, seine eigene Moral. Und eigentlich hat es von alledem gar nichts.

Der Mensch kann dieses akzeptieren oder nicht. Er muß aber damit zurechtkommen - irgendwie.

Als Menschen spüren wir das Wirken der Systemkräfte eher intuitiv und haben dann plötzliche „Eingebungen", „originelle Gedanken", über die wir uns nur schwer Rechenschaft geben können oder das dann gleich gar nicht wollen.

Anpassung an das System erzeugt Harmonie. Das gilt für ausgebeutete Proleten ebenso wie für eitle Herrscher oder einflußreiche Politiker. Individualismus gefährdet die Systemmechanismen. System „übernimmt Verantwortung" und ersetzt zum Teil auch Gewissen, insofern es als maßgeblich erkannt und anerkannt ist. Ansonsten kann es auch Gewissen belasten. System macht anonym, schafft Verstecke und Verborgenheiten.

Es gibt Leute, die funktionieren wie Automaten. Warum auch nicht? Der Mensch selber als Maschine, die mechanische Ente - warum soll das nicht gehen? Menschen, die wie Automaten leben, agieren, funktionieren, lassen sich auch wie Automaten vorausberechnen, einsetzen, steuern. Eigentlich sind es die Idealmenschen. Nur wozu dann der gelegentliche Horror vor „dem Ameisenstaat"?

Vielleicht ist es das Übergehirn, die einsame, fremde, aber bestimmende Steuerzentrale, die für die Menschen dann nötig wird - eben weil er keine Ameise ist? Ameisen sind subjektiv sehr viel freier als Menschen. Jede Ameise macht immer nur das, was sie gerade machen will. Sie will auch nichts anderes machen, als genau nur das, was sie so eben tut. Niemand hält die Ameise in ihrem Ameisenstaat fest, niemand erteilt ihr Befehle, von niemandem wird sie für irgend etwas bezahlt oder muß bezahlen. Sie muß gar nichts, sie ist in einer seltenen Weise ganz und gar frei. Anders zumindest „weiß" sie es nicht.

Wer sich das Gequirle in einem Ameisenhaufen einmal ansieht, kann sich leicht davon überzeugen, daß es anders auch gar nicht funktioniert. Denn wenn dort ebenso wie bei den Menschen zu jeder Arbeiterin noch zehn wichtige Nichtstuer mit herumkaspern müßten, eigens ihr zu erklären, wie sie ihre Tannennadel zu tragen oder ihr Insekt zu zerlegen hat, würden sie sich tatsächlich alle nur noch über den Haufen rennen. Und sonst würde nichts.

Das System hat keine Steuerzentrale. Der Mensch aber ist ihm wissentlich unwissend unterworfen wie einem einzelnen Tyrannen. Das System ist ein in sich freier Ameisenstaat, der Mensch sein unfreier Knecht.

So sind diese Menschen im Apparat, in der Maschine, so angepaßt, daß sie sich selber wie Objekte dieser Maschine beobachten, wie sie in ihr funktionieren oder degenerieren, bis sie so kaputt sind, daß sie sich selber nicht mehr beobachten können, oder so fett, daß sie sich selber nicht mehr sehen möchten.

Der stumme Hauptkonflikt in der „modernen Gesellschaft" ist der zwischen den Individuen und dem System. Es ist dies eine eigenartige Konstellation, indem sich hier nämlich sehr ungleichartige Parteien gegenüberstehen, gewissermaßen Milliarden Wasserflöhe einem einzigen Kraken.

Das System strukturiert für das Individuum in etwa das, was das Schienennetz für die Eisenbahnzüge ist. Diese müssen dem Schienennetz folgen - oder sie entgleisen. Diese „freie Beweglichkeit" auf den Schienen des Systems (und dies oftmals weithin) signalisiert eine schier unermeßliche Freiheit - die sich sogleich als eine Pseudofreiheit erweist, die das auf solchen Schienen laufende Individuum immer wieder irritieren muß. Bei seiner Fahrt durch das Leben sieht es immer wieder Dinge, die es tatsächlich nie erreichen kann. Es fährt immer nur daran vorbei. Es gibt keine wirklichen Freiräume, denn alles ist voller Schienen mit deren Zwangsläufigkeit. Alles ist voller Angebundensein, voller Verbote, voller verschlossener Tore.

Das System aber stellt Ansprüche. Das System ist keine Wohltätigkeitsorganisation für die Menschen. Es ist vielmehr ein diffuses Monster, welches sich (mittels der Lebenskräfte aus den Individuen) nur selber finden will, sonst nichts. So entstehen fortwährend Konflikte zwischen diesen konkreten Ansprüchen des Systems an die Individuen und deren Freiheitsillusionen, die das System aber ebenfalls dringend braucht, als Lockspeise gewissermaßen, um damit die Kraft aus den Individuen zu ziehen.

Die konkreten Ansprüche des Systems haben zumeist einen kollektivistischen Charakter, einfach darum, weil das System niemals eine Struktur nur für ein einzelnes Individuum ist, sondern immer nur für alle zusammen. Es entwickeln sich so die groteskesten beidseitigen Wünsche und die widersinnigsten Verhältnisse, wenn sich das System mit den individuellen Vorstellungen überkreuzt. Es will die einzelnen Individuen nicht, aber es braucht sie doch. Die Individuen ihrerseits fallen immer wieder auf das System herein, weil es so stark und so faszinierend mächtig, so schamlos korrupt und so unermeßlich freigebig sein kann.

Anpassung, Einfügung, Unterordnung, Deformation, Entfremdung, Verdrängung, Manipulation sind dann die Begriffe und Instrumentarien, mit denen die aufgeklärteren Menschen mit diesem System zurechtkommen wollen - in einem ewigen Eiertanz bis an das Weltende.

Mit dem System hat sich der Mensch seine Autonomie verscherzt. Er hat sich Mechanismen geschaffen, die ihn unmündig machen. Zuerst sollten diese Maschinchen alle ihm selber nur dienen, jetzt dient er ihnen und ist ihnen ausgeliefert.

Der Mensch möchte mit dem System kooperieren. Aber das System erweist sich immer wieder als unfähig zur Kooperation. Es will autonom sein und für sich allein bleiben, denn es kann nur autonom sein. Nur in seiner selbstherrlichen Autonomie entwickelt es sich am stärksten, am schnellsten und erbringt die meisten und schönsten Protektionen für seine blinden Hörigen.

Dem System fehlt die Fähigkeit zur Einsicht. Zusammen mit dem Menschen kann es nur „murksen“, d.h. die Menschen wollen das eine, das System favorisiert das andere. Es entsteht ein angespanntes Verhältnis, ein streßbelasteter Dauerzustand, ein widersprüchliches Handeln. So geht es ewig hin und her und immer in der trügerischen Hoffnung, daß es sich schon noch richten werde. Doch das Ergebnis ist nur die Abhängigkeit von einem kuriosen und zuweilen auch katastrophalen Schicksal. Das System ist kein Mensch, auch kein vergrößerter Mensch.

Der Mensch lauscht in sein eigenes Innere und berät sich mit seiner äußeren Umgebung. Er sucht nach Befehlen, denen er gehorchen kann und darf, und er führt diese dann aus. Was er „dort“ (in sich selber wie draußen) überall hört, ist die Stimme des Systems. Zumindest ist sie das, wenn es ans Realisieren geht. „Der große Mechanismus“ nämlich, das ist „der große Bruder“, der Komplize, an den er gewöhnt ist, von dem er sich Vorteile verspricht und den er auch fürchtet. Es ist der gewissermaßen „künstliche“ Ersatz für die einst verlorengegangene Sippe, in der er lebte.

Diese Eigenart des Menschen findet sich überall und in den unterschiedlichsten Situationen. Von diesem Mechanismus sind alle wie hypnotisiert, die Täter wie die Opfer desselben. Die Megamaschine wirkt tatsächlich wie eine Übermacht, eine gespenstische Macht, nicht göttlich, sondern ganz und gar mechanisch. Dahinter steckt zuerst ein uneingestandener, zwanghafter Glaube an das System - welches kaum einer kennt, dessen unbedingte Anwesenheit und Wirkmacht aber ein jeder intuitiv erfühlt und erahnt.

Dabei bleibt es reichlich gleichgültig, welche politische Form, welcher Staat, ob ein Staat „gerecht“ oder ungerecht, brutal oder friedfertig, ärmlich oder verschwenderisch, aufstrebend oder untergehend wirkt, ob es überhaupt noch ein nennenswertes Staatsgebilde gibt, das dem System als Fassade und Willensübergeber dient.

Am ehesten noch wird die Wirkung dieses Mechanismus gemildert (dann aber auch sofort durch blühende, individuelle Willkür in aller möglichen Moral ersetzt) wo sich das System erneuert, wo ein Aufbruch stattfindet (Wendezeiten).

Dabei zeigt sich dann, daß dieser Organismus durchaus gestaltbar ist, also nicht starr und tot und vom Menschen gänzlich unabhängig. Man kann in ihn eingreifen, man kann ihn eskalieren lassen und in die sonderbarsten, abscheulichsten Verirrungen führen. Nur entsagen kann man ihm offenbar nicht. Gegen etwas rein Humanes scheint er nicht austauschbar zu sein.

Das System braucht zwar (noch) die Menschen. An deren Zukunft oder „Lebensqualität" aber hat es kein Interesse. Es lebt mit den Menschen, und es lebt auch gegen sie. Es „will" sich von ihnen emanzipieren.

Es lebt und ist „System", indem es sich von ihnen bereits emanzipiert hat. Und dazu kommt ihm die Dummheit der Menschen gerade recht. Es ist ja vor allem diese Unkenntnis von Zusammenhängen, die das System so besonders souverän macht, die es in Autonomie erhält und zugleich unsichtbar bleiben läßt. Die Positionsinhaber sind zumeist wie Wachs in den Händen des Systems.

Man hält leicht alles das, was das System produziert und bereitstellt, für selbstverständlich, so wie das zuverlässige Wachsen der Rüben auf dem Acker. Man meint, das System müsse automatisch alles das herstellen, produzieren, was man selber gerne hätte oder haben will. Man kann sich bald nur noch schwer vorstellen, daß auch im System vieles und insbesondere das Besondere individuellen Leistungen oder gar Sonderleistungen entspringt, die immer noch von Einzelnen geschaffen werden - oft sogar mit einiger Mühe und gegen die Nivellierung der Systemkräfte der Menschenwelt.

Eine derartige Einstellung zum System und damit zur „Welt" ist eine subtilere Form des Egoismus, nämlich für selbstverständlich zu halten, was so selbstverständlich nicht ist.

Der Arbeiter, der Ingenieur, der Arzt, der Künstler, der Politiker, sie alle sind keine Automaten, die wie eine Maschine quasi zwangsläufig Werte, Leistungen, Hilfe, Bereicherung, Gerechtigkeit ausspucken, nur weil sie angestellt sind oder weil sie bezahlt werden. Gerade das human Wesentliche daran ist immer noch zu einem großen Teil freiwillig und wird bewußt erzeugt - und ist eigentlich unbezahlbar. Das merkt man dann, wenn solche individuellen Gefilde einmal ausdörren und dann nur noch Masse und Norm produziert werden.

Die Vernunft des Menschen, die - wie wir wissen - ganz beachtlich sein kann, wird gerne dem System übergehängt, wie man ja überhaupt das ganze System vorzüglich als eine vernünftige, menschliche Schöpfung ansehen möchte.

Die „Vernunft" des Systems, die Vernunft der Natur, aber ist von einer ganz anderen Art und hat mit der des Menschen so gut wie nichts zu tun. Was „man" da vor das System setzt, ist vielmehr eine „Fassade", die es vermenschlichen soll und die es obendrein auch noch gut und schön und konstruktiv ausschmücken möchte. Die Fassade ist das falsche „Gesicht" des Systems. Zuweilen wird diese Fassade auch „die Gesellschaft" genannt oder „unser sozialistischer Staat" oder „unsere freiheitliche Demokratie" etc. Sie ist aber weit mehr als nur eine politische Attrappe.

Die rationale Vernunft (diese besondere Fähigkeit des Menschen) greift in das System nicht wirklich ein, spielt daher im faktischen Leben auch kaum eine größere Rolle. Sie bleibt etwas für Spezialisten, Physiker mit Privatlabor, Psychologen in ihren Mußestunden, Schachspieler und andere. Sie ist an das Leben nur angeheftet und wirkt dann von dort katalytisch auf das System ein, von hintenherum also, fördert dort sein Wachstum, nicht aber sein Agieren und gleich gar nicht seine eigene, eigentümliche Vernunft.

Wer also glaubt, das System rational, „vernünftig" regulieren zu können, der scheitert früher oder später mit diesem Versuch. Er müßte dazu erst das ganze riesige Monster abschaffen und neu aufbauen. Damit wäre dann auch schon die humane Vernunft an dessen Stelle gesetzt und zugleich mit einer Aufgabe belastet, die sie vermutlich überfordert.

Das System schützt sich vor der Willkür der Individuen durch Versperrung des Zugangs zu seinen Steuerungsmechanismen. Das geht über einfache Verbote, besser aber indirekt durch Geheimhaltung (Aufrechterhaltung von Unwissen) und Kompliziertheit (Verschlüsselung des Zuganges, Labyrinthtrick). Allgemeine Unwissenheit der nicht Zuständigen und schmales Spezialwissen der Eingeweihten sind für die Systemautonomie von Vorteil. Selbst die normale Schulbildung ist bereits verdächtig, zu viel zu verraten, „aus der Schule zu plaudern". Sie muß daher unauffällig überwacht und vor allem wirksam restringiert werden. Der einzelne Mensch soll funktionieren - nicht aber als schlauer Schüler womöglich souverän werden.

Unterstützt wird das System von den Systemnutznießern. Das System muß also Werte produzieren, die es für seine speziellen Interessenten attraktiv macht - so wie die Blattlaus, die für die Ameise den Honigtau ausscheidet. Man kann nun aufzählen, was das für besondere Ausscheidungen beim System sind. Eine davon ist die Pfründe, eine andere ist der soziale Status. Und Geld (insbesondere Staatsgelder) gehört sowieso dazu. Aber alle diese Vergünstigungen sind so gehalten, daß sie der Systemautonomie nicht schaden, sondern ihr nützen. Das System selber ist das goldene Kalb. Und im Gegensatz zu Gold, Geld oder Reichtum ist es sehr lebendig.

Das System soll für die etablierten Dynamiker bewußt oder auch zufällig (und dann bewahrt und erhalten) Abhängigkeiten erzeugen, durch die der andere, der Gegen-Mensch, einfach gezwungen wird, die „Dienste" der Dynamiker in Anspruch zu nehmen, auch wenn er das gar nicht will. Er soll dahin gebracht werden, sich selber nicht mehr behelfen zu können, er soll abhängig werden. Man wünscht ihn unmündig und dümmlich, dann aber natürlich auch wieder reif und kompetent, wenn er nämlich damit den Dynamikern dienen soll.

„Man" will so einiges, und das System organisiert das alles bestens.

Oft gibt es dabei Fehlentscheidungen, ja sogar Katastrophen. Das ist passiert. Es ist ja nicht so einfach, besonders wenn die eigene Interessenlage der Dynamiker so widersprüchlich und konfus ist und der Mensch so eigenwillig und anpassungsfaul. Da wird dann eben wieder neu angefangen mit dieser edlen Murkserei - und „das Murksen" selbst wird für das System wesentlich.

Das System ist nicht nur ein neutral und „unparteiisch" vor sich hin wirkendes Gebilde, so wie vielleicht ein Urwald irgendwo draußen in der freien Natur. Das System ist auch ein Monstrum. Es ist ein Monster, ja es ist ein Moloch, und es frißt auch mal seine Kinder.

Wie ein Gebirgsbach, der so friedlich und erbaulich in der Sonne dahinplätschert, kann das System in düsteren Tagen anschwellen und unbeeinflußbar alles mit sich fortreißen. Es „kann" noch mehr. Es kann Gespenster zeugen und sie in richtige, wirkliche Dämonen verwandeln. Es ist nicht immer nur Aberglaube, der „Paraphysisches" oder Grusliges produziert.

Vor der Natur braucht der moderne Mensch (mit einiger Erfahrung) kaum noch Angst zu haben. Er kennt ihre Verläßlichkeit. Das System aber und seine unsichtbaren, unheimlichen Kombattanten muß auch der erfahrene Weltbürger immer fürchten. Das Grauen, welches viele Menschen (besonders die „westlichen") vor Krankheit, Not und Tod empfinden, ist eigentlich das Grauen vor den Systemmächten, die stets und überall so verschwommen wie eindeutig aus ihren Nischen lugen. Nur weil dieses System selber nicht greifbar, kaum vorstellbar ist, weil es „kein Gesicht" hat, wird sein Schrecken gerne auf Vorstellbares und an und für sich auch Schlimmes übertragen. Wer mit Systemmächten drohen kann, ist tatsächlich stärker als der Tod - dann wird der Tod, der „nur" aus der Natur kommt, fast schon zu Erlösung.

Die Angst dazu „borgt" sich das System aus dem ererbten, unterbewußten Verhaltensinventar der Sippe. Den Fluch der Sippe gegen den Einzelnen oder ihr Todesurteil über ihn in Notzeiten (wozu oft einfach der bloße Ausstoß aus der Gemeinschaft genügte), übernimmt heute das System in seinen Administrationen und mit seinen Administratoren.

Das System hat man mehr als Vater und Mutter zu fürchten, zu respektieren und zu lieben. Es ist überschwenglich maßlos in seiner „Güte", und es ist ungerecht in seinem blinden Zorn. Dabei agiert es als Ganzes doch nur willkürlich und gleichgültig. Dieser aktive Gleichmut dem Menschen gegenüber macht seinen Schrecken aus.

Das System wird gerne gemieden. Man erwähnt es nur, wenn man sich vor ihm sicher weiß. Nur seine bediensteten Kreaturen sind eifrig in ihm und für es, vor allem die bissigen Hofhunde und die Büttel - auch jene vom Schreibtisch. Die Angst, daß die behütenden Systemmechanismen versagen könnten, eskaliert bei ihnen regelmäßig in magische Hysterie und blinde Arbeitswut.

Das System, welches die Menschen zur Vereinzelung und in den Egozentrismus (=gewollter Egoismus) treibt, ist nicht der große Förderer des Individualismus, sondern sein Ersticker und Zerstörer.

Egozentrismus wird schnell dumm und kleinlich, doch er wird versorgt. Es gibt nichts mehr zu sagen, denn das System sagt bereits alles. Die Leute unterhalten sich nur noch über ihren Stuhlgang oder verkünden Behauptungen, die dieser ihnen einbläst.

Das tun sie nicht, um Weisheiten in die Welt zu tragen, sondern um sich noch ein letztes Mal als Mensch abzureagieren. Oder sie ergehen sich bereits in mehr oder weniger aggressiven Zynismen.

Der Mensch ist am System nur noch ein „Angestellter", nämlich ein „daran Gestellter". Individualismus hingegen bleibt sozial und kreativ und muß sich damit ständig warm arbeiten in den kalten Fluren des Systems und außerhalb von dessen wohl geheizten Positionen.

Der Mensch im System ist immer noch Mensch. Er ist und bleibt so sehr Mensch, wie er es vermag, sich selber aus dem Systemzusammenhang herauszunehmen, und sei es auch nur für Momente. Dann steht er daneben, „draußen", und wundert sich und kann nun mit diesem Abstand vielleicht sogar das System als ein solches überhaupt erst einmal wahrnehmen.

Das aber wird immer schwieriger, weil das System Freiräume außerhalb seiner selbst zugleich immer weniger zuläßt. Außenseiter sind (noch von alten Zeiten her) nicht sonderlich beliebt, weder als reiche Snobs noch als ärmliche „Aussteiger". Die Freizeit ist mit ihren Freizeitkulten längst zum Dienst am System geworden, zu einer anderen Form von Arbeit, „negative Arbeit", die das Geld wieder verbraucht, was anderswo erworben wurde.

Das System ist viel, das System ist überall, das System beherrscht die Menschenwelt, das System ist erdrückend. Aber das System ist nicht alles. Wäre das System alles, wäre es damit zugleich trivial und nicht der Rede wert.

Es gibt auch Freiräume, es gibt Oasen im Dickicht systemarer Strukturen, die frei davon sind. Es gibt sie immer wieder - irgendwo im Raum und auch irgendwann in der Zeit - zwischen den Beziehungen und unter den Hierarchien. Aber unterdessen muß man sie suchen. Zumeist wird wenig bekannt darüber, denn das System lauert und will sich seine eigenen Lücken auch noch einverleiben.

Viele Menschen sind stolz auf das System und dessen Leistungen.

Eigentlich müßten sie darüber tieftraurig werden und der Schwermut erliegen. Doch sie klammern sich verbissen an einen Glauben. Sie meinen, es sei „ihr" System. Das aber ist tatsächlich nur ein Glaube - und nicht einmal sonderlich fromm ist er.

Die Positionen im System

Im System leben Menschen. Sie leben dort nicht mehr nur irgendwo, sondern „in Positionen". Die „Positionen" im System sind die Stellen, in denen der Mensch hockt und wirkt, werkelt und murkst, arbeitet und entscheidet. Es sind seine Lebensräume im System. Man kann sie sich vielleicht vorstellen wie die Löcher in einem Schweizer Käse oder wie die Fraßgänge unter einer Baumrinde.

Wie dort die Blähgase oder die Maden sind die Menschen über ihre Positionen aktiv am System beteiligt. Die Positionen stellen überhaupt die wichtigsten Organellen in der Systemsubstanz - ohne damit allerdings dessen Zentrum oder gar Kopf zu werden.

Die Positionen im System lassen sich etwa damit veranschaulichen, daß man sie mit einer Wohnung vergleicht. Moderne Wohnungen verfügen über einen erheblichen Komfort. Sie sind wie Behälter für Menschen, in denen diese Menschen Verbindungen zu einer ihnen im wesentlichen fremden Restwelt vorfinden. Da gibt es Zuflüsse und Abflüsse. Das Wasser kommt aus einem Wasserhahn, der Strom aus der Steckdose, die Unterhaltung aus dem Antennenanschluß, die Fäkalien verschwinden im Klobecken, das Badewasser im Abflußrohr, der Regen vor dem Haus im Gully. Müll gelangt in den Müllschlucker oder in Behälter, um die sich andere kümmern.

Aus den diversen Läden, Supermärkten, Versandfirmen wird immer wieder Nachschub für den Stoffwechsel in der Wohnung herantransportiert, unterdessen auch per Internet.

Rein theoretisch weiß man wohl, daß trotzdem alles mit rechten Dingen zugeht. Praktisch aber sind diese „rechten Dinge" so fern, daß man sie zumeist vergißt und ihr Wirken wie selbstverständlich hinnimmt. Sie verbleiben außerhalb des normalen Gesichtskreises. So etwas aber prägt den Charakter. Ebenso wie die Wohnung wirken die abstrakten und konkreten Systempositionen, von denen die Wohnung eine konkrete ist.

Der Mensch in ihnen kennt nur seine unmittelbare Umgebung und verläßt sich ansonsten auf die Regulative zwischen diesen Positionen, die eher automatisch ablaufen, da sie sich blind selbsterhaltend selbst regulieren. Der Mensch kann sich nicht einfach eine ganz andere Systemumgebung schaffen, z.B. weil er meint, daß er vielleicht die geistigen Fähigkeiten dazu hätte. Er kann nur einen Druck ausüben in Richtung seiner Wünsche, und das immer mit der zumeist ungewissen Hoffnung, daß darauf keine unerwünschten Reaktionen folgen, sondern daß er sein erstrebtes Ziel erreicht. Manchmal erreicht er das, manchmal bewirkt er etwas ganz anderes.

Zwischen Position und Individuum gibt es Wechselwirkungen. Zum einen - und das recht häufig - wird das Individuum von der Position, in der es sitzt, korrumpiert, eventuell sogar „gegen seinen eigenen, bewußten Willen", und so von ihr aufgesogen. Ein andermal - und das weniger häufig und immer recht begrenzt - wird die Position vom Individuum deformiert, verändert, neu gestaltet. Das Individuum greift punktuell in das System ein. Solange das System das Individuum noch braucht, muß es dabei auch dessen Interessen berücksichtigen.

Der Mensch kann das System gestalten. Aber indem er gestaltend in das System eingreift, nimmt dieses zwar seine Energie, seine Initiative, seine Kraft, seine Ideen auf, macht daraus aber sofort etwas Eigenes - und oft etwas Anderes. „Der Mensch denkt, und Gott lenkt", heißt es im Sprichwort. So ist es auch mit dem System. Der Mensch agiert, aber das System wirkt.

Der Mensch als Individuum vermag viel. Er kann massiv das System beeinflussen. Wie das geht, demonstrierten vor allem die großen Menschenführer und Verführer. Das System tatsächlich führen, gewissermaßen „an der Nase herumführen", das aber vermochten sie damit nicht. Das Gegenteil war der Fall. Das System führte sie an der Nase herum. Denn das System ist kein Ochse. Es ist ein zähes, sehr wandlungsfähiges Gebilde und für den Menschen eher ein nebliges Phantom, als das er es greifen könnte. Der Herrscher, der so großartig herrscht, ist vom System längst beim Schlafittchen genommen und tut vorne raus, was dieses hinten will.

Aber es „will" ja gar nichts, das System? Also herrscht der Herrscher nach seinem eigenen Willen?

Jede vom System bereitgestellte Position wird auch besetzt. Das kann man glatt als ein Grundprinzip betrachten, das „Füllprinzip". Wird eine Position nicht besetzt, ist sie auch keine Position mehr, zumindest keine, die wirklich aus dem System kommt.

Wo, wann, wie, warum eine Position besetzt wird, wie das also konkret geschieht, das hängt von vielem ab, von Beziehungen, Tüchtigkeit, Interesse. Aber sehr vieles davon ist und bleibt einfach nur Zufall. Nicht zufällig aber ist jedesmal die prompte Erfüllung des „Füllprinzips" an der Position. Es gibt keine leeren Positionen, wohl aber viele Anwärter, die neue Positionen suchen.

Der Mensch innerhalb der Position ist ein ganz anderer als derselbe Mensch außerhalb der Position. Er erfüllt eine Funktion, er ist eine Funktion - schlecht oder recht. Er spielt mit Begeisterung mit oder quält sich damit herum. Er „spielt" seine Rolle, irgendwie, ohne sie tatsächlich verstehen zu müssen. Er füllt sie aus. Er „ist" die Rolle.

Die Position qualifiziert ohne Qualifikation. Vielleicht muß man Hürden überwinden, um eine Position besetzen zu können. Ob diese Hürden dann auch konstruktiven Qualifikationen entsprechen, ist von nachrangiger Bedeutung.

Das ist der prinzipielle Mangel der Funktionen im System.

Für viele gut einträgliche Positionen genügt der Eifer und reicht eine Minimalintelligenz. Das muß so sein, damit das Füllprinzip gewahrt wird. Es muß immer mehr Anwärter als Positionen geben. Die Funktion in der

Position wirkt formalistisch, da es im Allgemeinen keine Rückkopplung gibt, es sei denn, diese ist innerhalb der Position gleich mitverankert, wie bei niederen Positionen mit minderer „Qualifikation", also etwa beim Arbeiter.

Positionen isolieren. Es ist dies vielleicht die sozial schwerwiegendste Systemeigenart. In der Position ist der Mensch ein "Einzelkämpfer". Er muß sich mit den Systemanforderungen auseinandersetzen, weniger mit den Mitmenschen. Da nun aber das System - für den agierenden Menschen - weitgehend aus Mitmenschen besteht, werden diese nun immer wieder wie eine Sache behandelt. Es ist längst eine Aktivität des Systems und nicht die einer "Menschlichkeit" geworden, diese "Behandlung" für das System erträglich zu gestalten, indem sie für den Menschen "erträglich" gemacht wird. Also auch in dieser zweckbestimmten "Humanität" des Systems wird der Mensch wie eine Sache verwaltet. Es geht innerhalb des Systems immer nur um Stabilität und Struktur, um Funktionieren und Wachsen, nicht jedoch um Humanität.

So finden wir neben der aktiven Anpassung der Systemdiener an die Anforderungen ihrer Position auch die passive Anpassung, die den Blick nach außen erblinden läßt. Alles, was über den Rand der Position hinausgeht, stört den Gemütshaushalt des Bediensteten und den mühsam aufrecht erhaltenen Seelenfrieden des Positionsinhabers. Eine Außenwelt außerhalb seiner labyrinthischen Positionsumgebung, die über das Unverbindliche hinausgeht, nimmt der Positionsinhaber nicht wahr. „Es ist nicht sein Problem", wie wir oft genug hören. Auf diese Weise entsteht die allenthalben beobachtete passive Ignoranz, die bewußte Schwester der Dummheit, als etwas ganz Natürliches.

Es gibt zum System keine reelle, keine unmittelbare Alternative. Man kann nicht ausbrechen. Das „zurück zur Natur" bedeutet ja eigentlich: aus dem System heraus. Aber wohin? Wo ist noch „Natur", freie Natur, wirkliche Natur - nicht die Natur der Naturschützer mit ihren Beschränkungen und Verboten?

Wer sich in den Mechanismus des Systemaren nicht einpaßt, bekommt eine Nebenrolle zugewiesen oder wird zerrieben und ausgeschaltet, kommt zu den „sozial" Schwachen, Randgruppen, Aussteigern. Das Bekenntnis zum Mechanismus ist wichtiger als seine Kenntnis. Das System hat vorgesorgt, es braucht keine Kenner, sondern Mitmacher, die es benutzen kann.

Das System sucht sich keinen Sinn, wie vielleicht der Mensch in ihm. Das System ist nicht anders als alle Evolution, die weder Sinn hat, noch welchen sucht. So werden auch die wohletablierten Positionen im System schnell zu Spielposten und werden dann „verspielt". Ihre Inhaber haben „den Boden unter den Füßen verloren", sie haben oder sind „abgehoben".

„Abheben" von den einfachen Fakten des unmittelbaren Lebens bedeutet, sich einer fremden Gewalt ausliefern, auch wenn man meint, man habe sich selber diese neue Gewalt dienstbar gemacht. Man ist abgehoben von den einfachen Lebensumständen, man wird bedient von irgend etwas - und muß dafür dienen (so oder so). Man hat gewissermaßen seine Seele an das System verkauft und wird nun halbwegs honoriert dafür. Man ist emporgehoben. Man schwebt (in der Hierarchie) oberhalb des „Schwachsinnshorizontes". Man kann sich - scheinbar - alles leisten.

So funktionieren die Funktionäre, und sie funktionieren meist ausgezeichnet in ihren abgehobenen Positionen. Sie sind quasi zu Engeln einer anderen, übergeordneten Welt geworden - oder auch zu Gespenstern. Sie stehen außer aller unmittelbar humanen Kritik. Und genau das ist die Gefahr. Ihr gutes Funktionieren ohne Sinn kann fatal werden und wird es auch immer wieder. Auf diese Weise steuert sich das System selber in gefährliche Krisen, die allerdings immer auch Mutationen sind und zu Selektionen führen und damit zu einem neuen Sich-Ausprobieren. Das ist Biologie der anderen Art.

Und es wird weiter unten immer viele Leute geben, die irgendwo im System an der Maschine hocken, sicher versorgt und geborgen und dort nichts weiter machen, als tagtäglich ein paar Hebel umzulegen oder ein paar Akten zu stapeln, und die dann womöglich glauben, mit solcher Dürftigkeit tatsächlich wesentlich und wichtig zu sein und die Welt zu erhalten und nichts anderes.

Die große Maschine macht das möglich, auch daß es so fein gemütlich immer bleibt. Doch es bleibt nicht immer so. In den Positionen der Maschinerie ist der Mensch ersetzbar. Das ist wesentlich. Die Maschine baut auf dieser Ersetzbarkeit auf, damit sie unabhängig bleibt und in der Gesamtindustrie stetig funktionieren kann.

Der Mensch muß also auch ersetzbar gemacht, auswechselbar formiert werden. Er muß „mobil" sein. Wenn es der eine nicht ist, dann ist es der andere. Was der eine verweigert, macht der nächste ohne Murren. Einer findet sich immer. Sogar die Führer sind leicht auswechselbar, denn die Maschinerie ist auch da nicht sehr wählerisch. Sie funktioniert mit vielerlei Narren und verträgt auch Weise. Sie kommt mit Fleißigen und auch mit Faulen auf ihre Weise zurecht.

Das Bemerkenswerte am System ist aber nun, daß auch seine eigenen Positionen ohne besondere Bedeutung sind. Das System ist wie ein Polyp, dem unablässig Arme abfaulen und neu nachwachsen. Erst wenn nirgendwo noch etwas nachwächst, hört es auf zu existieren - allmählich.

Es ist also doch wieder der Mensch, der für „seine Stellung" Verantwortung trägt.

So wird er eifrig im Bereitstellen von Positionen auf Verdacht und zur Absicherung (als Reserve, als Tauschobjekt, zur Korrumpierung). Das System wächst daran, verfettet aber auch zugleich. Dann wird Fäulnis kreativ - vorausgesetzt es wächst wieder etwas „Gesundes" nach.

Wer Erfolg hat im System, der gewinnt Macht. Und Macht wiederum fördert den Erfolg und das alles ohne sonderlichen Aufwand an diffizilem Geist oder kritischer Hinterfragung oder skrupulösem Bedenken. Es „funktioniert" einfach. Es funktioniert noch besser, wenn man dieses so einfache Funktionieren nur noch weiter befördert. Immer schön mitmachen und weiter so!

Wer in ein derartiges Funktionieren erst einmal hineingewachsen ist, wer nichts anderes kennt, wer davon auch ganz und gar absorbiert wird und darin die eigene Lebenserfüllung findet, der „hat es geschafft". Nun will und kann er Anderes nicht mehr fassen - Anderes, was vielleicht für das Humanum der übrigen Menschheit wesentlich sein könnte. Er hält nur noch fest an dem Seinen, hält das für die ganze Welt - und alles ist damit in Ordnung.

„Das Sein bestimmt das Bewußtsein", so kommentierten einst die Marxisten. Das Sein kann sehr warm und trotzdem sehr eng, engstirnig sein - das Bewußtsein dann ebenso. Wer so versorgt ist, der wird kaum die Hebel der Macht, die er in seinen eigenen Händen hält, herumwerfen, um damit Chaos zu riskieren und vor allem den eigenen Erfolg in Frage zu stellen und die eigene, wohlgesicherte Existenz aufs Spiel zu setzen.

Letzteres passiert zwar immer wieder. Leute werden auch aus anscheinend sicheren Posten „gefeuert". Doch das passiert von der Seite des Systems, weniger aus eigener Mutwilligkeit. „Die Welt verändern", das vermag ein einzelner Systempositionär sowieso nicht. Er muß sich fügen, und er fügt sich im Allgemeinen willig. Hinzu kommt die Trägheit der Umgebung, der gewachsenen Machtclique ringsum, die sich vor allem durch eine vollendet kongruente Primitivitäts- und Motivationsstruktur auszeichnet.

Das große Dilemma der „Gesellschaft" ist also die vom System gewissermaßen automatisch subventionierte Primitivität seiner humanen Dienerschaft, der Erfolgreichen und Mächtigen von seinen Gnaden.

System und Moralität

Positionen im System können mehr konstruktiv oder mehr dynamistisch sein und wirken. Sie können aber ganz unabhängig davon von konstruktiven oder von dynamistischen Charakteren besetzt sein. Man kann gewissermaßen unterscheiden zwischen „Genotyp" und „Phänotyp" wie in der Genetik oder zwischen Veranlagung und Ausprägung. Im Allgemeinen wird es dann so sein, daß die Natur hier eine Harmonie anstrebt. Und das passiert nun auch tatsächlich.

Das System wird - materiell - allein von konstruktiven Kräften gebaut und erhalten und von den dynamistischen vor allem benutzt, belastet - aber auch motiviert. Ideell ist es in etwa umgekehrt.

In der Sippe ist der Mitmensch immer auch wie Arm und Bein des Einzelmenschen. Der Andere gehört zum Einen unmittelbar mit dazu, fast körperlich. Er ist nicht immer gleich nützlich wie Arm und Bein, aber er wird immer so bedacht und behandelt, als wäre er es.

Im System (der Massen) sucht man sich „seine Freunde" nach „Gesichtspunkten" oder nach Gefühlen, per Zufall oder gar nicht, seine Feinde ebenso. Die Mehrheit, die Masse, ist nur lästig, belästigend, ist Versatz, ist Draperie. Lediglich die Dynamiker stehen im sozialen Rest der Welt unter einem gewissen Druck. Sie brauchen die Clique und deren Cliqueure, um so richtig wirksam zu werden. Insofern verhalten sich gerade die Dynamiker innerhalb des Systems besonders „sozial", auffällig sozial. Die Konstruktiven hingegen neigen mehr zur Vereinzelung. Das bringt ihre Natur so mit sich, denn sie können ja auch (fast) alles selber. Sie müssen und sie wollen sich auch nicht aufdrängen.

Der Dynamiker unterhält zum System ein fast persönliches Verhältnis. Es ist seine Welt, sein Jagdrevier, sein Dschungel. An ihm, mit ihm und in ihm bewährt er sich. Es ist sein natürlicher Lebensraum. Er hat es quasi „geschaffen". Daher ist das System auf ihn orientiert, auf den Dynamisten. Es „braucht" ihn.

Das Verhältnis des Konstruktiven zum System ist dagegen eher fatal. Das System braucht und nutzt zwar die Konstruktivität, aber die kann es auch von den Dynamikern und mit deren Hilfe abpressen (Ausbeutung, „harte Arbeit" und vielleicht nicht so effektiv, nicht so friedlich, nicht so attraktiv, wie es der Konstruktive gern hätte).

Den Konstruktiven als Person braucht das System nicht. Das System duldet ihn, indem es ihn benutzt und ausnutzt. Es kann ihn ganz gut verwenden. Er darf sich dazu beim System und seinen Positionären anbiedern, er darf die Gnade des Systems erfahren. Macht ausüben darf er nicht. Damit der Konstruktive vom System „anerkannt" wird, müßte er auch Dynamiker werden, erfolgreicher Dynamiker. Das aber fällt ihm schwer, das kann er gar nicht, das will er dann auch nicht mehr. Damit aber ist und bleibt er für das System „erledigt". Er wird geduldet, benutzt, aber nicht hofiert. Das System vermag im Übrigen einen jeden zu einer Minimalkonstruktivität zu zwingen. Das reicht ihm.

Die dynamischen Dynamiker sind die unwissentlichen Schöpfer des Systems und allen systemischen Fortschritts, sie bilden dessen anscheinend unverzichtbare Katalysatoren - gewissermaßen. Sie vollbrachten die gigantischen technischen wie „gesellschaftlichen" Strukturierungsleistungen und vollbringen sie immer noch. Sie nötigten die Menschen, „fortschrittlich" zu werden.

Was trieb und was treibt sie dazu?

Die Konstruktiven haben zu tun, die Gesellschaft bzw. das System, das sie für ihre Gesellschaft nehmen, am Leben zu halten, dafür zu arbeiten, zu wirken, das Getreide anzubauen und das Brot zu backen und dabei auch noch beides immer wieder gegen die Ratten zu verteidigen.

Die Dynamiker haben damit zu tun, sich in diesem System die besten Plätze zu sichern, die wenigste niedere Arbeit zu tun, die meisten Werte zu erraffen und die wichtigsten Ämter zu erringen.

Ehe man sich versieht, ist eine Gesellschaft in das System verwandelt, in welchem die Dynamiker, jetzt zu „Edelmenschen" herausgeputzt, das Leben verwalten, und in dem die Konstruktiven, nun zum Gesinde, zu Domestiken degradiert, die Arbeit machen.

Die Systemkonstellation ist für die konstruktive Haltung von grundsätzlicher Schwierigkeit, wohingegen sie der dynamistischen Lebenseinstellung sehr entgegenkommt. Man könnte auch sagen, so wie ein Organismus verträgt auch das System Individualismus nicht sonderlich gut, aber die Unterordnung des einen unter das andere sagt ihm zu. Die Frage ist dann die, ob das System aus dem Willen zu Herrschaft und Unterordnung entsteht oder ob die Notwendigkeit zu einer Unterwerfung des einen unter den anderen (oder unter das andere) aus dem System und seinen Strukturen erst folgt. Daß diese Frage nicht wirklich zu beantworten ist, liegt auf der Hand, daß sie ausgenutzt werden kann, ebenso.

Die Dynamiker werden also ein natürliches Interesse am System haben. Für sie ist das System wie der Urwald in alten Zeiten, wo man dem Wild auflauert und auch mal einen Schlammringkampf im Morast nicht scheut. Für die Konstruktiven ist das System wie eine Wildnis, die begradigt werden muß und ausgelichtet, die übersichtlich werden soll (und die dann vielleicht auch mal „Perestroika" und „Glasnost" genannt wurde).

Die Hemmungen der Konstruktiven sind nicht nur auf die ihnen unmittelbaren Nachbarn bezogen, sondern sie betreffen auch die Gesamtgesellschaft (also auch das System). Solcherart ist der Konstruktive durch eine gewisse Zurückhaltung geprägt. Er wird initiativ nur, wenn er sich mit den vielen Menschen seiner Umgebung eins weiß. Er will nicht - womöglich - gegen eine Gesellschaft wirken. Das muß er erst wissen und zuvor prüfen - damit er ruhig schlafen kann.

Das Medium des Konstruktiven sind die konstruktiven, also die technischen, „anorganischen" und zumeist isolierten Probleme seines natürlichen und systemaren Umfeldes. Er ist deren Arbeiter und Bearbeiter. Das Medium des Dynamikers ist das System, dessen Positionengefüge und die darin und daraus heraus tropfende Macht.

Damit funktionieren der kompetente Fachmann und der erfolgreiche Führer unter Umständen auf ganz anderen Wellenlängen und haben es schwer, sich in einer gemeinsamen Sprache zu verständigen, wenn diese über die nichtssagende und alltägliche Lingua franca des längst atavistischen, sozial-kommunikativen Blah-Blah hinausgehen soll. Wenn die beiden moralitären Charakterpole dabei das Gleiche sagen, ist es tatsächlich jeweils etwas anderes.

Der Dynamiker muß konstruktiv nichts verstehen. Er kann „fachlich eine Null" sein - ohne darum weniger Erfolg zu haben. Für ihn zählt allein die Macht. Und nur die Fehler, die er sich mit der Macht leistet, wiegen schwer für ihn. Er muß keine spezielle konstruktive Kompetenz beweisen. Seine Kompetenz erledigt sich mit seiner Macht. Die aber muß er erst einmal bekommen.

Der Konstruktive muß von der Macht nichts verstehen und soll es auch nicht. Die Macht hält ihn von „seiner Arbeit" ab. In Fragen der Macht soll er nicht denken.

Der Konstruktive muß zwar auch das System anerkennen. Aber er wird immer bestrebt sein, dem System die Anerkennung zu versagen, sich ihm zu entziehen, dem System die Macht zu mindern. Er behandelt das System kritisch. Er biedert sich nicht an bei ihm. Er will er selbst sein und nicht Sklave einer blinden, fremden Struktur. Er will das System auch nicht für irgend etwas benutzen, was sich dann wieder anonym gegen seine Mitmenschen richten kann oder muß. Das System ist ihm ein falsches, ein gefährliches Werkzeug. Es kann sich gegen alle wenden, die es benutzen wollen.

Für diese Kontraststellung lehnt ihn das System dann aber ebenfalls ab. „Systemvernunft" ist nicht konstruktiv. Sie ist lediglich selbsterhaltend und einem blinden Wachstum ergeben. Zugleich jedoch ist das System als Ganzes und sich selbst gegenüber konstruktiv, weil es sich sonst auflöst, sich selber frißt. Das eine lebt vom anderen, doch alles zusammen bildet eine überlebende Struktur.

Das System betreibt fast systematisch, jedenfalls für jeden Sehenden unübersehbar, die Entmachtung der Konstruktivität. Es zerstört den konstruktiven Einfluß, denn Macht will die Konstruktivität sowieso nicht. Aber das System muß immer wieder Macht abbauen und zugleich einschränken, um konstruktiv wirksam sein und bleiben zu können. Das ist das konstruktive Dilemma im System und mit diesem. Zugleich wirkt es stabilisierend und auch zugunsten von blinden, destruktiven, aber evolutionären Mechanismen.

So kommt es, daß das System damit faktisch auf die Konstruktivität angewiesen bleibt. Es will sie nur eben nicht maßgeblich sehen, nicht im Vordergrund, nicht bestimmend.

So wird auch der Dynamiker immer wieder seine Macht einsetzen, um Konstruktivität im Rahmen seiner Interessen zu fördern; aber auch zu fordern. Der Eiertanz dabei ist gewissermaßen „vorprogrammiert". Was das bedeutet, kann sich ein jeder ausmalen, der etwas bauen will und auch bauen muß - aber keine Baugenehmigung dafür hat. Das Haus wird trotzdem fertig - und das System lebt sogar mit darin und davon, denn es braucht das Haus - aber der Bauherr hat zu büßen, wenn er sich nicht doch noch irgendwie arrangiert. Das Gesetz ist gewaltig, vieles und Wesentliches funktioniert daneben. Wo Licht ist, ist auch Schatten und Schattenwirtschaft.

Das System ist weder moralisch noch unmoralisch, es ist weder sozial noch asozial, aber es partizipiert von Moralitäten und wirkt auf diese zurück. „Das System" ist einfach nur ein geistloser, dummer, gewissermaßen selbstherrlicher Mechanismus, der sich selber erhalten will und eigentlich nicht einmal das. Wie oder mit wem, das bleibt dem System ganz gleichgültig. Aber das System ist außerordentlich komplex.

Das, was man gemeinhin als „System" versteht, also etwa ein kommunistisches System, ein nationalsozialistisches System, ein demokratischer Rechtsstaat und ähnliches, ist eine jeweils künstliche Fiktion, die mehr verspricht, als sie halten kann.

Man könnte als Beispiel von einer Marmeladenfabrik, einem Gummiwerk, einer Möbelfertigungsanlage reden und sich dann lediglich Marmelade, Gummi oder Möbel darunter vorstellen. Den jeweiligen Betreibern, Funktionären, Eignern derartiger Fabriken wäre das ziemlich gleichgültig, wenn nur der Profit bleibt, der daraus gezogen werden kann, oder die Macht, die sie daran akkumulieren. Es bleibt dann egal, wie das technisch im einzelnen vonstatten geht.

Die Dynamiker befinden sich in der Gemeinschaft zumeist recht bequem. Darum sind sie auch mehr an aktiven Gemeinschaftlichkeiten interessiert als Konstruktive. Indem sie dabei in der „kleinen Form" - Familie, Sippe - stets Schwierigkeiten bekommen, favorisieren sie mehr die größeren, schlechter überschaubaren Varianten: Verein, Partei, Staat und deformieren damit die Gemeinschaft zum System.

Dynamizität wird leicht zum Schmarotzen. Das bedeutet Ausnutzen, Benutzen wie ein Werkstück. Das ist der Zwang. Dynamizität ist also keine aus Gemeinsamkeit folgende Funktion, sondern als Benutzung Ausschluß von der Gemeinsamkeit (und erst nachträglich vielleicht noch „Teamwork"). Das ist das Widersprüchliche an der Dynamizität, daß sie auf die anderen Menschen sehr wohl und absolut angewiesen ist, zugleich aber auch die Gemeinsamkeit mit ihnen zerstört.

Der Ausweg aus solcher Malaise ist der Mechanismus (also „das System"), welcher die Menschen in Positionen zwingt, die dann allerdings eine „Positionsgemeinschaft" bilden, eine sehr enge und zwangsläufige dazu, aber eben keine Menschengemeinschaft, keine Gesellschaft. Es gibt keine Gesellschaft, es hat noch nie und nirgendwo eine gegeben (was selbstredend auch an der Definitionsfrage liegt).

Die umsichtigeren Dynamiker wissen, daß sie allein mit ihren Dynamikerinteressen im Chaos versinken würden, wenn sie keine Konstruktivität zuließen und auch pflegten (und wenn es die eigene ist oder eine von ihnen sicher abhängige Konstruktivität). Darum konstruieren sie immerfort emsig am System herum, als dem „kleineren Übel". Der Dynamiker übt innerhalb des Systems und für dieses eine konstruktive Aufgabe aus. Indem er auf seine Art wirkt, organisiert er das System. Die Dynamiker meinem vom System, daß es ihresgleichen ist als ihnen auf den Leib geschneidertes Lebensinstrument sondergleichen. Das glauben sie fest.

Es gab dereinst ein „Großdeutschland". Dort mauserte sich dieses „kleinere Übel" - braun und schneidig. Und dieses führte am Ende auch etliche von den eigenen Aktivisten geradewegs in die Katastrophe. Da hatten sie einmal falsch geglaubt. Ein andermal war das System „rot" und auch ganz dumm, blieb aber friedfertiger, hielt sich länger und faulte dann so schön langsam von innen heraus und verging gründlich.

Die Dynamiker aber haben keine Alternative zum System. Sie sind und bleiben darauf angewiesen und müssen sich damit abfinden, was es ihnen bietet. In einigen Weltgegenden ist das zur Zeit „die freiheitliche Demokratie" mit dem Überfluß aus dem Erdöl. Hier aber stellt sich die Frage, wie lange das so herrlich noch weitergehen wird.

Die Existenz des Systems ist wesentlich für die Habilitation des Dynamikers von einem moralischen Krüppelwesen zu einer allseits vollkommenen und erfolgreichen Persönlichkeit. Damit aber bleibt der Dynamiker auch ganz Kreatur „seines" Systems, mit dem er steht und fällt. Er weiß das meist nur nicht so genau, aber er ahnt es immer. Daher kommt auch sein oft als Altruismus oder Verantwortungsbewußtsein mißverstandener Drang nach Clique und Ideologie, nach Partei und Politik, kurz also nach System - nicht etwa nach Gesellschaft.

Das System ist die Welt der Dynamiker, ihre „Eigenwelt" gewissermaßen, das Medium ihrer Existenz. Sie brauchen das System wie die Schnecke das Haus oder wie die Assel den Kompost.

In der Dynamikerwelt ist jede unbedingte Hoffnung auf die Lösung von Problemen unbegründet und naiv. An die Stelle der rationalen Versuche zur Widerspruchsbewältigung treten Kampf und Konkurrenz und diese zugleich als die bewegende und tragende Kraft in solchem System. Das System funktioniert rein biologisch.

Die Dynamiker wollen das Perpetuum mobile, die Macht „aller über alle". Das ist ihr politischer Traum. Aber zugleich wollen sie nicht die

Macht über sich. Das bleibt ihr ewiger Kampf und Krampf, ihr unendlicher Murks (der im Übrigen aus den statistischen Schwankungen lebt). Es gibt unter den Dynamikern Erfolgreiche und Erfolglose, Sieger und Verlierer. Die Erfolgreichen sind ihnen Bestätigung, die Erfolglosen ebenso. Die Hoffnung, auf der Suppe oben zu schwimmen, zwingt sie, ständig umzurühren und alles andere unterzubuttern, nach oben zu buckeln und nach unten zu treten, weil sie in der aufstrebenden Masse zunächst immer unten herumkrebsen.

Soziale Skrupel verhindern, bremsen, blockieren das freie Spiel der Kräfte, wie sie das System für seine Entfaltung braucht. Konstruktive Sozialität ist gehemmtes, restringiertes, vorsichtiges, behutsames Verhalten. Wer aber will schon gern mit Verboten, Einschränkungen, Hemmungen leben? So kommt es, daß es fast so ausschaut, als hätte der Mensch als Ganzes eine Urangst vor einer konstruktiven, sozialen Welt und will daher davon eigentlich nichts wissen. Sie strengt ihn zu sehr an. Wie es ihm scheint, ernährt sie die ihm unliebsame Bürokratie. Sie lastet auf ihm und macht ihn unfroh. Lieber will er in Angst und Unsicherheit leben, aber mit der Hoffnung auf große Erfolge, riesigen Reichtum, unendliches Glück. Er will etwas riskieren. Die Jugend stürzt sich in den Kampf und verliert dabei ihr Leben. Was tut es, was ist das Leben ansonsten wert? Diese primitive Gier nach Macht und Reichtum steckt mehr oder weniger in jedem Menschen, auch in jedem Konstruktiven. Erst wenn der Konstruktive diese Gier realisieren soll, begreift er seine grundsätzliche Unfähigkeit dazu. Es ist ein Unterschied, einerseits eine zarte Lammkeule kultiviert zu verspeisen und andererseits einem lieben Schäflein dazu den Hals aufzuschlitzen. Niemals nämlich darf Konstruktivität - so nützlich sie auch immer sein mag - zu einem Selbstzweck werden, der die Dynamiker überflüssig macht.

> Die Bürger, die sich in den Republiken mit mechanischen Künsten und Handwerken beschäftigen, können nicht wie Fürsten zu befehlen verstehen.
> (Machiavelli)

Das in etwa ist die eigentümliche Arbeitsteilung zwischen den Moralitäten - und schon lange bekannt.

System und Gesellschaft

Das System ist als ein solches selten erkannt worden. Die Menschen neigen eher dazu, sich mit ihrer Gemeinschaft, mit ihrer Sippe, ihrer Familie oder Gruppe, mit einer „Gesellschaft", mit einem Staat zu identifizieren, als mit einem anonymen und ihnen eigentlich und tatsächlich wesensfremden „Systemkonstrukt". Es kommt - eigentlich - aber genau darauf an, nämlich das System als ein solches zu erkennen und als etwas zu begreifen, welches neben den Menschen und dort weder gegen diese noch für diese seine eigene, seine besondere Wesenheit betreibt und entwickelt.

Die Menschen sind voll auf das System angewiesen und sind selbst entscheidender Bestandteil des Systems, mehr allerdings in der Masse als im Individuellen. Und die Menschen sind auch nicht das Gehirn des Systems. Das System hat kein Gehirn. Es ist hirnlos, kennt weder Verstand noch Vernunft. Leitungen, Führungen, Regierungen sind nur eine Art „Hirnersatz" oder besser: die Karikatur davon.

Das System besteht autonom neben der „Gesellschaft". Die „Gesellschaft" existiert lediglich als die Illusion einer Struktur, die als vom Menschen bewußt und wesentlich geprägt verstanden werden soll. Das System hat ein eigenes, vom Menschen unabhängiges Leben und konstituiert damit quasi sein eigenes Wesen. Das System ist nicht die Gesellschaft.

Für eingefleischte Dynamikercharaktere ist der Gesellschaftsbegriff ohnehin nur Phrase - aber nützlich.

Die Gesellschaft ist der konstruktive Traum vom konstruktiven Zusammenleben und vom gemeinsamen konstruktiven Wirken großer und ausschließlich konstruktiver Menschenansammlungen. So jedenfalls soll hier der Begriff - Gesellschaft - (ohne Gänsefüßchen) verstanden werden. Gesellschaft ist reserviert für die konstruktive Idee von der durch und durch „heilen Welt", die als eine solche selbst gestaltet wird.

Gesellschaft ist eine nicht systemare, sehr bewußte, sehr individualistische Lebensstruktur und als solche für große, reale Menschenmassen ein nur schwer vorstellbares Gebilde. Ob es prinzipiell möglich oder ganz und gar unmöglich ist, läßt sich kaum sagen. Daß Gesellschaft mit den gegenwärtig lebenden Menschen nicht möglich ist, kann schon eher konstatiert werden, einfach darum, weil es in großem Maßstabe, in „historischen Experimenten" versucht wurde und mißglückte.

Aber die Illusion ihrer Existenz ist von wesentlicher Bedeutung auch für die reale, faktisch existierende Welt. Eine Welt mit Menschen ist zugleich immer eine Welt mit Illusionen und darum immer auch eine Welt mit „Gesellschaft". Diese Gesellschaft aber ist zugleich auch der moralische Repräsentant aller Menschen als Kollektiv aller Menschen.

Das System hingegen ist ein lebendiger und weitgehend von humanen Intentionen unabhängiger Organismus, als solcher kaum bekannt und nur hin und wieder als praktischer, aber wenig aussagender Begriff verwendet. Gesellschaft existiert im systemaren Umfeld nur als fassadisches Gebilde mir entsprechend illusionärem Charakter.

Gesellschaft, das ist einerseits die große, ewige Fata Morgana aller Konstruktiven und zugleich das Schönbild in der Projektion einer Idealwelt auf die Folie der geschaffenen Fassade. Eine Gesellschaft kann es nur mit ausschließlich konstruktiv veranlagten Menschen geben. Es gibt etliche solche Charaktere, und diese glauben dann auch immer wieder an die Möglichkeit einer Gesellschaft.

Das System in die Schranken zu weisen, es den Menschen unterzuordnen, würde bedeuten, es erst einmal zu verstehen, um sich dann daran zu orientieren. Das ist nicht einfach, sondern außerordentlich schwer. Aber vielleicht ist es nicht ganz unmöglich, im Zeitalter der Computer und Supercomputer zumindest?

Wer hingegen nur macht, was er selber für richtig hält, und alles tut, um so leben zu können, und damit glaubt, nun frei zu sein und selbst zu bestimmen, der irrt gründlich, denn damit dient er dem System erst recht.

Das System steht nicht in Konfrontation gegen die Menschen. Es wirkt viel mehr in ihnen und mit ihnen und durch sie hindurch, so oder so, bewußt und noch viel rigider unbewußt. Das System läßt sich nicht einfach abschaffen, wenn man es abschaffen will. Aber man kann das System ergründen und mehr oder weniger gut verstehen. Man kann eingreifen, kontrollieren, steuern, die spontanen Einflüsse beschneiden und es so letztlich „den Menschen" unterwerfen.

Dieser Einfluß auf das System beginnt nicht mit Aktivismus, sondern merkwürdigerweise mit Nichtstun, mit Verweigerung des Dienstes am System, mit Weglassen und Abwarten, aber auch mit genauem Beobachten, was passiert. Man muß viel beobachten und viel nachdenken und sich mit vielen anderen Menschen in seiner Umgebung immer wieder über die Ergebnisse solchen Denkens und Erkennens austauschen, bis man - ein wenig davon begreift.

Einfacher ist es, sich auf die Befehle von Herren zu verlassen, „klugen Herren" (wie man meint). Das aber ist das System. Und das System funktioniert auch mit dummen Herren ausgezeichnet, vielleicht sogar noch flotter, zeitweilig zumindest.

In der konstruktiven Gesellschaft gibt es keine Macht und keine Herrschaft. An ihre Stelle treten Rücksichtnahme und Vernunft. Das ist so unvorstellbar, wie eine solche Gesellschaft mit den „Normalmenschen" unvorstellbar ist. Aber eine Gesellschaft in diesem Sinne ist darum weder absurd noch utopisch oder undenkbar. Sie ist lediglich unmöglich - auf diesem Planeten, in dieser geologischen Epoche.

Das „System" hätte in einer solchen Gesellschaft einen gänzlich anderen Charakter. Es dominierte nicht, sondern es würde von den konstruktiven Menschen sehr behutsam reguliert. Es würde gehalten wie etwa ein Haustier, dem eine eigene Existenz und Entwicklung zugestanden wird. Das „System" wäre dann tatsächlich „nur" eine Maschine, die von allen gemeinsam gesteuert wird und der jeder einzelne jederzeit ausweichen kann. Es verlöre vollkommen den Charakter einer unberechenbaren, autonomen Wesenheit. Man kennt die diesbezüglichen Anstrengungen in den kommunistischen Regimes, woraus deren konstruktiver Anspruch zu ersehen ist, der allerdings nichts fruchtete.

Erinnert sei diesbezüglich auch an den bekannten Ausspruch von Bertold Brecht: „Der Kommunismus ist das Einfache, was schwer zu machen ist". Genau so ist es. Vor allem das Letztere trifft die betrübliche Wahrheit besonders deutlich.

Die Voraussetzung einer „echten" Gesellschaft wäre eine Gemeinschaft mit einem durchgehenden Integrationswillen. Das wäre gewissermaßen ein großer Verein, der alle Menschen umfaßt, ohne daß er Statuten hätte oder irgendwie bewußt organisiert wäre.

Er wäre quasi das konstruktive Gegenstück zum spontanen Geheimbund der Dynamiker. Es wäre ein „Bund", wo jeder einzelne nur von seinem eigenen Willen getragen ist, Gemeinsamkeit mit allen zu schaffen und zu erhalten.

Man braucht in der gegenwärtigen Welt nur die Arbeitslosigkeit zu betrachten, die unter anderem auch auf der Unsolidarität der Arbeitnehmer selber beruht, dazu Lehrstellenmangel, also Perspektivlosigkeit der Jugend, groteske, hilflose „Sozialmaßnahmen" staatlicher Organe usw., um zu erkennen, wie faktisch illusorisch eine derartige konstruktive Gesellschaft ist und immer bleiben muß. Eigentlich macht es wenig Sinn, sich mit der Realstruktur einer konstruktiven Realgesellschaft zu befassen, weil es sie möglicherweise niemals geben wird. Andererseits wird genau daran immer wieder herumgedacht, und die Weltverbesserer aller Art werden nicht müde, immer wieder eine solche „Idealwelt" neu zu ersinnen.

So wie es keine Gesellschaft gibt, so gibt es objektiv auch keine Pflichten für eine Gesellschaft. Ebenso gibt es auch keine Möglichkeit, die Gesellschaft zu zerstören. Wie will man das Nichts kaputtmachen? „Die Gesellschaft" existiert nur als Phantom, als ein künstlich erdachtes und gefühlsmäßig erhofftes Gebilde. Alle „Kultur der Gesellschaft" ist damit im weitesten Sinn eine Kultur des Nichts. Diese Kultur ist selber ein Phantom, ein Zombie, eine Leere ohne objektive Zwänge.

Mit solcher Prämisse zur Gesellschaft läßt sich die überall angetroffene Sinnlosigkeit, Sinnleere leicht deuten und bequem verstehen. Vor allem wird begreifbar, welche Macht dieses Nichts als Nichts dennoch hat und ausübt. Was wirklich existiert und wirkt, das ist das System, und das sind seine aktiven Cliquen darin. Dieses System verlangt angepaßtes Wirken, Pflichterfüllung und Gehorsam.

Alle reale Macht kommt aus diesen Quellen: die anonyme, übergewaltige Systemmacht, die Macht der Cliquen und ihrer Cliqueure und die Macht der einzelnen Autoritäten. All diese Macht kleidet sich in das Mäntelchen der Kultur und gaukelt den Menschen damit eine Gesellschaft vor.

Das, was da dann gesehen wird, das ist das Zufällige, Müßige, welches mit allem Nichtigen beliebig aufgefüllt wird, eifrig und emsig, dumm und beschränkt, immer unverbindlich, konsequenzenlos, verantwortungsarm. Es ist das Leben selber, wie es überall keimt, sprießt, rankt und wächst.

Bekannt unter Eingeweihten ist, daß wichtige Entscheidungen „im Vorbeigehen" geboren und „nebenbei" gefällt werden - gelegentlich, formlos, ohne viel Aufhebens.

In Sitzungen und Versammlungen findet dann vor allem ein formales, aber aufwendiges Blah-Blah statt, das große Herumpusten des gemeinschaftlichen Stallmiefes. Dieses Letztere ist die Kultur, das Erstere erledigt die Clique.

Aus dieser naturgegebenen Misere könnte für die weitere Evolution des Menschen die Ausrichtung auf eine solitäre Art folgen, also zu einem für sich allein lebendes und kämpfendes Einzelwesen in einer Systemwelt aus Maschinen.

In einer „natürlichen" Umwelt hingegen mit steinzeitlichem Niveau scheint eine Vereinzelung beim Menschen nicht unmittelbar überlebensfähig zu sein. Diese evolutionäre Prognose für den Menschen im System gilt im Übrigen erst für Langzeitentwicklungen über Zehntausende von Jahren hinweg. Aber dann gibt es mit großer Wahrscheinlichkeit kein technisch industrielles System mehr - oder nur noch (und dafür dann keine Menschen).

Das rein Konstruktive hat „gesellschaftlich" bzw. systemar nur eine geringe strukturierende Kraft. Das kommt daher, weil wesentliche Strukturen in der Gesellschaft immer auch Strukturen sein müssen, die viel mit den Menschen selbst zu tun haben, mit den einzelnen konkreten Individuen. Der Konstruktive aber, wenn er vielleicht auch sonst vieles strukturiert und strukturieren möchte, kann und will die Menschen nicht in Strukturen pressen. Das ginge ihm (insofern er es bemerkt) sogleich „gegen den Strich". Er will die Menschen nicht „behandeln". Er will mit ihnen und unter ihnen leben, aber er will sie nicht zu irgendwelchen Zwecken „verwenden". Vielleicht will er Vorbild sein, will ihnen vorangehen - „führen" aber will er sie nicht. Es paßt ihm einfach nicht, mit Leuten zu leben, die längst ausgewachsen sind und immer noch „geführt" werden müssen.

Die Dynamiker hingegen sind da ganz ungehemmt. So schaffen sie zunächst spontan, später auch konstruierend, reflektierend und kritisch die „gesellschaftlichen" Strukturen, die „Organe" des Staates und den Staat selber. Es ist daher nicht verwunderlich, das derartige tatsächlich systemare Strukturen den (gehobenen) Dynamikern viel Freiraum einräumen, ihnen als einer höheren Elite wenig Beschränkung auferlegen und also tatsächlich so etwas wie eine Gesellschaft strukturieren, nämlich „die bessere Gesellschaft" oder „die Gesellschaft der oberen Zehntausend" als ein merkwürdiges Panoptikum aus Wohlfeilheit und Überheblichkeit, aus privilegierten, mächtigen Systempositionen, systemaren Sonderverfügungen und konstruktiver Inkompetenz, aus Ignoranz und Arroganz.

Ein sehr wesentliches Kompartiment des Systems wird von „den oberen Zehntausend" einfach zur „Gesellschaft" erklärt, worin sie aber meist unter sich bleiben müssen, weil ein daraus entstehender „Sozialneid" womöglich zu hohe Wellen schlagen könnte.

Auch die reine „Dynamikergesellschaft" (als ein etwas sadistisches Konstrukt), gibt es nicht. Ihr fehlen zwar nicht die konstruktiven Kräfte, aber diese können sich nicht fruchtbar entfalten, weil sie immer schon vorher zerstört, zerspielt, verbraucht werden. Daher ist eine „Gesellschaft" nur aus Dynamikern nicht stabil. Sie frißt sich selber auf, sie erschlägt sich, sie bringt sich um. „Totalitarismus" greift am Ende auf das Eigene zu, verdächtigt seinesgleichen und rottet sich damit aus.

Durch das System werden künstliche Hemmungen, quasi von außen, eingefügt (technische Sachzwänge - der Gegenstand, den man nicht unterjochen, sondern nur benutzen kann, bürokratische Strukturen, juristische Gesetze, staatliche Bestimmungen). Diesen können sich die Dynamiker auch unterwerfen, weil sie ihren Illusionen entsprechend als ihre ureigensten (konstruktiven) Werkzeuge angesehen werden, deren Domestiken sie dann sehr schnell werden. Diese Gegenstände sind nicht die Früchte ihres Wirkens, sondern das Messer zum Abschneiden der Früchte. Immerhin gestattet ihnen das System die gehobenen Positionen, ohne die sie dessen Restriktionen schon längst aufgegeben und mit der bloßen Anarchie vertauscht hätten. Das System ermöglichte der Menschheit ein Überleben mit und trotz Schmarotzern an der eigenen Lebenskraft. Das ist eine große Kulturleistung - „die Zivilisation".

Die Anarchie ist der Versuch, ganz ohne Macht auszukommen. Das ist immer wieder versucht worden, und es ist immer wieder gescheitert. Ohne alle Macht zu leben, ist der Traum der Konstruktiven. Und allein mit ihnen funktioniert er sogar - problemlos, quasi automatisch. In der nicht ganz so konstruktiven Realität aber wird Verzicht auf Macht sogleich zu dem, was man gemeinhin unter Anarchie versteht, nämlich Gesetzlosigkeit, Chaos, Zerfall, Untergang, also Macht ohne Ordnung. „Geordnete Anarchie" aber wäre Gesellschaft. Das aber hat es noch nie gegeben, seit staatliche Strukturen für Ordnung sorgen.

Das große Argument gegen diese konstruktive Gesellschaft ist aber nicht die Anarchie, sondern das System. Das System funktioniert nämlich recht gut, und außerdem wird es „die Gesellschaft" genannt. Nun fragt man sich mit Recht, wie „die Gesellschaft" anders funktionieren soll. Das System als eine solche „Gesellschaft" kann aber nicht anders funktionieren, zumindest nicht „besser".

Das Soziale im System und die Entfremdung

In den Positionen wirken die Menschen nach wie vor als Menschen mit sozialen Ambitionen, die für oder gegen das System laufen können, oder mit formalen Ansichten über ihre eigene Rolle in ihrer Position, die wiederum falsch oder richtig sein können, was aber nicht einmal das System weiß (da es nichts weiß), geschweige der Positionsinhaber.

Sozialverhalten in moderner Sicht ist identisch mit der Untersuchung des Verhaltens in den Systempositionen, da nicht mehr eine „Gemeinschaft", sondern eine technische Überstruktur das Leben der Menschen bestimmt. Diese Systemstrukturen muß man analysieren, wenn man darin „das Soziale" verstehen will bzw. das, was davon bleibt. System ist Sozialersatz oder muß dazu werden, was ohne Vergewaltigung und „Entfremdung" des Menschen offensichtlich gar nicht geht. Der Mensch muß zu einem „sozialen Wesen" im Sinne des Systems deformiert werden (Erziehung, Umerziehung, Anpassung, Einfügung, Unterordnung, Gehirnwäsche, Manipulation, Verdummung).

Zu den unangenehmen Resten von Sozialität im System gehört die Eigenheit des auf den Mitmenschen orientierten Mitmenschen, diesen unbedingt so haben zu wollen, wie er sich einen richtigen Mitmenschen vorstellt, nämlich als Mitglied „seiner" fiktiven Sippe - die aber nicht existiert.

In seinem Kopf und seinem „sozialen Gefühl" (Bauch) aber existiert sie eben doch noch irgendwie, unterschwellig und nicht ganz ohne Wirkungen. Alles andere, Welt, Sein, Geist, Kunst ist ihm dann zweitrangig, denn für ihn gilt unbekümmert die schöne Phrase: „Im Mittelpunkt steht der Mensch!" Aber welcher Mensch steht dort? Und wo ist der Mittelpunkt?

Das muß nicht eine bloße, etwas antiquierte Marotte sein. Es verbirgt sich dahinter einfach nur der Wunsch nach einer existentiellen Verbindlichkeit des Sozialen, die das System mit seinen erkünstelten Gemeinschaftsstrukturen und aufgesetzten Hierarchien nicht zustande bringt und auch gar nicht erschaffen will. Das System liebt und fördert Sozialkrüppel. Es ist eine „harte, kalte" Welt, eine Welt der Unverbindlichkeiten und Zwänge zugleich.

Der Mensch soll aber unabhängig von allen Systemgegebenheiten in ein Raster hineinpassen, in das persönliche Empfindens- und Wissensraster des Einzelnen. Das kommt von seiner begrenzten, engstirnigen Intellektualität. Nun aber kommt das System und liefert auch (gewissermaßen industriell) eine Norm für den Menschen, eine Schablone. Es ist daher kein Wunder, wenn gewisse Geister diese Schablone annehmen und sich dann wundern, wenn auch sie selber damit und unerbittlich vermessen und selektiert werden.

Auch im System versucht sich die Sippe weiterhin zu behaupten. Es geht gar nicht anders, zumindest solange noch nicht alle Menschen in solitär sozialisierte Egoisten und fanatisch selbstlose Systemfunktionäre verwandelt sind. So beginnt die Sippe im System ein groteskes Eigenleben.

Um dieses Eigenleben des originär Sozialen zu kontrollieren, wird die Sippe gelegentlich als eine „Zwangssippe" wieder institutionalisiert und harmonisiert. Es werden „Arbeitsbrigaden", „Kollektive" oder „Teams" geschaffen oder Urlaubs- und Freizeitgruppen gebildet. Und immer schwebt darüber ein Hauch von exsozialem Zwang oder unangenehmer Lächerlichkeit. Zu mehr als einer angestrengten Toleranz und mühsamer Kommunikation kommt es dabei kaum, weil das Wesentliche der Sippe fehlt: Die absolute Autonomie gegen den Rest der Welt. Und gerade diese kann ihr auf gar keinen Fall gestattet werden. „Man" will diese Gruppierung nicht als einen Gegner, sondern als ein Instrument.

Die vielfältigen Animationen zum freiwilligen „Teamwork" gehen in diese Richtung, dann nämlich, wenn begriffen wird, daß die isolierten Einzelnen nebeneinander nicht das zu leisten vermögen, was eine Kooperation mit ihrem alten Sippengeist vermag. So etwas läßt sich aber nur schwer reglementieren, insbesondere, wenn das immer nur zeitlich und örtlich begrenzt stattfinden kann oder darf. Die soziale Sippe ist ganz, oder sie ist gar nicht. Alles andere ist künstlich konstruiert - muß darum aber nicht notwendig uneffektiv oder für die Beteiligten unbefriedigend sein.

Das System hat weitgehend erreicht, daß nicht der (im Übrigen gar nicht so häufige) individuelle Egoismus des Einzelnen zu dem gravierendsten inneren Problem für die Menschen wird und zu den entsprechenden Konflikten führt, sondern das ursprüngliche Soziale.

„Entfremdung" ist vor allem Deformation und Degeneration des Sozialen. Der Egoist bleibt unberührt davon. Er ist Gewinner in der Systemwelt. Das wiederum führt zu der Entstehung des „Egozentrismus", der als eine Egozentrierung auch der Nichtegoisten angesehen werden kann.

Die „Ellenbogenmentalität", die man eigentlich als eine andere Bezeichnungsweise für den Willen der Dynamiker ansehen könnte, wird damit gewissermaßen für jedermann erstrebenswert. Und man definiert sie gerne „sportlich" (für die Fassade).

Man darf bei diesem Bild nicht die sozialen Krücken, die das System produziert, mit dem Sozialen an sich verwechseln. Die sozialen Krücken des Systems sind so beachtlich, wie sie falsch sind und fremd bleiben und in eine „Menschengemeinschaft" insgesamt nicht passen, wenn sie auch hier und da besonders gut und raffiniert angepaßt werden.

Der Mensch bleibt das Handicap des Systems. Er ist nicht ganz so flexibel, wie dieses ihn unterdessen gern hätte. Er bleibt dem eigenen Sozialen verhaftet.

Was aber ist „das Soziale"?

Bei bestimmten Positionen bzw. Berufsgruppen wird das Soziale wichtig, zum Beispiel bei Lehrern, Prüfern, Aufsichtsfunktionen, Ärzten, Bürokraten. Solche Positionen liefern alle einen Ermessens- oder Entscheidungsspielraum, der vom Einzelnen entweder zufällig oder gezielt genutzt werden kann. Davon unabhängig können dann immer noch unterschiedliche Moralitäten oder Eigeninteressen vorhanden sein und wirksam werden oder nicht.

Das System fördert und belohnt im Allgemeinen die Indifferenz, die Stumpfheit, weil das System an sich schon die bloße Ausfüllung der Positionen mit den entsprechenden Formalismen honoriert, nicht aber eigene soziale Extravaganzen.

Durch Engagement in die eine oder andere Richtung versucht das Individuum innerhalb seiner Position das Gesetz des Handelns auf seine Seite zu ziehen. Auf diese Weise nimmt es teil am Systemwillen, ohne diesen dadurch jedoch auch nur annähernd als Ganzes zu repräsentieren. Nicht jede Aktivität oder Entscheidung, die aus derartigen Systempositionen kommt, läßt daher Rückschlüsse auf die Charaktere der Positionsinhaber zu. Das System bestimmt das Handeln, das Moralitäre muß sich dem unterordnen. Aber bestimmte Positionen sind geeignet für bestimmte Charaktere.

Wir sind es, die ein Bewußtsein haben, nicht die uns majorisierenden Übersysteme oder Ökologien. Die Existenz als komplexer und bewußter Teil innerhalb einfacher und ihrerseits nicht über Bewußtsein verfügender Ganzheiten schafft ein Dilemma von entscheidender

172

Bedeutung für unsere Zukunft. Was sind Ethik und Moral angesichts dieser Umstände?

Wenn die Interessen des Teils und des Ganzen - des Menschen und der umgebenden Suprasysteme - übereinstimmen, dann besteht kein Problem: wir können uns für das allgemeine Wohl einsetzen. Was aber geschieht, wenn diese Interessen nicht übereinstimmen - wenn das Interesse des Menschen abweicht von der nächsten evolutionären Transformation der Gesellschaft?

Es gibt kein System mit Erfolgs- oder auch nur Überlebensgarantie. (Erich Laszlo)

System - Autonomie, Fatalität und Dummheit

Dem System geht es ausschließlich um sein Leben, nicht um sein Überleben. Das Überleben ist fern, ist Zukunft. Für eine Zukunft fehlt dem System aller Sinn. „Es wird schon werden", meinen seine Domestiken, und meist haben sie damit recht, denn es wird immer etwas - und sei es das Nichts.

Systemar ist der Dienst an der Dummheit das Normale, denn das System ist nicht nur dumm, es braucht auch die Dummheit als „Produktivkraft". Das System lebt spezifisch von und mit der Dummheit und auch für diese. Es ist selber Dummheit.

So könnte man dann auch die „höhere Dummheit" definieren als das exhumane Wirken des Systems: dumm eben, „dumm gelaufen". Aber damit wäre dann die Dummheit kein menschliches Attribut mehr. Und damit ergibt sich zugleich das Grundproblem für das Verstehen von Dummheit überhaupt: Was ist an ihr human behebbar und was systemar unvermeidlich, was menschlich einfältig und was systemisch zwingend?

Mit den Systemzwängen werden die Unwissenden „kompetent" und zugleich verantwortungslos. Sie werden zu Mittelspersonen für systemare Entscheidungen, die das Leben weiterbringen - und die Menschen in diverse Kalamitäten. Das System denkt nicht, aber es funktioniert. Es funktioniert darüber hinaus ganz außerordentlich komplex. Dieses bloße Funktionieren ist es, was das System immer wieder so problematisch werden läßt. Dabei ist nun aber genau dieses Funktionieren die besondere Trumpfkarte des Systems, mit dem es so viele Bedenken einschläfert oder auslöscht.

Die Überorganisierung unserer öffentlichen Zustände läuft auf ein Organisieren der Gedankenlosigkeit hinaus.
(Albert Schweizer, zitiert von Erich Fromm, Haben oder Sein - die seelischen Grundlagen einer neuen Gesellschaft)

Jeder einzelne von uns ist weiser und sicherer im Handeln als die Gesellschaft, in der er lebt.
(Erich Jantzsch)

Der umfassend Informierte hat eben dieses holzschnittartige Bild der Lage nicht und daher auch große Schwierigkeiten, zu einer klaren Entscheidung zu kommen. (In dieser Richtung weiterdenkend, könnte man auf die Idee kommen, daß ein bißchen Dummheit bei Personen, die schwierige Entscheidungen zu treffen haben, durchaus funktional ist. Die Klugen trauen sich nie!)
(Dietrich Dörner, Die Logik des Mißlingens)

Der so auffällige wie prekäre Stolz der Dummheit folgt unmittelbar aus der Autonomie des Systems. Wo alles bereits irgendwie funktioniert (und im System funktioniert immer alles irgendwie), wird eine besondere individuelle Kompetenz überflüssig und eitel, wird zum verzichtbaren Luxus. Man kommt auch als Idiot vorwärts oder überlebt zumindest. Das System sorgt für alle - wenn es in der Laune dazu ist und die Mittel dazu hat.

Diese Erfahrung immer wieder gemacht zu haben, erzeugt den proletenhaften Dünkel der Einfältigen und auch unter der Masse der Subalternen. Aus dieser Dummheitserfahrung wiederum wächst ein eigentümlich primitives Selbstverständnis und das obendrein verbunden mit Würde und Achtung, eine fast individualistische Sonderkompetenz, eine Primitivkompetenz. Sie meldet auf einmal Ansprüche an, weil sie den systemabhängigen Erfolg auf sich selbst bezieht, weil sie sich selber allein für zuständig, unwiderstehlich, einmalig, groß, großartig, führungsfähig hält.

„Die dümmsten Bauern haben die größten Kartoffeln" ist ein Spruch, der diesen Sachverhalt in etwa illustrieren kann. Die „dummen Bauern" murksen nur, aber Acker, Regen, Sonne lassen die Kartoffeln riesig werden. Der Stolz der Dummen besitzt eine massive Grundlage, egal ob sie als erfolgsgewohnte Führungselite dümmeln oder als subalterne Zuarbeiter schlaumeiern. Das Fundament dafür ist das System und erschafft dieses zugleich als etwas Besonderes.

Es gibt einen blinden Glauben an das System. Man glaubt an dasselbe wie an einen unbekannten Gott. Hier aber ist dieser Gott tatsächlich existent (wenn auch nicht unmittelbar zu sehen und zu greifen). Seine Macht ist es, die sich deutlich spüren läßt. Diese ist reale Wirkmacht und wirkt in Bürokratendisziplin und Fanatikergläubigkeit wie überirdisch.

Das System greift über bewußte und unterbewußte Mächte auf den Einzelnen ein. Der Einzelne ist über den Mechanismus von Urangst oder Urschrecken vor unsichtbaren Kräften, vor „Dämonen und Gespenstern" auf solche Systemeinwirkungen bestens vorbereitet. Er fühlt die unbestimmte Macht über sich, die ihn jederzeit zerschmettern kann. Er windet sich, macht sich klein und unauffällig, versucht ihr zu entkommen oder beugt sich ihr zitternd. Wer der unbestimmten Stimme des Systems, die er mehr erraten muß, als daß er sie direkt und deutlich hört, nicht gehorcht, der wird vom System verarbeitet, vermahlen, zermurkst. Doch auch wenn er gehorcht, wird er das zuweilen.

Also sucht der Einzelne die Gemeinschaft, damit er von deren Geselligkeit, deren Schutz profitiert, damit er sich dort „geborgen" fühlt und nicht mehr allein gelassen bleibt vor dem Riesenmonster, welches er ahnt. Aber er sucht auch mehr, als er findet.

In einer Art der „Flucht nach vorn" will er sich solcherart vor allem auch über seine eigene Stellung im System auf dem Laufenden halten. Er „kriecht" in das Kollektiv und „klebt" sich an die Clique. Er kriecht den Privilegierteren in deren schon eigens dazu glatten, verfetteten Hintern, weil er sich dort in den Innereien inmitten des Systems wähnt, geborgen unter der Macht eines anderen, wie das Kücken unter der Glucke. Oder er macht sich gleich selbst zu einem Systemagenten, um sich so eine eigene Streitmacht - seine Clique - aufzubauen, mit der er dann taktieren kann im Chor der Dämonen. An und in seiner Clique reagiert er sich ab, übt und bewährt er sich. Mit ihrer Hilfe verdrängt er seine Ängste. Ansonsten muß er um seine Existenz fürchten.

Die Angst ist dann die Angst vor der Ohnmacht gegenüber diesen kleineren und größeren Substrukturen im System.

Das konkrete Gesicht dieser Angst, das aber ist immer ein Mensch, einer, der so eifrig wie dumm, borniert wie selbstgerecht oder einfach nur überarbeitet in und mit diesen Strukturen agiert, immer in der von den Systemstrukturen unterstützten Einbildung der vollen Berechtigung dazu und der Illusion eines Gewinnes für sich selber.

Dieser Mensch wird von Ängsten getrieben, die er zu meiden sucht, indem er sich immer wieder selber zum agilen Werkzeug eben dieser Ängste macht, dieser finsteren Kräfte, die nun im System mit solcher zumeist unbewußten Unterstützung ihr Eigenleben entwickeln.

Wir zittern selten vor einem Menschen allein. Wir zittern vor der Macht, die hinter ihm steht, die ihn rächen kann. Und wir zittern davor, daß sich unsere eigene Courage an ihm vergreifen könnte und dann unser Gewissen belastet und das System gegen uns mobilisiert. Das ist die große Angst aus dem System, welches auch ein rächendes Monster sein kann.

Das System gewinnt durch die Primitivität an Dynamik. Es läßt sich ein regelrechter Verdummungs- oder Primitivierungseffekt für das System nachweisen. Es will gehorsame Lemuren und keine eigenwilligen Denker. Das System fördert Engstirnigkeit und honoriert Infantilisierung. Es lebt damit auf und gewinnt an Eigenständigkeit und eigener Virulenz. Es verstärkt damit gewissermaßen die eigenen, ihm eigentümlichen „Sinne". Es wird damit weniger durch humane Einflüsse gestoppt, beschnitten, gebremst, bevormundet.

So eskalieren die Katastrophen, und so entstehen Kriege. So werden Degeneration, Verfall, Pervertierung „normal". Für die Menschen sind diese Dinge zwar negativ belegt, für das System aber stellen sie normales, „pulsierendes" Sein dar. So hatte sich in Europa einst der Faschismus entwickelt, so ist auch der Kommunismus entstanden und wieder vergangen.

Ein System ist von sich aus sinnlos. Es enthält nicht mehr Sinn als die gesamte biogene Evolution auf der Erde schlechthin. Es lebt. Aber es lebt nicht für irgend etwas, auf irgendein Ziel hin. Es verfolgt keinen Zweck. Und im Gegensatz zu den Organismen einer biologischen Gattung verfügt es nicht einmal über ein Selbsterhaltungsinteresse. Es ist einfach da, von Kräften getrieben und läßt sich treiben. Ein System oder ein Teilsystem des Systems ist nicht notwendig nützlich, stabil, gesund oder notwendig für irgend etwas.

Die Systeme agieren wertblind - aber sie agieren.

Darum soll man niemals dem Trugschluß nachgeben zu glauben, nur weil etwas funktioniert, müsse es auch hinreichend durchdacht, intelligent oder wertvoll sein. Es funktioniert vieles, was einfach nur dumm ist. Zuweilen kommt das nicht einmal ans Licht - wirken tut es trotzdem, denn auch Dummheit „funktioniert".

Nach dem versteckten „Willen des Systems" soll der Mensch vor allem „funktionieren" - möglichst aber nicht wirklich erfassen, wie alles funktioniert. Angepaßt soll er sein, nicht zweiflerisch oder gar widerborstig - und genau das ist „die Dummheit" - mit samt dem Wunder ringsherum.

Macht

„Macht" gehört zu den Allerweltsbegriffen und bedeutet vieles und recht Unterschiedliches. Andererseits ist Macht auch immer etwas Besonderes. Die Macht ist keine Gewalt, aber Gewalt ist oft das letzte Mittel, die zwingende Konsequenz der Macht.

„Macht" entsteht aus jeder Kraft, gegenüber der ein Mensch einsichtig wird. Er begreift rechtzeitig, daß er dagegen nicht ankommt. Macht muß man „spüren", zu verstehen braucht man sie nicht. Man rennt zweimal vergeblich gegen etwas an, dann ahnt man schon, daß Macht dahinter steht. Man versucht es ein paarmal noch energischer oder geschickter - aber genau so erfolglos. Dann weiß man es genau. Man lernt im Übrigen aus der Erfahrung, was mächtig ist und was nicht. Aber je mehr man sich auf derartige Erfahrungen verläßt, um so häufiger wird man auch getäuscht, geblufft. Nicht alles, was grimmig ausschaut, ist auch mächtig.

„Macht", wie sie den Menschen am meisten interessiert, kommt vor allem aus dem System. Nur von dieser Macht soll hier geredet werden. Diese Systemmacht repräsentiert dessen Übergewicht gegenüber dem Individuum und wirkt dann ebenso wie alles, was die Menschen zu zwingen vermag. Macht ist als Substanz nicht faßlich, trotzdem ist sie konkret.

Macht und System

Alle Macht kommt aus dem System. Das System äußert seine erkennbare Gewalt über die Menschen im Phänomen der Macht, der sich alles andere unterzuordnen und einzufügen hat. Diese Macht duldet nur, wovon sie nicht selber behelligt wird und was ihr dient. Das System absorbiert oder eliminiert alles, was eigene Wege gehen will. Wer im System leben will, insbesondere, wer gut leben will, muß sich - so oder so - mit der Macht arrangieren. Damit muß er sich selber als eigenwilliges Individuum aufgeben bzw. sich mit dem System als eines von dessen Partikeln identifizieren.

Weder Kunst noch Wissenschaft, weder Kultur noch Sozialität, weder Kreativität noch Fleiß, weder Wahrheit noch Gerechtigkeit und keine Tugend kann sich letztendlich autonom neben der Macht behaupten. Es bleibt alles vergebens, was in dieser Richtung versucht wird. Die Macht duldet nur, was sie nicht bemerkt, was sie nicht stört oder was sie befördern will. Das aber sind oft ganz andere Dinge, als es der Mensch vermutet.

Das System ist der große Machtgenerator. Der einzelne Mensch steht dem System ohnmächtig gegenüber, egal ob er oben oder unten in der Hierarchie der Positionen eingebunden ist. Er muß erdulden, was das System mit ihm anstellt, jeden Widersinn, jeden Murks, jede Sinnlosigkeit, aber natürlich ebenso jede Sättigung, Heilung, Beförderung. Bei diesen Positiva hat er dann tatsächlich einige Möglichkeiten, sich dem zu widersetzen oder darauf zu verzichten, denn oft steckt da ja auch Penetranz oder Korruption dahinter.

Wer sich mit der Macht einläßt, der muß sich selber aufgeben. Dafür wird er dann aber auch gut belohnt. Er wird gemästet wie eine fette Made. Er muß der Macht dienen und dient damit zugleich auch den eigenen Organen. Indem er die Macht nährt, nährt er sich. Er wird von der Macht deformiert, aber er wird von der Macht als deren Instrument auch aufgeblasen - groß und gewaltig zuweilen.

Daraus läßt sich herleiten, welche Charaktertypen für die Macht besonders prädestiniert sind. Es sind die Charakterlosen, die Raffinierten und die Gerissenen, die Primitiven und die Dynamiker sowieso. Es ist dies die altbekannte Elite, die überall und immer mit dem größten Erfolg herrscht. Es sind die geborenen Sieger.

Nachdem sie das System erschaffen haben (ohne viel davon zu wissen), bedient sich das System nun ihrer Infamie und lebt davon. Diese Typen besitzen ein großes Potential, um zu fallen und im Fallen Energie frei zu setzen, welches den Stoffwechsel des Systems immer wieder anheizt und beschleunigt.

Macht ist persönliche und eher scheinbare Macht einzelner Individuen (Individualmacht), aber auch die tatsächliche Macht einer Maschinerie, bzw. eines Organismus (strukturelle Macht). Das eine ist zugleich das andere, weil die Maschinerie selber kaum spricht, also Machtansprüche selber auch nicht artikuliert - sie aber dennoch hat und sogar ziemlich allein und für sich.

Jede Individualmacht ist Systemmacht. Der Mensch an sich selbst ist ohnmächtig - bis auf eine kleine, aber für das Allgemeine unerhebliche persönliche geistige Aura oder Fülle von körperlicher Kraft oder sonstigem Charisma.

Macht ist das Agens, mit dem das System systemar wirkt. In der Menschenwelt nennt man die Wirkung des Systems auf die Menschen jedenfalls „die Macht". Der Mensch empfindet nur jene Systemwirkungen als „machtartig", die auf ihn wirken und ihn in Bahnen zwingen, die er selber vielleicht ganz gern anders hätte.

Der humanoide Anteil dieser Machtausübung erfolgt über die Positionen, in denen Menschen vom System Macht verliehen wird - solange sie sich angepaßt zu verhalten und systemkonform zu äußern wissen. Anpassung bedeutet hier aber systemare Anpassung, nicht disziplinarische Unterordnung. Auch ein disziplinarisch Unangepaßter, ein Rebell oder Protestant, ein Aussteiger und Verweigerer kann systemar angepaßt sein.

Die Positionäre geben Macht nur weiter und verbrauchen oder nutzen deren anfallende Abfälle. Diese sind beachtlich, und das macht sie oft begierig nach der Macht. Man kann diese Machtabfälle nutzen, man kann sich bedienen an ihnen. Man wird „wer" mit der Macht.

Tatsächlich ist der Mensch gegenüber dem System gar nichts, bleibt eine bloße Witzfigur, ein mit Illusionen aufgeblasener Ballon, ein ausgestopfter Popanz, ein verärgerter Quieker. Er erlebt immer wieder die Übermacht des Systemaren als eigenes Versagen, als böses Schicksal, als Unglück oder Bosheit. Schließlich macht der Mensch aus seiner so problemgeladenen Nebenrolle im System auch noch Kunst, die Tragödie nämlich.

Auch das Gegenteil erlebt er hier und da und das dann einigermaßen wonniglich. Mit einem Male steigt er, steigt und steigt immer höher und weiß gar nicht so recht, wie das geht, wie das kommt, bis ihm dann noch rechtzeitig einfällt, daß das nur daher rühren kann, weil er halt nun mal so unverschämt tüchtig ist oder clever oder ordentlich oder angepaßt - oder einfach, weil er immer so fleißig arbeitet.

Diese „humane Macht" aus dem System ist nicht intelligent, sie ist „bloß" systemar, wiegt als solche jedoch schwer. Die besondere Intelligenz des Menschen ist daneben eine eigentümliche und problematische Kraft. Sie ist eine Art von Katalysator, aber zugleich ein ganz und gar zufälliger Katalysator. Immer nämlich geht es auch ganz ohne Intelligenz bzw. mit einem animalischen Minimum. Letzteres vermag der unaufgeklärte Mensch nur schwer zu erfassen, wenn er nämlich meint, daß er „schlau" und „gerissen" sein müsse, um zu überleben. Damit hat er zwar erst einmal Recht und oft auch Erfolg. Aber das System ist kein Mensch. Es muß und will gar nicht überleben, auch nicht mit dem pfiffigen Menschen, der das vermutlich möchte. Das System „ist" einfach nur. Es ist mit Kraft und Energie in der Welt und wirkt wie ein Wirbelwind. Wenn das System lebt und überlebt, dann nicht wegen eines Überlebenswillens, sondern wegen seiner „Wucht". Es ist da, nun muß es bleiben und weiter wachsen. Das ist schon alles.

Wer im System etabliert ist, der verfügt damit sogleich über eine seltsame Zusatzfähigkeit, deren er sich von Fall zu Fall nicht einmal selber bewußt sein muß. Es ist dies „sein" Anteil an der Systemmacht, die ihm ungewollt zufällt, die er aber auch ganz bewußt suchen und noch zusätzlich individuell aufbauschen kann. Von dem Letzteren ist hier nicht die Rede.

Allein indem der Bürokrat, der etablierte Systemfunktionär, der allseits bestätigte und abgesicherte Pfründenbesitzer agiert, übt er automatisch Systemmacht aus. Und agieren muß er, wenn es auch nur ein wenig ist. Er kann vermitteln, beurteilen, bewerten, verbindliche Ansichten verstärken innerhalb der engeren Systemumgebung, Meinungen äußern, Normen schaffen, Wirkungen abschwächen.

Allein seine eigenen Meinungsäußerungen, was diese vom Inhalt her auch immer seien, werden in seiner wohletablierten Systemumgebung zum Gesetz, dem gehorcht wird, nicht wegen des Inhaltes wiederum, sondern wegen der Herkunft aus einem Systemkompartiment. Denn das System verfügt über diese quasi religiöse Kraft, vieles in seinen Gehorsam zu zwingen - einfach nur so, weil es gewaltig ist.

Dieserart entsteht auch ohne das Zutun der Systemfunktionäre und Systemeinlieger ein feiner, subtiler Terror, eine permanente Bedrohung. Niemand außerhalb dieser Strukturen weiß, was innen als Nächstes ausgebrütet wird. Und ausgebrütet wird immer etwas. Das ist die Gärung des Systems.

Das System selbst ist gewissermaßen der „große Bruder", vor dessen unerfindlichen Launen man sich immer in Acht zu nehmen hat und gegen den man in keiner Weise etwas ausrichten kann. Im System erwirbt das dort wirksame Individuum eine „Terrorautorität" einfach nur, weil es dort sitzt und bezahlt wird. Zwar kann man im Prinzip einen derartig wirksam gewordenen Kostgänger des Systems aus diesem „herausschälen" und dann als isoliertes Individuum zur Rechenschaft ziehen. Das System selber trifft man damit aber in keiner Weise, man verärgert es nur, man macht es aufmerksam. Den Funktionär selber aber erlebt man ohne „sein" System als eine meist recht hilflose, armselige Kreatur.

So bekommt der Terror des Systems einen dämonischen Charakter, weil er „gar nicht gewollt" ist, weil er wie blind ist und zufällig - „es ist eben so - das ist das Leben - wo gehobelt wird, da fallen Späne". Das sind so in etwa die erklärenden Sprüche dafür.

Es ist das simple Wirken der Systemmacht, die vor allem immer auch ein erhebliches Zerstörungspotential enthält, vor der sich jeder einzelne ständig fürchten muß, der er niemals entkommen kann, solange die tausend Fäden des Staates und seiner Organe nur irgendwo noch hinreichen, und sie reichen weit. Insbesondere aber besetzen sie allen Lebensraum komplett. Dort sind sie gewissermaßen schon immer da als Quartiermacher für die Positionsinsassen.

Die einzigen noch verbleibenden Fluchtmöglichkeiten finden sich im System selbst, in seinen neuen oder frei werdenden Funktionen, Posten, Ämtern, Pfründen. Es ist dann gewissermaßen „die Flucht nach vorn", wenn man sich dort einrichtet. Und nur dort kann man auch wirksam werden. Aber man wird das System, welches einen ernährt, aus eben diesen Gründen wohl kaum in seiner Substanz angreifen.

„Der Bonze" ist vielleicht der Prototyp des bewußten Systemeinliegers, der alle Vorteile daraus zieht, indem er sich über das bloße Funktionieren hinaus per Aktivismus und Intrige und immer zugunsten der Systemstabilität aus dessen Springquellen wissentlich bedient.

Im Allgemeinen harmonisiert der Mensch mit dem System, d.h. er bemerkt es kaum. Er ist angepaßt. Er paßt hinein. Wo er sich aber gegen das System stellt, wo er vom System nicht gewollt wird, so wie er ist oder sich gibt, wo er also mit dem System in Konflikt gerät, da lernt er die Gewalt des Systems kennen. Dann ist das System fürchterlich.

Insbesondere aber lernt er dann, daß er selber weniger als ein Nichts ist. Er ist weniger als ein Nichts, weil Nichts nur Nichts ist. Der Gegner des Systems aber ist noch ein Etwas. Dieser Gegner muß, damit er zu einem Nichts werden kann, erst in sein humanes Gegenteil verkehrt werden, damit er dann sich mit sich selbst zu einem Nichts neutralisiert. Dazu wird das System erfinderisch und fällt wie mit übernatürlicher Kraft über den Gegner her. Selbst der Tod ist noch harmlos gegenüber derart gespenstischer Systemmacht - wenn diese sich erst einmal voll gegen das Individuum stellt. Kriege, Massenvernichtungen, Vertreibungen, Totalitarismus usw. sind immer noch aktuelle Beispiele für diese urtümliche Gewalt aus dem System.

Aber solche ursprüngliche und massive Macht wird nicht nur gefürchtet. Sie wird vielmehr immer auch bewundert und dann hofiert. Das ist der ewige Krampf in der Politik.

Der Mensch verfügt im Allgemeinen über erhebliche innere Reserven, die ihn zu allerlei auch ihm eigentlich mißliebigen Anpassungen befähigen. Damit hält er dann einiges aus und kann auch viel Stuß, Murks und Blödsinn ertragen. Er vermag lange im Regen zu stehen und den Unbilden des Wetters zu trotzen. Davon profitiert das System.

Wer Macht hat, kann damit Unfug machen, kann das Ungefüge gefügig zwingen. Das nämlich ist die Kompetenz der Mächtigen, daß sie ihren Stuß, jeden Stuß, auch durchzusetzen vermögen. Danach kommt das System, geht über diesen Stuß tätig hinweg, liest ihn aus, fördert ihn oder verwirft ihn - zuweilen die dazu Mächtigen gleich mit.

Mit seiner ihm eigentümlichen Macht und Wucht setzt sich das System als evolutionär wirksame, sich selbst erhaltende Bildung durch. Macht ist der Lebenssaft des Systems.

So - über das System und seine Mechanismen - leisten die Mächtigen „Gutes“ wie Schlimmes, und der Mensch nutzt es. Oder wenn es schlimm ist, verkraftet er auch das. Im Überfluß muß der Unsinn der Tätigen und Macher schon gewaltig sein, um als solcher (als Friktion) wirklich Widerstand zu erzeugen.

Mit dieser Macht aus dem Systemaren ist die Kompetenz der Einzelnen, die sie allein aus der Macht beziehen, so etwas Besonderes nicht mehr. Insbesondere aber ist sie keine sonderliche Sachkompetenz.

Das System ist der unerkannte, aber wirkliche Gott aller Mächtigen, der Herr über allen Herren. Es straft sie und belohnt sie wie ein Gott, erhöht sie oder rottet sie aus.

Macht ist eine Sache, das System ist eine andere Sache, doch beide gehören zusammen. Das System liefert die Macht, die Macht stützt das System. Der Machtbesessene wiederum strebt auch dann zur Macht, wenn das System keine weiteren Machtpositionen benötigt oder zur freien Besetzung frei hat. Es ist dann ein Leerlauf der Machtbedürfnisse eingetreten. Daraus entwickeln sich nun vermehrt dynamistische Aktivitäten,

Interessen mit entsprechend neuen Machtstrukturen im System. Jedem Machtbesessenen seine Machtfunktion! Er muß nur lange genug ackern, dann hat er sie. Dann muß er sie hüten, dann behält er sie. (So entwickelte sich übrigens auch die kommunistische Machtstruktur in den davon betroffenen Ländern.)

Das System vermag die dynamistische Macht von einer nur funktionalen Macht grundsätzlich nicht zu unterscheiden. Das eine ist für das System so gut wie das andere. „Machtkämpfe", also die innere und natürliche Dynamik der Macht, können dazu führen, daß vor lauter Machtrausch auch noch die letzten Quellen konstruktiver Kompetenz vollends verloren gehen und das System daran zu degenerieren beginnt. Die Krise bricht aus - mehr oder weniger akut. Mit den überflüssigen Machtpositionen werden aber auch die Beherrschten in solchen Bereichen überflüssig, nicht jedoch die Machthaber. Der Mensch verliert an Wert. (Im System ist der Mensch nur von Bedeutung, wenn er „Wert" hat).

Mit der zunehmenden Machtfülle der Leiterpersönlichkeiten bei Erhöhung der Stufe in der Hierarchie geht zugleich auch eine zunehmende Verantwortungslosigkeit einher. Immer mehr wird der Mensch zum „Apparatschik", der nur noch dem Mechanismus des Apparates, nicht mehr den Menschen und der Menschlichkeit verpflichtet ist, selbst nicht einmal mehr der Stabilität des ihn erhaltenden Systems - bis hin zu dessen Zusammenbruch.

Die „theoretischen Argumente" der Propagandisten gewinnen immer mehr an Bedeutungslosigkeit, sie werden zu Banalitäten, abgehakt unter der Rubrik „Öffentlichkeitsarbeit" oder „Geschwätz" - mit dem sich aber gerade die Apparatschiks (falls sie müssen - Demokratie) immer noch legitimieren. Die pure Macht, verborgen unter solchem Ideologisieren, wird allein maßgeblich und Maßstab eines Erfolges, der allein immer wichtiger wird: Die Macht selber.

Das plausible „mechanische" Grundmodell der Machtwirkung des Systems folgt aus der „unsymmetrischen Machtpyramide".

Ihre Basis besteht aus der Masse der Machtlosen, deren praktischer Lebenssinn darin besteht, für sich und alles Übrige die Lebensmittel zu erwirtschaften. Nach oben zu verengt sich diese Pyramide in der Führungshierarchie mit einem obersten Organ - klein und einsam an der Spitze.

Eine solche noch symmetrische hierarchische Struktur wird notwendig an einer Seite ergänzt durch einen „Rucksack" mittlerer Größe, der nicht ganz unten, aber auch nicht ganz oben sitzt - aber auch nicht zwischendrin. Hierin finden sich sämtliche Repressionsorgane der Struktur, die zu ihrer Aufrechterhaltung gebraucht werden. Sie dienen der Führung und garantieren deren Macht mittels Gewalt, potentieller oder realer. Im Staat ist das die „Staatsgewalt", die niemals und nirgends gewaltlos bleibt, die Angst machen und Respekt einflößen soll und die sich nicht selber ernährt. Dieses Phänomen beschränkt sich aber nicht nur auf das Staatliche, sondern findet sich größer und kleiner überall.

Vorraussetzung dazu ist lediglich eine Mindestproduktion an Überschuß, damit die „unproduktiven", aber unverzichtbaren Repressionsorgane mit ernährt werden können. Sobald ein solcher Überschuß da ist, bedarf es gewissermaßen nur noch eines kleinen Anstoßes, und das ganze System wandelt sich („kippt") in diesen stabileren Zustand um und verbleibt dort. Das ist der sozialökonomische Kern aller Geschichte.

Ein interessantes Problem dabei bleibt noch: Warum übernimmt „der Rucksack" nicht selber die Macht, wo er schon über die ganze Gewalt verfügt? Vielleicht kommt das nun tatsächlich aus dem Unterschied von Macht und Gewalt, die nicht dasselbe sind. Der entscheidende Grund aber dürfte sein, daß damit die Stabilität verloren ginge. Das zumindest muß „der Rucksack" irgendwann einmal begreifen. Mehr aber muß er nicht wissen. Seine Intellektualität kann eine spezielle und eingeschränkte bleiben. Seine eigennützigen Motivationen werden gebremst und kanalisiert durch Ideologie und Verehrung, durch hinreichende Versorgung und Spezialprivilegien unterschiedlichster Art.

Macht und Individuum

Wer als Individuum den Mechanismus der Macht begriffen hat, wer sein eigenes Wirken in einem für ihn selbst günstigen Sinn erfahren hat, wer erlebt hat, daß auch die eigenen Ellenbogen hart und kräftig sind, der braucht keine Philosophie mehr. Philosophie und Moral sind für ihn fortan nur noch Floskeln, die man hier und da ganz nützlich verwenden kann, zur Zierde oder zur Täuschung oder um sich die Mühe eines Kampfes zu ersparen, die aber ansonsten nicht mehr wesentlich sind. Wer mit der Macht erfolgreich ist, der hat seinen Weg gefunden, der bestätigt sich in der Macht, was er auch immer ansonsten tut. Erfolg ist das ewige Ziel, Erfolg als Frucht der Macht, Macht als Ergebnis des Erfolges. Erfolg ist

Funktionieren in Gesundheit, alles bekommen, alles haben, alles werden, alles sein - oder doch wenigstens ein beachtliches Stück von alledem, das große Fressen, das große Sattwerden.

Wer nicht nach dem Erfolg strebt, der wird früher oder später von den Mächtigen zum Pampel befördert. Er hat dann nichts, er darf dann nichts, er hat auch von sich aus nichts mehr zu können. Alle seine Weisheit und Kompetenz wird für ihn ganz unnütz.

Ein sauberes Beispiel dafür waren unter anderem die Bücherverbrennungen der Nazis: „Ein klarer Geist", „ein gesundes Blut" ermannte sich kraftvoll gegenüber kleinlichem Bedenken, zermürbenden Zweifeln, zaghaftem Erwägen, gegen das selbstzerfressende Philosophieren überhaupt, gegen unbequeme Wahrheit und hinderliche Rechtschaffenheit. „Tötet den Geist, verbrennt seine Bücher, laßt die Ellenbogen sprechen!"

Der Erfolgreiche muß nichts mehr verstehen, der Mächtige braucht nichts zu begreifen. Wer in der Hierarchie oben sitzt, muß nichts einsehen müssen - zumindest solange es noch bergauf geht. Die Wahrheit kann man vergessen. Damit verliert auch die Lüge ihre auffällige Besonderheit und wird zur Trivialität, zur Normalität. Die Macht funktioniert auf einfachstem Niveau, ist sich selbst Bestätigung und bleibt sich selbst genug.

Die Macht funktioniert so gut, daß selbst Kritiker der Macht ins Staunen kommen, wenn sie erleben, wie die Macht ihre riesigen Monumente in die Welt setzt und auch noch dem gröbsten Unsinn zur Realität verhilft, wenn sie die unglaublichsten Lügen spielend hervorbringt und zur verbindlichen „Wahrheit" macht. Gegen Macht ist alles andere machtlos - sonst wäre ja die Macht keine Macht. Macht argumentiert nicht, Macht setzt den Fuß in den Nacken. Macht produziert Kunstwelten, die eine groteske Beständigkeit haben. An der Macht scheitert alle Weisheit und jede Philosophie. Macht vermag alles - solange sie nur mächtig ist.

Könnte man die Macht in Flaschen abfüllen zwecks Verhökerung auf dem Markt, so hätte man damit das Elixier des Lebens gefunden, den so lange erfolglos gesuchten Stein der Weisen, und könnte erstaunliche Geschäfte damit machen.

Aber Macht ist auch diffus und verschwommen und verliert sich schnell wieder. Sie läßt sich nicht konfektionieren und dann im Laden verkaufen.

Viele Leute tun gerne so, als gäbe es eine natürliche Ordnungsmacht in der Welt a priori. Es gibt sie tatsächlich. Es ist das System. Aber das wissen diese Leute gar nicht. Sie glauben zu gleicher Zeit an ihre eigene, rein menschliche und als solche ganz und gar absolute Autonomie. Sie meinen, es gäbe eine Moral an sich, ein niemals zu bezweifelndes Gesetz für alle Zeiten, eine Weisheit aus dem Kosmos verbindlich für alles und jeden. Hinter solchen Mysterien pflegen sich diese Leute dann zu verschanzen.

Sie sind nicht und niemals in der Lage, sich ihr eigenes Gesetz zu geben. Sie ordnen sich einer Macht unter, und sie suchen die Macht, der sie sich unterordnen dürfen. Sie sagen nie „ich will ...". Sie sagen: „Es hat zu sein ..., die Pflicht gebietet ..., der Staat wünscht ..., es gehört sich so ...". Doch nur sie selber sind es, die das alles wollen. Das ist feige oder dumm oder beides, aber es ist so. Dann jedoch handeln sie wieder, als ob sie selber es wollen und kein anderer und nichts anderes es ihnen vorgibt. Sie wollen immer etwas - aber sie wollen nie selber schuldig sein. Schuld an etwas sei stets nur die kosmische Urkraft, der sie vertrauen und gehorchen. Mit dieser allgemeinen Lügerei schaffen sie das auch. Das ist die Primitivität, die aus dem System kommt.

Der Mensch verfügt von alters her über einen „Machtrezeptor", ein Organ gewissermaßen, welches ihn Macht „annehmen" läßt. Das ist immerhin erstaunlich, denn man könnte daraus ableiten, daß der Mensch Macht auch braucht. Viele Menschen, die nicht gerade die geborenen Egoisten sind, orientieren sich bei ihrem eigenen Handeln vorrangig auch nach dem, was andere wünschen, was jene für gut oder richtig halten. Das erscheint zunächst merkwürdig, wenn man dabei nicht von einem „schlechterdings Selbstverständlichen" ausgeht. Es kann dann nämlich den Anschein erwecken, als hätten solche Leute keinen eigenen Willen. Gerade in unseren modernen, auf Egoismus orientierten Zeiten sieht man das gerne so und richtet Erziehungskurse ein gegen diese „Selbstschwäche". Man solle sich vielmehr selber behaupten, „Nein-sagen" können usw. heißt es nun.

Tatsächlich aber handelt es sich bei diesem Phänomen um eine grundlegende Eigentümlichkeit. Das zu tun, was andere wünschen oder wollen, soll zu dem werden, was alle tun, wollen oder wünschen. Das funktioniert aber nur richtig in einer intakten, möglichst auch konstruktiven Gemeinschaft, nicht aber in einer Freibeuterarena.

Der Wille des anderen ist immer der erste Anhalt oder ein Ersatz für den Willen der gesamten Gemeinschaft. „Gesamtwille" entsteht, indem sich jeder solcherart nach dem anderen richtet, diesen fragt, was der für richtig hält, wobei jener sich wiederum fragt, was andere für richtig halten. So bildet und bewahrt sich Gemeinschaft als eine ewige Fragerei.

Der fragliche „Machtrezeptor" findet seine Ursache in dieser sozialen Erscheinung.

An die Stelle der Gemeinschaft tritt jetzt jedoch die Forderung des Systems. Aus der freiwilligen, selbstbestimmten Zurückstellung der eigenen Intentionen (nicht der eigenen Interessen) wird ein freiwilliger, ein angestrebter Gehorsam. Dieser Gehorsam ist nicht identisch mit Unterwerfung, Selbstaufgabe, Untüchtigkeit, denn er wartet auch ab, wertet aus und spricht ein Urteil.

Der Machtrezeptor ist das sicherste, beste und billigste Manipulationsmittel der Herrschenden. Er wird vor allem durch einen guten Fassadenbau gestärkt.

Den Machtbesitzern erscheint der Besitz ihrer Macht als eine Existenzfrage. Im System ist sie das tatsächlich, weil es im System nicht um das Individuum, den einzelnen, kleinen, nackten Menschen geht, sondern um die Position, in der dieser eher zufällig steckt. Zur Position gehört die Macht.

Verfall, Aufgabe, Beseitigung von Macht bedeutet Vernichtung von Systempositionen und damit Verwundung des Systems, Störung der Harmonie, Infragestellung der Systemstabilität, drohenden Untergang. Wenn der betreffende Mächtige aus seiner Position auch nur aussteigt, diese also nicht beschädigt, seinen Besitz nur aufgibt, seinen Posten kündigt, so muß er sofort berechtigte Angst haben vor den subalternen Kreaturen, die dann als seine Nachfolger diese Position besetzen und die deren Macht dann auch gegen ihn benutzen.

So wie der Fabrikbesitzer in der Regel nicht gewillt ist, seinen Besitz zugunsten der ihm fragwürdigen Gemeinschaft aufzugeben, so war der rote Funktionär bei den Kommunisten auch nicht bereit, auf seine Funktionärsmacht und damit auf seine Pfründe zu verzichten. Solches liegt neben dem unmittelbaren, direkten Machtinteresse, der „Machtbesessenheit", auch einfach daran, daß Macht bezahlt wird bzw. daß sie sich selber bezahlt macht. Das System ist auch eine große Firma und hält sich seine Belegschaft - aber es hat keine Konkurrenz (außer sich selbst).

Machtdenken ist eine der fundamentalen „Eigenschaften" des Menschen. Mit dem Menschsein ist Machthaben untrennbar verbunden. Zur Verwirklichung alles dessen, was der Mensch aufgrund selbstproduzierter oder äußerer Herausforderungen braucht, ist die Macht eine der beiden Grundvoraussetzungen. Die andere ist „Erkenntnis". (Walter Böckmann)

Macht und Moralität

In der konstruktiven Gesellschaft kann es keine Macht geben, weil Macht vor allem immer die Macht der dynamistischen Kräfte und der Primitivität, also des Systems ist. Macht zerstört Konstruktivität. Auch in der Realgesellschaft kann die Konstruktivität nur im machtfreien Raum Früchte tragen. Das Korn wächst nur dort, wo niemand zugleich darauf herumtrampelt. Es gehört zu den Eigenarten der Murksprozesse, solche machtfreien Räume immer wieder zuzulassen und zugleich auch immer wieder einzuschränken.

Konstruktivität ist damit quasi das Gegenteil von Machtentfaltung. Sie ist das machtfreie Wirken einer Gesamtheit, die sich einig ist. Das ist schwer vorstellbar. Eine Menschheit, die keinerlei Aggressivität und Dynamizität kennt, ist ebenso unbekannt - aber vielleicht doch denkbar.

Eine nur konstruktive Macht gibt es nicht, es sei denn, man nennt die Konstruktivität selber eine Macht. Das kann man. Man kann alles Macht nennen, selbst noch die Ohnmacht, als die Macht, die alle eigene Macht ausschließt.

Das Schaffen und Bauen, das Leben aus sich selbst und nicht auf Kosten anderen Lebens und unter bloßer Verwendung noch nicht strukturierter Quellen (so etwa, wie etliche Pflanzen uns das vorleben) braucht keine Macht und entwickelt auch keine Macht, indem sich dieses Leben gegen niemanden und nichts, gegen keine andere Struktur richtet. Indem das konstruktive Leben nicht anderes für sich konstruieren läßt, bleibt ihm die Macht erspart und fremd und überflüssig.

Nur beim konstruktiven Charaktertypus wirkt die Macht als unliebsamer Terror, weil dieser für die Werte außerhalb der Macht, für Wahrheit, Vernunft und dergleichen empfänglich ist. Nur er spürt die Macht als eine Geißel, nur er empfindet Macht als Anmaßung, als Beschränkung und Zwang. Der Dynamiker hingegen sieht in der Macht etwas Natürliches, eine Naturgewalt gewissermaßen, mit der man immer zu rechnen und zu rechten hat - und die sich mit einigem Geschick und Glück selber immer wieder gut brauchen läßt. Man muß dazu nur auf der richtigen Seite stehen, auf der Seite der stärkeren Bataillone. Dafür sollte man beizeiten sorgen.

Die Macht beraubt die Konstruktiven, die sich ihr nicht fügen, ihrer Werkzeuge. Sie braucht und gebraucht nur, was sich ihr anpaßt und honoriert das auch nur dann, wenn es anteilig an ihr selbst ist. Der Konstruktive nämlich, der selber andere nicht benutzt, hat niemanden, der ihm die Mühen der Arbeit abnimmt. Von daher benötigt er alles das, was von der Macht gemeinhin vergewaltigt wird, zumindest aber unterworfen und angestellt, gemodelt und verfälscht. Er braucht Vernunft, Wahrheit, Weisheit, Wissen usw., und das alles unmittelbar. Die Macht jedoch ist kein Freund der Weisheit und Aufklärung.

Die Macht ist ein vortreffliches Instrument der Dynamizität. Sie ist nicht nur Mittel, sondern auch Produkt der Dynamikertätigkeit. Aber sie ist kein unbedingt freiwilliges Produkt derselben. Von der bloßen Gewalt, vom Terror, unterscheidet sich die Macht durch ihre Ordnungsfunktion. Das ist das Positive an der Macht: Sie schafft Strukturen und gestattet so ein Minimum an konstruktivem Schaffen, welches für die Existenz der Macht selber und der Dynamizität ganz unerläßlich ist.

Das ist aber auch das Problem mit der Macht: Man kann sie nicht einfach abschaffen, ohne das Chaos zu provozieren. Dynamizität und Primitivität brauchen die ordnende Gewalt der Macht, um als Primitivität überleben und als Dynamizität gedeihen zu können. Von sich aus schaffen sie nur „Anarchie".

Die Ordnung bildet das konstruktive Element der Macht. Dieses erzeugt aus ihr quasi ein eigenes Wesen: Das System. Die Produktivität der Peitsche war immer größer als die des Pfluges. Unter der Ägide der Macht heißt Dummheit nicht Dummheit, sondern Komplexität. Die Macht ist die Weisheit des Teufels.

Macht und Dummheit

In einer dummen Welt geht es nicht eigentlich um die Dummheit, es geht vielmehr um deren Macht, also um die Macht gerade des Dummen in der Welt. Es geht darum, ob Dummheit maßgeblich wird, ob ihr zu gehorchen ist, ob ihr überhaupt jemand Gehorsam zu schulden hat. Dazu muß Dummheit dann aber - irgendwie - als Dummheit auch erkannt werden.

Mit Primitivität umzugehen ist schwieriger als mit Kompetenz. Letztere denkt mit und weiß von allein, was richtig und notwendig ist und bedarf nur weniger, aber natürlich wesentlicher Informationen und eines kleinen Anstoßes. Fähigkeit organisiert sich selbst und braucht fast keine Führung.

Die zäheren Primitiven begreifen auch nach langen Erklärungsversuchen noch nichts. Sie wollen nicht aufgeklärt werden, sondern überzeugt. Bis dahin ist ihnen ihre eigene primitive Meinung wichtiger. Danach ist es die andere, die fremde Meinung - und zwar unbesehen. Darum haben Primitive Autorität nötig. Sie müssen sich einer Macht unterordnen, einer Macht, an die sie glauben - ohne etwas zu verstehen. Diese Macht nutzt ihre untergeordneten Fähigkeiten. Autorität hat, wenn sie in ein wirksames System integriert ist, selbständige Intelligenz auch nicht mehr nötig, weil nun der Automatismus wirksam wird. Das Schicksal nimmt seinen Lauf.

Das vielleicht wichtigste Phänomen zumindest aller „höheren Dummheit" ist ihre fast aggressive Affinität zur Macht, wie wiederum die nachhaltigste und schwerwiegendste Belastung der Macht ihre Affinität zur Dummheit ist. Das hat zur unmittelbaren, grundsätzlichen und nicht behebbaren Folge, daß die Dummheit in ihrer ganzen Ambivalenz, Unbestimmtheit und Inkonsequenz tatsächlich die unbedingte Weltmacht wird (gegen die bekanntlich selbst Götter ganz vergebens kämpfen).

Die Macht der Dummheit findet sich immer und überall wie der Fels in der Brandung der Vernunft. Man kann sie nicht umwerfen. Man kann sie tatsächlich nur mit List umschiffen oder mit Bosheit zerschlagen. Das aber sind nicht gerade die Tugenden, die man sich dafür wünscht.

Die Dummheit, die sich mit Unterstützung der Macht das Mäntelchen beliebiger Unfehlbarkeit umgehängt hat, ist identisch mit der jeweils als Klugheit und Weisheit ausgegebenen Herrschaftsmacht im Großen wie im Kleinen und Alltäglichen. Man hat sich in langen Zeiten daran gewöhnen müssen und nimmt davon gewöhnlich nur noch die krassesten Groteskerien und übelsten Mißstände wahr, die dann aber auch die Herrschaft der Dummheit wiederum zügeln. Denn schließlich wird dieses alles auch von Menschen bereitet und gestützt, die nebenbei immerhin auch noch leben wollen und das nicht schlecht. Das allein ist die Chance der Vernunft. Es ist dies im Übrigen eine bescheidene Option - wie die Geschichte demonstriert.

Macht macht aus einer infantilen Intelligenz ein respektables Ungeheuer. Das ist das Fatalpaar aus Macht und Dummheit. Diese Pärchen ist darum so besonders penetrant, weil solche Macht nichts Fremdes ist, sondern weil sie vielmehr ganz und gar menschlich wirkt. Damit aber zwingt sie jedermann in ihrem Einflußbereich diesen Dauerkonflikt zwischen duldsamer Anerkennung und aufbegehrendem Ungehorsam auf. Es ist immer wieder die Macht, die das „Recht zur eigenen Dummheit", diese durchaus kreative Muskelkraft des Systems, zum Durchbruch und zur fatalen Wirkung bringt. Dummheit schafft Fakten - aber nur mittels Macht. Und Fakten müssen anerkannt werden.

Macht ist Naturgewalt. Auch das System gehört zur Natur und nicht in den künstlich humanen Bereich als willkürlich gedachter Gegenspieler zur Natur. Kommt Dummheit zur Macht dazu (und diese kommt schnell und oft dazu), dann wird damit auch die Dummheit zu einer Naturgewalt, zu einem Ding an sich. Mit diesem Ding an sich hat man sich dann abzufinden wie mit einer ehernen Realität, auch wenn es „nur die Dummheit" ist.

Macht ist zugleich auch „schlau", ist Schlauheit unmittelbar, ist Schlauheit ohne alle Intelligenz, macht alle intellektuelle Klugheit überflüssig, ist also auch Dummheit par excellence, hat für intellektuelle Kategorien überhaupt Sinn nur in untergeordneter Prämisse.

Die große Tragödie der Dummheit ist immer wieder, daß sie Kompetenz und Fähigkeit nicht erkennt, und zwar prinzipiell nicht. Sie nimmt sie nicht wahr, begreift sie nicht und will sie auch nicht unbedingt erkennen. Damit sich Dummheit so auch stabilisieren und behaupten kann, benötigt sie Macht. Macht setzt Dummheit durch gegen Angriffe, gegen Vorhaltungen, gegen Kompetenz. Macht schützt die Dummheit und ermächtigt sie zur Primitivität mit allen Konsequenzen - welche am Stammtisch vielleicht nur banal klingen, in der Realität aber leicht und leider immer wieder auch in ganz überflüssiger Weise tragisch enden können. Diese unliebsamen Folgen können Schicksal werden und damit dann auch wieder Gegenstand von „Forschungen". Die Trivialität der Macht erforschen, welch eine großartige Sache! Es ist die Macht, die aus der Dummheit das Wunder erschafft.

Kompetenz braucht keine Macht. Wenn sie sich durchsetzen will, setzt sie sich auch durch, selten allerdings gegen eine Macht. Verwendet sie selber Macht dabei, ist oder wird sie ganz schnell zur Dummheit, indem sie sich damit gewissermaßen überflüssig macht. Dummheit ist

Vollendung in sich selbst. Daß sie diese Vollendung auch anderen zukommen lassen will oder muß, kann ihr tragisches Sendungsbewußtsein werden, welches sie zur Primitivität generiert. Das Recht der Dummheit in Freiheit ist ihr Recht zur Selbstverwirklichung.

Nicht die Dummheit an sich ist das Übel, sondern die Macht, die hinter ihr steht. Und nicht die Macht an sich ist schlecht, sondern die Dummheit, mit der sie ausgeübt wird. Die Frage ist natürlich, was Macht sollte, wenn sie nicht für eine Dummheit da wäre. Macht, nur um Dummheit zu unterdrücken und sonst nichts, ist selten, vielleicht sogar ein Unding. Dummheit ist die ungestalte, aber liebe Schwester der Macht.

Allgemein gilt Dummheit als etwas Verächtliches, und doch wird sie auch geschätzt. Besonders in Herrschaftsverhältnissen liebt man vielleicht nicht gerade dumme, aber doch einfältige Untergebene. Das hat den Vorteil, daß die Herrschaft damit als Führungskraft stets eine automatische Legitimation genießt und sich auch vor sich selber rechtfertigen kann (falls das nötig sein sollte). Problematisch wird das nur, wenn dann auch die Herrschaft - gestützt auf ihre Machtfülle - selber bereits derart versimpelt ist, daß sie Dümmere zur Arbeit nicht mehr findet und daher fast schon Gewalt anwenden muß, um ihre Untergebenen in ihrem Sinne gefügig zu machen.

Dummheit bei anderen ist für Leute mit Führungsansprüchen immer ein gewisser Segen (längst propagiert in dem bekannten „Peter-Prinzip"). Mag damit dann auch die Welt kaputtgehen, die Primitiven selber spielen „eine führende Rolle" dabei. Nur das ist ihnen wichtig. Einige „Welten" sind immerhin schon kaputtgespielt worden auf solche Weise.

Es ist die Macht, welche jede Dummheit zur Weisheit und Wahrheit machen kann und das so sehr und so vehement, daß insbesondere die Dummen von dieser Methode der Wahrheitsschöpfung geradezu fanatisch begeistert werden. Sie begreifen nicht einmal, wie ihre so geschaffenen Systeme an ihrer eigenen und grundsätzlichen Inkompetenz zu kränkeln beginnen, und meinen, das durch Kampf und mit noch mehr Macht und Gewalt wettmachen zu können, bis sie endlich der endgültige Zusammenbruch - zwar noch immer keines Besseren belehrt, wohl aber von dieser speziellen Macht erst einmal abbringt, wonach sie sich aber nur nach einer anderen, neueren, „besseren" Macht umschauen.

Die Macht mobilisiert alle blinden Kräfte der Welt und schafft so Bewegung. Durch Macht wird Dummheit erst schön.

Auch etliche von den Aufgeklärten schätzen die Macht, so sie ein natürliches Faible dafür haben. Dann haben sie mit der Macht die Ultima ratio, das Non-plus-ultra in ihrer Hand. Wenn sie begnadete Strategen sind und auf hohen Positionen sitzen, halten sie eine ganze Welt damit in Atem. Intelligenz macht Macht gefährlich und fürchterlich - oder sie schafft sie einfach nur ab. Dann aber kommt gewiß schon bald eine andere Macht und frißt sich satt an der Fülle der schutzlos liegenden Gaben.

Wer Macht hat, wer sie wirklich besitzt, der muß nicht mehr unbedingt auch schlau sein, der kann sich die Mühsal aller angestrengten Erkenntnis fürderhin ersparen. Er muß weder die Welt, noch sich selber begreifen, er braucht nur noch zu leben - irgendwie.

Wer Macht will und sie noch nicht hat, der allerdings muß schlau sein, gerissen, pfiffig, der sollte dazu aber zugleich die Dummheit seiner Gegner oder Mitkonkurrenten fördern.

Wer einer Macht unterliegt, neigt zur Resignation und findet sich unter Umständen mit Unkenntnis und Unwissenheit ab oder sucht in billigem Versatz, in Aberglauben, Religionen, Ideologien, schnellen und bequemen Trost. Dummheit wird dann auch zum Alibi, nichts leisten zu müssen oder Scheinleistungen als Leistungen abzurechnen.

Der Dynamikerwille ist also auch immer ein Wille zur Dummheit, nicht zur eigenen, wohl aber zur allgemeinen. Der Dynamiker fürchtet Verstand und Vernunft und deren oft allzu grelles Licht.

Bürokratie

Bürokratie kommt von Büro, und im Büro häuft sich das Papier. Zumindest in alten Zeiten, als es noch keine Elektronik gab, war das so. Da roch es dort dann altmodisch nach Staub und Akten. Heute riecht es streng nach Ozon und hochfrequenter Strahlung.

Auf dem Papier entstand einst in unzählbar vielen kleinen und kleinsten Segmenten das getreue Abbild der ganzen großen Welt, wurde eingeheftet, ausgeheftet, umgeschlagen, abgestempelt, wieder eingeheftet und verschwand erst in der Ablage, dann in den Archiven.

Von dort aber schaute es immer wieder hervor und regierte die Welt. Jetzt wurde die Welt zum Abbild des Papiers. Das in etwa kennzeichnet das Bürokratische. Die Bürokratie repräsentiert gewissermaßen ein Über-

Sein über allem Sein und legt alles Sein amtlich, ganz und überhaupt und grundsätzlich fest.

Das ist aber keine Eigentümlichkeit, die automatisch erst mit der Bürokratie entstand. Es ist vielmehr eine Eigenart des Menschen, der erst solcherart sich vollkommen und perfekt sieht. Er hat schreiben gelernt, also muß er sich etwas aufschreiben, er hat einen Fotoapparat, also muß er auf dessen Knopf drücken. Er muß sich von Dingen und Personen ein Bild machen und diese einkleben, viele Bilder, immer mehr Bilder, als finge er sich so die ganze Welt ein und „brenne" sie dann ein für alle Male auch noch auf DVD. Er registriert, er notiert, er ordnet seine Gedanken - und den Rest der Welt gleich mit - auch im Schreiber dieser Zeilen sind derartig bürokratische Urtriebe wirksam (er hortet bei sich zu Hause eine bescheidene Stempelsammlung).

Der Mensch will alles kontrollieren, dokumentieren, durchleuchten, festhalten, haben, besitzen. Das steckt so in ihm drin seit Urzeiten. Und irgendwie lebt er ja auch davon.

Mit der Bürokratie gelingt ihm das nun auch ganz allgemein. Die Bürokratie holt die Welt in ihr Büro und beackert sie bequem vom Schreibtisch aus. Nach C. N. Parkinson ist der Schreibtisch überhaupt ein hohes, humanes Ideal geworden. Keiner, der zu Höherem strebt, entrinnt ihm. Die Bürokratie sitzt am Schreibtisch und wird mit ihm das Allerhöchste, zumindest faktisch.

> Es ist nicht wichtig, ob ein Ereignis eintritt, sondern es ist wichtig, daß es aktenkundig wird.
> Die Existenz eines Menschen, der keinen Geburtsschein vorlegen kann, war schon immer zweifelhaft.
> (Rolf Breitenstein, Der Chef ist halb so wichtig)

Natürlich wird von der Bürokratie nicht die ganze Welt gespiegelt und in die Akten geheftet, auch wenn es zuweilen so aussieht. Vielmehr wird mit ihrer Hilfe eine neue Welt definiert und zugleich „verbindlich" gemacht. Es ist dies die Welt der Menschen - nicht jedoch wie sie ist, sondern wie sie sein soll. Und weil sie so sein soll, wie sie die Bürokratie durchzusetzen versucht, wird sie schließlich auch dazu gezwungen, so zu sein, wie es in den Akten steht. Oder richtiger gesagt, es gibt fortan zwei Welten der Menschen. Die eine ist die reale „unter der Hand", im „Schatten oder Halbschatten" (oder ganz und gar „schwarz"), die andere ist die offizielle, über die man das Meiste und Sicherste aber nur aus dem Büro erfährt. Und es ist dies nicht einfach nur diese Welt, es ist zugleich auch deren Existenz, ihre Bewegung, ihr Gesetz. Der „Papiertiger" Bürokratie wird damit zu so etwas wie der Korpus des Systems bzw. dessen agile Chimäre.

Im Übrigen ist die Bürokratie grundsätzlich etwas Zweitrangiges, etwas Dienendes. Sie wird nicht als Herrschaft geschaffen, sondern als Zuarbeiter, Gehilfe, Assistent von Herrschaft. Bürokratie hat viele Bürokraten. Fast alle davon sind subaltern, bleiben Zeit ihres Lebens kleine Rädchen in einer großen Maschinerie. Doch gerade damit wird die große Bürokratie auch wieder zu einem Abbild des noch viel größeren Systems, indem sie demonstriert, wie die Masse der Bürogehilfen und Inspektorassistenten samt Akten, Stempeln und Papier zu einer merkwürdigen Gesamtkraft wird, zu einer Masse, zu einer Wucht, die Eigenes will und schafft.

Bürokratie verselbständigt sich und kann solcherart selber „unkontrollierbar" werden. Dann wird Bürokratie zur Macht, Macht ohne Herrscher, zu Systemmacht und zum „Wasserkopf".

Denn grundsätzlich nimmt sich Bürokratie aus der materiellen Produktion heraus. Sie steht oberhalb, sie agiert über dem Schwachsinnshorizont, sie hat die konkrete Welt nicht nötig, denn gerade davon will sie sich emanzipieren. Sie will gewissermaßen ätherisch werden, kreativer Geist über den Wassern, über allem schnöden, erdhaft schmutzig klebrigen Sein.

Bürokratie ist auf ihre Art göttlich. Sie ist ebenso göttlich, wie es die Göttlichkeitsansprüche der großen Potentaten sind, nur nicht so vordergründig wie diese, sondern eher schleichend, aber darum nur um so wirkungsvoller. Die Bürokratie verhält sich zur despotischen Gewalt wie der Kosmos zu Gott.

Der Geist der Bürokratie ist möglicherweise tatsächlich göttlich, ihr Körper jedoch bleibt irdisch und muß von außen ernährt werden. Das ist die Aufgabe des Staates bzw. der Produktionseinheiten, denen eine Bürokratie vorsteht. Dazu muß einiges vom Gewinn abgezweigt werden, damit davon dann die Bürokratie genau so trivial wie prosaisch bezahlt wird wie jeder andere beliebige Kostgänger oder Arbeiter oder „Leistungsträger" auch.

So wie man häufig vom Lohn auf die Leistung schließt oder vom Reichtum auf die Tüchtigkeit, so schließt man auch von den Titularien einer Systemposition auf deren Wichtigkeit, Bedeutung und Wert. Das führt folgerichtig dazu, daß sich dieser so „definierte", also behauptete Wert verselbständigt und eine eigene Dynamik initiiert, die nach den Gesetzen von Versuch und Irrtum zu einer neuen, eigenen Wesenheit und Wichtigkeit selektiert wird, die dann immer aber als eine solche systemtypisch und exhuman bleibt. Der Mensch hat sich daran zu gewöhnen. Er stützt mit seiner Bürokratie eine neue, eigentümliche Welt - die Systemwelt. Ob diese damit stabil und prosperierend bleibt, das muß er erst noch sehen. Er erfährt es sehr bald.

Das System deformiert seine Positionäre. Aus anständigen Leuten macht es Systemadministratoren mit fiesem Schielblick. Das System ist dumm, seine Adepten müssen es erst noch werden. Zugleich müssen sie schlau werden, Spezialisten, Fachidioten also. Zugleich ist das System auch nur ein angenehmer Vorwand, hinter dem sich der Mensch, der das nötig zu haben glaubt, leicht verstecken kann. Das System bietet Pfründen und wird damit attraktiv.

Über die spezifischen Eigenarten der Bürokratie vermag selbst die unfähigste Persönlichkeit zu Wichtigkeit zu gelangen, und zwar durch Zwischenschaltungen im System. Sie setzt sich quasi in gewisse bereits vorhandene Beziehungen der Systemteile mit hinein, findet (oder bildet) dort eine Position, wird damit wichtig, wird unabhängig von vielerlei persönlichen Fähigkeiten und unter Umständen auch unverzichtbar. Wirklich unverzichtbar allerdings wird nicht die Person, wohl aber die Position, die von ihr geschaffen und besetzt wurde. Die Bürokratie ist berüchtigt für derartige Prozesse (siehe: „Parkinsons Gesetz").

Solche probate Zwischenglieder entstehen durch Zwischenträgerschaft. Zum Beispiel wird einfach eine Kette zur Überwachung und Erlaubniserteilung um ein weiteres Glied vermehrt, welches damit zugleich unverzichtbar wird. Ein weiterer Zettel, eine weitere Unterschrift und wieder ist Wichtigkeit entstanden, denn die Kette darf nicht reißen. Länger werden kann sie schon.

Daneben finden sich im Weiteren: Verantwortungsverdünnung, Machtverbreiterung, Verbieten und Erlauben, Prüfen und Kontrollieren, Aufsicht führen, Informationsmonopol, Dienstwegsordnungen, Zählen, Ordnen und Registrieren und wieder ordnen, wieder zählen und noch mehr aufschreiben.

Bürokratie entsteht aus der Notwendigkeit gemeinsamer Organisation heraus. Indem sie entsteht, rationalisiert sie sich sogleich selbst. Aus der

Verwaltung von etwas Äußerem, Fremdem wird eine Selbststrukturierung des Eigenen. Diese erfolgt mit dem Menschen als dem „schwächsten" oder dem „geschwindigkeitsbestimmenden Glied" in ihr. Dabei wird der Mensch zum einen aus der eigenen, individuellen Kompetenz gedrängt, zum anderen formt derselbe Mensch dann die Bürokratie wieder für die eigenen, individuellen Zwecke, das letztere direkt und wörtlich. Bürokratie lockt also im Augenblick ihres Entstehens sofort die Unfähigen, die Unkreativen, jene, die sich auf Grund ihrer Stumpfheit leicht an die bürokratischen Routinen anpassen. Zugleich aber gelangen sie damit in die besonders geschützten bürokratischen Positionen, die sie mit einer Spezialmacht umgeben („ausstatten"), die solche Leute sonst nie erreichen würden. So entsteht in der Bürokratie der Bürokrat.

Bürokratie fördert und toleriert spezifische Inkompetenz, braucht diese sogar essentiell. Inkompetenz wiederum erzwingt Bürokratie. Wo der Mensch sich selber als Mensch aufgibt oder aufgeben muß, da beginnt die Herrschaft des Papiers.

Begabung kann sich immer nur an einer Sache entfalten. Die Sachen kann nur das System liefern. „Genies oder Arbeiter kann ich mir verpflichten oder kaufen", verkündet der Systemfunktionär. Er ersteht sie entweder als Bürokraten oder als sonstige Geldabhängige.

Was ist der Mensch mit Amt und Würden, und was ist er ohne dies? Das Amt macht aus dem Nichts ein Etwas, wenn es sein muß, ein gewaltiges Monstrum, ein Gespenst. Aber ohne das Amt, ohne die richtige Position kann aus einem ansonsten durchaus begabten und befähigten Mitmenschen ganz schnell und für immer ein Nichts werden.

Was uns irritiert, frustriert und täuscht, das ist, daß es konkrete Menschen sind, durch die das System zu uns spricht, uns befiehlt und auf uns einwirkt. Das System selber redet nicht. Es denkt, plant, spricht über wirkliche Menschen in den entsprechenden Positionen. Diese „erlauschen" den Willen des Systems vielleicht im Sessel mittels ihres sensiblen Hinterns. Darum ist beides für den Bürokraten so wichtig und ganz unverzichtbar.

Man meint dann, daß es doch besser gehen müßte, wenn es mit „menschlichen" Menschen getan wird. Aber es geht nicht besser, denn tatsächlich ist und bleibt alles System. Diese Sprecher des Systems wissen das zumeist selber nicht und tun dann so, als käme auch alles Funktionieren, alle nützliche Struktur (nicht aber all die Dummheit und Widersinnigkeit „der Zustände", „des Systems") aus ihren eigenen kreativen, dynamischen, positiven Köpfen und würde damit die reinste Wahrheit, die glücklichste Offenbarung, die höchste Kompetenz, die edelste Pflicht. Das verfehlt dann seine Wirkung auf das staunende und frustrierte Publikum nicht. Auch dazu werden die Bürodiener bezahlt und genährt.

Die Bürokratie wird stets nur das befördern, was sie auch für sich selber für nützlich hält. So etwa wird sie niemals ihre Abschaffung fördern. Damit würde sie nämlich lediglich „Büro" (Verwaltung) und keine „Kratie" (Herrschaft). Ihr Kriterium ist die Stabilität und Prosperität der eigenen Struktur, die sie für identisch mit der Ordnung in der Gemeinschaft oder sogar der ganzen Welt überhaupt hält. Sie ist aber mit dieser nicht identisch. Bürokratie wird von Welt und Gemeinschaft nur ernährt.

Mit der Bürokratie behauptet sich der Geist zur absoluten Wahrheit und versucht, diese Behauptung mit konsequenter Gewalt auch durchzusetzen. Die Bürokratie kennt keine Dialektik der Ungenauigkeit, der Vielfalt, der Verschwommenheit, der Übergänge, der Ungewißheiten und Fraglichkeiten. Damit wandelt sich die allgemeine Schwäche des Geistes in der Erfassung der realen Welt zum (kleingeistigen) Prinzip der Bürokratie und mit dieser Bürokratie wieder zurück zum Prinzip seiner selbst. Es entsteht die grundsätzliche, die staatlich-hoheitlich geschützte und bewahrte Stumpfheit des jeweils etablierten Systems.

System und Bürokratie

Staat und Bürokratie gehören zusammen. Das eine kann ohne das andere nicht bestehen. Allerdings findet sich Bürokratie auch in allen nichtstaatlichen Einrichtungen. Man kann sich dann fragen, wie sehr diese bereits die Züge eigener, innerer Souveränität und Staatlichkeit haben. Ein Unternehmen mit Unternehmer ist schließlich auch nicht viel anders als ein Königreich mit König.

Die bürokratische Lebensauffassung gipfelt darin, daß alles menschliche Leben durch, mit und für den Staat existent ist (eigentlich sogar überhaupt nur für „das Büro") und überhaupt gar nicht anders. Die Bürokratie huldigt dem Staat, der quasi staatlichen Struktur, der Macht aus der Ordnung und der Ordnung aus der Macht. Das ist bürokratische Pflicht. Die Bürokratie sieht sich selbst als Staat.

Dem ist von jedermann im Machtbereich der Bürokratie Genüge zu tun. Alles andere daneben oder darüber hinaus ist quasi Firlefanz, Zugabe, Tändelei, Müßigkeit, Freizeit, Kultur, Unterhaltung, Jux und Dallerei. Und es ist unter Umständen sogar „gefährlich" und daher kontrollpflichtig.

Die ursprüngliche und emotionale Pflicht des Einstehens für die Sippe wird mit der Bürokratie zu einer Pflicht zur Anerkennung eines Staates (wie und was dieser auch immer sei) und seiner auch bürokratisch vermittelten Macht.

Manch einer fühlt sich wohl und geborgen in der staatlichen Obhut. Der eine und der andere findet überhaupt nur dort sein Auskommen und dazu Befriedigung und persönliches Glück (was dieses auch immer sei - so als Bürokrat und Funktionär). Staatsherrschaft bedeutet „nur", daß das Leben außerhalb des Staates und seine Einflusses so gut wie „nichts" ist - und das mit aller Konsequenz, also ohne Gemeinschaft, ohne Unterstützung, ohne das „soziale" Fremdinteresse am Eigenen und das soziale Eigeninteresse am Fremden, ohne Anerkennung, ohne Fürsorge und Schutz, ohne Mitmensch und also „in Acht und Bann". Im Staat aber soll dann der Mensch - eigentlich - nur noch funktionieren, nicht aber leben. Leben und Funktionieren, das kann dasselbe sein - aber auch das Gegenteil.

Die Bürokraten stehen von allen Menschen dem System am nächsten, ohne daß sie es darum als ein solches erkennen müßten. Immerhin erkennen sie - als echte Bürokraten - eine reale, eine objektive Welt, eine Naturwelt, als allein dominierende Seinsgrundlage bereits nicht mehr an. Für sie ist allein ihr spezielles und konkretes Dienstsystem die einzige Wahrheit und die ganze Welt. „Umwelt", Natur, Technik existieren natürlich für sie dann auch noch, immer aber nur als ein untergeordnetes Anhängsel des Systems - womit alles wieder beieinander wäre, nur daß die Kompetenzen klar abgesteckt sind. Die Bürokraten lesen von diesen Absonderlichkeiten (die es außer ihrem Büro auch noch geben soll) in Büchern oder in der Zeitung oder besuchen sie sogar mal im Erlebnispark und wundern sich dann zuweilen.

Der kardinale Denkfehler dieser real existenten und wirkenden Wunschvorstellung (dieser schlichten, spontanen Ignoranz also) kommt aus der wirklichen Hierarchie in der wirklichen Welt. Das System darinnen ist und bleibt ambivalent. Nur vordergründig ist es ein Bürokratensystem und folgt den Ideen der dort Mächtigen und Emsigen. Dabei, damit und tatsächlich entwickelt es zugleich seine eigene Dynamik, vom Menschen selten zu durchschauen und noch seltener kompetent zu beeinflussen. Das System gehorcht der Natur ringsum, der „absoluten" Natur.

Es ist selbst ganz Natur. Der Bürokrat bleibt lediglich sein wuselndes Anhängsel darin, welches sich selber allerdings für wesentlich hält.

Das geheime Ziel einer jeden Bürokratie ist die „Megamaschine", die künstliche, durch und durch reglementierte Gesellschaft, der große, universelle Automat. Der Mensch ist anfällig gegen die Verlockungen der Macht und der Maschine. Der Bürokrat ist es ebenso. Er findet seine spezifischen Mittel dafür und wird so flugs vom Dienenden zum Herrschenden, zuerst klammheimlich und still, später dann etwas lauter und rigoros.

Die Bürokratie entfernt sich vom Leben, von dessen natürlichen Ansprüchen und entwickelt ein erkünsteltes Eigenleben. Sie entfernt sich von der produktiven Arbeit als der Quelle allen systemaren Seins. Eine Kunstwelt läßt sich besser anpassen und einem Willen und Wollen unterwerfen, eine natürliche Welt nicht. Und gerade das meint der Bürokrat, wenn er von Anpassung spricht (die auch ihm nicht ganz leicht fällt). Aber da ist er kreativ und paßt seine eigene Welt seinen eigenen Bedürfnissen an. Das beginnt mit Sessel und Schreibtisch.

Ein Brötchenbäcker oder ein Steineklopfer vermögen das so leicht nicht.

Die Bürowelt beweist ihre Wichtigkeit und Richtigkeit immer genau so lange, wie sie den Schaden, den sie durch ihre Kosten, ihren Verbrauch und ihre Querschläger verursacht, zu ignorieren vermag, und zwar vermittels Vertuschung, Drohung oder Gewalt, vor allem aber mit dem Potential aus einer Überproduktion an Waren und Werten in der Restwelt außerhalb des Bürokratischen. Bürokratie ist auch eine Luxusbildung, ein Leben an sich und für sich selbst.

In der Bürokratie vollzieht sich der eigentümliche Denkprozeß des Systems. Bürokratie lebt nicht ganz so nur aus sich selbst heraus, wie man gelegentlich meint: eine Maschine mit eigenem Lebenswillen. Bürokratie ist und bleibt Organ des Systems. Das System allerdings hat einen eigenen (und recht eigenartigen) „Lebens- und Erhaltungswillen" und diesen ganz unabhängig von irgendwelchen humanen Zielen und Zwecken. Dem dient die Bürokratie in aller Stille.

Was innerhalb einer Sippengemeinschaft noch gegenseitige Verständigung, verbale Kommunikation war, das wird im System mit Hilfe der Bürokratie zum „Vorgang", der schriftlich fixiert, beglaubigt, registriert, gegengezeichnet, abgeheftet, verwaltet, archiviert werden muß. Der Mensch steht da nur noch dabei und wundert sich nicht einmal mehr, denn er wird allmählich müde. Aber gerade damit lebt das System auf. Das System liebt auch müde Bürokraten, solange sie nur ihre Pflicht erfüllen. Dazu reicht es zuweilen, daß sie nur fein stille sitzen - am richtigen Ort natürlich. An die Stelle des sippenhaften Gemeinschaftsdenkens treten neue, andere gestaltende Kräfte. Das sind die Funktionen, die unter anderem von der Bürokratie gesteuert werden und die sie wiederum lenken. Der Mensch degeneriert damit zum Maschinenteil, zum Konsumenten und in guten Tagen vielleicht noch zum staunenden Zuschauer.

Behörden sind nicht wirklich zu reformieren. Sie sind an sich und prinzipiell unbildsam. Sie sind ja überhaupt und zuerst darum „Behörden", weil sie, wie auch immer, schon „perfekt" sind. Sie haben automatisch Recht oder sie nehmen es sich, selbst noch im gröbsten Versagen. Versagen gibt es nicht bei ihnen, ist als solches nicht definiert. Bei ihnen ist alle diesbezügliche Mühe vergebens. Man kann sie nicht einmal aushungern, weil sie auch dazu viel zu zähledrig sind. Ein richtiger Bürokrat kommt mit Wenigem aus. Nur das Vernichten geht, mit Stumpf und Stiel ausrotten, gründlich und rückhaltlos - die böse, böse Revolution. Die Bürokratie haßt alle Revolution. Sie ist ihr Todfeind.

Wie die Geschichte zeigt, muß die Revolutionshysterie mit ihren radikal umstürzlerischen Intentionen diesen Sachverhalt erkannt und zutiefst verinnerlicht haben, so daß dieses Element gewissermaßen zum anarchischen Kern des Revolutionsgebarens wurde, viel mehr als der Traum von einer idealen Welt, den die Revoluzzer aller Couleur meist und gern lediglich weit vor sich her trugen.

Für den Staat und seine Bürokratie existiert der Mensch nicht, zumindest nicht als „Mensch", sondern lediglich als eine abzählbare Einheit, ein zu legitimierendes Objekt mit amtlichem Ausweis und hinterlegter Urkunde. Ansonsten ist er ein weicher, wabbliger Gegenstand, der manchmal auch unbestellt im Büro erscheint, womöglich nach Knoblauch riecht und wieder einmal auf seine eigentlichen Pflichten getrimmt und gestutzt werden muß. Dann wird der Bürokrat zum Menschen.

Das sollten die Leute wissen, wenn sie an die Bürokratie geraten. Denn dorthin kommen sie immer wieder, dafür ist weise vorgesorgt.

Der einzelne Bürokrat sieht das alles selbstredend nicht derart umfänglich. Er tut nur seine Pflicht. Die Bürokratie ist voll von Pflichten. Sie ist überhaupt der Inbegriff von Pflicht.

Der Funktionär

Was aber macht die Bürokratie so attraktiv und so virulent? Was ist es, was so viele in ihren doch etwas angestaubten, dumpfigen Schoß zieht, um dort dann ein langes Leben abzusitzen? Es ist mancherlei.

Das System belohnt seine Funktionäre vor allem und zuerst damit, daß es sie sich selbst als „tüchtig" erleben und ausleben läßt - egal ob sie das wirklich sind oder nicht. Es verschafft ihnen damit die ersehnte „Selbstverwirklichung", die sie für ihr eigenes und beliebig mageres Selbstverständnis benötigen. Die Bürokratie ist der Vorreiter dabei und kann das besonders gut. Darüber hinaus protegiert die Bürokratie ihre Eleven mit Sicherheit und Bequemlichkeit. Das „Selbstwertgefühl" daraus ist mindestens ebenso korrumpierend wie Reichtum, Geld, Macht. Es ist aber nicht identisch mit Macht und Geld. Dieses Faktum wird gerne übersehen, besonders in einer Welt, in welcher Geld und Besitz so sehr hofiert werden.

In der bürokratischen Systemposition wird der Mensch zum Funktionär, ob er will oder nicht. Wer als Funktionär vom System absorbiert wird, der ist „abgehoben" von allen seinen ursprünglichen Aufgaben als Mensch. Er steht über den Dingen.

Der Funktionär ist der Bedienstete, der Domestike des Systems. Er muß dafür intellektuell und körperlich fähig und angepaßt sein. Je ideell anspruchsloser und materiell fetter er dabei lebt, um so nützlicher wird er für das System durch Gehorsam, Dienstbereitschaft sowie Verbrauch bzw. Durchsatz.

Ein Funktionär soll funktionieren. Er muß nichts verstehen. Er muß in seiner Systemfunktion immer genau das Richtige tun - und sonst möglichst nichts. Er muß nicht erfassen, was das System als Ganzes und seine Position darin im Besonderen bewirkt.

Hin und wieder darf er etwas von dem begreifen, was er macht, aber nur dann, wenn es ihn zugleich motiviert zum Funktionieren, nicht aber, wenn es ihn davon abhält. Er darf auch etwas verstehen, wenn er überhaupt abseits steht und nicht funktionieren muß, in seiner Freizeit zum Beispiel, aber das auch nur solange, solange er abseits steht und nicht eingreift. Es gibt niemanden, der ihn diesbezüglich hindert oder befördert. Es ist das System selber, welches sich seiner derart annimmt und ihm die Zügel dazu anlegt.

Doch auf einmal steht auch er vor verschlossenen Türen und auf einem Abstellgleis - obwohl er doch so schlau war und alles wußte, was er wissen sollte und nicht einen Deut mehr. Er ist draußen, entlassen, pensioniert. Und was nun?

Oder er findet sich am anderen Morgen auf einer gehobenen Position wieder mit mehr Muße und mehr Einnahmen und fühlt sich noch seniler und noch seliger, als er das vorher schon war. Genau das jedoch erscheint ihm nur folgerichtig und gerecht. Die Wege des Herrn sind unbegreiflich. Das gilt erst recht für das System und für die Vorgänge in diesem.

Das Bürokrat sitzt im Büro - wo sonst. Das ist das Triviale und zugleich das Besondere an seinem Wesen. Indem er nämlich im Büro sitzt, wo er für seine Arbeit die besten Bedingungen findet, ist er fern von der Wirklichkeit, für die er angeblich tätig sein soll. Er steht außerhalb der Fragen und Probleme, für die er angestellt ist. Er steht neben ihnen oder besser: über ihnen. Das ermöglicht ihm eine gewisse Objektivität, aber es schafft zugleich eine fatale Unbeteiligtheit. Als Fremder greift er in ein Geschehen ein (oder auch nicht), was ihn direkt nichts angeht. „Die Gesellschaft“ und schließlich alle Welt werden für ihn zu etwas Manipulierbarem. Das bleibt nicht ohne Auswirkungen. Es entstehen Bildungen, deren eigener Wille ausgetrieben, gelähmt oder verkümmert ist: Funktionalien. Das System der „Gesellschaft“ ist voll von ihnen. Der Mensch ist immer hilfloser der so wachsenden monströsen Überstruktur des Systems ausgeliefert.

Der Beamte im Büro mag dies so wollen oder nicht, ihm fehlt immer der Überblick über das Ganze (in welchem er sich am ganz anderen Ende selber wiederfinden könnte). Er bleibt der unbeteiligte, funktionierende Funktionär. Der Bürokrat ist stolz darauf, wenn er seinen Betrieb allein aus seinen Papieren besser und genauer kennt als jeder andere - und ihn dabei zugleich nie wirklich gesehen hat. Es ist dies also schon ein sonderbarer und auch ein verdächtiger Stolz.

Der Buchhalter sucht unablässig nach einem verlorenen Pfennig in seinen Listen. Derweil hat der Anlagenfahrer hinten im Betrieb soeben mal für zehntausend Mark Zwischenprodukte durch den Gully gejagt - so aus Versehen. Macht aber nichts, denn der Betrieb produziert in Dimensionen von Millionen.

Der Bürokrat erlebt sich göttlich, wie hoch über aller Wirklichkeit thronend und diese doch an unsichtbaren Fäden dirigierend. Dirigiert er wirklich so die Wirklichkeit, oder träumt er nur davon in dieser Weise?

Tätigkeiten im Bereich des Staates und der Ämter sind vor allem dadurch gekennzeichnet, daß kein natürlicher Druck dahinter steht, kein Stück- oder Leistungslohn gewissermaßen, kein Akkord. Man muß nicht unbedingt etwas tun, nicht in jedem Falle jedenfalls. Die Dinge werden ausgesessen, sie erledigen sich von selbst, man muß nur warten und die Zeit arbeiten lassen. Der Amtsschimmel wiehert, Papier ist geduldig, die Maschine läuft wie geschmiert. Das weiß man in den Büros, das hat man gelernt und erfahren, vielleicht nicht auf den Bürokratenschulen, wohl aber vom älteren Kollegen mit den dicken Ärmelschonern und der Watte in den Ohren.

Wenn das auch primär so nicht gewollt ist, allmählich pegelt es sich immer wieder genau so ein, weil eben der Druck tatsächlich nicht vorhanden ist. Es wird immer wieder jenes niedrige Niveau erreicht, wo nur noch Gehalt, Beförderung, Pensionsanspruch zu irgend etwas motivieren, was nach recht eigenwilligen Kriterien vergeben wird. Das ist aber nicht die Schuld des Bürokraten. An sich selber schuldig wird er, wenn er sich dem verweigert.

Wer will es dem Bürokraten noch verdenken, der tagaus, tagein im Amt sein Leben dahinbringt, so und nicht anders, niemals anders und ja nicht mit eigenen Initiativen, die alles durcheinander bringen?

Die Masse der vielen kleinen Mitmacher klebt am großen System und kreiselt dort mit den Rädern desselben immer im Kreise herum. Dabei heben sie pathetisch ihre Arme in die Luft, wie sie so um- und umgetrieben werden und sich wild wirbelnd um ihre jeweiligen Achsen drehen. Sie recken ihre fleißigen Hände hinauf in den Äther, machen Wind damit, gewaltigen Wind, und es zischt, rauscht, wabert, dampft um diese Helden. Das bemerken sie, das fühlen sie, und sie fühlen sich sogleich dynamisch. Sie rufen allen zu: Seht, wie tüchtig wir uns drehen, wie wir schaffen, was wir leisten, was wir vollbringen, was wir alles können und erwirken!

Aber das war es dann auch schon.

Nimmt man sie von ihren Systemplätzen herunter, sind sie wohl noch immer wild aufgeregt, aber auf einmal können sie nichts mehr, bringen die simpelsten Handreichungen nicht zuwege. Unter Umständen sind dann nur noch lästige Schmiere, die klebt und nichts bewegt und alles verstopft.

Diese Degeneration vollbringt das System mit ihnen. So etwas macht es aus den Menschen. Und die merken das nicht einmal und wollen es vielleicht auch nicht merken, Systemkasper, die alle Maßstäbe verlieren, sich aber selber, so lange sie nur im System herumgewirbelt werden, groß und gewaltig vorkommen. Gewaltig und groß aber ist nur das System, das ihnen das anzutun vermag. Auch das ist Illusion aus der Maschine.

Den Bürokraten ernährt die Zeit. Diese Zeit mit ihren Minuten und Stunden, mit ihren Monaten und Jahren ist für ihn eine nahrhafte Süßspeise, ist wie eine Substanz, die dem Gelde unmittelbar äquivalent ist. Zeit ist Geld, so hört er von anderswo und begreift es auch anders, je mehr Zeit man sich nimmt, um so mehr Geld wird geschaffen. Darum verehrt der Bürokrat die Zeit, darum treibt er seinen Kult mit der Zeit.

Der deutsche Bürokrat hat an der Zeit überdies auch noch die deutsche Pünktlichkeit entdeckt. Diese pflegt er inbrünstig, besonders dort, wo sie besonders überflüssig ist. Damit machte er vermutlich die wichtigste Entdeckung der gesamten Bürokratie, die damit eine deutsche wäre.

Die Deutschen waren immer schon groß in der Verbesserung der Welt. Und was ist obendrein billiger als Pünktlichkeit, und was ist wichtiger als Pünktlichkeit, jedenfalls für die Bürokratie? Hinter der Pünktlichkeit verschanzen sich ganze Regimenter von Ämtern wie hinter einer Stadtmauer und niemand wagt es, sie noch zu berennen. Nur verkaufen kann man die Pünktlichkeit nicht, leider. Sie bleibt ein Ladenhüter. Doch die Bürokratie muß auch nichts verkaufen.

Der Murksprozeß

Der interessanteste und zugleich am wenigsten populäre Prozeß im System ist „der Murksprozeß". Er ist überall gegenwärtig, und er erklärt vieles ganz einfach. Doch man übersieht ihn nur zu gern und versteht darum so manches überhaupt nicht. „Wie kann man nur so sein, wie kann man nur so etwas tun, wie kann das nur funktionieren?" Diese Fragen jedoch, die kennt man.

Was ist ein Murksprozeß?

„Murksen" heißt mit untauglichen Werkzeugen arbeiten, stumpfe Säge, verbogener Maßstab, abgebrochener Hammer, Kampf und Krampf, mit flotten Lügen operieren, fromm fassadieren, munter Dreck unter den Teppich kehren.

Eigentlich wollen alle nur Geld und Macht und Reichtum, und trotzdem muß Konstruktives passieren. Also findet Murks statt mit Frustration, Streß, Herzinfarkt, Magengeschwüren. Das Korn auf dem Acker soll wachsen, doch man wünscht kein regnerisches „Schmuddelwetter".

Alles ist so widersprüchlich. So will man es nicht. Und darum vielleicht doch lieber „zurück zur Natur", also „weg vom System"?

Das System reagiert auf derartige humane Eingriffe meist anders als erwartet - und mit einem Murksprozeß, der den Menschen vorne wohl entläßt in die große Freiheit, hinten aber schon wieder einfängt mit dem langen Lasso der Verbindlichkeiten.

Murksprozesse sind Vorgänge, in die der Mensch zwar führend, steuernd eingreift und die er schließlich auch selbst handelnd bestreitet, die er aber grundsätzlich nicht mehr in seiner Gewalt hat, an denen er gewissermaßen nur noch herumstochert, ohne sie wirklich nach seinem Willen und zu seinen Erwartungen zu bewegen.

Das Wesen des Murksprozesses besteht darin, daß im System die eine Position die Erlaubnis zu einer Tätigkeit liefert, vielleicht sogar den Befehl dafür (Nötigung), während die andere Position keine hinreichenden Mittel oder Fähigkeiten zur Ausführung besitzt. Dieser Widerspruch zwischen Macht und Kompetenz, innerhalb dessen sich die Tat realisiert, kennzeichnet dieselbe als einen Murksprozeß, der zweifellos stattfindet und tatsächlich etwas bewirkt - nur was?

Der Charakter eines „Prozesses" entsteht dabei aus der unpersönlichen Systemwirkung. Der Murksprozeß ist typisch für derartige Systemwirkungen. Aus der vernünftigen Tätigkeit des Menschen wird im System der Murks. Die blinde Tätigkeit des Menschen hingegen (am Fließband) schafft das Solide. Das System arbeitet nicht mit Verstand, sondern aus seinem Überfluß heraus nach dem Prinzip von Versuch und Irrtum. Aber es arbeitet und ist sogar fleißig.

Der Murksprozeß läßt sich also systemisch auf einfache Weise deuten: Er verknüpft bewußtes, mehr oder weniger zielgerichtetes, zweckorientiertes Handeln mit dessen systemaren Ergebnissen. Das Ergebnis ist anders als das erwartete, oder es passiert vielerlei Verschiedenes oder auch gar nichts. Das System „entscheidet" anders und auf seine Weise, was es mit den Aktionen der Menschen macht, aber es entscheidet auf jeden Fall. Insofern bleibt kein Tun ohne Folgen. Nur sind diese Folgen oftmals wunderlich - und das System lebt nicht nur mit ihnen, es wächst auch an ihnen. Der Mensch aber kann daran und damit zugleich scheitern.

Der Murksprozeß ist nicht notwendig schädlich oder negativ. Negativ ist er nur von der Herangehensweise. „Murksen" ist nicht so sinnvoll, effektiv, zweckmäßig, vernünftig wie verstandesgemäßes Herangehen an eine Sache. Vom Ergebnis her aber sind Murksprozesse oft positiv. Wo auch ihr Ergebnis, ihre Wirkung ungenügend ist, da verschwinden sie bald von selbst. Im Murksprozeß wird das eine gewollt, aber das andere erreicht. Oder es wird das, was gewollt wurde, nach längerem Probieren erreicht und dann auf anderen Wegen, mit anderen Mitteln, zu anderen Kosten als ursprünglich vorgesehen und oft auch für andere Leute.

Murksprozesse sind Wirkprozesse, in denen etwas passiert, geschieht, bewegt wird. Alle Beteiligten sind eifrig dabei, unternehmen viel, sind fleißig tätig - aber alles geht schief. Und trotzdem ist am Ende etwas da, was keiner so wollte und was trotzdem funktioniert. Es ist ein neue Wirklichkeit entstanden, die akzeptiert wird oder akzeptiert werden muß.

Die größte, umfangreichste Wirklichkeit dieser Art und auf der Basis von Murksprozessen bildet das System selber. Keiner wollte es, es entstand aber und läßt sich als Positionsträger und Lebensmaschine wenigstens von einigen, nämlich von den jeweils maßgeblichen Herrschaften, trefflich nutzen.

Den Ergebnissen der Murksprozesse steht der Mensch gegenüber, nicht wie ein Erfinder, sondern wie ein Entdecker. Er wird zum Erforscher seiner eigenen „Intentionen“.

So kommt es auch, daß „die Dummheit“ so wahrhaft erstaunliche Werte schafft, deren Entstehung nur wenige oder niemand wirklich begreifen, was aber nun wieder die Experten solcher Murksprozesse, also die Eiferer und Schwadroneure, die Anpeitscher und Bürokraten, die Wichtigtuer nicht daran hindert, sich an die Spitze zu stellen, mitzumurksen von Anfang bis Ende. Zuweilen verschwinden sie dabei mitsamt ihrem „Murksprozeß“ aus der „aktiven Zone“ des Systemlebens oder überhaupt. Die Geschichte hat dergleichen immer wieder hinreichend belegt. Dann sind sie halt weg, dann gibt es sie nicht mehr. War da überhaupt etwas? Die Geschichte setzt den „Versagern“ kaum Denkmale - es würden zu viele werden.

Nur die „Positiven“, die also zufällig Erfolgreichen, bleiben im Licht und reklamieren damit sogleich Fähigkeit, Einsicht, Verstehen, Können, Wissen für sich, kraft „ihrer“ Erfolge, die tatsächlich nicht aus ihnen kommen, die sie wohl besitzen, aber nicht beherrschen, und die sie als praktische Nonsensakrobaten, Blindgänger und dergleichen dann auch nicht wirklich besitzen können. Sie verstehen gar nicht, sie labern nur.

Aber gerade damit repräsentieren sie den Prozeß, dem sie als Positionäre aufgesetzt sind, bestens.

Der Murksprozeß gemeinsam mit dem System erklärt das Wunder der Dummheit.

Das System wirkt im Prinzip vernunftlos, d.h. es besitzt keine menschliche Vernunft. Es verarbeitet jedoch menschliche Vernunft und braucht sie dringend, essentiell, doch es gehorcht ihr nicht. Auch wenn der Mensch immer wieder an „seinem" System herumarbeitet, lernt er doch bald, daß es sich dabei so oft um einigermaßen hilflose Eingriffe handelt - oder er lernt das eben nicht, was seinem Selbstbewußtsein nur dienlich ist. Seine Eingriffe beeinflussen zwar das System, oft sogar erheblich, verändern es aber nicht im Sinne solcher Vernunft, zumindest nicht auf längere Zeit oder in weite Bereiche hinein. Das System ist nicht zu überschauen. Totalitäre Staaten versuchten das trotzdem und haben damit doch nur immer wieder ein Monstrum erschaffen, welches seine Funktionäre dann an der Nase herumführte und am Ende selber nichts mehr zum Fressen und Leben fand.

System ist schwierig und soll und will schwierig sein. Unmittelbar funktioniert alles genau wie beabsichtigt - und schon bald darauf kommt alles ganz anders. Der Mensch möchte das eine und legt los und greift ein. Das System macht daraus das andere und schafft ganz neue, ganz andere Prioritäten - und Perspektiven. Das im Wesentlichen ist der Murksprozeß.

Der Mensch denkt - aber das System lenkt.

Was „Murks" im handgreiflichen, im anschaulichen Sinne ist, das weiß jeder bessere Handwerker. Jeder schlechtere will es sogar noch besser wissen. Und die großen Nichtskönner dieser Welt kennen ihn genau und hassen und verabscheuen ihn darum am allermeisten. Wer sich als hilfloser Dilettant selber in einer Kunst versucht, die er nicht beherrscht, bekommt schnell eine Ahnung davon, was Murks ist. Dazu muß er einfach nur wollen, die Zähne zusammenbeißen und munter loslegen, mutig loskünstlern, dann schafft er es auch.

Murks ist keine Frage des Könnens, wohl aber des Willens. Nur wirklich fleißige Leute vermögen auch begnadet zu pfuschen. Sie schaffen etwas.

Der systemare Murks, der „höhere Murks" ist naturgemäß auch komplexer und komplizierter und geht zumeist unter im vernünftigen Tun und

absichtlichen Handeln und Agieren. Es gibt etliche Literatur, die auf die Schwierigkeiten eingeht, das komplexe System so zu verstehen, daß es ohne Murks bewegt werden könnte - oder gar nicht mehr. Das letztere nämlich ist dann die Hauptfrage.
(Siehe z.B.: Dietrich Dörner: »Die Logik des Mißlingens, strategisches Denken in komplexen Situationen«)

Auch der Blödsinn der Welt tut so seine Wirkung, zuweilen ganz erstaunliche Wirkungen. Etwas Dummes, ein Stuß, ein Gemurkse (vor allem bei anderen), das wird gern kritisch gesehen oder es tut sich leicht ab. Es ist und bleibt jedoch immer auch reale Aktivität, „gesellschaftliche Arbeit" gewissermaßen. Deren „Nutzen" ist oftmals gleich Null, oft auch noch weniger als Null. Wenn sich eine Gesellschaft ausschließlich mit solcherart Leistungen erhalten müßte, würde sie bald verfallen, absterben, vergehen. Eine Gesellschaft ist darum gar nicht erst entstanden, bestenfalls als Fragment. Das System aber hält das Gemurkse nicht nur aus, es braucht das auch, um sich daran zu konstituieren und souverän zu bleiben.

Der systemare Wert und damit auch der „gesellschaftliche Nutzen" von dieser Art Murksprozessen, natürlich auch deren nicht ausbleibende Wirkung auf das reale Umfeld, sind und bleiben beachtlich und sogar wesentlich, wenn auch weniger aus der schöpferischen, verantwortungsvollen, alles berücksichtigenden Sicht der Macher und Planer.

Das „eigene" Problem der Murksprozesse ist, daß man „die Dinge" darum nicht einfach „nur laufen lassen kann", daß man eingreifen muß, obwohl man vielleicht doch ahnt, daß man einiges dabei falsch machen wird. Die Frage ist, ob man das auch zugeben möchte oder ob man sich nicht lieber weiterhin als Tausendsassa präsentiert, der alles „schafft" und der alles „im Griff hat" (aber mehr eben auch nicht - leider).

Murksprozesse sollte man anerkennen. Das macht die Welt zwar dümmer, zugleich aber auch um einiges heller.

Wachstum

Vom Wachstum hörte man gemeinhin nur, daß es für eine moderne Ökonomie unerläßlich ist.

Was aber bedeutet ein solches ökonomisches Wachstum? Wer vermag das zu erklären? Insbesondere was wird, wenn die Welt das Wachstum nicht mehr faßt, denn schließlich wächst der Globus nicht mit? Muß die Menschheit dann tatsächlich auf den Mond, auf die Planeten, auf die Sonne expandieren? Wer bezahlt dann diese weiten Reisen für die Vielzuvielen auf der Erde, die das Geld dafür eher nicht haben, diesen gigantischen Aufbruch von der Erde weg und in die Weiten des leeren Raumes? Oder wächst der Globus doch mit, wenn alle die vielen Leute dann nur gehörig daran ziehen?

In den hochentwickelten Industrienationen nimmt die Bevölkerung nicht mehr zu. Diesen Part hat dort jedoch die Industrie unterdessen selber übernommen. Sie ist es jetzt, die die zehn oder zwanzig Kinder pro Kleinfamilie bekommt und die auch immerfort weiterwachsen muß und wachsen soll. Warum eigentlich? Immer mehr Autos, immer mehr Straßen, immer mehr Beton, ist eine der monotonen Antworten. Das boomt und prosperiert und rechnet sich - und was noch?

Was ist Wachstum, was bedeutet es für das Leben der Systeme?

Folgt ein absoluter Zwang zum Wachstum etwa aus der prinzipiellen Unmöglichkeit eines Rückbaus? Was ist das Gegenteil von Wachstum? Ist es der Tod, der Zusammenbruch, die Unmöglichkeit eines ewig nur stationären, gleichförmigen Lebens (viel zu langweilig)?

Kaufen und wegwerfen, das ist der Beitrag, den die nicht wenigen wenig Interessierten, aber viel Leben genießen wollenden Leute für die allgemeine Produktivität liefern. Sie arbeiten dafür, daß sie genau das können. Schnell mal für eine Woche über den Ozean jetten, dort im Swimmingpool liegen und am Drink nuckeln und gleich wieder fünftausend Kilometerchen retour und in die Maloche. So weiß man doch, wozu man lebt. Zugleich ernähren und unterhalten sie mit ihrer Arbeit zusätzlich noch diejenigen, die ihnen mit ihren Unternehmen diesen nicht sonderlich intelligenten Luxus dann auch ermöglichen. Diese „Produktivkraft" macht heute in der hochindustrialisierten Welt den Hauptanteil des „Konsums" aus: Kaufen und gleich wieder wegwerfen, sich in der Welt herumkutschieren lassen, glotzen und dödeln, verbrauchen und Müllberge schaffen. Das macht die Reichen noch reicher und die Welt noch schneller kaputt.

Aber was interessiert „heile Welt", wenn es um die Wirtschaft geht, um Wachstum, um Stabilität und Dauer? Es ist doch alles da. Es gibt alles zu kaufen. Wozu also das ganze Theater um Kraftwerke und Treibhaus, um Atom und Umwelt, wenn es nur immer weiter schön aufwärts geht?

Wachstum jedenfalls - immer reicher werden, immer mächtiger, immer unwiderstehlicher, dazu ewiger Fortschritt - das war bisher das große Wunder, das wirkliche Wunder. Ein wahres Märchen war es und ist es immer noch, wie aus und mit Kohle und Erz Autos entstehen, Baumaschinen, Flugzeuge, Duftwässer, Nachrichtensatteliten, Schokoriegel. Wird deshalb dieses Wunder auch weiterhin bestehen als das große, ewige Schlaraffenland?

Die Einfältigkeit wird der Menschheit jedenfalls erhalten bleiben, denn dafür lebt sie, die scheint sie zu brauchen. Vielleicht kommen wieder einmal Zeiten, wo das auch gar nicht mehr auffällt, einfache Zeiten?

Über das Wirtschaftswachstum wird viel geredet und einiges gerätselt. Ökonomen halten es gar für ein Verhängnis - unabweislich, weil es den Kapitalismus ermöglicht und weil nur der Kapitalismus allein Wohlstand und Demokratie und Freiheit garantiert. (Die Kommunisten setzten übrigens auch auf „Wachstum", kamen aber nicht so recht vom Fleck damit.)

Für die kapitalistischen Wirtschaft soll Wachstum unverzichtbar sein, wenn Arbeitslosigkeit verhindert und Wohlstand erhalten bleiben soll. Das bedeutet also, wer Wohlstand will, der braucht Wachstum. Ein ökologisches Prinzip ist das freilich nicht - vielleicht bei den Heuschrecken, aber die haben sich an ihren regelmäßigen Untergang längst biologisch angepaßt (ihre Populationen „wachsen" also gewissermaßen ab und zu nur „zwischendurch", bleiben ansonsten aber stationär).

Möglicherweise ist der eigentliche Grund ja der, daß ohne Wachstum einfach nur die Hoffnung ausstirbt, die Hoffnung darauf, noch reicher, noch mächtiger zu werden - und nicht mehr unablässig jeden Tag von früh bis spät (und mehr) für das Wohl der Gesellschaft wirken und arbeiten zu müssen?

Wie immer es auch sei, eines scheint sicher zu sein: Der menschliche Verstand könnte auch diese heikle Frage lösen - aber nur „im Prinzip".

Dummheit allgemein und an sich

Dummheit heißt vielleicht, wenig Anteil haben am großen, allgemeinen Weltgeist. Das bedeutet wenig wissen, wenig verstehen, wenig können, sonst aber nichts. Dummheit ist überall, ist grundsätzlich, ist unvermeidbar. Mit Dummheit muß man einfach leben. Dummheit ist Unvollkommenheit. Das nicht Vollkommene aber ist das Normale. Daß man die

Vokabel „Dummheit" so ungern hört, hat eigene Ursachen. Dummheit im hier behandelten Kontext ist also nicht das Fehlen von „Allwissenheit".

Muß man darum aber jede „dumme" Unvollkommenheit auch übersehen, dulden, fördern? Um diese Frage allein geht es immer wieder.

Dumm ist vieles, nicht nur das Kriechtier, sondern die Welt überhaupt. Dumm ist das Vernunftlose, das Unvernünftige. Vor allem aber ist die große Welt vernunftlos. Trotzdem „funktioniert" sie und sogar sehr gut. Sie funktioniert, wie sie selber „will", nicht unbedingt so, wie es der Mensch dann und wann lieber hätte. Er sagt dann: „das ist aber dumm". Es mag tatsächlich „dumm" sein, zugleich aber „ist" es auch.

Die eine Frage ist nun, ob und wie sich der Mensch mit „dummen" Gegebenheiten abfindet, die andere, wie er sich diesbezüglich mit seinesgleichen einigt und ob er überhaupt erst einmal das Dumme sieht, als ein solches nämlich und nicht als ein so sein Müssendes. Dumm sein kann im Übrigen immer wieder auch schön, gemütlich und vertraut sein.

Pikant wird die Dummheit immer dann, wenn sie der Welt erklärt, wie das Leben richtig zu leben ist und vor allem, wenn sich die Welt dann auch noch danach richtet. Das ist die große, die kraftvolle Kunst, zu der sogar auch Dummheit nur selten zu dumm ist.

„Dummheit" gehört wie viele andere Begriffe zu den „Vehikelbegriffen", in die Verschiedenstes hineingestopft wird, welches zu solch einem Begriff gerade passend erscheint. Nur darum aber läßt sie sich nicht auch wegdiskutieren. Aber ignorieren kann man die Dummheit immer und überall. Viele sind Meister in dieser Kunst. Richtig unangenehm werden jedoch erst jene, die eine diesbezügliche Ignoranz zur „stillen Norm" erheben möchten, gegen die keiner je zu opponieren habe.

Dummheit ist, daß es in der Menschwelt „so dumm" zugeht, und das vor allem darum, weil es nach humanem Selbstverständnis (welches jedermann bei sich selbst entdecken kann) kaum dumme Leute gibt. Dabei ist das, wie aus den Anführungszeichen ersichtlich, keineswegs eine Tautologie. Denn „daß es immer wieder so dumm zugeht" ist ein Tatbestand, den wohl jeder schon des öfteren beobachtet hat, ohne daß er dabei auf die Idee gekommen wäre, daß dahinter ein „höheres Prinzip" steckt, eben diese „große Dummheit", die so peinlich ist und die so gern mit einer Handbewegung, mit einem Kopfschütteln oder auch mal mit einem Faustschlag abgetan wird.

Das erste, was die Dummheit aus der Erfahrung lernt ist, daß es auch dumm „geht". Es geht „dumm", wenn zum Beispiel ein Überfluß da ist, der zunächst alle Fehler der Dummheit überschwemmt. Überfluß gestattet Degeneration oder zwingt geradezu dazu. Hat die Dummheit Erfolge, möchte sie für alle verbindlich werden, möchte sich durchsetzen und behaupten.

Dummheit ist überhaupt ein Unwort, ein Begriff, der für sie selber absolut nicht gilt. Innerhalb von Dummheit gibt es keine Dummheit. Eine Dummheit, die in ihrem eigenen Weltverständnis den Begriff „Dummheit" zuläßt, ist schon keine vollkommene Dummheit mehr. Das ließe hoffen, wenn es nicht so viele Spielarten der Dummheit gäbe.

Das Gegenstück von Dummheit (die man damit auch als „Geschlossenheit" definieren könnte) ist danach nicht Schlauheit (die, wenn sie geschlossen auftritt, auch nur Dummheit ist), sondern Offenheit.

Von daher wird auch die strikte Zurückweisung des Begriffs Dummheit von Seiten „Betroffener" oder „Denunzierter" verständlich. Sie sehen sich als sie selber, nicht als andere (Dumme), und sie sehen sich in Perfektion (in einer in sich perfekten Geschlossenheit), sie sehen sich vollkommen, korrekt, richtig. Dummheit würde für sie bedeuten, daß dies alles falsch ist und daß sie nicht dazu gehören, zur großen, in sich perfekten, geschlossenen Welt, ja daß sie womöglich überhaupt kein Existenzrecht hätten und nur von einer Gnade lebten. Das wäre ein Angriff auf ihre Integrität und nahe ihrer Vernichtung. Erst wenn sie begreifen, daß ihre Integrität nicht eigentlich gefährdet ist, daß mit „Dummheit" lediglich ihre Abgeschlossenheit kritisch erörtert wird und ihnen gewissermaßen ein Angebot zur Öffnung gemacht wird (lernen, Einsicht), sind sie - vielleicht - bereit, Dummheit bei sich zuzugestehen. Das aber ist dann schon keine Dummheit mehr - wobei aber gleich wieder auf die häufige Praxis hingewiesen werden muß, die ein eigenes und offenes Eingeständnis von Dummheit als Symbol für eine geforderte Erniedrigung oder Unterwerfung verlangt. Wer seine eigene Dummheit zugibt, gilt schnell als Dummkopf.

Ein wesentlicher Mangel der Dummheit ist, daß sie wenig oder nicht strukturiert ist. Wie ein Kehrrichthaufen ist sie zuerst dreckartig und bleibt so, wie auch immer man sie durchmustert und hin und her wendet. Von daher ist eine Befassung mit der Dummheit erst einmal wenig erbaulich und wird auch schnell eintönig. Es wiederholt sich alles immer wieder. Dieser ewige Gesang vom Staub und Schmutz, vom Billigen und Tristen ermüdet allmählich.

Das aber muß man schon in Kauf nehmen, wenn man die Wurzeln dieses Phänomens bloßlegen und erkennen will.

Dummheit ist vor allem die Unfähigkeit und ebenso der Unwille, die eigenen Anlagen und Potentiale so zu verwenden, zu aktivieren oder zurückzustellen, daß sie für einen selber nützlich werden und daß sie sich zu einem Gesamtnutzen entwickeln und damit wieder zum eigenen Nutzen beitragen. Das ist nicht ganz einfach. Aber der Mensch ist nicht nur eine Amöbe.

Eigentlich sind die Menschen zu dumm zum Leben. Aber das Leben ist nicht zu dumm, die dummen Menschen in ihrer Beschränktheit und Flottheit am Leben zu erhalten und sie sogar in eine Massenvermehrung zu treiben.

Dummheit ist sicher immer das Fehlen von etwas. Als solches hat sie Ähnlichkeit zum „Nichts" (auch im Verständnis desselben). Denn was kann ein Nichts „sein", wenn es doch nichts „ist"? Doch Dummheit ist nicht nur „Nichts". Als massives Manko führt sie eine merkwürdige Existenz, die gelegentlich hart zu spüren ist.

Dummheit ist nicht einfach nur Dummheit, sondern vieles. Sie vermag recht abgestuft aufzutreten. So wie es beispielsweise eine Elementarmathematik gibt für Volksschüler und eine höhere Mathematik für Gymnasiasten, so gibt es ganz ähnlich eine niedere Dummheit für die Ungebildeten und eine höhere Dummheit bei den gebildeten Schichten der Bevölkerung. Eine noch höhere Dummheit findet sich bei den Maßgeblichen, den Koryphäen, den Politikern, nämlich eine komplexe Spezialdummheit oberhalb des Schwachsinnshorizontes. Und die hat es in sich.

Die niedere Dummheit ist unter anderem auch Gegenstand und Folge von diversen Manipulationen, die höhere entsteht eher spontan.

Sich mit der Dummheit auseinanderzusetzen ist im Übrigen kein Privileg der Schlauen oder gar der Superschlauen, die ohnehin in der Welt so hoch über allem stehen, daß sie da meistens gar nicht mehr bis hinab reichen. Dummheit ist vor allem eine Angelegenheit der Dummen selber.

Wer verstünde die Dummheit besser als gerade sie, und wer könnte mehr beitragen, sie zu vermindern - falls Verminderung erwünscht ist?

Dummheit ist aber nicht einfach nur Mangel. Dummheit bildet ein Ding an sich und will als ein solches anerkannt sein - allerdings nicht als „Dummheit", was diese Angelegenheit dann interessant und etwas schwierig macht. Dummheit in all ihrer Beliebigkeit will sich durchsetzen, und sie will wichtig werden. Dummheit ist die faule Schwester der Macht. Durch Dummheit wird Macht erst schön.

Dummheit ist ursächlich, primär, grundlegend. Dummheit ist gewissermaßen die plumpe Basis von allem, ist der kompostartige, naturgegebene Untergrund allen Seins. Dummheit ist bequem und unkompliziert, naheliegend und vor allem massig und wuchtig, wenn auch zumeist etwas formlos und schwammig, porös und krümelig. Dummheit will nicht gegängelt werden oder gemaßregelt sein. Sie will immer nur bleiben, was sie ist, und sei es auch nur als ein bloßes Nichts.

Vielleicht konnte man einst sogar den „Kampf der Systeme", Kommunismus gegen Kapitalismus, als einen Kampf um Stabilität bei maximaler geistiger Beschränktheit aller seiner eifernden Aktivisten sehen? Der Kapitalismus hatte diesbezüglich mehr in petto. Er zog alle Register, begann rücksichtslos einen riesigen Ausverkauf der Ressourcen, eine immense Energieverschwendung auf Kosten sämtlicher nachfolgenden Generationen und konkurrierte schließlich so die genauso dummen, aber mit ihrem Administrationssystem leider auf zu viel Kompetenz angewiesenen Kommunisten erfolgreich zu Boden. Kapitalismus verträgt einfach mehr Chaos, mehr Unverstand und Willkür.

In Anlehnung an ein viel zitiertes Zitat des großen Marxisten Friedrich Engels ließe sich dazu sagen: „Der Kommunismus (der „real existierende") war die größte depressive Umwälzung, die die Menschheit bis dahin erlebt hatte, eine Zeit, die Zwerge brauchte und Zwerge zeugte, Zwerge an Denkkraft, Leidenschaft und Charakter, an Vielseitigkeit und Gelehrsamkeit."

Als Gorbatschow dann von den Kommunisten mehr Intelligenz und Integrität erwartete, um das System zu retten, versetzte er ihm genau damit und ziemlich abrupt den Todesstoß. Genau diese Vernünftigkeit nämlich wollten die roten Herren im roten Lande nicht. Das hatten sie über siebzig Jahre erfolgreich verhindert. Diesen permanent latenten Forderungen nach intellektueller Leistung und Verantwortung, nach sozialer Weisheit und konstruktiver Vernunft mußten sie endgültig den Boden entziehen, einfach indem sie den Kommunismus aufgaben und Leute wie Gorbatschow damit arbeitslos machten (ein paar besonders schön versinterte Funktionäre mit dazu).

Nach C.W. Ceram fand ein Archäologe in den Ruinen Babylons ein uraltes Tontäfelchen, auf dem der lapidare Satz gestanden haben soll: „Schaust du hin, so sind die Menschen insgesamt blöde!" Wäre es tatsächlich so, könnte man daraus lernen, wie wichtig die Wissenschaft der Assyriologie ist. Vielleicht aber stand bei der gewiß schwierigen Übertragung dieser alten Texte ins Moderne auch nur der Wunsch allzusehr Pate?

An der Realität der allgemeinen Dummheit, insbesondere auch an ihrer „führenden Kraft" braucht man nicht zu zweifeln. Sie wird einfach von der Geschichte immer wieder belegt und bewiesen - allerdings fast ausschließlich im Nachhinein, wie etwas endlich und endgültig Überwundenes.

Will man sich also über die Dummheit im Allgemeinen informieren, so muß man nur sorgfältig und vor allem unabhängig und objektiv die Geschichte studieren. Die Fälschung dieser Geschichte ist daher immer schon das Anliegen aller herrschenden Dummheit gewesen, damit diese dadurch nicht bloßgestellt wird.

Da gibt es dann den fatalen Satz: „Wo gehobelt wird, da fallen Späne." Er ist so fatal, weil er so nüchtern klingt. Späne sind so selbstverständlich wie banal, daß man allein ihretwegen solchen Spruch nicht brauchte. Man braucht ihn zur Entschuldigung. Es gibt eine Grundformel der Dummheit, die sich daraus ableitet, zu welcher die Dummheit immer wieder zurückfindet und in der sie auch immer wieder Recht behält. Diese lautet schlicht: „Es geht weiter" und daraus die Folgerung: „Es geht (also) doch!" (wegen der Zeit nämlich, die unablässig weiter läuft - was für eine Weisheit!) Es geht tatsächlich immer weiter - auch ganz dumm und noch viel dümmer.

Doch dumm ist das, was niemand gerne sein will. Wer „dumm" genannt wird, dem wird der Verstand abgesprochen, und damit wird er - potentiell - zugleich aus der Gemeinschaft (der Verständigen) ausgestoßen, was zumeist bedeutet, daß sein Menschentum insgesamt in Frage gestellt wird. Dumm sind daher immer die anderen, nicht das Subjekt selber - es sei denn, es hat seine Dummheit bereits erkannt und erfolgreich kompensiert oder ist soeben dabei.

Jeder selbst verhält sich also - seiner Ansicht nach - klug, den Umständen entsprechend. Erst über die Zeit und die Mißerfolge in derselben erkennt man auch eigene Dummheiten, und es kommt - vielleicht - die Einsicht, diese zu eliminieren oder zu kompensieren. Aber nicht jeder Mißerfolg muß auch auf eigener Dummheit beruhen - selbst wenn es von außen immer wieder so aussieht.

Jemandem Dummheit nachzusagen gilt als handfeste Beleidigung. Und wer kann schon von sich selber sagen, daß er, ausgerechnet er, so klug sein sollte, über die Dummheit anderer oder über Dummheit allgemein zu urteilen? Sollte man darum aber derartiges nur den Schlauen überlassen? Wer ist schlau genug, um mit der oder gegen die Dummheit zu rechten?

Im Übrigen ist Dummheit, mangelnde Perfektion, fehlende Kompetenz, nicht nur nachteilig, nicht nur trivial, sondern immer wieder auch etwas Besonderes für das Leben überhaupt, prägend, schicksalhaft, großartig, gigantisch und gigantisch dumm und eben die Dummheit, wie sie ist.

Dummheit ist immer auch ein kollektives Phänomen. Die Dummheit der Masse ist dadurch ausgezeichnet, daß es oft bequem und zweckmäßig ist, sich ihr anzupassen. Zuweilen wird das sogar gefordert. Wenn man dann „dumm" ist und Dummes tut, dann ist man „in Gesellschaft" und wird von dieser bestätigt.

Am einfachsten ist es selbstredend, man hält sich nicht lange auf mit dumm oder klug, sondern wird einfach nur tätig, rührig, umtriebig, positiv, dynamisch. Die bohrenden Fragen kommen dann von selbst oder nicht. Man wird es überleben - oder auch nicht.

Von Bedeutung ist nicht so sehr die Dummheit der Dummen sondern die Dummheit der Schlauen. Man muß herausfinden, worin diese eigentlich besteht.

Dummheit ist individuell und konkret an eine Person angeheftet, zugleich aber auch allgemein und unklar durch den Geist der Welt hindurch fluktuierend.

Als offensichtlich „dumm" verstehen wir solche Allerweltsdinge wie:
- Schlecht lernen (Sprachen, Begriffe, Fertigkeiten).
- Schlecht verstehen (Zusammenhänge, Schlußfolgerungen, Fähigkeiten, Analogien).
- Selbstüberschätzung, falsche Maßnahmen für eigene Ziele.
- Als Dynamiker zu dumm zum Lügen, Betrügen, Täuschen, Wegnehmen, Vordrängeln, Verklapsen.
- Etwas ist dumm, zufällig, dumm gelaufen, dumme Situation = ungünstig, vertrackt, komisch.

Einfache Dummheit betrifft nur die jeweilige Einzelperson. Sie besteht vor allem im Nichtwissen von Fakten, von Informationen, im Nichtverstehen von Zusammenhängen.

Nichtwissen kann seine Ursache haben im Fehlen oder Vorenthalten von Informationen oder im Nichtfassen, in der Merkunfähigkeit oder Lernunwilligkeit.

Nichtverstehen hat seine Ursachen in mangelndem Verständniswillen, fehlendem Interesse und vor allem in ungenügenden kognitiven Grundfähigkeiten.

Dieser einfachen Dummheit steht als Gegenteil die einfache Klugheit gegenüber, die sich dadurch so einfach wie unschön bemerkbar machen kann, daß sie die Dummheit der Dummen auszunutzen versucht.

Komplexe Dummheit ist gänzlich anders gelagert. Sie ist nicht die Dummheit der Einzelindividuen oder vieler einzelner Individuen - isoliert voneinander. Sie ist die Dummheit einer Masse von Menschen in ihrem Zusammenwirken. Sie ist die elementare, einfache Dummheit des an sich selber vernunftlosen Systems. Aus diesem Grunde ist sie - einfach - nicht faßbar. Und sie kann auch von „Klugen" oder in diesem Fall schon „Gerissenen" so einfach nicht mehr ausgenutzt werden. Der Kluge nämlich ist mit all seiner Klugheit selber im Netz der allgemeinen und komplexen, oft fehlerhaften Interpretation der Verhältnisse tief verstrickt, kann darin hin und her geistern, seinen Vorteil ausspähen und auch finden. Trotzdem steht er dabei doch auch nur im Fluß des ganzen Systems und wird mit diesem („mit dem Strom schwimmend") dorthin getrieben, wo auch das System hinschwimmt. Dieses System wird von dieser komplexen Blindheit bestimmt.

Dummheit ist also immer auch „Systemwille". Das System aber setzt diesen Willen durch, wo es kann.

Was alles wäre einer „höheren Dummheit" zuzuordnen?

Zuerst dürfte das die Ignoranz gegenüber der Dummheit überhaupt sein. Man ist ja schlau, was geht einen da noch die Dummheit an? Vielleicht gibt es sie auch gar nicht? Klugheit ist nicht das Gegenstück zur Dummheit. Auch Klugheit kann dumm sein. Dummheit hat überhaupt kein Gegenstück - außer vielleicht die blasse Erkenntnis ihrer selbst und das stete Bemühen, sie zu überwinden. Die Klugheit der Dummen jedenfalls ist die ganze faktische Wahrheit der Welt. Es ist die gültige Wahrheit, nach der sich alles richtet und zu richten hat. Es ist das Faktum des tätigen Geistes in seiner evolutionären Unvollkommenheit.

218

Allgemeiner als Dummheit ist die Priorität der Instinkte, der Leidenschaften, der Triebe vor der Vernunft. „Erst kommt das Fressen, dann die Moral".

So kommt es, daß trotz aller angesammelten Weisheit so wenig grundlegend Vernünftiges geschaffen wird, weil eben diese Weisheiten so unverbindlich sind und bleiben, die „Leidenschaft" aber immer elementar, drängend und jederzeit „sich selbst das Nächste" ist und auch zu bleiben scheint. Dann übrigens kommt nach dem „Fressen" und vor der Moral noch etwas anderes, das Ausscheiden nämlich, womit man sich ja bekanntlich auch so schön und wirkungsvoll austun kann. Danach ist man auch sogleich oder fast gleich wieder hungrig. Die „Moral" muß noch etwas warten - falls sie nicht doch schon gleich beim Fressen dabei war.

Die Dummheit klebt wie ein zäher Schleim überall über dem Land. Wer da heraus will, sich „darüber erheben", der hat sogleich einige Zentner Last mitzubewegen, mitzuzerren und wird bald ermüden und erlahmen. Nur die Maden, die es mit ihren so anders gearteten, behäbigen Bewegungen gewohnt sind, sind es zufrieden, fressen Schleim vorn, scheiden ihn hinten wieder aus und kommen langsam, aber stetig voran dabei.

Dummheit ist stets auch trivial und mit sich selbst stimmig bzw. in sich selbst perfekt aufgehoben und richtig. Dummheit ist daher plausibel und schon darum oftmals auch erfolgreich, besonders dann, wenn sie ohnehin nur als überflüssiger Kommentar zu einer von ihr zunächst noch unabhängigen Sache erscheint.

Derart funktioniert Dummheit ganz einfach, während vieles Intelligente, was sich einmischt, einfach nicht funktioniert - weil es noch nicht intelligent genug ist, aber schon nicht mehr dumm genug.

Erst wo das Dumme als „Dummheit" wirklich, explizit erkannt und erfahren wird, beginnt es zu verärgern und zu schmerzen und den ihm immer wieder angelasteten Schaden anzurichten. Dort, wo Dummheit weh tut, wird sie zumeist auch erkannt, aber nicht notwendigerweise. Zuvor, vor der Aufdeckung der Dummheit, findet der jetzt auf einmal so emsig suchende Mensch immer noch einfachere Gründe für das Übel, was ihn heimsucht: Das Schicksal, der Zufall, der grimmige Feind oder „das Böse" schlechthin. Das Dumme ist zuweilen nicht nur peinlich, es ist auch komplex verschlüsselt. Zuweilen wird es von einem Zerberus bewacht.

Dummheit ist nicht nur das kleine Problemchen, welches man so gerne in ihr sieht, diese dusselige Sache, die man so leicht und so erhaben ignorieren kann - leider nicht. Dummheit ist und wird immer wieder zur Tragödie. Wer sie als Randerscheinung abtut, der ist selber nicht sonderlich helle und bereits befangen in ihr.

Die Frage ist nicht allein die, Dummheit als Dummheit zu erkennen. Man erkennt sie schon, wenn es darauf ankommt und wenn man sich bemüht. Das Problem ist es, auf Dummheit zu verzichten. Das nämlich ist schwer, weil die Dummheit das Leben so einfach und simpel macht, so direkt, unmittelbar und gerade gestaltet und wo es ohne die Dummheit dann doch etwas anstrengend und mühsam wird. Wie soll das gehen „ohne Dummheit", ohne all dieses Banale und Triviale, ohne das alltägliche, flotte In-die-Welt-hinein-tüchtige-Taten-tun?

Über der Dummheit und nur über der Dummheit lassen sich nämlich prachtvolle Illusionswelten und Weltillusionen errichten. Wer möchte schon darauf verzichten, wenn die so billig zu haben sind und anderes weniger einfach und schnell?

Mit Dummheit läßt sich des Weiteren trefflich im Trüben fischen, läßt es sich so fein und ungefährdet partizipieren, lassen sich ganze Ausbeutersysteme in faszinierenden Dimensionen als Selbstläufer einrichten. Das gesamte industrielle Wohlstandssystem basiert vermutlich sogar essentiell auf speziellen Dummheiten und geht gar nicht anders. Nachdenken und Sparen und Haushalten waren immer schon mühevoll.

Problematisch ist die ewige Lüge über die Dummheit, jene Lüge, welche die Dummheit immer wieder so einfach und zielsicher „entdummt" oder zu entdummen scheint. Wenn sich diese Lüge auch immer wieder als „Leben, Dynamik, Optimismus, Tatkraft, Lebenswillen, Ordnungssinn" verkleidet, bleibt sie doch in ihrer Wirkung murkserisch und wirkt als solche immer wieder tragisch.

Dummheit ist ganz geistige Angelegenheit. Es ist also nur logisch, daß sie auch zugleich zur geistigen Übermacht, zur Dominanz, zum Maßstab aller Dinge werden will. Von daher bleibt Geist dann ganz machtlos. Dummheit ist der Geist der Macht oder „das Geistige" an der Macht. Und der Geist der Macht ist die Dummheit.

Neben der intellektuellen gibt es auch eine allgemein weit verbreitete und immer wieder nicht erkannte „emotionale Unbildung". Wer gewisse Dinge nicht persönlich, also auch nicht emotional erlebt hat, der bleibt solcherart blind und damit gegenüber vielen Dingen auch allgemein blind. Gefühlsmäßiges kann man nur persönlich erfahren. Man kann es nicht über die Kommunikation verinnerlichen. Hinzu kommt, daß emotionale Eindrücke oft und schnell verdrängt oder vergessen werden, einfach darum, weil die normale Kommunikation und auch der innere Dialog zumeist rational sind und für diese eher „sentimentalen" Dinge kaum Platz lassen und auch dafür nicht das geeignete Erinnerungsinstrument darstellen. Diese emotionale Unbildung führt dazu, daß zum Beispiel tatsächlich vorhandene Benutzerhemmungen oft nicht aktiviert werden.

Es gibt den Spruch: „Quäle nie ein Tier zum Scherz, denn es fühlt wie du den Schmerz." Diese Metapher weist darauf hin, daß man die eigene Phantasie in dem einen oder anderen Fall anstrengen möchte, um das konstruktive Wesen (so man es hat) wirksam werden zu lassen, um also dieses emotionale Unwissen zu überwinden. Menschen, die dazu tatsächlich nicht oder kaum in der Lage sind, nennt man auch „gemütsarm". Auch das ist eine Art von Dummheit, ein Mangel von Sensibilität.

Im Allgemeinen werden Verhaltensnormen bzw. spezielle Verbote ausgegeben, die diesen behebbaren emotionalen Mangel rational und rationell ausgleichen sollen. Wenig bekannt bleibt jedoch, daß durch diese Unkenntnis oder Ignoranz des Emotionalen massenhaft Mißverständnisse in die Welt der menschlichen Beziehungen gelangen. Man muß seine Probleme nämlich rational ausdrücken und damit in fade Worte kleiden, meint tatsächlich aber etwas anderes, etwas Emotionales und weiß nicht, wie man es besser sagen könnte.

Kurz bevor im Osten Deutschlands die Mauer fiel, hörte man die Ostdeutschen viel von „Reisefreiheit" schwadronieren. „Visafrei bis Schanghai" konnte auf Postern und an Mauern gelesen werden. Die Westdeutschen verstanden das nicht und fragten sich, wieso es „der Ossi" denn so sehr mit dem Reisen hätte. Der Tscheche Vaclav Havel erklärte ihnen das und sagte sinngemäß: die Ostdeutschen möchten damit nur andeuten, daß sie ihr Leben nicht wie „Knackis" beschließen wollten, versperrt hinter einer Mauer mit Stacheldraht oben drauf. Das so auch zu sagen, waren sie aber zu fein.

Sie fanden es wohl auch zu armselig oder zu anmaßend oder zu umständlich. Viele von ihnen „reisten" dann auch einmal in den Westen - und ließen es wieder. Sie hatten genug gesehen von der großen, etwas sehr luftigen Freiheit „dort drüben". Doch die Mauer vor ihrer Nase war weg. Das reichte eigentlich schon.

„Den Stier bei den Hörnern nehmen" heißt auch: von der Dummheit sprechen, sie als das nehmen, was sie ist und nicht falsch und vornehm darum herumreden. Wenn man oft genug erlebt hat, daß es auch anders geht als eben nur „dumm", und daß es vor allem auch viel, viel besser ginge, wenn es nicht so dumm gehen müßte, dann kann man auch einmal „so dumm" sein und diesen mächtigen Stier an seinem übermächtigen Haupte packen. Warum nicht?

Der Terror der Dummheit

Man kann so dumm sein, wie man will. In dem Moment, wo man allein damit bleibt und mit dieser Dummheit anderen nicht schadet, bleibt dieselbe reine Privatsache. Ansonsten wächst sie sich sehr schnell in soziale Dimensionen aus. Im einfachen und primitiven Status ist das häufig der Fall. Im dynamistischen Status kann solches sowieso nur durch Repressionsmächte verhindert werden.

Das ist das moralische Problem von Dummheit bzw. Primitivität, weil sie im Gegensatz zur Einfachheit auch dazu neigt, sich in soziale Bezüge hinein zu behaupten.

Es geht nicht zuerst um die Dummheit an sich. Nur zur Dummheit als solcher wäre nicht viel zu sagen. Es geht vielmehr und ausführlich darum, wie die Dummheit „Wichtigkeit" produziert und durchsetzt - dumme Wichtigkeit nämlich -, die auch noch voller hohem Ernst ist und dann (irgendwann auf jeden Fall) doch wieder nur ganz elend und lächerlich wirkt und so lieber auch gleich vergessen wird - als wäre sie nie gewesen. Doch sie war (wie z.B. dereinst als „eine Nacht über Deutschland").

Um diese Dummheit geht es, welche allerdings zugleich das Leben ist, wie es so ist Tag um Tag, Jahr um Jahr, Jahrhundert um Jahrhundert.

In den maßgeblichen Kreisen der hochentwickelten Industriegesellschaften, von der Bürokratie bis hin zum freien Unternehmertum, ist ein wütender und trotziger Kampf um das Menschenrecht auf Dummheit ausgebrochen. Das heißt, eigentlich gibt es diesen Kampf der Dummheit um ihr Existenzrecht, um ihre Emanzipation, seit Urzeiten. Doch dieser Kampf hat es eben so an sich, daß er seinen erstaunten Entdeckern immer wieder wie etwas Neues erscheint.

Zumeist gebärden sich seine Aktivisten als „dynamische" oder „positive" Experten, als erhabene Lehrer und Meister einer sonderbaren Weisheit, die eben diese Dummheit ist, diese gewissermaßen höhere Dummheit mit dem großen Ah! und Oh! und dem ewigen sich Wundern über dieses Wunder.

Traum und Ideale realkommunistischer Aktivisten aus der einstigen „zweiten Welt" im Osten finden sich ähnlich in der „ersten Welt" des Kapitalismus („Visionen") oder lieferten überhaupt immer schon das eigentliche (geheimere) Vorbild auch für die konkreten roten Strategen.

Wo Macht ist - in welcher Form auch immer - wird die Dummheit selbst zur Gewalt. Das Leben hat damit seine Mühe, darunter nicht zu ersticken, und das, obwohl doch das Leben selbst die einzige Kraft ist, die die Dummheit ernähren kann und damit an der Macht erhält. Genau das ist eben der Sumpf, der „Widerspruch", die Fäulnis - die zugleich Leben ist.

Die natürliche Überheblichkeit des Geistigen über die Dinge des Ungeistigen ist zugleich der Terror des Dummen in dieser geistigen Welt. Das Dumme ist nicht nur Fehlen von Geist, es kommt auch aus dem Geist. Es kann überhaupt nur von dort kommen, von da nämlich, wo dieser Geist den Boden unter den Füßen verloren hat. Das passiert schnell. Der Geist strebt nach göttlicher Selbstherrlichkeit, nach märchenhafter, zauberischer Souveränität. Daher kommt die „höhere Dummheit", die kein Nichtwissen, sondern vieles, gutes, brauchbares falsches Wissen ist, großartig, zuweilen blendend und verführerisch. Das will, muß und kann sich durchsetzten.

In der Primitivität manifestiert sich Dummheit zu einem Selbstzweck und emanzipiert sich damit zu allgemeiner Zuständigkeit. Die sich behaupten wollende Dummheit pocht auf ein allgemeines Lebensrecht, was ja auch vorhanden ist. Die Moral fordert obendrein, daß alles, was lebt, auch Lebensrecht hat. Darauf beruft sich jede Dummheit. Erst die Evolution steht über der Moral und selektiert das ihr Unpassende aus, eisern, gnadenlos und bar jeder Vernunft, Intelligenz oder Moralität.

Die Primitivität macht die Dummheit zum grundsätzlichen Zivilisationsmakel und damit auch böse. Die sich behaupten wollende Dummheit wird zum Terror. Nun geht es hier nicht um den Menschen, sondern um seine Dummheit. Der Mensch muß ja vielleicht nicht dumm bleiben. Insbesondere muß er nicht notwendig auf seiner Dummheit bestehen und dieselbe zu einer Allmacht erheben wollen.

Der Terror der Dummheit zwingt, sich der Dummheit unterwerfen zu müssen, das aber nicht nur passiv, sondern vielmehr eifrig, aktiv und obendrein wider besseres Wissen. Ihr gegenüber hat man sich dann durchaus selber zu verleugnen.

Dieser Terror kommt nicht so sehr aus den Personen, die ihn dann letztlich personifizieren, sondern aus der Dummheit selbst, indem sie nämlich die in Dummheit Erfolgreichen dazu so schön animiert, verführt, nötigt, zwingt. Da sind sie dann flott hinterher und wollen, daß auch alle anderen ihnen folgen. Denn die Dummen merken ja das Spezifische der Dummheit selber eher nicht. Sie sehen nur die Bewegung, die sie verursacht, den Wind, den sie macht, die Versprechungen und Illusionen, die sie ausstreut und vorgaukelt, nicht aber die Ursache und die noch versteckten Folgen.

Dummheit ersetzt gern durch Kraft und Energie, was ihr an intellektueller Potenz und Fähigkeit abgeht. So kommt dann mit ihr gewaltige und gewalttätige Bewegung in die Welt, die vor allem eine blinde Bewegung ist, darum aber nicht weniger wirksam. Daß sie nicht besonders angenehm ist, läßt sich denken. Aber sie wirkt.

Unter den vielen nicht sonderlich Begabten, die auf der Welt so herumlaufen und die überall nur punktuelle Bedeutung erlangen, spielen die besonders Aktiven unter ihnen eine Sonderrolle. Sie sind es, die „gesellschaftlich aktiv“, oft ganz spontan und sogar in eigener unentgeltlicher Mission ihre nicht immer sehr ausgereiften Gedanken in die Staatsöffentlichkeit tragen, so daß der Staat mit seinen Repräsentanten bald glaubt, diese Eifrigen seien „das Volk“. Sie sind es nicht. Aber sie tyrannisieren es mit ihren ungefragten Aktivitäten über diesen Staat, der sich ihrer annimmt. Und zuweilen machen sie das Volk als Ganzes damit auch noch lächerlich oder, was schlimmer ist, zum Fürchten. Das hat es schon gegeben, allerdings mit gewissermaßen patriarchalischer, ideologischer Unterstützung. Es war in Deutschland die Zeit, als Fanatismus zur Tugend wurde. Viel gehörte dazu offenbar nicht.

Kritik an der Dummheit bewirkt wenig. Es kann sogar sein, daß der Dumme gegen eine Kritik zum Kämpfer aufschwillt, zum Streiter für sich und seine Dummheit. Er ergreift Partei. Um sich von der Dummheit zu lösen, wird Überzeugung nötig. Überzeugung aber ist nur dann zu vertreten, wenn sie auch von innen gestützt wird. Das ist das Problem. Mit gut saturierten und wohletablierten Nonsensstrategen kann man etwa so reden wie mit einem rauschenden Wasserfall: Die Frage geht im Rauschen unter, die Antwort ist trotzdem gewiß - nur ihr Wert bleibt reichlich überflüssig.

Und nicht alles, was dumm daherkommt, ist auch wirklich dumm. Denn allgemeine Dummheit verlangt einerseits Anpassung an diese, zum anderen macht sie bequem. Ein satter Löwe macht keinen sonderlich kämpferischen (klugen) Eindruck. Wenn es aber drauf ankommt, wird er zur Bestie.

Der Terror der Dummheit kann subtil werden und zynisch. Ein Bild dafür wäre zum Beispiel ein Wasserschöpfgerät mit Loch. Wer also angestellt ist, mit einem zerlöcherten Wasserschöpfer einen großen Kübel auszuschöpfen, der steht in einer etwas sinnlosen Position. Dann erklärt ihm die dazu berufende und dafür bezahlte Dummheit geduldig, daß er eine wichtige Aufgabe zu erfüllen habe. Zum zerlöcherten Wasserschöpfer erfährt er soviel, „daß das Leben nun einmal so sei, wie es ist und kein Wunschkonzert". Der Terror besteht im Zwang zu dieser Lüge und in der Alternativlosigkeit und vielleicht auch noch in dem dann mehr individuellen Schabernack, dieses defekte Gerät wie ein vollkommenes Werkzeug ansehen und ihm dazu vielleicht sogar huldigen zu müssen.

Arbeit ist Arbeit, könnte man sagen. Hier aber wird sie nun zur Perversion, der nur der vollkommen stumpfe und dumme Mensch entgeht, weil er diese tatsächlich nicht als solche erkennt. Er sieht nur „die Arbeit", nicht aber das Ergebnis. Derartiges ist weit verbreitet und wegen der allgemeinen Entfremdung der Arbeit nicht unbedingt nur auf Dummköpfe und Schöpfeimer mit Loch beschränkt.

Darum jedenfalls muß Dummheit immer sein. Erkennen sollte man sie nicht oder gar denunzieren, denn dagegen gibt es den Terror der Dummheit. Und damit dann schweigt man lieber fein still.

Der aktiven, eifrigen, eifernden Dummheit ist mit Intelligenz nicht beizukommen. Sie ist, und das ist ihr Wesen, immun dagegen. Darum wird sie ewig überleben. Sie ist ein Ding an sich, für sich und ihr eigener Segen.

Man könnte sogar sagen: Intelligenz ist ein lebensfeindliches, zumindest aber recht problematisches Prinzip (in evolutionärer Sicht). Das System beweist dies: Es honoriert Dummheit unmittelbar und allgemein, Vernunft und Intelligenz aber nur mit Vorbehalt und Rechtsbeistand. Das System konstituiert sich mit Dummheit einfach bedeutend robuster, als das mit Intelligenz je möglich wäre. Dummheit, Desinteresse, Stumpfsinn sind für „das Große Ganze" zugleich Gesundheit, Wucht, Lebenskraft, Zähigkeit, Penetranz.

Stoßen im weiten Weltall ein Raumschiff und ein Asteroid gleicher Masse zusammen, verwandelt sich das so schön konstruierte, komplizierte, komplexe Raumschiff sogleich in einen bloßen, stumpfen Schrotthaufen, in dem es höchstens noch etwas klappert. Das Gegenteil tritt niemals ein. Aus einem bloßen Erzklumpen wird bei einem Zusammenstoß im Weltall kein funktionierendes Raumschiff.

Dummheit ist stark und ausdauernd. Intelligenz hingegen bleibt im weiten Weltgeschehen immer nur Episode, seltenes Ausnahmeereignis, glänzend vielleicht, aber vorübergehend, aufflackernd und erlöschend.

Irden und ehern stehen dagegen das Stumpfe und Dumpfe.

Als Primitivität zu Höherem promoviert, wird die Dummheit auch ganz und gar sich selbst genug, wird das Höchste überhaupt. So zumindest erscheint es ihr selber. Es ist vielleicht doch nur eine Modefrage, eine Laune der gegenwärtigen Zeitenläufte, daß die Dummheit zu einer Beschimpfungsvokabel wurde und nicht zum großen Lob.

Die Dummen selber ahnen zumindest, was ihnen ihre Dummheit wert ist. Sie wissen sie zu schätzen. Von daher kommt auch ihr Zorn, wenn man sie damit von oben herab beleidigen will. Sie wissen vehement, daß ihnen dadurch eine geradezu kosmische Bosheit widerfährt, der sie ihre ganze geballte Lebenskraft entgegenstellen müssen. Das tun sie, und sie tun es mit Erfolg.

Und einen gewissen, unbestimmten Terror müssen die Dummen dann auch noch machen, damit sie das Leben spüren, damit sie sich wichtig und erhoben fühlen, bewegt und auch einmal empor geworfen, damit sie nicht einfach nur still und stumm so dahinvegetieren.

Der Terror der Dummheit liegt über der Welt wie der Aschenstaub eines Vulkans nach einem Regen. Wer sich da auf den Weg macht, dem kleben mit jedem Schritt schwer die Klunkern des Schwachsinns an den Füßen. Er wird bald müde und begibt sich zurück in sein Privatgärtchen - falls er das hat.

Dummheit braucht unbedingt Ernsthaftigkeit, um ernst genommen zu werden, um sich richtig wichtig und wesentlich entfalten zu können. Faszinierend an der Dummheit ist, mit welchem Eifer und wie ernsthaft die für ihren Grips Bezahlten immer wieder nichts zustande bringen. Das ist aber nicht nur bemerkenswert, sondern auch beängstigend, denn etwas bringen sie dabei ja doch zustande: den Terror der Dummheit. Alles möchte sich dann nämlich nach ihrem Nichts richten. So sind schon ganze Völker ins Verderben gelaufen.

Dummheit ist eine ernste Sache. Sie will sich selbst verwirklichen. Ihr einfach nur so agierendes Wesen will sich mit möglichst geringem Aufwand gegen eine Welt durchsetzen, auch gegen eine Welt, die es gewiß

besser weiß. Das Dumme muß sich auch durchsetzen, denn sonst verliert
es womöglich die ganze eigene Existenz.

Dummheit ist auch darum Dummheit, weil ihre Protagonisten davon
selbst bedrängt werden. Dummheit generiert unaufhörlich hausgemachte
Probleme und Konflikte.

Wo immer öffentliche Probleme auftreten, die unbedingt gelöst werden müssen, da sollte man nicht nur diese Probleme anschauen, sondern
auch jene, die mit ihnen Umgang haben. Insbesondere sollte man vorsich-
tig bei der etablierten Dummheit anfragen, ob sie bereit ist, dazu auch auf
einige ihrer altbewährten Privilegien zu verzichten. Man wird eine Ab-
fuhr erfahren.

Dummheit kommt meist recht seriös und reichlich ernst daher. Das ist
eine ihrer besonderen Eigenheiten. Man findet daher Dummheit dort besonders häufig und so schön penetrant, wo Titel, Ämter, Würden solche
Seriosität bequem ermöglichen.

Wie aber soll man da reagieren? Denn man möchte ja auch damit zurechtkommen. Der Dumme, dem man so gegenübersteht, versteht nichts,
braucht auch nichts zu verstehen, ist sich selbst ganz sicher. Sonst wäre er
ja nicht diese ernsthafte Persönlichkeit ohne viel weitere, tatsächliche
Substanz. Zuweilen versteht er jedoch etwas oder sogar eine ganze Menge, will nun aber oder darf auch gar nichts verstehen, weil seine Dummheit, die dann Ignoranz heißt, für seine Existenz in seinem Amt unterdessen essentiell ist. Hier wird Dummheit zum Befehl.

Bemäntelt und getarnt aber wird sie zur Weisung, zur Anordnung.
Weder Ironie noch Lächerlichkeit, weder Wut und Zorn können den
Dummen dann zu einer Einsicht führen. Man kann ihm überhaupt nur
noch beikommen, wenn man seine Kompetenzhülse, sein ganzes Amt
zerstört - falls man die Macht dazu hat.

Was Unfähigkeit so sehr und besonders herrlich penetrant macht, ist
ihre keineswegs seltene Tüchtigkeit. Eifer kann aus und mit Dummheit
allerhand erschaffen. Einfach nur ein Etwas umrühren, Bewegung erschaffen, vorne aufbauen, eifrig, stur, ernst, gnadenlos, unerbittlich, hinten sogleich wieder einreißen mit dem fetten Hinterteil, hilflos, inkompetent, verdutzt, verdattert und alles noch einmal, bis etwas entsteht oder
nicht - und bis endlich auch etwas übrigbleibt. Bewegung ist auf jeden
Fall dabei. Und Bewegung ist Leben. Davon bleibt einiges und wirkt in
den Tiefen des Seins für sich weiter - irgendwie. Es schafft einfach Fakten.

Das Faktische ist das Gesicht allen Murksens und macht es unwiderstehlich. Dann aber muß man auch ein solches Ergebnis wieder in sturer Arroganz verkleistern und mit durchgeistigter, hysterischer, rechthaberischer Warmbrühe übergießen. So läuft es bei vielen Experten. Die Welt ist voll davon.

Hier sollte man sich das Mitleid verbieten. Sie müssen ja nicht. Oder müssen sie doch? Irgendwie laufen muß „es" ja schließlich. Aber was denn nur? Das ist schwer genug herauszubekommen. Und es ist schwer genug, dieses Laufen selbst. Denn wenn es bei ihnen nicht klappt, dann klappt es nirgends und nie - so meinen sie. Und schon suchen sie Schuldige zum Abstrafen.

Je dümmer, um so kämpferischer gibt sich die schaffende Kraft. Je inkompetenter, um so entschlossener behauptet sie ihren Willen. Ihre Wut ersetzt ihr das Selbstvertrauen und drängt allen anderen Zustimmung auf. Wer so wirbelt und tobt, der muß einfach auch Recht haben - denken alle.

Man verwechselt dann leicht zornige Konsequenz mit solider Kompetenz. Ein Macher muß noch lange kein Könner sein, aber er schafft Fakten, dumme Fakten oft, aber eben doch Fakten. Es gibt sie reichlich, man muß damit leben.

Am apartesten aber wird es, wenn einem von einem zuständigen (vielleicht als Zyniker getarnten) Dummkopf - verbindlich - die Welt erklärt wird.

Der Segen der Dummheit

Dummheit gilt allgemein als Beleidigung, wenn sie einem unterstellt wird, nicht jedoch als Makel, wenn man sie bei sich entdeckt und erst recht, wenn man sie nicht bei sich entdeckt. Inkompetenz richtet zwar mehr Schaden an als eine grobe Wahrheit, aber - wenn sie „wohlmeinend" oder gar im Schutz einer Staatsmacht daherkommt - gilt sie als gewöhnliche Interaktion.

Dummheit erscheint zunächst meist als harmlos und friedfertig, als „normal" gewissermaßen. Daher kommt es auch, daß sich Leute zuweilen gern „dumm stellen", um diesen nicht geringen Bonus der Dummheit zu erlangen.

Dummheit ist bequem, sie hat viele Freunde und Nutznießer. Der Einzelne, der sich dagegenstellt, sieht sich dann fast immer einer Übermacht gegenüber. Wenn er nicht seinerseits Mitstreiter findet, steht er auf verlorenem Posten. Von daher ergibt sich die ansonsten wenig einsichtige Empfehlung, es mit dem Wissenserwerb, mit der Kultivierung von Interessen, mit dem Trainieren von Verständnis nicht zu übertreiben oder zweckmäßigerweise sich gleich ganz von derartigen fragwürdigen Eskapaden fernzuhalten. Der Mensch lebt normaler und gemäßer, wenn er sich mit wenig Wissen belastet. Jeder „Dumme" also, der als solcher denunziert wird, muß sich nicht gleich beleidigt fühlen, sondern kann sich damit trösten, daß er erst einmal vollkommen richtig lebt.

Mit der Dummheit, insbesondere mit der Dummheit der anderen, wird mehr verdient als mit Kompetenz und Intelligenz, vor allem dann, wenn es um Massenumsätze geht. Schon von daher wird Infantilisierung, Verblödung, Manipulation gefördert. Je mehr Einfältige es gibt, um so größere Umsätze lassen sich mit wohlfeilen Albernheiten erzielen. Zum Luxus des Lebens gehört auch die Dummheit mit solchen Ablegern wie Murks, Gammlerei, Ignoranz.

Dummheit ist echter Luxus, und auch nur ganz Reiche können sie sich ganz leisten. Der Unterschied zum sonstigen Luxus ist lediglich der, daß Dummheit meist nicht als ein Luxus erkannt wird, oft nicht einmal als ein Mangel - weil sie überhaupt nicht erkannt und gewürdigt wird oder weil man sie wie ein Gebresten unbedingt übersehen will und muß.

Dummheit wird überhaupt nur selten als Dummheit begriffen und ausgewiesen, sondern eher als etwas Wichtiges, Ernsthaftes, Normales, vielleicht sogar Normatives. Darum ist sie dann ja auch wieder Luxus. Man könnte sich solcherart Normales, Wichtiges, Ernstes nämlich nicht leisten, wenn es wirklich stören würde. Luxus aber ist zwar schön, amüsant, kurzweilig, interessant, nicht aber lebensnotwendig. Dummheit ist es auch nicht, zumindest „an sich". Im Übrigen muß nur hinreichend viel und massig davon in der Welt sein, damit ein jeder glaubt, dies sei normal und korrekt und gehöre zum vollen, vollwertigen Leben richtig mit dazu.

Dummheit ist also doch (auch) Vollkommenheit, Vollendung. Ein Dummer fragt nicht, er weiß alles, erklärt jedem jedes. Ein Dummer ruht gelassen in sich, vertraut auf seine Kraft, seine Einfälle, seine unbedingte Akzeptanz überall, vor allem auch in der Natur, die ihn schuf. Man will es dann kaum glauben, daß jemand tatsächlich ein Dummer ist. Aber gerade das ist er, und es zeichnet ihn aus. Ein russisches Sprichwort soll besagen: „Der Dumme lehrt - der Kluge lernt."

Der Stolz der Dummen ist fast sprichwörtlich. Wenn man schon dumm ist, dann möchte man wenigstens darauf stolz sein dürfen. Und man ist stolz darauf. Man ist stolz, weil man sich so etwas leisten kann und weil einem solch ein Stolz gewissermaßen die eigene Dummheit legitimiert. Der Stolz macht aus dem Individuum den Menschen, der sich selber nicht mehr in Frage stellen oder bezweifeln muß, der gewissermaßen vollendet ist. In solcher Artung fühlt er sich kraftvoll und zu Taten berufen. Stolz aktiviert. Der Stolz enthebt vor allem aber auch von der Mühe, gegen Dummheit angehen zu müssen.

Dummheit macht kreativ, oder besser: Dummheit ist der Kreativität in besonderer Weise hold. Wenn einer sicher weiß, daß Zwei plus Zwei gleich Vier ist, dann hat er nur noch diese eine Möglichkeit, diese Aufgabe zu lösen. Seinem Eifer sind von daher enge Grenzen gesetzt. Wer das aber nicht weiß, der hat unendlich viele Möglichkeiten, zu einem Ergebnis zu kommen, denn das Zahlenreich ist unendlich groß. Nur den Mut zum Ergebnis, zu irgendeinem Ergebnis, den braucht er schon. Aber zu dem motiviert ihn sein Eifer. Frei muß er sein von kleinlichen Zweifeln, vom Zagen und Bangen. Mutig hinausplärren muß er sein Ergebnis, zeitgemäß und angepaßt, selbstbewußt, kraftvoll behauptend. Er muß „positiv" denken und ist damit auch gleich einer der so sehr gefragten und umworbenen positiven Menschen in unseren aufstrebigen Zeiten.

Die Offenbarung der Unfähigkeit findet nicht statt oder ganz woanders, zu anderen Zeiten, an anderen Orten, bei anderen Gelegenheiten und in anderen Zusammenhängen, was der betreffende und derartig Dynamische dann auch gar nicht mehr mitbekommt, so wie sich die Folgen und Spuren der Fähigkeit im Wuseln des Überflusses verlieren und nur die hohe Attitüde ihrer Schöpfung durch die Lande hallt: „Klingeln gehört zum Gewerbe". So verlieren sich übrigens auch die Spuren von Fähigkeit und Kompetenz, wenn sie nicht sogleich unmittelbar sichtbar werden - und damit dann aber auch umgehend die ernsten Bedenken und den Neid aller Dummen verursachen. Die hohe Kreativität der Dummen, ihr vorbildhafter Eifer ist und bleibt unverbindlich, weil ungefährlich. Dummheit ist tüchtig.

Auch in den heutigen zivilisierten und sogenannten hochkultivierten Völkern dürfte ein gewisses Maß an Dummheit für das Bestehen des Individuums eher förderlich als hinderlich sein.
(Horst Geyer)

Dummheit im System

Dummheit kämpft oft um ihre Anerkennung und wird damit schnell zur Penetranz. Das ist sogar das Wesen der eigentlichen, der essentiellen Dummheit, die aus dem System kommt. Während die ordinäre Dummheit sich zumeist verlegen verabschiedet, sobald sie entdeckt und bloßgestellt wird, beginnt die Systemdummheit (die das System stützende und von ihm geförderte Dummheit) den Kampf um ihr Daseins- und Wirkrecht mit Vehemenz. Das ist manchmal nur komisch und kabarettistisch (Panoptikum), meist aber wird es bald fies und ekelhaft, wird zum (häufig verdrängten) Terror der Dummheit in all seiner faktischen Wirklichkeit. Die unbedingte, verbindliche Wichtigkeit von Dummheit wird zur Penetranz.

Es geht bei der Dummheit nicht nur um ihre individuelle Natur und deren einzelne Auswirkungen auf die Welt insgesamt. Es geht - und zwar ganz erheblich - auch um das Interesse des Systems, des Staates, der Machtcliquen, also gewissermaßen der Welt selber an der Dummheit und ihrer verdeckten oder auch offenen Installation und Beförderung durch diese Kräfte. Man sollte darüber zumindest Bescheid wissen, was nicht immer einfach ist - wegen der Dummheit.

Man muß im System also auch immer mit der Dummheit leben, denn „andere Menschen haben wir nicht". Diesen Gemeinplatz hat das System als erstes „verstanden" und ganz natürlich realisiert.

Die unbedachte, unbedenkliche Hingabe des Menschen an das System, diese kritiklose Anpassung an Mechanismen, die den Menschen vielleicht kitzeln, zugleich aber - meist indirekt und versetzt, verschoben und undurchsichtig - in Zwänge hüllen, die ihn all seiner eigentlichen, besonderen Autonomie, die er als Mensch, als denkendes Wesen gegenüber der Natur hat, wieder berauben, das alles ist einfach nicht sonderlich intelligent.

„Überlaßt das Denken den Pferden, denn die haben den größeren Kopf!" - so lautet einer dieser zynischen Sprüche, die man allenthalben, vor allem auch aus den Kreisen der Administratoren und Führer vernimmt. Es ist dieser Slogan aber keineswegs so grotesk und herabwürdigend, wie er konkret vielleicht gemeint ist. Es handelt sich bei ihm viel eher um eine reale Lebensweisheit. Diese morbide Redewendung reflektiert etwas drastisch eine in Hierarchien, Betrieben, Instituten, Staaten verbreitete Grundhaltung: Die Mechanismen (das System) sind wichtiger als individuelle Ansichten oder Erkenntnisse oder womöglich gar ein „freies Denken".

An Denken in diesem Sinne hat es nie und nirgends einen Mangel gegeben. Eher fehlten da schon mal denkunwillige oder denkunfähige Leute, „qualifizierte Fließbandarbeiter", Pampel und ähnlich domestikische Kräfte, die so schön an das Perpetuum mobile erinnern, was von allein funktioniert und den Rest der Welt mit seinem Segen beliefert.

Die Technik der industriellen Welt entwickelt sich aus sich selber und „braucht" Denker eher zufällig, braucht sie eigentlich gar nicht, hat sie vielmehr schon, indem sich diese ihr - wiederum zufällig - aufdrängen (wegen Spielvergnügen, Selbstverwirklichung, Einfluß, Anerkennung, Karriere, Geld, Macht).

Dieser schöne Zustand wird sich im Übrigen „entäußern", wenn es mit dem Erdöl zu Ende geht. Dann könnte es schon sein, daß wieder „Denker" gesucht, ja in letzter Panik regelrecht dienstverpflichtet werden. Dann wird man auch erleben, was sie dann noch vollbringen. Man darf schon mal gespannt sein darauf.

Es wird einiges herauskommen dabei, aber nicht viel, niemals ausreichend, und vor allem, es wird grotesk werden. Denn wenn diese Denker dann vielleicht auch zu denken versuchen - zaubern können sie darum noch lange nicht. Das ist nämlich etwas anderes, wird aber nur zu gern verwechselt von allen tüchtigen Systemapologeten ohne tiefere Einsichten.

Man muß ganz einfach den Fakt anerkennen, daß eine ordentliche Dummheit (d.h. nicht jede beliebige Wald- und Wiesendummheit, sondern eine strenge, prinzipielle und vor allem auch disziplinierte Kleingeisterei - eine „schlaue" Dummheit gewissermaßen) dem System ganz außerordentlich zustatten kommen kann.

Der Mensch, weil er einen lästigen Geist besitzt, braucht nun einmal eine ordnende Ideologie. Die Bienen, die keinen Geist besitzen, kommen indessen ganz ohne Ideologie aus, also auch ohne Dummheit. Sie bilden dabei sogar vollwertige Staaten mit Arbeitern, Polizisten und König. Diesen wegen seiner enormen Stabilität fast idealen Zustand erreicht in der menschlichen Gesellschaft das System nur über die Dummheit, möglichst eine besonders gepflegte Dummheit, eine richtige, vollwertige, gut organisierte Einparteiendummheit. Hier setzen dann auch gleich die Utopisten an mit ihren Utopien.

Der Mensch nennt Dinge oder Wesenheiten oft klug und weise, von denen er weiß, daß er sie selber nicht besser kann. Er staunt also. Dumm nennt er hingegen das, wo er weiß oder ahnt, daß es besser sein könnte oder sein müßte.

Die Funktion funktioniert oft besser und erscheint damit intelligenter als der Mensch, der neben ihr steht und diese vielleicht beaufsichtigt. Meist überträgt man dann diese „Funktionsintelligenz" auf den Menschen (Funktionär), wie das bei Führern oder Managern, aber auch bei Wissenschaftlern oder Ärzten Normalität ist. Der gebrestige Leib wird wieder gesund - also ist der Arzt, der dabei steht, ein schlaues Kerlchen, besonders wenn er dabei auch noch viel lateinisch redet und beeindruckend mit blinkenden Instrumenten hantiert.

Der Mensch braucht, um erfolgreich zu agieren, immer ein Minimum an Intelligenz. So meint er, daß auch Intelligenz oder „Geist" in den Dingen, den Pflanzen und Tieren sei, wenn die alle ganz von allein so wunderbar sicher und zuverlässig funktionieren. Und wo er dort die eigene Hand lediglich dazwischen hat, da wird ihm dieses Funktionieren auch sogleich zum großartigen Produkt seiner eigenen Intelligenz.

Wenn nun aber die Funktion versagt, vielleicht einfach nur, weil sie am Ende ist, weil sie ausfunktioniert hat, weil sich die Bedingungen ringsherum verändert haben, dann bleibt der Mensch zumeist immer noch an ihr hängen und versucht sie zu erhalten, speziell dann, wenn auch noch seine ganze Pfründe mit daran hängt. Die bankrotte Funktion also bleibt, wirkt aber nicht mehr selber, sondern muß angetrieben, muß ernährt werden. Und genau an diesem Punkt erweist sich die Unfähigkeit des Menschen als wesentlich, weil problematisch. Er kann das alles gar nicht, was die Funktion können müßte. Er kann nur so tun, als ob er das alles könnte - dieses jedoch vor allem. Das hat er gelernt, erfahren und verinnerlicht, ansonsten wenig oder nichts.

Es betrifft das zum Beispiel auch diese Angelegenheit, mit welcher der „chaotische" Kapitalismus dem „klugen" Sozialismus „überlegen" war - einfach darum, weil „die freie Marktwirtschaft" den bankrottierenden Unternehmer nicht schützt. Der bankrotte Sozialismus hingegen subventionierte sich selber und alle seine Dummheiten gleich mit und nahm sogar eigens auch noch Kredite dazu auf (beim „Klassenfeind" natürlich - wo sonst?).

Das Sein des Menschen ist zunächst einmal pragmatisch. Es ist als ein solches nichts Besonderes, kaum vom Sein beliebiger Tiere unterschieden, nicht mehr und nicht weniger „erfolgreich" als dieses. Der Mensch lebt auch dann, wenn er auf einfachstem, primitivstem Niveau, quasi wie ein Tier oder wie eine Maschine „funktioniert". Er lebt einfach nur, mehr ist erst einmal nicht. Selbst hochgebildete, hochpositionierte Zeitgenossen demonstrieren immer wieder diesen trivialen Sachverhalt deutlich genug.

Etliche Funktionärstypen reglementieren nicht nur das Leben anderer, sie reglementieren auch ihr eigenes Leben. Sie ziehen sogar ihr eigenes Lebensglück aus einem solcherart automatisierten Ablauf, selbst wenn der Automatismus vernunftwidrige bis selbstzerstörerische Ausmaße annimmt. Dann tritt dieser Mechanismus als ein solcher auch besonders augenfällig in Erscheinung. Die normale, alltägliche Routine des Lebens ist derart simpel, daß der Mensch als Mensch dafür sowieso fast immer „überqualifiziert" ist.

Das wiederum befördert die Dummheit, das Verbleiben des Menschen auf einem primitiven Niveau. Dieser Sachverhalt steht zugleich in einem beachtlichen Widerspruch zu den immer weiter ansteigenden Anforderungen, welche das fortschreitende System, die Mechanismen an den Menschen stellen oder genauer: stellen würden, wenn er dieses Leben dann noch ganz in eigener Regie „meistern" müßte. So aber kann er es dem System überlassen - und weiter bescheiden im Geiste bleiben. Er wäre damit ohnehin längst überfordert.

Um das Leben in diesem Sinne „zu meistern", muß man nicht viel wissen, und man braucht noch weniger davon zu verstehen. Aber „funktionieren" - als eines der vielen Rädchen oder Krümel, das sollte man schon. Dazu muß man immer mehr und immer schneller viel Neues und Allerneuestes lernen - ohne es groß zu begreifen - und dann auch gleich flink wieder vergessen. Der Mensch soll möglichst schnell so schön wie sein neuer Kollege Blechtrottel Computer werden: schnell und einfältig, mobil und hausbacken.

Mit dem eingefuchsten Systemfunktionär gewinnt das System seine humane Reputation und wächst zugleich mit ihm. Der Funktionär muß Öffentlichkeitsarbeit betreiben und den Leuten ringsum die moderne Welt erklären. Ihm selber gibt das eine spezielle Legitimationsmacht, die um so dümmer wird, je autonomer das System damit lebt. Interessenten für dieses Amt finden sich immer noch reichlich. Aber sie müssen dazu formiert, gezogen, gestylt, manipuliert sein. Allein vom System bekommt der Systemdomestike sein besonderes Format. Das hat mit humaner Selbstverwirklichung im Geistigen meist recht wenig zu tun.

Der vollendete Funktionär ist der Halbmensch, der extrovertierte Egoist im Systemdienst, der nie zu sich selber kommt, weil er nichts bei sich selber findet, der allen immer alles erzählen, erklären und vorhalten muß. Er findet sich im System bestens aufgehoben. Man entrinnt ihm nicht.

Genauso, wie man einen Trottel zum Genie befördern kann, läßt sich eine befähigte Person immer auch zum Idioten machen. Solch ein Kunststück ist für das System alltäglich.

Wer dort zufällig oder einer Not gehorchend in die Position eines Trottels gerät, der wird auch wie ein Trottel behandelt. Und wer in der Position eines Genies sitzt, der wird dort gewiß so weise wie eine Sphinx aus Stein. Das war zu allen Zeiten so. Es ist auch nur natürlich, daß das System selbst simpelsten Leuten außergewöhnliche Kräfte verleiht, wenn sie nur entsprechend in seine Funktionen eingebunden und dann selbstredend keine Dödel mehr sind, die sie nun auch nie waren. Zugleich bleiben außergewöhnliche Kräfte außerhalb brach liegen, wenn sie vom System nicht erfaßt oder von ihm übersehen werden. Die Kraft an sich, ohne das System, in dem sie wirken kann oder wirken darf, ist nichts. Mit dem System aber wird dann sogar die Schwäche zur Kraft, und schon ein kleiner Hebeldruck am Bagger versetzt Berge.

Penetrant aber ist, daß sich der Mensch in seinem Diensteifer für das System an diesem Spiel beteiligt. So huldigt er die Einfältigen, sobald diese nur über Gewalt verfügen. So mißachtet er Wahrheiten und Einsichten, wenn diese ohne jede Macht im Rücken daherkommen.

So jedoch muß der Mensch auch sein in einer Systemwelt, in der alles immer weiter so weiter funktionieren soll, wie es funktioniert.

Die primitive Dummheit wirkt stabilisierend auf das System. Der dumme Primitive versteht das System nicht, begreift überhaupt nicht, daß es ein System gibt, was es ist, und daß er darin eingesponnen ist. Wer versteht schon das System? Der Primitive versteht die Welt, wie ihn das die jeweils aktuelle Ideologie und die eigene Interpretation derselben lehren. Er nimmt das System für „die Welt". Er subsummiert es quasi unter „die Natur". Das System bleibt durch ihn ungestört.

Nun gibt es aber im System immer wieder Instabilität oder auch Einwirkungen verschiedenster Art auf die Menschen, die diesen unangenehm sind, die sie ihrerseits stören, die sie ändern wollen. Jetzt werden sie aktiv, „schlagen um sich" - und irgend etwas passiert, so oder so. Das System agiert sogleich selber mit dieser Kraft der Primitiven. Es bewegt sich in seinem Eigensinn durch diesen blinden Aktivismus an ihm. Auch das gehört zu seinen Bewegungen.

Dummheit entsteht aus Anpassung an das System wegen der Erfolge durch das System. Das System schirmt diese „Dummen", die diese Dummheit üben, von der Realität außerhalb des Systems ab und ermöglicht ihnen ihre Dummheiten. Diese sind dann auch keine Dummheiten mehr, sondern einfach nur Anpassung, Übernahme des fremden Funktionierens ins eigene Geistige. Dummheit ist damit nicht so sehr der Mangel an individueller Intelligenz, sondern der vom System stets geförderte Mangel an ganz spezifischer kritischer Intelligenz. Das System bildet und erträgt nur primitive Persönlichkeiten oder solche, die wenigstens so tun können, als wüßten sie nichts, als wüßten sie zum Beispiel nicht, was ein System penetrant macht. „Sie sind so dumm - und sie tun auch nur so" lautet damit dann die Antwort auf eine alte Frage.

Leute, die dem System verpflichtet sind, erscheinen von daher oft notwendig wie blind, weil sie Dinge tun, die von einem individuellen und daher zumeist „kurzsichtigen" Standpunkt außerhalb des Systems nicht verstanden werden, von innen aber erst recht nicht. Das System funktioniert damit jedoch, und es funktioniert sogar mehr oder weniger „gut". Genau das ist „das Wunder der Dummheit". Doch das muß man schon nicht mehr wissen.

So realisiert sich die Dummheit im System durch bewußtlose, „gehorsame" Aktion, getrieben von Angst, Ehrgeiz, Eifer, Bewegungsdrang usw. Es agiert ständig irgendwas und irgendwo und irgendwie. Niemand fragt warum, und „alle machen mit". Dabei findet die Auslese statt. Was überlebt, das überlebt. Hier erinnern wir uns sogleich wieder an den Wurm, den dummen Erdefresser unter unseren Füßen, wie der überlebt und das auch schon seit Millionen Jahren. Es funktioniert einfach und billig und bequem obendrein.

Wo bleibt dann aber „der Mensch", und was wird derart mit ihm?

Dummheit wird damit auch diese Unfähigkeit der Menschen (eigentlich ist es ein fataler Unwille), sich vom System, seinen Zwängen und Fatalitäten zu emanzipieren. Der Mensch als „kollektive Wesenheit" ist dazu offenbar „zu dumm" - vielleicht aber auch nur zu sehr vom vorübergehenden Erfolg berauscht. Das System seinerseits muß die individuelle menschliche Intelligenz unterdrücken, weil diese gegen seine spontane, organische Ordnung geht. Der Mensch sollte aufpassen, daß er nicht eines Tages zum müßigen Anhängsel einer autonomen systemaren Kunstwelt degeneriert.

Dummheit schafft auch Arbeit. Das ist logisch in einer gewinnorientierten Welt des Geldes, wo es einfach nur noch darum geht, den angehäuften Überfluß mittels Wichtigkeiten und Scheinbarkeiten neu zu verteilen, wo man sich also „tummelt".

Dadurch daß einer von seinen täglichen Aufgaben „so richtig gefordert" wird, kommt er nicht so schnell ins Grübeln, bleibt entsprechend simpel - und wird daher auch weiterhin gefordert. Was einer nicht im Kopf hat, daß muß er in den Beinen haben, sagt man - und schon ist Leistung entstanden, die man auch richtig sehen kann. Was einer bereits in den Beinen hat, das braucht er nicht mehr im Kopf. Auch daraus entsteht einiges. Was dabei hinzukommt, ist die Harmonie des Fleißes und der Pflichterfüllung, die so wunderbar auf der Dummheit gedeiht, so daß dazu Dummheit wiederum ganz unverzichtbar wird - auch wenn alle Welt behauptet, daß sie Dummheit nicht mag.

Das System ist und bleibt vor allem darum wichtig und auch so eminent faszinierend, weil es immer wieder offensichtliche Dummheit zu wirkender Macht zu erheben vermag, weil es damit nicht nur beeindruckende Dinge schafft, sondern weil es vor allem damit die Dummheit vom Makel des Nur-dumm-seins endgültig befreit und so das Alltägliche in eine funktionierende Normalität wandelt mit den bekannten wie großartigen Wundern an Unterhaltung, Technik, Medizin, Kriegskunst, Umsatz und Durchsatz überhaupt.

Macht und System und Dummheit bilden zusammen eine Dreiheit von verblüffender Virulenz. Die Macht aus dem System ermöglichte mit Glück und Geschick ein „erfolgreiches" Leben - auch ohne sonderlich viel Verstand. Solcherart liebt auch der Primitive selbst im konstruktiven Fall (als primitiver Konstruktiver also) das System und die Macht. Denn diese ermöglichen ihm mehr als seine eigenen intellektuellen Bemühungen einen Erfolg. Solcherart offenbart sich die Macht wie ein Wunder. Und das ist das eigentliche „Wunder der Dummheit", also nicht nur wie trotz so vieler Dummheit immer wieder Wunderbares in der technischen Welt entsteht, sondern wie es gerade wegen der Dummheit hervorgebracht wird, über den Umweg nämlich von System und Macht, die also solcherart die Dummheit unterstützen wie sie ihrerseits von der Dummheit und noch einigem anderen wesentlich initiiert werden, ein Circulus vitiosus also, aber ein „positiver". Man könnte glatt an ein Perpetuum mobile denken, was das ja auch ist, kein energetisches zwar, wohl aber eines des allgemeinen und durchschnittlichen Verstandes - wunderbare, nützliche Komplexität aus fast nichts.

Ein weiteres, gern übersehenes Phänomen in der Realwelt ist der „Schwachsinnshorizont". Dieser bildet eine Ebene, einen „Horizont" innerhalb der großen, hierarchischen Gesellschaftspyramide und sondert dort ein Darunter von einem Darüber. Es war davon schon weiter vorn die Rede.

Oberhalb dieses Schwachsinnshorizontes bleiben alle Entscheidungen für den Entscheider selber ohne unmittelbare Folgen, zumindest ohne Folgen für eigenes Auskommen und Wohlleben. Er entscheidet für andere und für anderes. Er „steht über den Dingen". Der Entscheider oberhalb des Schwachsinnshorizontes darf also gewissermaßen „schwachsinnig" sein, unwissend nach Maßgabe seiner Eliten. Zumindest muß er so tun. Er wird trotzdem sicher entscheiden können. Entscheiden an sich ist nicht sonderlich schwierig, besonders wenn es nicht unbedingt auch richtig sein muß. Wer jedoch unterhalb dieser imaginären Ebene Fehler macht, den bestraft das Leben sofort und nicht nur das Leben.

Es gibt aber auch löbliche Ausnahmen von diesen „nun einmal so seienden, gesellschaftlichen" Gegebenheiten, wie der „Titaniceffekt" zeigt. Der „Titaniceffekt" gehört zu den Phänomenen der höheren Dummheit.

Man versteht die bekannte Geschichte vom tragischen Untergang der Titanic erst richtig, wenn man sich einmal auszumalen versucht, was passiert wäre, wenn das Schiff - aus welchen Gründen auch immer - nicht untergegangen wäre. Die Antwort auf diese Vorgabe ist einfach: Dann hätte ein anderes Schiff untergehen müssen, denn „der Mensch" lernt - manchmal - erst aus der Katastrophe. Und das ist der Effekt, den der Untergang der Titanic so eindrucksvoll lehrt, daß alle Nasen lang neue Filme darüber gedreht werden und alle so schön Furore machen mit dem menschlichen Hochmut plus Ignoranz auf der einen Seite und kalten, „eisige Tatsachen" auf der anderen.

Es gibt massenhaft Beispiele für derartige Katastrophen, aber die mit der Titanic ist besonders markant. Man muß sich erst einmal die Finger verbrannt haben, damit man „weiß", daß das Gerede vom „heißen Eisen" nicht nur Gerede ist. Das heiße Eisen ist tatsächlich heiß, und manch einen wundert das dann auch tatsächlich - bei so viel bloßem, leeren Gerede in der Welt.

Es gibt einen klaren Zusammenhang zwischen dieser Sache und dem Schwachsinnshorizont. Der Titaniceffekt schlägt dort gewissermaßen die Brücke zwischen unten und oben.

Da gab es ein von soliden Konstrukteuren vermutlich hervorragend konstruiertes Schiff, dazu auch noch eine geschulte und erfahrene Basismannschaft zu seinem Betrieb. Darüber dann aber wölbte sich ein Himmel von sehr anderer, sehr abgehobener Kompetenz bzw. eine Hierarchie, mit einem Selbstverständnis und Selbstvertrauen begabt, wie nicht mehr von dieser Welt, voller Unverbindlichkeiten und Erhabenheiten, abgehoben weit von der Realität der wirklichen Dinge. Zumindest wird das in den Filmen zuweilen so dargestellt.

Titanicereignisse werden vor allem durch Zivilcourage verhindert - ohne daß sie damit zum Aussterben zu bringen wären, so wie ja auch Zivilcourage etwas eher Sonderliches ist. Die Ereignisse, die zu Titanickatastrophen führen können, finden davor nicht nur wenig Beachtung, vielmehr sind sie Gegenstand einer Gleichgültigkeit und Ignoranz von zuweilen geradezu kriminellem Format. Dann wird auch einer Zivilcourage enorm viel abverlangt. Man male sich aus, was passiert wäre, wenn damals eine „beherzte Revolte" das Schiff gestoppt hätte, rechtzeitig und noch bevor ein Eisberg zu sehen war. Vermutlich hätte es dann vor allem nicht so viele ergreifende Filme gegeben, zumindest nicht von einem Schiff mit Namen „Titanic" (oder erst ein paar Jahre später mit einer ausgewechselten und „gehorsameren" Mannschaft).

Die realen Eliten oberhalb des Schwachsinnshorizontes sind besondere. Es ist eine Ansammlung von Typen, denen das Elitäre so unmittelbar ist bzw. so selbstverständlich zufällt, wie etwa dem Menschen sein Hintern. Sie müssen sich darum zumeist nicht sonderlich bemühen. Und anderes kennen sie nicht und müssen es vor allem auch niemals kennenlernen. Damit geraten sie zugleich kaum in die Gefahr, überfordert zu sein oder nachdenklich zu werden. Sie sind und bleiben einfach nur erhaben und elitär.

Dann braucht es nur noch etwas Sinn für dieses Besondere, für die spezifisch erhobene Situation, oft nur einen recht stupiden Sinn, und zuweilen auch noch einigen Fleißes, eines stumpfsinnigen, banalen Fleißes, damit aus einem elitären Enfanten auch ein elitäres „Genie" wird, welches dann wie eine recht sinnlose Wunderblume ein zweifelhaftes Leben bereichert.

Es gibt demgegenüber noch eine andere Elite, eine, die nicht elitär geboren wurde, die sich vielmehr selber hocharbeiten mußte und dazu ganz andere Voraussetzungen zu ventilieren hatte, eine Elite, die das Leben vor allem an seiner Unterseite kennt, dort wo es auf den ehernen Realitäten aufsitzt, die dann aber auch hoch hinaus möchte, hinauf in das so glänzend hohle Nichts handgreiflicher Illusionen, um das Unten samt und sonders und für immer zu vergessen (schon um damit oben nicht gleich wieder anzuecken). Von dieser letzteren Elite kann man Einsichten noch am ehesten erhoffen - falls sie vor lauter tagesfüllender Vollbeschäftigung noch hinreichend Zeit dafür findet.

Im übrigen ist „die Dummheit" als allgemeine Problematik innerhalb des menschlichen Lebens nur für die Systemwelt wirklich relevant. In einer konstruktiven Gesellschaft (als Gegenstück zur Systemwelt) bleibt „eine Dummheit" individuelle Einzelerscheinung. Denn eine konstruktive Gesellschaft (als ganzes) könnte - per se - nicht dumm sein.

Diese Vorstellung ist zu beachten, wenn über Dummheit geredet wird. Bereits für das individuelle Zusammenleben in eigener Regie - öffentliche Umgebung, Bekannte, Familie etc. - spielen „Dummheiten" nur die bekannte Nebenrolle, wie sie sich alltäglich den Menschen gegenüber stellt oder sie bleibt überhaupt ganz ohne (sonderliche) Bedeutung.

So gesehen ist dann auch die gesamte hier diskutierte Problematik mit „der Dummheit" entsprechend zu sortieren. Sie richtet sich nicht gegen konkrete Einzelfälle. Nicht was sie ist, sondern was - mit dem System - aus der Dummheit wird, wird wesentlich.

Die Fassade

Die Fassade ist das, was ringsum deutlich zu sehen ist. Hinter ihr verbirgt sich alles Reale in beliebiger Qualität.

Diese Fassade ist nicht einfach nur schöner Schein oder Lüge. Fassade ist Bollwerk und Brandmauer. Fassade soll Ströme umlenken, Fluten stauen und vor Feuersbrunst schützen. Fassade (in der hier gebrauchten Bedeutung) ist das überall für alle Welt sichtbare Gesicht des Systems.

Wer aber das Leben wirklich kennen lernen will, der muß hinter die Fassade schauen. Dann aber schützt sie auch nicht mehr, dann ist sie nur noch modischer Tand. Dann wird es gefährlich.

Die Fassade liefert ein ziemlich falsches Gesicht von „der Welt".

Oberster Grundsatz des Fassadischen lautet: Es gibt keine Dynamiker als „böse Menschen" - zumindest nicht öffentlich, nicht in öffentlichen Ämtern, nicht maßgeblich, nicht in wirksamen Positionen bzw. es soll sie nicht geben, es darf sie nicht geben. Es gibt sie auch sonst nicht, denn merkwürdigerweise ist das in der Würde des Menschen, die allen zusteht (auch den Verbrechern), nicht mit vorgesehen.

Vielleicht gibt es ja auch keine Verbrecher und jeder rechtmäßig Verurteilte ist auch nur eine positive Systemfigur an seinem Platz, wie alle anderen ebenso?

Fassade ist nicht nur Vorhandenes, sondern auch Bau von Fassade. Jede bessere Firma hat ihre besondere Abteilung für „Öffentlichkeitsarbeit", in welcher wie in einer Theaterwerkstatt die Draperien geschneidert und geklebt werden. Es gibt sogar Institutionen, die sich überhaupt nur damit befassen. Sogar die diversen „Anarchisten" gehören dazu, wenn sie dazu eigens geduldet oder gar ausgehalten werden. Wo kann ein Staat praktische Ordnung eindringlicher demonstrieren als gerade bei den letzteren, wenn er sie auf ihre Plätze verweisen kann? Man braucht nicht weiter einzugehen darauf, wie und warum das alles so geschieht. Interessanter sind die Menschen, die mit dem Fassadischen beschäftigt sind. Hat man das Bisherige gelesen und verinnerlicht, kann man sich leicht ausmalen, von welchen Punkt aus dem weiten Feld von Moralität und Intellektualität sie am besten rekrutiert werden. Die Fassade liefert zwar ein konstruktives Bild, doch sie wird nicht von Konstruktiven konzipiert. Die nämlich hätten so etwas nicht nötig.

Die Dynamiker haben es immerhin dahin gebracht, daß sie alle Welt nicht nur in Atem halten, sondern daß sie ihr auch Unterhaltung liefern. Die Dynamiker stehen nicht nur im Mittelpunkt der Macht, sie bilden auch den Mittelpunkt des Lebens, um den sich alles dreht in dieser Welt. Das unheimliche öffentliche Interesse ist zum größten Teil ein Interesse an den Heimlichkeiten der Dynamiker und ihren Eskapaden, fast so, als gäbe es nichts anderes mehr.

Die konstruktiven Ereignisse und Geschehnisse und Leistungen hingegen bleiben zweitrangig und werden dabei zumeist auch noch mit dem Anschein des Nebensächlichen, des Naiven oder Kindischen abgetan, gewissermaßen ähnlich wie beim Feldbau der Bauern - auch wenn alles davon lebt und von überhaupt nichts anderem.

Allein schon dieser Zustand sollte eigentlich ein Skandal sein. Aber er ist das eben nicht. Das Leben bleibt (abgesehen vom erhobenen Zeigefinger) an dieser flotten Schändlichkeit kleben. Es bleibt sogar recht fröhlich dabei - noch ein Krimi, noch eine Leiche, noch ein Horrorszenario - aber für wen eigentlich und wofür?

Fassade findet sich als große pauschale Einrichtung, als glaubendes Wollen (welches immer wieder wie automatisch Flicken aufsetzt, wo der Lack einmal bröckelt) und als ganz persönliche Maske („weiße Weste") oder sonst eine beindruckende Uniformierung konkret in Kammgarn oder abstrakter im mehr Geistigen. Auch der Mensch hat sein Drinnen und Draußen, und das eine ist nicht das andere.

Dumme können damit dann auch ganz schön schlau sein. So sind sie dann in der Lage, aus der Kleidung eines Menschen unmittelbar nicht nur auf die Höhe seines Bankkontos zu schließen, sondern auch auf seinen Geisteszustand. Beim Umgekehrten allerdings, also vom Geisteszustand oder Bankkonto auf die Bekleidung zu schließen, irren sie sich meist.

Fassade ist eine komplexe, komplizierte Geschichte und sehr lebendig in Auf- und Abbau. Sie ist ein Kunstwerk. Und sie ist ein Labyrinth. Fassade soll nicht nur beeindrucken, sie soll nicht nur beschützen, Fassade soll auch das Ausnutzen anderer erleichtern, soll es gewissermaßen legalisieren. Das gelingt mit ihr ganz ausgezeichnet. Das ist ihre Hauptaufgabe.

Auch gegenüber der Intellektualität muß die Fassade eine wichtige Aufgabe übernehmen, nämlich die Leute allesamt schlau erscheinen zu lassen, gebildet und irgendwie geistig und vornehm. Die große Masse der Dummen schlau zu nennen, ist die billigste Art, ihnen zu schmeicheln, allen Menschen mit einer ungebrochenen Würde ein glattes, fehlerfreies Abbild ihrer selbst zu verpassen, damit sie sich darin affen können. Hinter der Fassade wird ihnen dann wieder der Rock vom Leib gezogen. „Darunter" sind sie nur noch Stümper und Dreck, selbst wenn sie tatsächlich nicht die Dümmsten sind, im Gegenteil, gerade dann. Doch Derartiges bleibt verborgen, selbst noch den öffentlichen Gerichten - und wundert unterdessen nicht mehr.

Als Primitiver versucht man immer wieder, die eigene und die öffentliche Dummheit in ein in sich widerspruchsloses und „moralisches" Denk-System zu pressen, um sie derartig zu bewältigen. Man schafft das tatsächlich auch, muß es aber laufend nachbessern. Ideologien sind solche Denksysteme.

Die Fassade ist der wahre Tummelplatz aller Primitiven. Hier können sie sich austun und Gewaltiges schaffen. Hier sind sie in ihrem Element, denn Fassade bleibt immer fordernd, bestimmend - und reichlich unverbindlich. Sie ist die eine Seite jeder doppelten Moral.

Im Übrigen ist es die Fassade, die die Konstruktivität so eigentümlich „veredelt". An sich ist das Konstruktive nur selbstverständlich. Indem es aber für die Fassade und deren Gestaltung und Verzierung so spezifisch wesentlich wird, wird es zum „Guten" an sich, zum Edlen, zum „Adel der Seele", von dem auch die Raubritter träumen.

Wer an der Fassade zupft, der gilt in einer merkwürdigen Konfusion von Passivem und Aktivem sehr schnell als ein „Nestbeschmutzer". Man sollte also die Finger davon lassen.

[es ist einer tatsächlich vorhandenen Ehrlichkeit und Redlichkeit zu verdanken]... daß es nicht an Leuten fehlt, die auch ihrer Wachsamkeit [der Ehrlichen] sich zu entziehen hoffen, und die daher Gerechtigkeit und Redlichkeit nur als ein Aushängeschild, als eine Flagge betrachten, unter deren Schutz man seine Kapereien mit desto besserem Erfolg ausführt.
(Arthur Schopenhauer, Grundlagen der Moral)

Vor der Fassade und offiziell gibt es keine Dynamiker. Was dahinter passiert, geht keinen etwas an, denn es ist nicht offiziell, vielmehr geheim, intim, privat. Zumeist (wie auf dem Fensterbrett seiner Wohnung) hängt der Mensch mit Haupt und Oberleib vor der Fassade und mit dem Rest hinten heraus. Im Falle dieses Bildes der Muße ist das nicht sonderlich mühsam. Wenn aber Ober- und Unterleib zugleich den umtriebigen Daseinskampf zu bewältigen haben, wird es schnell zur unbequemen Haltung, führt zu Verspannungen in Kopf und Hintern. Auch das ist dann „Ernst des Lebens".

Farbe ist das Erste, was die Fassade vorn schön macht. Und schon läuft das Geschäft.

Nach der Wende im Jahre 1989 strich man in Ostdeutschland die grauen, alten Häuser neu mit Farbe an. Man strich nur die Erdgeschosse, weil der eilige, der dynamische Kunde nämlich, nicht erst nach oben schaut. Dazu hat er gar keine Zeit. So etwas lehrte damals der pfiffige Wessi dem zurückgebliebenen Ossi - Entwicklungshilfe, immer schön die Ärmel hochkrempeln!

Oben bröckelte derweil weiter der Putz.

Unterdessen ist Zeit ins Land gegangen, und vom Geschäft sieht man nur noch die Farbe. Das Haus dahinter ist eingefallen, der Laden ist längst wieder dicht.

Fassade allein tut es also nicht. Das war offenbar auch dem Wessi unbekannt, nun sieht er es. Das reale Geschehen läuft hinter der Fassade, aber nicht wegen ihr oder nur, weil sie so schön ist.

Die Welt ist also nicht nur, wie sie ist, sie ist auch, wie sie definiert wird. Die „Definition" wiederum ist die verallgemeinerte Behauptung und vermag solcherart immer wieder ziemlich maßgeblich zu werden.

Behauptung

Der „tüchtige" Mensch will weniger denken und nachforschen als vielmehr wissen und verkünden. Das Größte am Menschen bleibt dieser ungetrübte Stolz auf seine intellektuelle Bescheidenheit. Dieser Stolz ist es, der zuletzt bricht.

Die Behauptung ist zunächst eine primitive Kategorie. Behaupten wird erst einmal nur der, der sich immer sicher weiß. Das ist der Primitive. Der Primitive hält in seiner Schlichtheit sein Denken für die Wahrheit selber und glaubt sich damit zugleich absolut im Recht, in Vernunft und Richtigkeit.

Erst indem er bemerkt, daß er mit seiner Behauptung in das Leben anderer Menschen oder diesen gleichgestellter Wesenheiten eingreift, entscheidet es sich, ob er als Konstruktiver von seiner Behauptung wieder abläßt (ohne deren Gehalt darum zu korrigieren) oder ob er sie als Dynamiker auf ihre Nutzbarkeit hin untersucht, sie dann beibehält oder sogar noch ausbaut und vor allem durchsetzt mit Hilfe der Macht. Die Behauptungspraktiken der Primitiven bilden eine der größten Schwierigkeiten im Zusammenleben zwischen den Konstruktiven selbst.

Mit der Behauptung verschafft sich der Primitive Selbstwert und Selbstbestätigung, und der Dynamiker setzt damit seinen Willen gegen andere durch.

Der aufgeklärte Konstruktive hingegen stellt mit seiner Behauptung nur eine Frage, von der er Widerspruch, Bestätigung, vor allem aber weitere Aufklärung erwartet. Der Konstruktive, insofern er sich als ein solcher erfaßt, behauptet auch, aber nur formal, der Kommunikation wegen.

Der Wille zur Behauptung tritt im Menschen schon sehr frühzeitig auf. Er ist gewissermaßen die erste personelle Lebensäußerung. Es will sein (das Leben). Und er (nun auch im Leben) will alles das selbst sein.

Zuerst ist solche Behauptung nur eine Selbstbehauptung. Dann wird sie zu einer erweiterten Selbstbehauptung, einer Selbstbehauptung, die immer mehr Teile der Umgebung in das eigene Ich einzubeziehen sucht. Diese erste Behauptung ist unabhängig von der intellektuellen Entwicklung und wirkt besonders provokativ im Zustand der intellektuellen Einfachheit und Naivität. Diese spontane Behauptungsmentalität ist geradezu ein Charakteristikum für die Einfachheit. Sie wird in höheren Intellektualitätsniveaus immer mehr durch den bewußten Willen kontrolliert, ersetzt oder auch durch diesen abgebaut.

Intellektualität entwickelt sich, Moralität ist angeboren (vermutlich). Die Moralität sitzt tiefer, ist emotionaler als die Intellektualität. Der dynamistische Charakter tritt unmittelbar als Behauptung zu Tage. Der konstruktive Charakter entwickelt sich durch das Beleben vorhandener Hemmungspotentiale gegenüber besonderen Subjekten und stellt dazu Fragen.

In letzterem Fall wird das Verhalten der Umgebung maßgeblich als eine mögliche Erziehung, zuletzt dann eine von daher korrigierende Selbsterziehung. Ohne die angeborenen Hemmungspotentiale geht aber jede konstruktive Beeinflussung ins Leere. Es bleibt dann allein die Selbstbehauptung, die auch im Konstruktiven wirksam ist, die sich dann mehr und mehr in der Fremdbehauptung übt und dabei nur durch die Pseudohemmungen der Angst oder die rationale Voraussicht gebremst wird. Die Stärke des Willens zur Selbstbehauptung ist eine eigene Charaktervariable, die mit der Moralität unmittelbar nichts zu tun hat, mehr mit Kraft oder Schwäche, Mut oder Feigheit.

Mit der Behauptung wird immer wieder der Versuch unternommen, eine eigene und als geeignet empfundene Meinung zu einer Allgemeinmeinung zu normieren. Wer etwas behauptet, der will damit sich selber von der Auseinandersetzung um die Thematik, die hinter dieser Behauptung steckt, befreien. Er will nicht lernen, er will lehren. Er will nicht sich der Umgebung anpassen, sondern diese Umgebung sich. Er versucht, seine eigene, ihm gehörige Welt zu erschaffen. Das gelingt nicht immer, aber doch immer wieder. Die Behauptung ist eine Äußerung des jeden Individuums innewohnenden, mehr oder weniger starken Machtwillens, Machtsuchens. Denn Macht bietet viel, Macht kann Leben sein.

Über die allseits verbreiteten Machtrezeptoren gelingt der Behauptung auch immer wieder ihre Durchsetzung. Wer sich den Wirkungen einer Behauptung entziehen will, der muß dagegen massiv angehen, so wie man gegen eine Macht angehen muß. Behauptungen werden anerkannt, ignoriert oder sie generieren Konflikte.

Das ist das Besondere und auch das Penetrante an den Behauptungen, daß sie einerseits verbal und zumeist ausgeprägt „zivil" daherkommen, daß sie aber andererseits Forderungen sind und Machtäußerungen enthalten. Dabei geht es keineswegs zuerst um die Systemmacht. Das System behauptet nicht, es agiert. Es sind viel mehr immer wieder Versuche der Individuen und Cliquen, über die Behauptung an den Mechanismen der Systemmacht partizipieren zu wollen, indem diese imitiert werden. Behauptung ist die geistige Form des alltäglichen Terrors der Primitiven und Dynamiker.

Behauptungen gehören zur Lebenspraxis. Nicht nur die Mächtigen gefallen sich darin, die Demagogen und die Herrschaften. Jedermann versucht sich damit, versucht es erst einmal nur - vielleicht hat er ja Glück dabei. Behaupten ist auch immer Probieren, besonders wenn es an Macht im Rücken mangelt.

Es ist einfacher, sich eine angemessene Welt zurecht zu behaupten, als sich in eine gegebene Welt einzupassen oder sie gar paßrecht zu gestalten. Wenn man dann noch über die Kräfte und Mittel verfügt, die Welt den eigenen Behauptungen gemäß formen zu lassen, dann scheint diese Methode auch eine recht glückliche zu sein. Und sie ist es sogar.

Der eine oder andere kleine Jedermann von der Straße macht sich seine Welt genau so zurecht wie die Großen, die an den mehr oder weniger langen Hebeln der Macht sitzen. Je nachdem, wie weit er damit kommt, hat er Erfolg und fühlt sich bestätigt, bis ihm die andere, die stärkere Welt dann das Gegenteil beweist. Dann tut er vielleicht mal kurz entrüstet (falls sich das lohnt für ihn) und versucht es anderweitig.

Manch einer lernt die Welt überhaupt nur so kennen, durch Behauptungen. Aus dem, was er sieht und kennt, bastelt er sich sogleich alles das, was er nicht sieht und nicht kennt. Dann geht er das alles so an, als sei das dann auch so und nicht anders, meist recht simpel und gradlinig - bis er wieder stolpert. Dann schlägt das derartig in solch eigensinnige Form Gepreßte zurück. Der betroffene Behaupter muß klein beigeben, ob er will oder nicht. Er läßt sich aber nichts anmerken, nicht einmal bei sich selber. Er nimmt nun - angepaßt - die neuen Tatsachen wieder, wie sie sind. Er nimmt sie sogar so schlecht, wie sie nun vielleicht geworden sind, so schlecht, daß er sie tatsächlich selber hätte besser machen können. Den Rest der ihm immer noch unbekannten Welt aber sieht er weiter ganz so vollkommen und falsch, wie er ihn sich ausdenkt.

Daß wir damit einen „Ultraprimitiven" vor uns haben, steht außer Frage. Er ist grundsätzlich nicht belehrbar, und wenn, dann nur mit dem Nürnberger Trichter.

Die Behauptung ist keine Lüge, auch wenn sie etwas Falsches behauptet. Sie ist Behauptung von etwas. Sie ist ein behauptetes Wissen, eine behauptete logische Struktur immer dort, wo eigentlich eine Frage hingehörte. Denn ohne Fragwürdiges brauchte man nicht zu behaupten.

In der normalen Kommunikation spielt die Behauptung eine weit größere Rolle als es bei oberflächlicher Betrachtung den Anschein hat. Kommunikation basiert vorrangig auf Mitteilungen mit Behauptungscharakter und weniger auf Informationen oder Wahrheiten, die kritisch behandelt, bedacht oder bezweifelt werden müssen. Dabei ist auch gleich die Macht mit dabei oder genauer: ein Instinkt für Macht. Damit eine Behauptung als „Wahrheit" (temporäre und faktische Wahrheit) anerkannt wird, muß ihre Machtgrundlage, Machtbegründung (Autorität) mit wirksam werden.

Wer an Unterhaltungen teilnimmt und dabei beobachtet, wem ins Wort gefallen wird, wem unmittelbar widersprochen wird, wem widerspruchslos zugehört oder gar zugestimmt wird, der kann sich ein recht gutes Bild über die aktuelle Machtverteilung in solch einer Gruppe machen (die im Übrigen nicht mit der offiziellen übereinstimmen muß).

Mit Behauptungen erreicht man jedenfalls erst einmal mehr als mit Wahrheiten.

Die Methode, mittels konsequenter und sturer Behauptung „Recht" zu bekommen, bewährt sich vor allem dort, wo der, vor dem etwas zu behaupten ist, nicht so gut Bescheid weiß und vor allem kein irgendwie „autorisierter" Fachmann ist. Dort gewinnt der Behaupter oft. Er gewinnt nicht notwendig, weil seine Aussage tatsächlich auf Wahrheit beruht, sondern vor allem deshalb, weil der Kontrahent die Richtigkeit oder Gültigkeit des behaupteten Tatbestandes nicht beweisen kann (oft einfach aus Gelegenheits-, Zeit- oder Geldmangel) oder nicht beweisen darf, weil er unter einer Art Kuratel steht.

Die „Technik des Rechtbekommens per Behauptung" beruht also auch auf Erfahrung. Oftmals entwickelt sich die Behauptungsmethode bereits ganz unbewußt als die Folge einer unkritischen Haltung zu sich selbst und mangelnder Zurechtweisung seitens der Umgebung, die ja dann oft aus Untergebenen besteht, welche sich in einem Abhängigkeitsverhältnis befinden. „Rechthaberei" ist also nicht nur eine Charaktersache, sondern vielfach eher eine Folge von Umständen, aus denen heraus sie sich entwickelt.

Daß Behaupten ohne Macht nicht funktioniert, liegt auf der Hand. Wer Macht hat, hat auch Recht - faktisch, solange er Macht hat - es ist alles „Gold", solange es glänzt.

Jeder, der zu einem anderen spricht, übernimmt damit zugleich auch eine Stimme des Systems, und dieses um so mehr, je fremder er dem ist, zu dem er spricht. Nicht daß der Redner damit ein besonderer „Seher" oder gar ein Weiser wäre. Nichts von dem gilt. Es ist vielmehr der, zu dem selber „gesprochen" wird, in welchem das System das Gesagte als von ihm, vom System gesagt, zu verfestigen „gedenkt" (als Wissen oder Weisheit), um es dann durch den Sprecher zu „verkünden". Das ist kompliziert. Aber auch so agiert das System „in sich", also mit sich, gegen sich und für sich selbst.

Neben dem Machtrezeptor gibt es solcherart im Menschen auch noch den „Systemrezeptor", der ebenfalls passiv funktioniert, aber aus dieser Passivität heraus als Systemkraft wirksam wird. Was ein Fremder sagt, was eine „Persönlichkeit" von sich gibt, was ein Höhergestellter vorträgt, was in der Zeitung gelesen wird, wird unterbewußt sogleich als Systemstimme gewertet und entsprechend vorrangig vom Systemrezeptor verarbeitet.

Dieser Systemrezeptor ist einfach nur eine Deformation der sozialen Instinkte. Ursprünglich wird nämlich auf einen Fremden gar nicht gehört. Man versteht seine Sprache nicht, oder man ist sein Feind und muß ihn ignorieren. Oder der Fremde ist eben ein Gott, ein Erlöser, der lange erwartete Messias oder auch nur ein Dämon, dem man zu gehorchen hat.

Wo also heutzutage einem zugehört werden muß, da klickt sogleich die Verbindung zu einer höheren Gewalt ein. Dasselbe gilt verstärkt für Autoritäten, für Massenredner, für das Gedruckte, für die Medien allgemein und für das Amtliche sowieso.

So kommt es, daß sinnlose Schwadroneure und laute Schreier, ignorante Autoritäten, beschränkte Führer mit ihren Vorträgen das Leben in der Gemeinschaft so erstaunlich stark beeinflussen können. Sie sagen eigentlich nichts, das aber markant und laut und lange. Alles glaubt an sie. Je flotter, frischer und unbedarfter sie loslegen, um so mehr Resonanz finden sie. Je unklarer in der Tiefe und je unwahrscheinlicher obendrauf das Gesagte klingt, um so mehr transformiert es der eifrig lauschende Systemrezeptor im Kopf des Zuhörers sogleich von dieser kleinen, lärmenden Person hinüber in das System, welches „ganz offenbar" hinter derselben stehen muß und über alle Macht und Weisheit verfügt, welche die Welt tatsächlich bewegt - nur er selber versteht sie noch nicht so ganz.

Damit wird der Zuhörer (aber auch erst damit) vielleicht auch gleich zum Zujubler.

In denen, die das so Behauptete hören, formieren sich schnell Handlungsmotivationen oder doch wenigstens Denkfiguren, die natürlicherweise in der Nähe solcher Äußerungen bleiben und die ihrerseits dann wieder Anlaß zum Weitertragen geben, welches auf wieder andere Leute mit deren Systemrezeptoren in ähnlicher Weise wirkt. So funktioniert „das Denken" des Systems. Darin äußern sich sein Bewußtsein und sein Wille und seine Souveränität. Aber verstehen wird es darum nichts, muß es auch nicht. Es muß nur funktionieren - irgendwie.

Noch mehr als der Begriff Macht spielt der Begriff der Autorität überall seine etwas unklare Rolle und wird für alles und jedes genutzt. Wer und was hat nicht alles „Autorität"?

Konstruktive Autorität, Sachautorität, kommt aus den Dingen. Sie wird von den dazu begabten Personen weitergegeben. Sie sind dann auch „Autoritäten", aber nicht aus eigener Behauptung. Sie vermitteln nur. Sie sind nicht autoritär. Aber sie bewahren und pflegen die eigentliche, die für die konstruktive Bewegung des Wirkens und Schaffens, des Lernens und Bauens allein brauchbare Autorität.

Der Unfähige kompensiert seine Inkompetenz durch autoritäres Gehabe, durch einen von ihm autoritär geforderten Ernst. Es wäre wirklichkeitsfremd, würde man diese Bedeutung von Autorität für die Unfähigkeit leugnen. Der Unfähige handelt so, weil er gelernt oder erfahren hat, daß das ganz gut funktioniert. Wo es dabei um verantwortliche Funktionen geht, da richtet er einen dreifachen Schaden an: Zuerst, indem er eine Fehlleistung erbringt, dann, indem er behauptet, täuscht und Frustrationen schafft, und schließlich, indem er eine mögliche Kompetenz oder Fähigkeit bei anderen behindert, verdrängt oder erstickt.

Die Dummheit ist eben nicht nur eine Sache zum Lachen. Durch den von ihr vorgeschobenen Ernst wird sie zur Katastrophe. Mit der Katastrophe wandelt sich das Panoptikum zum Sumpf, wo es aber noch immer gärt und blubbert - und also auch lebt.

> Sie leben mit den harten Tatsachen des Lebens, in der Wirklichkeit, wie man so sagt. Es ist die Wirklichkeit eines Sumpfes, und sie sind wie die Frösche, die nichts Besseres zu tun wissen, als zu quaken. Je mehr sie quaken, desto wirklicher wird das Leben.
> (Henry Miller, Wendekreis des Krebses, Verlag Volk und Welt Berlin 1989)

Anpassung

Das System ist für den Menschen nicht einfach nur ein interessanter Regelmechanismus. System erschafft für ihn Schicksal, Komödie, Tragödie, Panoptikum, Sumpf. Kämen die Menschen ohne das System aus, könnten und müßten sie manches anders einrichten, vielleicht auch besser, "menschlicher". So aber müssen sie sich dem System „anpassen", wenn sie in ihm und mit ihm leben wollen. Das System wiederum muß den Menschen und deren Bedürfnissen Rechnung tragen, solange zumindest, wie es sie noch braucht.

Für das System steht die Anpassung des Menschen an sein eigenes, eigentümliches Gebaren an erster Stelle. Das Menschenwesen hat sich in das System einzufügen. Der Mensch muß „mobil" sein.

Diese Systemanpassung sollte man nicht mit einem „Einfügen in die Gemeinschaft" verwechseln („er kann sich nicht einfügen!" wie man zuweilen hört). Es ist nämlich eher das Gegenteil der Fall.

Für die Gemeinschaft ist der Mensch - im Allgemeinen (wenn er normal entwickelt ist) - schon von Natur aus angepaßt und fügt sich ein. Beim System aber wird die Gemeinsamkeit der Menschen deformiert, ihr Lebensraum wird ihnen entfremdet. Dem hat sich erst die ganze Gemeinschaft zu fügen und dann auch der Einzelne.

Der Einzelne muß auf einmal bei lauter komischen, weil systemgenerierten Zombies mitmachen und das obendrein als seine ureigenste, natürlichste Natur verstehen. Das geht nicht ganz so leicht, wie es zumeist ausschaut. Doch wenn er das nicht schafft, gilt er als der Abnormale, nicht hingegen die beschnittenen Systemkreaturen, die solches „vollbringen". Erst nach dieser Anpassung und auch nur, wenn das System Freiräume

250

läßt und solange es das tut, kann sich der Mensch dann vielleicht auch noch „entfalten", d.h. seine eigenen, ihm eigentümlichen Vorlieben oder Initiativen entwickeln und gestalten, also kreativ, konstruktiv oder sonstwie tätig werden.

Wir leben derzeit alle in einer Systemwelt oder „Systemepoche", in welcher nur jene vom Leben bevorzugt und befördert werden, die sich dem anzupassen wissen und das möglichst gut und paßgerecht. Es ist dabei ziemlich nebensächlich, welche genaue politische Konstellation das System jeweils hat. Nicht so sehr gleichgültig ist, welche politischen Ansichten die potentiellen Anpasser haben, das versteht sich schon aus der Anpassung selber. Gefragt sind überall nur brave Untertanen, Diener oder Zuhälter des Systems, die sich so oder so einfügen und die dazu möglichst unbedarft, fröhlich und geistig bescheiden sind, die jeden Konsum- oder Parteikult bereitwillig mitmachen, also die „Systemspießer" in allen Farbnuancen. Mitmachen ist überhaupt zumeist recht „positiv", überall und immer schön mitmachen und ansonsten das Leben leben, frei oder nach Kommando, natürlich dabei immer und zuerst in Pflichterfüllung. Das reicht hin.

In dieser großen Maschinerie aktiv mit umrühren, aufstreben, Karriere basteln, Pfründen besetzen und immer andächtig aufblicken und befriedigt von oben herunterschauen, das gehört auch dazu. Karrierebewußtsein signalisiert Systemanerkennung. Das wieder bedeutet für das System keine Gefahr von solchen Charakteren, die „ihre" Karriere wollen. Die Karrierebewußten sind die aktiven Typen im System. Aber auch sie müssen von ihrem Wesen her angepaßt sein, flach, stromlinienförmig, gleichmütig, schicksalsergeben (bzw. egozentrisch) und dabei ruhig etwas unselbständig, stumpf und dumpf, vor allem aber unbedingt systemhörig, sonst fühlen auch diese Anpasser sich in ihren Pfründen bald beengt.

Der Systemmensch möchte eine Kreatur sein, die gewissermaßen in ein „höheres Ich" hineinamputiert ist, die nicht mehr eigenwillig will, was sie will, dafür aber um so sicherer funktioniert, unten wie oben in der Hierarchie.

Durchaus nicht mehr ganz utopisch wären in absehbarer Zeit Gehirnspezialisten, die mit ein paar mutigen Schnitten im Kopf den Systembediensteten störende Gehirnareale entfernen, damit diese damit um so flotter und unbekümmerter im System wirken können. Damit fühlen sie sich dann in jeder Funktion wohl, sind systemgerecht hingestutzt und funktionsflüssig hergerichtet.

In der Menschheit fluktuieren viele Gene, aber es entfalten sich nur die, die auf geeignete Nährböden fallen. Das System ist solch ein Nährboden, und die „System-Gene" sind reichlich vorhanden im Volk. Über Jahrhunderte selektiert, landen sie zielsicher und genau dort, wo sie „gebraucht" werden, so wie die Schmeißfliegen auf dem Dunghaufen.

Das System züchtet sich den Systemmenschen, der es bei seinem eigenen Wachstum nicht stört, der dabei eifrig mittut, der sich in seine Gepflogenheiten - ein bißchen simpel, ein bißchen eifrig - immer schön einpaßt. Damit züchtet es vor allem sich selbst.

Es päppelt dabei den Menschen jedoch schon immer mehr nur noch als Nebenprodukt. Eines Tages kann es vielleicht ganz auf ihn verzichten. Der Mensch ist für das System bei aller Anpassungsfähigkeit in der entscheidenden Konsequenz zu starr gebaut und muß verschwinden - falls sich das System selber nicht eines baldigen Tages und sehr plötzlich wegen Rohstoffmangel aus der Geschichte verabschieden muß.

Das System ernährt jeden, der sich ihm anbietet, vorausgesetzt er verhält sich dabei hinreichend gehorsam und dient als Haustier, als Rindvieh oder als Streichelpuppe. Vor Individualisten und Unabhängigen fürchtet es sich dagegen und überläßt deren Versorgung ganz ihnen selbst. Das System braucht Untertanen, Domestiken, aber keine unabhängigen Menschen. Das gilt im Übrigen auch für die Manager ganz oben.

Das System zwingt oder nötigt jedes Individuum, welches von ihm abhängig ist, in eine Rolle oder unter eine Maske. Zieht man diese Maske dem Individuum herunter, so verbleibt regelmäßig ein reichlich hilfloses oder wütiges Würstel, eine demontierte Persönlichkeit nämlich.

Zuweilen wird das Individuum auch überfordert von seiner Systemrolle, die es spielen will oder soll oder muß. Dann muß die Maske nicht erst abgezogen werden, dann fällt sie von allein.

Verdummung bedeutet auch, daß das System eine eigenständige Persönlichkeitsentwicklung „systematisch" hintertreibt, während es zugleich Systemanpassung honoriert. Anpassung ist also neben kriecherischer Aktivität vor allem auch immer Selbstverdummung. Und „Verdummung" ist nicht einfach nur noch klassische Deppertheit, sondern kann auch zur regelrechten systemdienlichen „Aufschlauung" generieren.

Idiotokratie im Panoptikum

Indem das System als „die Gesellschaft" hingestellt wird, als etwas Gemachtes also oder sogar als etwas Gutgemachtes, wirkt das recht unmittelbar schnell und unvermeidlich komisch - oder auch ziemlich betrüblich. Aus dem System wird solcherart „das Panoptikum", dieser merkwürdige Politzirkus, der die Welt in Atem hält, seit es „Politiker" gibt, die die Welt zu gestalten suchen und erklären, daß sie und nur sie das am besten können. Könnten sie es nicht am besten, würden sie vermutlich zurücktreten. Also hat auch das wieder seine Ordnung. Doch das Panoptikale bleibt, außer es wird eigens verboten. Die Demokratien, die demokratisch bleiben wollen, tun sich schwer mit solcherart Verboten.

Was ein Panoptikum ist, kann man nicht so recht definieren, man muß es gesehen und erlebt haben, man muß einen Blick dafür entwickeln, und man muß sich wundern können über das viele Wunderbare und das viele Verwunderliche darinnen. Was es soll, was es bewirkt, was es für das System ist, läßt sich nur schwer sagen. Vielleicht ist das Panoptikum ja die billigste Offerte, die das System als „Menschlichkeit" anzubieten hat. Da bietet es das eben einfach an. Es möchte den Leuten etwas bieten - damit es sie bei Laune hält.

Kennzeichen des Panoptikalen sind das Komische, das Widersprüchliche, die Überbetonung von Genuß, wo es nichts zu genießen gibt, und von Leid, wo es so vielen so gut geht. Im Panoptikum herrschen die Marktschreier. Sie rufen: „Geht nicht, gibt's nicht!" Dann aber geht irgendwann tatsächlich nichts, nicht einmal das Simpelste. Aber satt wird man schon noch. Darum ist so etwas immer noch nur lustig. Und das Unbedeutende, das läuft, läuft und läuft immer weiter - auch die Marktschreier.

Panoptikum kann nur im Überfluß wachsen. Wenn der Überfluß zum „knappen Gut" wird, wandelt es sich in Tristesse und wird mulmig - und „ein Sumpf zieht am Gebirge hin, verpestet alles schon Errungene".

Panoptikum ist auch Idiotokratie, die Herrschaft des Gewöhnlichen, des Ordinären und Unbedachten, die Macht aus der Dummheit und aus dem „Privaten". Panoptikum ist freudige, fröhliche Verdummung.

„Nach uns die Sintflut!", ruft hingegen keiner. Das könnte als ein böses Omen gedeutet werden. Doch denken muß es jeder - falls er denkt. Im Panoptikum denkt man aber eher nicht.

Von einigen wird das Panoptikum auch „Spaßgesellschaft" genannt. Doch wer sind die Spaßmacher darin und wer hat stramm zu lachen, allseitig zu genießen und zuverlässig zu konsumieren und sich ansonsten der üblen Launen zu enthalten, wenn er nicht gleich ein Fall werden will für die Psychiatrie?

„Panoptikum" und „Sumpf" sind die eigentlichen und richtigen Ersatztermini für „Gesellschaft". Sie stellen damit also gewissermaßen den human relevanten Bereich des Systems dar, das was der Mensch an ihm sieht und erlebt, also auch das, was er so gerne als „die Gesellschaft" bezeichnet wissen möchte.

Das spezifisch Panoptikale, das das Panoptikum Kennzeichnende, ist der Ernst des Blödsinns und das Blödsinnige des Ernstes. Ernst ist dabei wirklich Ernst, ist unbedingt ernst gemeint. Und Blödsinn ist zugleich wirklicher Blödsinn, wirkender Blödsinn, sinnleer und albern.

Es kommt dieser ernsthafte Blödsinn letztlich aus Willkür und Macht und der zugleich fehlenden Sinnrelevanz der dabei entstehenden Praxis, die schnell zwingend werden kann.

Der trendige Begriff „Spaßgesellschaft" ist nicht so spaßig gedacht, wie er für den einen oder anderen klingen mag. Vielmehr gibt er ein hervorragendes Werkzeug ab, Massen von Menschen schön teuer für dumm zu verkaufen.

Die geistigen Ergüsse der Künstler und Schriftsteller sind wie Früchte an einem Baum. Sie wachsen von allein, wenn das Wetter nur hinreichend gut ist. Und sie fallen ab und verfaulen, wenn keiner kommt und sie abpflücken läßt - um sie sogleich zu „vermarkten". Kommt aber so einer, dann läßt sich jedes verrostete Blech als kostbares Kunstwerk zum hundertfachen Gestehungspreis verhökern.

Woran mag das wohl liegen?

Eines der ersten Anliegen aller aktiven Kurzatmer dieser Welt ist es, immer wieder ihre ummittelbare Simplizität zur allgemein verbindlichen Norm zu erheben, zum Maßstab aller Dinge, aller Tätigkeiten, aller Ziele. Wo hinreichend Überfluß vorhanden ist, funktioniert das sogar.

Diese Feststellung ist nun zwar leicht gemacht und auch schnell als banal abgetan, doch dahinter verbirgt sich eine unendliche Geschichte voller Komik, aber auch voller Tragik. Es ist die Geschichte, die wir tagtäglich erleben, es ist das Panoptikum. Das Wunder besteht darin, daß es tatsächlich funktioniert. Die Herrschaft der Dummheit wird zur akzeptierten Normalität. Darüber erhebt sich die Fassade aus Gehabe und Getue.

Die Dummheit selber wird dabei und besonders in den Herrschaftsbereichen strikt tabuisiert. Es scheint sie nicht mehr zu geben. Sie scheint auf einige Schulkinder und wenige allzu gutmütige Existenzen beschränkt zu sein.

Das Faktum „Welt" ist geschaffen. Es ist eine Doppelwelt, nicht nur hinsichtlich der Moral, sondern auch in Bezug auf die Intellektualität. So erschafft der Mensch sich noch einmal selbst, indem er sich ähnlich wie mit seiner Kleidung als Uniform in die Aura willkürlicher Vorstellungen und Behauptungen über das eigene Wesen stopft und dann tatsächlich glaubt, dieses derart produzierte hohe Wesen, dieser „homo sapiens", das sei er nun auch selbst. Er ist es tatsächlich. Aber er ist es tatsächlich nur in seiner dazu auch noch erschaffenen illusionären Scheinwelt, die er zugleich als solche errichtet, die er aber als diese nämliche keineswegs erkennen oder verstehen darf. Die Klugen darin wissen das, die Dummen müssen das nicht wissen. Diese Welt wird damit unversehens, ob man das nun mag oder nicht, auch der moralisch-geistige und immer auch empfindlich ätzende Sumpf und das grotesk lustige Panoptikum.

Das Panoptikum scheint die einzige dem Menschen gemäße Lebensform zu sein, denn er kann nicht durch Heilslehren darüber hinaus „gebessert" werden. Dieselben erzeugen auch nur wieder Panoptikum. Der Mensch ist, wie er ist, hat Eigenschaften, die immer wieder nur ein Panoptikum generieren können. Er muß dabei froh sein, wenn dieses nicht zum „Sumpf" verfault, was auch immer wieder passiert.

Daß sich das Menschenleben in einem so merkwürdigen Wunderland abspielt, ist nicht der Punkt des Wunderns. Dieser Punkt ist vielmehr, daß dieses den meisten Menschen reichlich undurchsichtige Wunderland so dargestellt wird, als wäre es ganz bekannt und würde weise verwaltet. Letzteres erweist sich vielmehr als eine feine Lüge zum Zwecke oft billigsten Ehrgeizes. Eifer, Arroganz und Dummheit (Bequemlichkeit) sind vermutlich die ersten drei Grundeigenschaften, die das öffentliche Leben maßgeblich bestimmen und panoptikal gestalten. Daraus entsteht die Politik. Man muß sich diese drei Eigenheiten und ihre Rolle im tatsächlichen Leben nur hinreichend gründlich betrachten.

Was die mangelnde Vernunft oder Klugheit oder Einsicht nicht vermag, wird durch fanatischen Eifer (Dynamik), durch Masse und Durchsatz (Wachstum) wieder ausgeglichen. Dieses Mißverhältnis wiederum wird von Arroganz verdeckt und zugleich geadelt. Das in etwa dürfte die reale Situation sein, mit der sich letztlich ein jeder abzufinden und zu arrangieren hat, wo er mittun oder abseits stehen kann. Etwas anderes jedenfalls scheint es nicht zu geben. Die Lüge über dieses andere steckt schon in der Arroganz.

Der einzelne Mensch will viel, aber kann nur wenig. Wenn er das auch nur weiß, gehört er bereits zu einer elitären Minderheit, die dann aber auch nur nichts zu sagen hat - abschöpfen kann sie immer noch.

In Teilen Deutschlands (noch etwas zurückgebliebenen Teilen), liegt im Herbst nicht nur das Laub auf der Straße, sondern auch das Obst. Zugleich wird anderes Obst von der anderen Seite des Globus per Luftpost eingeflogen. Damit dieser unhaltbare Zustand nicht so bleibt, muß Ordnung geschaffen werden in Deutschland, deutsche Ordnung. Alle ungeordneten Apfel-, Birnen- und Pflaumenbäume an Wegen und Straßen haben abgeholzt zu werden. Sie werden tatsächlich abgeholzt, und es gibt endlich mal wieder Arbeit - doch nur wenig Geld, sie auch zu bezahlen.

Überhaupt Arbeit und Arbeitslosigkeit in einer Überflußgesellschaft, dazu muß hier gar nichts mehr gesagt werden. Da liegt alles offen. Man muß schon sehr verstandesblind sein, um das Panoptikale daran nicht zu sehen oder nicht sehen zu wollen. Oder man ist es unterdessen müde geworden, und der Blick reicht überhaupt nur noch bis in den eigenen Vorgarten oder bis zu den Primeln im Fenster. Das ist ja dann auch ganz ordentlich.

Panoptikum ist aber nicht nur lustig. Es ist immer auch ein etwas modriges Gruselkabinett, denn man bricht schnell mal ein und sinkt unter.

Die angenehme Seite des Panoptikums bildet „das Genießen". Das System verfügte seit alters her über die Eigenart, einige Positionen mit einer derartigen Machtfülle auszustatten, daß Sonderbildungen entstehen, die man schön mit der Perle in einer Muschelschale vergleichen kann - reine Dynamikerpositionen, „echte" Schmarotzer, die wirklich nur schmarotzen wie der Bandwurm im Darm, wie die Blattlaus am Blatt, die damit aber ihren Einfluß auf das System keineswegs eingebüßt haben müssen. Sie bilden die andere Seite, die schönere. Sie leisten nichts mehr, aber sie strahlen spezielle Lustreize auf den Systemorganismus aus. Das wird wesentlich. Es gibt dem System den fehlenden Sinn, den es für die Menschen braucht. Das ist „das Genießen".

Während der nur unmittelbar konstruktiv tätige und zugleich abhängige einfachere Arbeiter immer mehr ausgepreßt wird, einfach weil seine „Lohnkosten" unablässig den Gewinn drücken (was sonst?), weil er

selbst nichts anderes als Objekt in einer Marktwirtschaftswelt ist, einge-
kauft und verwertet wie ein bloßes Maschinenteil, werden an anderer
Stelle immer mehr Pseudoarbeiten erfunden, angeblich sogar besonders
wichtige und damit selbstredend auch kreative Positionen, wo die betref-
fenden Spezialisten aber tatsächlich nichts anderes tun, als erarbeitete
Gelder wieder aufwendig und imposant zu verbrauchen und zu ver-
schwenden (wobei sie - als echte Subjekte der Marktwirtschaft - das Fül-
len der eigenen Taschen zuerst im Sinn haben).

Der Antrieb dazu ist, wie aus Arbeit Genuß wird, wie aus Sinnenlehre
ein Sinn für sich selbst entsteht, wie aus einer bloßen, mißliebigen Lohn-
kostenstelle ein interessante, wichtige Position mit Persönlichkeit entsteht, die nicht einfach nur „entschädigt", also entlohnt wird, sondern der
man huldigt, die man ernährt und bezahlt. Vielleicht ist das ja der Unterschied zwischen „Lohn" und „Gehalt".

Genußorgane bilden Sinnersatz oder auch Sinnartefakte, die als solche
eine Sinnfrage überhaupt erst anzeigen - in der Kreatur ebenso wie im
System.

In der Kreatur sind Lustorgane etwa die Zunge oder der Penis oder
versteckte neurale Strukturen, die etwas „wollen". Im System sind die
Lustorgane auf der humanen Seite zu suchen - falls wir davon ausgehen,
daß ein Auto selbst ohne Bewußtsein ist und sich am Stinken seines Aus-
puffs und am Pfeifen seiner Reifen (noch) nicht selber begeistern kann -
eine Lust, die es immer noch steigern und dann ewig genießen möchte.
(Damit hätten die emsigen Ingenieure also noch einiges zu tun, bis sie
auch das noch hinkriegen.)

Es sind dann vermutlich zuerst „die Bonzen", die sich auszeichnen
durch Wohlhabenheit (Reichtum), Wichtigkeit (Macht), Muße (Müßig-
gang, Bequemlichkeit) und die dabei immer Lustgefühle genießen und
pflegen (auch ganz ernsthaft und erhaben wichtig). Dann aber folgen - in
der Überflußgesellschaft - sogleich Hinz und Kunz und diese vor allem
quantitativ, nämlich durch ihr massiertes Auftreten. Damit aber werden
sie zu wichtigen Systemorganen, setzen dem System Handlungsziele, geben ihm so etwas wie einen Sinn. Und das System kurbelt daraufhin seinen Durchsatz an.

Die Lustorgane stimulieren auch wesentlich den Handlungswillen (Er-
folgsdenken, Karrierebewußtsein, Machtinstinkt), also den Willen überhaupt. Will sich das System ganz vom Menschen emanzipieren, muß es
seine eigenen Lustorgane entwickeln, gewissermaßen maschinell, muß

Gefühle bekommen. Künstliche Intelligenz allein reicht dazu noch nicht aus, Intellekt allein ist viel zu trocken für ein Leben „an sich".

Ein solches Systemwesen mit Gefühlen und Überlebenswillen aber käme dann ganz ohne die Menschen aus. Es brauchte sie nicht mehr. Der Mensch würde in ihm vermutlich schnell störend werden und als „bloßer Lüstling" schließlich auch beseitigt.

In der „Spaßgesellschaft" ist die einstige, etwas krasse Arbeitsteilung in Schaffen einerseits und Genießen andererseits weitgehend übertüncht. Genießen können oder sollen heute alle und arbeiten und leisten selbstverständlich auch. „Ich leiste etwas, ich leiste mir etwas". Damit ist das Problem der Freizeit gelöst. Viel Freizeit mit viel Genuß schafft viel Arbeit mit reichlich Müll. Es wird überhaupt bald fraglich, wie das alles noch zu schaffen ist - durch noch mehr Leistung selbstverständlich, wie sonst!

Doch leider ist der Mensch auch genußfaul. Er will nicht immer genießen. Die Spargelstangen gucken ihm schon zu den Ohren heraus, und die Schlemmermahlzeiten machen so fatal fett, was dann wieder unnötige Betätigung aufnötigt zwecks Abschlankung. Dann aber nicht nur so herumlaufen, sondern im Fitneßcenter in teuren Apparaten hängen oder im Stadtpark nordic walken, die dazu gehörigen unverzichtbaren Stöcke nicht einfach vom nächsten Baum abbrechen (wegen Umweltschutz), sondern industriell fertigen lassen, nichtrostend, mit Stoßdämpfer und Markenlabel. Das wieder schafft Arbeitsplätze. Und in diesen kann man wieder malochen und dann wieder genießen. Da schließt sich der Kreis.

Die „moderne" Entdeckung des Genusses ist aber tatsächlich nur die Entdeckung der Oberflächlichkeit. Genuß gab es schon immer, und er wurde geschätzt, Oberflächlichkeit auch, aber die wurde nicht immer geschätzt. Genau das soll sich nun ändern.

Ein Reizwort im modernen Panoptikum ist auch „Kreativität", weil es nur allzuleicht mißverstanden wird. Gemeint ist nämlich etwas anderes damit.

In einer von Dummheit geprägten Welt sind konstruktives Interesse, Befähigung, „Kreativität" etwa so wertvoll wie ein Kropf. Sie stören nur immer den faulen Frieden und die Arschgemütlichkeit aller darin wohleingerichteten Primitiven.

Primitive werden immer versuchen, ihr primitives Niveau zur allgemeinen Norm zu erheben und diese auch durchzusetzen. Sie können mit Fähigeren als sie selber nichts anfangen, fürchten aber deren Konkurrenz (soweit sie diese erkennen), noch mehr aber deren Herausfallen aus der Ordnung der Unterordnung unter ihre primitive Macht, welche Systemmacht ist, womit derartige Kreative für eine Verwendung nicht mehr zur Verfügung stehen. Sie haben sich aus ihrem Einflußbereich davon gemacht in ein anderes, von den strammen Spießern nur noch beneidetes Leben.

Die so häufige Strapazierung solcher Begriffe wie Nutzen und Nützlichkeit findet in dieser Problematik seine wichtigtuerische, primitive Wurzel. „Nützlichkeit" und „Nutzen" dienen als Rechtfertigung bzw. als ein Etikett für die „Erlaubniserteilung" für von Primitiven unverstandene Dinge, letztlich für die Anerkennung des Besseren, nun allerdings als eine Art Eigentum der Primitiven, als etwas, das sich okkupieren und nutzen läßt.

Während dem primitiven Machthaber jeder Blödsinn so selbstverständlich wie erlaubt ist (auch hier ist die Geschichte voll davon), muß sich der Fähigere, sofern er nicht über eigene und hinreichende Macht verfügt, immer erst erklären, muß Erlaubnisse einholen, seine Existenz als „etwas Besseres" ausdrücklich gestatten lassen. Er kann aber natürlich auch darauf verzichten, wenn es ihm auch so gut genug geht.

Kein Kluger muß so dumm werden, sich den Dummen auszuliefern. Am besten fährt er, wenn er sich ganz unscheinbar macht, unauffällig, und ansonsten seine Klugheit nutzt, sich seine eigene private Welt zu gestalten, zu der die Dummen ohnehin nie wirklich Zutritt finden, es sei denn mit Axt und Vorschlaghammer.

Das Glück wird im Panoptikum zur Alltäglichkeit gemacht. Es wird im Kaufhaus angeboten. Man braucht nur zuzulangen und steht schon mitten drin in der seligen Idiotokratie, denn dort darf man nicht wollen, was man will, sondern muß wünschen, was es gibt. Und es gibt so immens viel, daß damit nur wirklich kreative Leute nicht befriedigt werden, alle unwirklich kreativen Leute hingegen werden „rundum" versorgt.

Um sich in einer Idiotokratie wohl zu fühlen, sollte man mit reichlich natürlicher Simplizität gesegnet sein. Viele sind das, und viele fühlen sich daher auch „rundherum" wohl. Eine gepflegte Beschränktheit, eine öffentlich erwünschte Borniertheit ergänzen ihnen das, was man neudeutsch „Wellness" nennt. Eine selbstgefällige, behäbige, gepflegte Sattheit ist die faule Frucht jeden Überflusses und zugleich auch der Anfang von seinem Ende.

Aber merke: Eine mäßig funktionierende, pluralistische „Idiotokratie" ist immer noch besser, als die beengte Diktatur irgendeiner fragwürdigen Alleinherrschaftsweltenweisheit. Und zwischen beiden gibt es offenbar keine Alternativen.

Es geht einigermaßen grotesk zu mit dem modernen, gebildeten Menschen. Sagt man ihm, er solle über Gott und alle Welt nachdenken und alles zu begreifen und zu ergründen versuchen, lehnt er das ab und meint, das alles sei gar nicht wichtig und bringe nichts, man solle lieber das Leben genießen. Sagt man ihm aber, er solle sich ein schönes ruhiges Leben machen, so meint er, das ginge nicht, sondern ein jeder habe die Pflicht zu schaffen, zu wirken, sich zu rühren und teilzuhaben an den großen Vorhaben der Menschheit.

So wirkt er dann heftig und eifrig umher, will dies, will jenes und will alles und will auch alles wissen und verstehen - und zugleich überhaupt nie und nimmer begreifen.

So geht das mit der alltäglichen, panoptikalen Schizophrenie - man kommt nicht klar damit. Der Betroffene aber hat immer recht. Das ist gelebter Widerspruch, Bewegung ist es auch. Ein solides Fundament für ein solides und sicheres Leben ist es aber auf keinen Fall. Es ist die Wurzel des Chaos, es ist die Auslieferung an die Biologie.

Das System in Bezug auf die Menschen gleicht dem Labyrinth einer städtischen Kanalisation. Ein anspruchsvolles Tier, wie etwa ein Fischotter oder ein Biber, lebt darin schlecht oder verhungert oder erstickt gar. Eine Ratte hingegen überlebt. Sie überlebt nicht nur, sie überlebt vergleichsweise gut und fruchtbar. Sie überlebt, weil sie diesem Kanalisationssystem recht ordentlich angepaßt ist, weil sie hineinpaßt, vor allem aber, weil sie anderes gar nicht will oder braucht als ein solches System: In den Abwässern schwimmen, das macht sie mit Klugheit, mit Vorbedacht, mit Eifer. So überlebt sie in den Kanälen.

Wenn die Ratte Mensch wäre und also auch bewußt verantwortungsbewußt, würde sie sich obendrein vielleicht auch noch politisch betätigen und als Held feiern lassen, weil sie so toll angepaßt in der Kloake zu existieren vermag. So muß man das auch sehen, wenn man die (humanen) Probleme eines derartigen Systems korrigieren wollte: Es sind die Ratten, die das nicht unbedingt wünschen.

Heute, in der moderne Welt, kann man sagen, das große Wunder ewigen Überflusses wird vom Erdöl angetrieben. Früher waren andere Instanzen dafür zuständig: Wald, Wasser, Tiere, Sklaven, Königreiche und ihre Gesetze, denn angetrieben werden muß dieses Wunder.

Der Mensch ganz allein mit der bloßen Kraft seiner Arme und Beine wäre dazu kaum in der Lage. Ohne zusätzliche Kräfte gäbe es keine zusätzlich eskalierenden Dummheiten, aber auch keine Wunder, wie sie sich so besonders großartig heute in unserer modernen - und auch schon etwas modernden - Welt zeigen.

Manipulation

Es gibt genügend Beispiele zur öffentlichen Meinung, die belegen, wie der Mensch auf die Sozialattrappen, zum Beispiel auf die Medien, reagiert und mit seinen eigenen Meinungen von diesen abhängt. Das ist nicht nur so, weil er Lippenbekenntnisse produzieren will, sondern weil er zu einer eigenen Meinung womöglich gar nicht imstande ist.

Der moderne Mensch erfährt die Realitäten seiner Welt aus der Zeitung oder durch „den Kanal" des Fernsehens in seiner auffällig eingeengten „Meinungsvielfalt". Er fühlt sich bedrückt, weil er aus dem Fernsehen erfährt, daß er jetzt an einer Winterdepression zu leiden hat. Er atmet auf, wenn die Zeitungen berichten, daß die Luft in den Städten sauber geworden wäre (obwohl es ihm noch immer im Halse kratzt). Und er leidet sogleich wieder, weil man ihm berichtet, daß eine Schlechtwetterfront naht.

Das alles gehört sich so, da hat man mitzuhalten, da sollte man sich lieber nicht absondern. Der moderne Mensch lebt, als hätte er nicht selber Augen, Ohren und Nase und einen eigenen Denkbrei im Kopf.

Doch schließlich ist er auch immer noch ein soziales Wesen. Das muß sich irgendwie äußern, wenn es sonst schon nicht mehr viel bewirken kann.

Hier greift die Manipulation an. Infantilisierung und Verdummung, Entmündigung und Verblendung sind vollwertige Aufgaben in der Politik. Eine Besonderheit dabei entsteht allerdings daraus, daß ihre direkte, offene Anwendung zugleich die Fassade des Systems zerstört. Manipulationen der Menschen müssen daher verdeckt stattfinden, geschult und geschickt. Am besten funktionieren sie durch Leute, die selber nicht so ganz verstehen, was sie diesbezüglich eigentlich tun. Das nämlich erzeugt Überzeugungskraft. Die Ausbildung von Realpolitikern hat das zu berücksichtigen. Sie sollten selber nicht so richtig wissen, wie unwissend und unbedarft sie bezüglich vieler elementarer, fundamentaler Fragen eigentlich sind und wie sie Merkwürdigkeiten von sich geben, ohne sich dessen bewußt zu werden. Zuverlässig, befähigt und vor allem aktiv müssen sie trotzdem sein und natürlich überzeugend und charismatisch.

Man erkennt, daß derartige Geistesstrukturen nicht unbedingt alltäglich sind. Man beobachtet am alltäglichen Politikermaterial auch, daß sie sich ein wenig zu oft vertun und dann „einen gucken lassen", was keinen guten Eindruck macht in einem vielleicht noch nicht hinreichend verblödeten oder disziplinierten Volk. Ein begnadeter Politiker ist also nicht so leicht zu finden und daher immer sein Geld wert.

Die allgemeine Dummheit ahnt das Potential, welches in Wissen und Fähigkeiten, in Bildung und Intelligenz steckt. Ihr ist nicht geheuer dabei, denn damit hat sie nur noch Angst vor einem Ungewissen, welches gewiß kommen wird und die eigene Macht in Frage stellt, die dann ziemlich hilflos kapitulieren müßte. Dummheit fürchtet sich davor, daß andere aus ihrem eigenen unbrauchbaren Dreck noch etwas machen und sie damit diskreditieren könnten, während sie doch sonst einfach die erste, die faktische Realität im Staate darstellt („andere Menschen haben wir nicht"). Dummheit okkupiert also gern auf Vorrat, bildet „Eigentum" und hofft auf Abhängige für den Minnedienst daran. Man liebt die Intelligenten nicht sonderlich und ist froh, sie - in der Ecke der „Fachidioten" versammelt - einsperren und überwachen zu können.

Die Pflege der allgemeinen Volksdummheit wird zu einer politischen Notwendigkeit, egal ob man das persönlich mag oder nicht. Unter der Hand entpuppt sie sich jedoch schnell als eines der Hauptprobleme des Staates mit „seinem Volk". Dieses Problem wird besonders heikel, wenn die implizit angestellten Dummheitspfleger selber aus dem unendlichen Born der Dummheit geschöpft werden - weil sie solcherart frischer und unbelasteter an ihre hohen Aufgaben herangehen. Irgendwann nämlich geht dann trotz und mit allem emsigen Eifer einfach die Übersicht verloren.

Die Leute sind in ihrem alltäglichen Kram im Allgemeinen so eingesponnen, daß sie nicht mehr viel von ihrer sonstigen, großen, weiten Umwelt aufnehmen. Sie rennen mit ihren Problemen, Arbeiten und Begierden hin und her wie die Ameisen mit ihren Krümelchen. Ihr Horizont verengt sich auf ein alltägliches Minimum („Tunnelblick"). Manchmal erstarrt er gänzlich in Kleinlichkeit.

Dann sind es „die Medien" und durch diese die Meinungsmacher, die selber diesbezüglich initiativ oder auch wieder nur angewiesen auf andere, als Redner, als Politiker, als öffentliche Personen mit oft verblüffend erscheinenden Bildern den Blick wieder unvermutet weiten - aber wohin?

Dazu genügt nicht das Wort allein. Das Wort allein tut sich schwer, ihm fehlt die eigene Resonanz. Es muß vielmehr eine Bühne dazu da sein als ein gewichtiger Rahmen, ein Podium, ein Katheder, eine feierliche Pose, damit der eingeengte Geist auch wirklich aufmerkt. Er merkt auf und sagt laut: „Aha!"

So kommt es, daß die Meinungsbildner, die berufenen Lehrer und sonstigen Koryphäen immer wieder mit ausgesprochenen Trivialitäten, die eigentlich einem jeden geläufig sind, große Erfolge erzielen und Politik machen. Darüber sollte man nachdenken.

„Wasser ist naß", weiß eigentlich jeder. Doch nun hört er es aus berufenem Mund (hoch renommierter Hydrologe) und mit dröhnender Resonanz im Ohr (Sprachausbildung für Redner). Obendrein versteht er das auch gleich. Was Wunder, wenn er da sofort zu einem begeisterten Zustimmer mutiert und solche großartigen Verkünder aus dem Schoße des eigenen Volkes bewundert!

Doch was er bewundert, ist tatsächlich lediglich der Widerklang der großen Bühne des Lebens im eigenen Gehörgang, nicht diese Sache vom nassen Wasser. Immerhin erfährt er damit wieder einmal, daß er lebt, daß er mit dabei ist und mitten darinnen steht, und er hört das große Leben im eigenen Ohr plätschern und rauschen und brausen.

Es erhebt ihn hingegen gar nicht, wenn er z.B. vom kleinen Schulknaben hören muß, wie dieser in der Schule gelernt habe, daß durch jeden Schluck Alkohol Tausende von Gehirnzellen im Kopf absterben.

Über derartig simpel daher kommende, aber schwer einsichtige Statements geht der große Geist gelangweilt hinweg - ist doch nur ein müßiger Lernauftrag für den faulen Schüler.

Diese manipulative Beförderung einer allgemeinen geistigen Unverbindlichkeit durch die daran interessierte Macht muß man sich nun nicht direkt und offen sichtbar denken. Außerdem will und braucht die moderne Welt den gebildeten, den mündigen Bürger. So heißt es zumindest überall. Die Verdummung läuft daher um einige Ecken herum und sieht ganz anders aus, als man gemeinhin erwartet. Aber sie läuft sehr flink.

Man sollte die Dummheit eher in einem Bildungsförderprogramm suchen, als sie in einer Nachlässigkeit des Informationswesens oder Lehrbetriebes aufspüren zu wollen. Sie ist versteckt, teilweise sogar vor ihren eigenen Machern, indem diese willige Diener eines Systems sind, welches ihnen die notwendigen Maßnahmen gewissermaßen im Schlaf eingibt und die Tricks zu deren Kaschierung gleich mit. Sie sind dazu in die dafür geeignete und ausgerüstete Position sicher und fest eingewachsen. Diese macht etwas aus ihnen. Damit nun verstehen sie ihr Handwerk im Schlaf, und alles schläft ein - lernt aber zugleich nach den bewährten Methoden der Schlaftherapie.

Wer denkt heute noch darüber nach, wem fällt auf, daß alle Preise in Geschäften und Warenhäusern (zumindest in Deutschland) Unmengen von Neunen enthalten? Man könnte es „das Neunerwunder" nennen- eine groteske Clownerie im Zahlenreich. Wie kommt es, daß so viele Waren genau x Euro und 99 Cent kosten?

Nun gibt es Leute, die wissen, wie das zustande kommt - und wollen schon gleich mit der Erklärung loslegen. Aber diese simple Erklärung allein kann nicht stimmen. Denn wie wäre es sonst zu verstehen, daß auch immer wieder die vielen Gewinne und Preise „nur" 99 und nie 101 betragen? Das nur als ein kleines, aber allzu deutliches Indiz dafür, wie ein Publikum schon reichlich verkrampft tagtäglich für 99,99 für dumm verkauft werden soll.

Zumeist machen die Leute, was Mode ist. Mode ist wie eine Instanz. Nicht was die Interessenten selber für vernünftig oder sinnvoll erkennen, tun sie, sondern sie lassen sich leiten. Das Nachäffen allgemeiner Lebensart, tradierter Normen, moderner Trends bestätigt die Leute mehr, als selber Eigenes zu suchen oder sich an Bewährtes zu halten, insbesondere befriedigt es ihr Sicherheitsgefühl in der Gemeinschaft. Oft werden sie sogar einmal die Ersten darin im ewigen Wettbewerb um „Meins ist besser als Deins". Mit der Mode vermag der Mensch also immer auf der Höhe der Zeit zu sein - ohne daß es darum sein eigenes vernünftiges Denken auch sein müßte. Immerhin gibt Letzteres gelegentlich zu diversen Verwunderungen Anlaß. Es gibt heute ein marktschreierisches Marketing, Werbung noch und noch. Nur selten findet man gediegene, sinnvolle, sachliche Informationen, wie was funktioniert, wo man etwas Bestimmtes kaufen könnte, wo man sein Geld los wird, so man es hat und nicht gerade für den ersten, schlechten Plunder anlegen möchte. „Der Handel" vermag, wenn man nur genau genug hinschaut, so manches nicht. Er ist zum Beispiel nicht in der Lage, auch nur ein Polierpulver für ein paar Euro zu verkaufen: Wissen wir nicht, haben wir nicht, gibt es nicht - gibt es aber

doch, nur wo? In Deutschland wird gefräst, geraspelt, gefeilt, geschliffen - nicht aber poliert, zumindest nicht bei Heimwerkers, diesen so hochkreativen Dödeln zu Hause im Hobbykeller. Und nach einer ordentlich praktischen Einkaufstasche für die vielen, großen Einkäufe jeden Tag, muß man auch lange suchen – etc.
Es gibt einfach nicht alles, was es gibt.

Marketing ist modern, ist Mode, ist auch purer Selbstzweck, ist eine panoptikale Neubildung aus dem Nichts und zuweilen vermutlich auch für nichts, überdies überfrachtet mit einem unterdessen fast schon peinlichen Grinsen überall, bildlich, verbal und phonetisch. Nun wissen wir aber auch warum. Manchmal scheint es fast, als wüßten die Firmen selber nicht, was sie da eigentlich produzieren vor lauter Werbung, Marketing, Mode und Dynamik, Geld machen und Geld wieder anlegen. „Waren das nun Digitalkameras oder Taschenrechner oder die neuesten, trendigen Strumpfbänder mit Satellitenfernsteuerung, oder wie war das doch gleich?" Oder liegt dieses Expertenwissen alles streng unter Verschluß, ist geheim und geht keinen was an?

Doch was eigentlich nützt da am Ende noch alles Geld der Welt? Vielleicht nützt es sich selber noch etwas.

Die Gesülzartisten der Werbeindustrie, diese Experten des Grotesken, die tatsächlich Wunderliches formulieren, schreiben, aussprechen und für die vielen modernen Analphabeten unterdessen auch großformatig und knallbunt in die Werbeblätter drucken, riesig und unübersehbar, (die vielen, vielen Maschinen machen das - nicht die Werber), haben als Zelebratoren des Panoptikums Hochkonjunktur.

Mit gepflegtem Proletenpathos biedern sie sich ganz unten an. Für die Gebildeteren kreieren sie flugs ihr neudeutsches Pidginenglisch. Doch ganz oben liegen sie auf den Knien und verehren devot die Macht, die sie immer beneiden und nie erreichen. Solcherart konstituieren sie die fünfte Kolonne derselben.

Der Computer ist heute das Komplexeste aus der modernen Welt der Technik, welches in fast alle Haushalte Einzug gehalten hat. Hier stehen nun Geräte herum mit einer Rechenkapazität, wie sie noch vor wenigen Jahrzehnten kaum für eine ganze Stadtverwaltung erschwinglich waren und dort dann als Rechenzentrum riesige Hallen füllten und immer noch viele Mitarbeiter beschäftigten.

Doch was machen alle diesen vielen Computer heute, und was können sie?

Als pure Blechtrottel können sie immer noch nur das, was schlauen Programmier-Yuppies soeben mal einfällt. Das ist einerseits ganz unerhört viel und gewaltig und bisher noch nie dagewesen. Andererseits ist es von einer überbordenden Bescheidenheit im Geiste und steckt vor allem auch voller Professionalitätsblocker und Kreativitätsbremsen.

Was ist heute „mächtiger" als ein Computerprogramm - und was ist zugleich dümmer oder unfähiger? Auch hier ergibt sich diese merkwürdige Frage, welche sogleich das Wirkzentrum der Dummheit charakterisiert: „Sind sie so dumm, oder tun sie nur so?" Und die Antwort lautet: „Sie sind so dumm - und sie tun auch nur so". Es ist dies aber nur eines der vielen Beispiele für die verborgene, unheimliche Fundamentalignoranz innerhalb der aufgeklärten Menschenwelt.

Der moderne Computer ist tatsächlich Sinnbild und Beleg für die große Dummheit der Zeit, die so vieles könnte, wenn sie nur könnte und wollte und dürfte - gerade auch mit derart gigantischen Rechenmaschinen. Der Computer ist Held geworden und Verursacher des größten Weltgeschwätzes aller Zeiten - ein wahrer Heros, aus Schrott ertüftelt.

Computerei ist erbärmlich. Jeder, der es ich leisten kann, sollte darauf verzichten und sich schöneren und erbaulicheren Dingen widmen. Es gibt sie noch!

Man muß nicht tagelang vor den Arbeitsspeichern hocken und sich dort nur immer wieder so überaus intelligent verpackt einwickeln und für dumm verkaufen lassen.

Ein Computer hat wenig mit Intelligenz zu tun, viel aber mit Süchtigkeit: Endlich ist da einer, der einem gehorchen soll (wie der Dackel). Er gehorcht aber nicht, er bockt und muckscht und zickt - und weiß alles besser. Eines Tages beißt er womöglich auch noch.

Aber immerhin, man kann schön schreiben mit so einem Gerät und Bildchen angucken, die tatsächlich von innen leuchten, wie sich das der große Farbengelehrte und erste (oder bereits der zweite?) Nobelpreisträger der weltberühmten Weltstadt Leipzig, Wilhelm Ostwald, einst erträumte.

Es fragt sich nur, wie lange das noch möglich sein wird, bei dieser rasanten und immer mehr beschleunigten Entwicklung in der Informatikbranche? Darum der Rat an alle veralteten Schriftsteller und solche, die es noch schnell werden wollen: Stellt euch ein paar ältere Modelle zurück mit Tastaturen zum „Do-it-yourself-Tippen" von Texten aus Buchstaben (falls ihr noch selber etwas zu sagen haben solltet).

Auch das Selberschreiben nämlich könnte bald schon antiquiert sein und altmodisch. Es kommt der Tag, da denkt Onkel Big Brother aus der Kiste für euch alle mit, und ihr müßt dann gar nicht mehr selber etwas tun, überlegen oder schreiben. Nicht einmal mehr sein müßt ihr dann selber, denn das alles erledigt jetzt endlich die perfekte Maschine für euch - und vermutlich sogar ganz umsonst.

Der Computer ist nur darum „kompliziert" (und man kann ihn nicht begreifen oder verstehen), weil man ihn nicht begreifen soll. Diese besondere Unbegreifbarkeit des Computers ergibt eine spezifische Art von Komplexität - die so neu gar nicht ist.

Denn immer schon wollten die Adepten unter sich bleiben, zugleich aber die anderen erreichen, diese manipulieren und an ihnen verdienen. Das ist heute mit den modernen „Medien" nicht anders und genau so verworren und unklar wie einst in der alten Alchimie. Auch diese Komplexität des Nichtwissens im Wissen und des Wissens im Nichtwissen wird nicht eigentlich verstanden - nicht weil sie so schwierig oder unverstehbar wäre, sondern weil sie nicht verstanden werden soll. Auch die fraglichen Adepten selber begreifen das nicht unbedingt. Aber sie fühlen es und ermurksen sich hartnäckig ihre jeweils nötige Minimalkompetenz dazu.

Die aktuellen Programme, die auf Computern laufen, liefern wie dieser selbst ein recht gutes Bild für einen Murksprozeß. Dies oder das sollte passieren, sollte, müßte doch eigentlich gehen, könnte auch funktionieren - passiert aber nicht. Dafür passiert vielleicht etwas anderes. Und vielleicht kann man sich ja auch damit dann einrichten.

Wo wird diese Kunst eigentlich gelehrt, wie man schlechte Programme für gute Geräte schreibt und wie man die dann auch noch gewinnträchtig losschlägt?

Oder vielleicht ist doch alles ganz einfach? Alle sind noch viel schlauer und raffinierter, doch die ganze Sache ist schon längst nicht mehr die ihre, sondern sie läuft unterdessen nur noch so ab wie die Mechanik bei einem Spielzeugauto - und ganz wer anders zieht dieses auf?

Noch vermurkster präsentiert sich unterdessen das Internet, das Worldwideweb. Man findet alles. Nur was man wirklich braucht und sucht, das sucht man oft genug vergebens. Das ist auch klar, das muß so sein, denn das Internet wird (angeblich) nicht kontrolliert, nicht administriert und kann damit auch nur ein Abbild der Welt liefern, wie sie ist und nicht, wie man sie sich vielleicht wünschte. Diesbezüglich aber wird man dann allerdings ganz schnell fündig - und mehr als nur reichlich.

> „Es ist ein Misthaufen. 90 Prozent sind Schrott, es finden sich aber auch ein paar Perlen und Goldgruben." Die jüngste Einschätzung des Computer-Pioniers Professor Joseph Weizenbaum über das weltweite Datennetz.
> (Zeitschrift ComputerBild 4/2003 Brandaktuell Spruch der Woche)

Daß so etwas in eine seriöse Zeitung gelangen konnte, war sicherlich ein „Freudsches Versehen". Im übrigen hat sich seit dem Erstellen dieses Textes etwas verändert - jetzt gibt es Wikipedia - erstaunlich! Und schon fragt man sich auch gleich (weltverschwörerisch): „Dürfen die denn das - und warum nur die?"

Sinnfindung

Am Anfang der Frage nach dem Sinn steht das Fehlen von Sinn im Sein. Dann folgt die Frage, wieso es im Sein trotzdem auch noch einen Sinn geben sollte, der zu suchen und zu finden wäre. Als nächstes folgt, wie man einen Sinn finden könnte und schließlich, ob und wozu man ihn überhaupt braucht.

In der Evolution wird alles gefördert, was überlebt und sich weiter fortpflanzt. Das ist ihr einziges „Ziel", d.h. die Evolution hat über diese Trivialität hinaus kein Ziel, weder ein Recht des Stärkeren noch ein „egoistisches Gen", weder Eigennutz noch Altruismus, Klugheit oder Dummheit, noch etwas „Bestangepaßtes" (denn auch das Schlechtangepaßte bekommt einmal seine Chance und erlebt dann seine Zeit).

Evolution des Lebens ist Überleben von irgendwas und irgendwie. Alles kann von Fall zu Fall im Geflecht des Daseins seine Vor- oder Nachteile haben, kann den Lebensstrom beleben oder unterdrücken. Einen Sinn über das Überleben hinaus hat es darum nicht.

Man könnte nun fragen, wieso dann das Leben überhaupt entstanden ist, wo es doch nicht Sinn oder Ziel hat? Da könnte doch die Erde ebenso auch gleich leblos und leer geblieben sein?

Das ist richtig. Das ist tatsächlich so. Das Leben ist für den Kosmos gänzlich überflüssig. Es ist so überflüssig wie dieser ganze Kosmos selbst. Aber so wie der ganze überflüssige Kosmos im Sein ist (merkwürdigerweise), so kam auch das Leben so merkwürdig wie folgerichtig ins Sein. Es kam nicht, weil es sich suchte. Es kam, weil es ungefragt entstand aus einem zufälligen Suppentopf einer zufälligen Urmaterie und vermutlich überhaupt aus aller Zufälligkeit „an sich".

Als es dann da war, das Leben, und sich Fragen stellen konnte, da fragte es sich nach seinem Sinn - und fand diesen nicht. Denn das Sinnvolle war auch erst ganz sinnlos mit dem Leben mitentstanden. Zu seiner eigenen wirksamen Selbstbeförderung ist das Leben nämlich „sinnig", ist es voll von Sinn und Ziel und Zweck.

So entstand der Wille, der Wille zum Leben und der Wille zum Töten, der Wille zum Erkennen und Verstehen und der Wille zum Fallen und Sichaufgeben.

Tiere und ganz kleine Kinder unterscheiden die Dinge der Welt häufig nur dahingehend, ob sie eßbar sind oder nicht. Später kommt gelegentlich noch die Unterscheidung in brauchbar oder unbrauchbar hinzu, nützlich oder unnütz, freundlich oder feindlich, schön oder häßlich. Ganz zuletzt erscheint erst die Frage nach einer Sinnhaftigkeit, die dann schon eine einfache Wertung in Ja oder Nein nicht mehr zuläßt.

Die Unterscheidung in eßbar und nicht eßbar, die im Übrigen vom Körper und nicht vom Verstand erledigt wird, ist so elementar, wie der Darm beim Wurm innen und seine Haut außen ist. Es ist die Unterscheidung zwischen dem, was man sich von der Welt „einverleibt" und was man von ihr draußen läßt.

Für etliche Leute beschränkt sich der Sinn des Lebens vielleicht ausschließlich auf die Nahrungsaufnahme. Daß solche Leute nicht sonderlich mit Geist oder Gemüt gesegnet sind, liegt auf der Hand. Aber sie leben. Sie produzieren damit ein Weltbild, das man bei ihnen akzeptieren muß, das man aber wohl kaum einer Allgemeinheit als maßgeblich zumuten kann. Zuweilen wird genau das versucht. Es wird dieses versucht mit dem Argument einer prinzipiellen Nützlichkeit, einer quasi biologischen Sinnhaftigkeit. Das ist immer ein entwaffnendes Argument: Was lebt, das lebt. Das ist so zwingend wie die ganze Biologie, wie die Frage von Sein und Nichtsein.

Wo aber der Mensch nur diese Elementarentscheidung akzeptiert, da hat er sich damit zugleich für seine Existenz als ein bloßes Tier entschieden. Oft reicht das aus. Tiere können recht glücklich leben und außerordentlich „erfolgreich" sein - auch wenn sie am Ende doch nur gefressen werden. Sie sind damit aber zugleich ganz von fremder Vernunft bzw. Unvernunft, von Natur und Schicksal, von Zufall und Bestimmung abhängig. Der Mensch ist das alles genauso, nur nicht so sehr.

Im Allgemeinen und speziell auch im hochentwickelten System produzieren die Menschen sehr spezialisierte, differenzierte, intellektuell anspruchsvolle Handlungsfolgen. Damit meint man dann etwas vorschnell, sie seien dadurch auch „höhere" (weit über „den Tieren" stehende) Sonderwesen.

Ihre vigilante Anpassungsfähigkeit suggeriert Sinnhaftigkeit und Weltkompetenz. Tatsächlich aber sind die Menschen doch nur Fresser geblieben, deren erstes Interesse darin besteht - zu sein, da zu sein, einfach nur zu existieren.

Unterdessen haben sie auch noch Maschinen gebaut, die das alles noch viel, viel intensiver, umfänglicher, massiger, können: verbrauchen und ausscheiden.

All ihre Intelligenz ist den Menschen gerade so nützlich wie die Zähne der Hyäne oder der Würgemuskel der Riesenschlange und als Intelligenz eigentlich auch ganz überflüssig - wenn es denn ein solcher Muskel oder ein solches Gebiß ebenso oder gar besser könnten. Ihre Sicht in die Welt bleibt trotz ihrer intellektuellen Spezialisierung infantil eingeschränkt - ein Fresserbild.

Bei triebhaften Tieren ist das normal und üblich, beim ausgereiften Menschen erscheint es als ein merkwürdiger (weil gar nicht so sehr störender) Atavismus.

Merkwürdig ist, daß eine derartig „diesseitige" Einstellung zur Welt wenig mit Intelligenz zu tun hat. Man findet sie bei hochintelligenten Vielwissern und sucht sie bei andern Leuten, denen Lernen und Verstehen schwer fällt, oft vergebens.

Computer sind die schnellsten und gründlichsten Rechner, die es zur Zeit gibt. Sie sind also voll von hochspezialisierter Intelligenz. Aber sie interessieren sich nicht einmal für das Fressen, also für ihren Unterhalt. Darum vor allem sind sie (noch) ganz tot.

Es gibt also neben solchem Rationalen noch eine „Weltintelligenz", die mit Wissen und logischem Denken wenig zu tun hat und damit allein nicht erklärt werden kann. Vielleicht hat sie etwas mit Interesse, Liebe, Gemüt, Empfinden und Ehrfurcht zu tun.

Sinn wird von Ideologien selbstredend immer und auch reichlich produziert. Daran ist nie Mangel. Wer dort sucht, wird immer finden und eine große Auswahl obendrein. Wer die Wahl hat, hat die Qual. Er kann sich entscheiden. Sinn wird auch laufend neu produziert, konfektioniert und ausgeliefert. Es ist kein Mangel daran, höchstens an seiner Qualität. „Der Sinn", auf den auch absolut Verlaß wäre, der zum Maß aller Dinge wird, der ist eher nicht dabei. Sinn als faktischer Lebensführer ist immer nur eine kurze Sache - zuweilen aber auch recht kurzweilig.

Der Mensch braucht Sinn, Ziel und Zweck. All sein Denken, seine ganze Vernunft ist darauf ausgerichtet. Selbst die blinde Natur will er sinnhaft sehen.

Wetter wird - weil nicht zweckentsprechend - zum „schlechten Wetter". Der Mensch liebt es sonnig. Dann jedoch erscheint ihm die Dürre über den Feldern „sinnlos", wegen der kleinen Kartoffeln.

Auch selber mag der Mensch nicht sinnlos tätig sein, mindestens Geld muß es bringen. Der Mensch will sein Leben mit Sinn erfüllen.

Warum gibt es diese Sucht nach Sinn? Vielleicht weil sie aus der Vernunft kommt. Vernunft funktioniert nur „sinnvoll". Sie will etwas, was „funktioniert". Sie „versteht" nur eigentümliche („kognitive") Strukturen, funktionierende Strukturen, eine Art künstliches Leben. Der Sinn liegt in der Funktion. Doch die Funktion ist immer nur kurz. Solcher Sinn ist es dann ebenso. Das ist das Problem.

Die Natur liefert den Menschen keinen Lebenssinn. Sie erledigt die Sinnfrage, die sie selber erst geschaffen hat (indem sie den Menschen schuf), mit der Not der Evolution. Sie will Experiment, Versuch, Irrtum. Sie will den Sumpf, in dem es gärt, und nicht „die Menschheit" als eine Struktur, die sich von der blinden Natur emanzipiert und dazu nach einem Sinn erst noch suchen muß. Wenn sich der Mensch in dieser Sinnfrage also an die Natur hält, muß er lange suchen und bleibt obendrein schlecht beraten.

Für aufgeklärte Leute löst sich die Sinnfrage heute im Übrigen recht einfach: Sinn bedeutet nämlich nichts anderes, als daß man sich darum zu bemühen habe, daß eine lebenswerte Umwelt erhalten bleibt, und zwar zugleich so gestaltet, daß man in ihr auch weiterhin nach einem Sinn (darüber hinaus) suchen kann. Daß man dann (falls die Umstände dafür bewahrt bleiben, die eine Sinnsuche ermöglichen) vielleicht keinen Sinn finden wird, ist eine Frage, die man getrost erst einmal hintanstellen kann.

Der Sinn in den Sinnfragen ist die allgemeine Orientierung. Der einzelne Mensch kann durchaus ohne Sinn leben, so wie schließlich auch das Tier ohne Sinngebung lebt. Es lebt einfach nur und gehorcht dabei zwangsläufig Trieben und Zwängen oder Erfahrungen oder Spekulationen, egal ob das alles nun „sinnvoll" ist oder nicht.

Der Mensch, indem er sich der Triebe entäußert (auch seines Herdentriebes), benötigt an deren Stelle dann rationale Orientierungen, denen er wiederum das eigene Denken unterordnet und anpaßt.

Das sind die allgemeinen Ziele aus einem allgemeinen geistigen Überbau. Diese Orientierung muß dann „einen Sinn" haben. Ob das ein letzter Sinn oder ein für immer richtiger Sinn ist, bleibt allerdings fraglich und muß von Fall zu Fall überprüft werden. Zum Beispiel führt „das Wachstum" zu einem Handlungssinn, der in einer sich erschöpfenden Welt irgendwann einmal problematisch werden muß.

Wo dem Leben vom Menschen selber kein Sinn gegeben oder unterstellt wird, da hat das Leben auch keinen Sinn. Das kommt nicht daher, weil das Leben „sinnlos" wäre, sondern schlicht und einfach, weil es „über den Dingen" steht. Der große Kosmos selber braucht kein Ziel, keine Orientierung, um zu sein, und gleich gar keine menschliche. Das Leben lebt aus dem Gestern ins Heute, nicht aus dem Heute ins Morgen. Nur der Mensch sieht das anders und hat zuweilen Angst vor dem Morgen - und das mit einiger Berechtigung. Darum will er gern ein Optimist sein und bleiben und immer Erfolg haben. Damit braucht er dann auch weiter keinen Sinn.

Wie stehen die beiden Moralitäten zur Sinnfrage? Was eigentlich „will" der Dynamiker, was tut er, was ist der Sinn seines Seins und seines Wirkens - was präferiert der Konstruktive?

Der Kämpfer ist sich selber genug, besonders im Sieg und dann wieder im Kampf. Je mehr er haben will, um so mehr muß er kämpfen, um so weniger befallen ihn lähmende Zweifel. Der Erfolg gibt ihm Recht.

Der Konstruktive muß nachdenken und immer wieder neu erwägen. Das erzieht zum Zweifeln. Zuletzt bezweifelt er sich selbst. Hat er aber eine Richtung, wo es lang gehen soll, dann wird ihm alles klar. Sogleich strebt er in eine lichte Zukunft. Die aber kommt nicht, weil es auch noch die Kämpfer gibt mit ihren immensen Erfolgen. Doch eine lichte Zukunft wollen auch sie ganz gerne „noch mitnehmen" (falls die zu haben ist). Also schaffen sie Sinn oder lassen ihn schaffen. Sie lassen ja alles schaffen und sorgen sich dabei zuerst um ihren eigenen Erfolg im Geschaffenen. Es entsteht Ideologie als jeweilige Sinnattrappe.

Stellte sich der Dynamiker die Sinnfrage in ihrer ganzen Tiefe selber, so müßte er vor der Antwort erschrecken oder schwermütig werden. Er stellt sie sich aber fast nie. Wenn er sie wirklich einmal „andenkt", so ist die probate Antwort immer schon vorher da. Aller dynamistischer Aktivismus verliert sich nämlich in einem gänzlich blinden, zielblinden Gewusel um nichts, was es nicht schon gäbe, nämlich um den „Kampf ums Dasein" - „da sein" als irgendwas (und darunter gemischt selbstredend immer auch noch ein paar Triebe).

Man gewinnt diesen Kampf, oder man verliert ihn und dient damit lediglich der Evolution, die sich daraus etwas heraussucht, nicht aber, um das dann in einen abstrakten und endgültigen Himmel der Erfolgreichsten und Tüchtigsten zu heben, sondern nur, um es wieder und wieder dem Kampf, der Auslese und der Ausmerzung zu überantworten.

Das ist in etwa ist die Sinnwelt der Dynamizität. Einzig ein fettes Ego für die Zeit seines Lebens vermag dem Dynamiker eine dann allerdings erhebliche Befriedigung zu verschaffen. Er war und ist noch reich, fett und auf mehr oder wenige vornehme Weise auch geil für ein paar Jahre. Wenn ihm das alles ringsum immer wieder feierlich bestätigt wird, hat er schon alles, was er vom Leben erwarten kann.

Konstruktivität „weiß" nur, daß sie nicht ausbeuten will und kann und ist damit zunächst blind für weitere Sinnhaftigkeit. Erst eine auf der Basis von Konstruktivität aufgebaute und befriedigende Sinngebung und Verhaltensnormung für das Leben macht aus dieser einfachen Konstruktivität die eigentliche Konstruktivität. Und genau daran, an der Sinnhaftigkeit dazu, fehlt es bisher.

Es gibt keine natürlicherweise vorgegebene konstruktive Sinngebung für eine menschliche Gesellschaft - unter anderem auch darum nicht, weil noch nie eine Gelegenheit zur Entwicklung einer wirklichen, konstruktiven Gesellschaft vorhanden war. Und nur in einer von Dynamizität freien Gesellschaft kann es überhaupt zu einer konstruktiven Sinngebung kommen. Das ist die wesentlichste Voraussetzung.

Man kann sogar die Frage stellen, ob fehlende konstruktive Sinngebung nicht erst zur Dynamizität geführt hat, gewissermaßen als erster und billigster Sinnersatz, nach dem Motto: „Wenn ihr wirklich nicht wißt, etwas mit eurer Kraft, mit eurer Intelligenz und mit eurem Leben anzufangen - wir wissen es!"

Bisher hat es als konstruktive Sinngebungen immer nur quasi infantile Fanatismen gegeben, Utopien, völlig untauglich zur Bildung einer konstruktiven Gesellschaft, aber immerhin das Interesse daran anzeigend, der Traum vom Kommunismus zum Beispiel.

Die Welt ist also sinnlos. Aber der Mensch sucht oder konstruiert den Sinn in ihr. Das ist vielleicht seine größte Tugend und das, was ihn am ehesten zum „Menschen" qualifiziert - hin und wieder jedoch auch zum tragischen Wesen.

Religion und Ideologie

Der Mensch ist von Natur aus ein religiöses Wesen. Das hat wenig mit Glauben zu tun und auch nichts mit Kirche oder Religion. Religiosität kommt aus der spezifisch menschlichen Fähigkeit zum Denken, zum Wissen und vor allem aus der Erkenntnis eines „Davor" und „Danach", was schon immer „die Zeit" genannt wurde - die Zeit, die so schnell - aber auch so langsam - vergeht.

Wie langsam oder schnell vergeht eigentlich die Zeit? Mit wie vielen Gegenwartsaugenblicken pro Stunde hetzt sie die Menschen durch ihr merkwürdiges Leben?

Die Menschen wissen es nicht. Sie wissen vieles nicht - falls sie erst einmal genug wissen, das zu wissen. Das macht manch einen von ihnen ehrfürchtig. Darum möchte er religiös sein. Darum bemüht er sich dann. Er ahnt, daß da noch etwas ist, was er trotz seines Wissens und Verstandes nicht erkennt. Er ahnt, daß dieses Etwas ihn trägt und ihm zugleich unbedingte Grenzen setzt. Das möchte er zumindest anerkennen, wenn er es schon auf so direkte Weise nicht zu erkennen vermag.

Er muß es nicht erkennen. Der Mensch lebt auch, wenn er einfach nur lebt. Er ist nicht nur ein Verstandeswesen, sondern auch und schlicht ein bloßes Lebewesen. Tiere sehen „dieses andere" auch nicht. Zumindest reden sie nicht darüber und bleiben zeitlebens selig in Unschuld.

Religiosität wird gern und erfolgreich von Kirchen okkupiert. Kirchen leben aus der Macht heraus. Das unbekannte System aber wirkt wie ein „bekannter" Gott, wird (unterbewußt) Beispiel für einen solchen und bewirkt obendrein wirkliche, tatsächliche, faßbare „Wunder".

Es gibt einen überall anzutreffenden spontanen Glauben an das System. Es ist deshalb ein Glaube, weil er im Allgemeinen in Unkenntnis des Systems geübt wird. Es gibt das System, aber man kennt es nicht. Man fühlt es, ahnt es, doch man sieht es nicht. Insbesondere kennt man es nicht genau genug. Und auch, wenn man es bewußt ignoriert, das System drängt sich einfach auf. Das System macht religiös. Seine Macht macht klein.

So entsteht eine Fatalität, die da sagt: „Es wird sich schon alles einrenken, es wird schon werden, es wird schon einen Sinn haben..." usw. Die Existenz eines steuernden Systems wird stillschweigend vorausgesetzt. Die Praxis zeigt, daß es da tatsächlich etwas gibt, was da wirkt, ohne daß einzelne sich konkret darum kümmern müßten. Es sind also nicht nur „die anderen", es ist eine tatsächliche und objektive Übermacht in den anderen und in einem selbst. Es gibt tatsächlich etwas über uns allen - auch über „unserem" System. Und das ist wirklich und real.

Das System wird von seinen Adepten, also von den Positionsinhabern, verehrt wie ein unbekannter Gott, dem sie gerne Kränze flechten würden. Es ernährt sie so, wie die Natur den Robinson auf seiner einsamen Insel leben ließ. Zweifel oder Sakrileg können da postwendend wirklich gefährlich werden. Die Adepten bemühen sich also um ein religiöses Verhältnis zum System. Oder vielleicht kann man auch umgekehrt sagen: Gott ist eine symbolische Repräsentationsfigur für das sonst gedanklich schwer faßliche System, und die Religiosität hat eine ihrer moderneren Wurzeln und Stützen in der unumgänglichen Beachtung des Systems. Sie zwingt den Menschen zu einer verehrenden und demütigen Haltung gegenüber den allgemeinen Wirkkräften des Lebens, also vor allem auch zu all den schwierig einsehbaren Konstruktionen, welche die menschlichen Belange automatisch und oft undurchschaubar regulieren.

„Gott Mammon anbeten" ist keine so perverse Haltung, wie es scheinen soll. Es steckt die Ahnung von etwas Gewaltigem und mächtig Wirkendem dahinter - auch wenn das vielleicht nicht so sonderlich sympathisch ausschaut. Doch es ist existent. Das System ist die tatsächliche Wirkmacht über den Menschen. Es ist nicht göttlich, aber es ist übermächtig und vor allem, es ist real, wenn auch nicht faßbar oder sichtbar.

In alten Zeiten spielte diese Rolle des „Systems" die Natur.

Religionen sind Abbilder von tatsächlichen Herrschaftsverhältnissen, ins Himmlische verallgemeinert und erhoben.

Was aber ist das Himmlische?

Und wer kennt diese doch recht entfernten Regionen wirklich so genau und so sicher, daß er darüber tatsächlich allgemeinverbindliche Aussagen machen kann?

Der Kampf der verschiedenen Weltanschauungen und Religionen gegeneinander ist immer eine Auseinandersetzung zwischen Primitiven -

und zumeist geht es dabei um etwas ganz anderes. Der aufgeklärte Mensch weiß, daß alles Religiöse zuerst »Fragen« sind, Fragen, um die man sich gemeinsam bemüht, statt Behauptungen, die man gegeneinander durchsetzen will. Der aufgeklärte Mensch sieht auch in der Frage immer eine Vollkommenheit, besonders aber in Fragen, die womöglich nicht beantwortet werden können.

Was derzeit fehlt, ist ein Plädoyer für den Zweifler und den Suchenden. Denn er ist der sympathischste, ehrlichste und am wenigsten anmaßende Menschentypus. Nur wer meint, im Dienste des Absoluten zu stehen, ist intolerant und gefährlich.
Tanja Dückers   www.zeit.de 2012

Wissenschaft

Man sollte meinen, bei der Wissenschaft habe die Dummheit nichts zu suchen, denn dort sei sie (bis auf ein paar dumme Studenten) ganz überwunden. Das erstere mag richtig sein, für das letztere gilt eher das Gegenteil. Nicht weil es in der Wissenschaft so besonders viel Dummheit gäbe - es gibt dort nicht mehr und nicht weniger als überall auf der Welt - sondern weil Dummheit gerade in den Wissenschaften so besonders pikant wirkt und so unziemlich dazu. Es könnte das ein endloses Thema werden. Nirgendwo läßt sich so erfolgreich im Trüben fischen wie im vollen Karpfenteich. Das weiß man in den „akademischen" Kreisen besonders gut.

Wissenschaft ist nicht die Befreiung von Dummheit, im Gegenteil. In der Wissenschaft treibt die Dummheit ihre besonders edlen Blüten, nur daß sie hier um einiges markanter duften als anderswo.

Dazu muß man sich vergegenwärtigen, daß Wissenschaft zweierlei recht Unterschiedliches ist. Es ist zum einen die Wissenschaft „an sich", als „das was bleibt", und zum anderen der temporäre Betrieb ringsherum.

Die Wissenschaft „an sich" ist gewaltig. Insbesondere in unseren modernen Zeiten hat sie einen derartig riesigen, unüberschaubaren Wissensschatz angehäuft, daß damit ein jeder absolut überfordert wäre, der da überall auch nur oberflächlich Bescheid wissen wollte - von einer hinreichenden Beherrschung aller Fachgebiete gar nicht erst zu reden. Dieser Wissensberg und dazu das ganze Instrumentarium an raffinierten Apparaten bilden eine sehr respektable Angelegenheit, einen einzigartigen Schatz, mit dem die Menschheit wuchern könnte - ein welthistorisches Novum sondergleichen.

Zugleich hat die moderne Wissenschaft „an sich" auf so eigentümliche wie einzigartige Weise das Bild von der Welt verengt, verkleinert und auf eine Endlichkeit reduziert, die man sich vor nur drei-, vierhundert Jahren nicht vorzustellen vermochte.

Doch das alles ist nicht mit dem identisch, was in dem großen vielgestaltigen Betrieb der Wissenschaften noch so alles stattfindet. Das „Produkt Wissenschaft" bleibt diesem gegenüber sogar erstaunlich bescheiden, zuweilen regelrecht dürftig und gelegentlich verliert es sich in ihm wie die Nadel im Heuhaufen. Es gibt Wichtigeres in der zupackenden Welt der Realitäten, bei der die Wissenschaft für ihre Adepten leider nur am Rand angesiedelt ist.

Von der Wissenschaft an sich und allein kann niemand leben. Wer ein „Wissenschaftler" werden möchte, der sollte sich also zunächst einmal fragen, wovon er damit dann eigentlich sich und seine Familie durchbringen will und womit er seine wissenschaftlichen Studien, Untersuchungen, Forschungen usw. bezahlen kann - falls ihm die Mittel dazu nicht gleich mit in die Wiege gelegt wurden. Erinnert sei hier z.B. an den großen Archäologiepionier Schliemann, dem sie nicht in die Wiege gelegt worden waren und der sie sich selber erst zu erwirtschaften hatte.

Längst hat aber auch der Staat die Wissenschaft als eine „Produktivkraft" entdeckt und begann sie solcherart zugleich zu fördern und zu bandagieren, zu reglementieren und zu organisieren. Daraus folgte allzeit das besonders drollige Verhältnis zwischen den hierfür abkommandierten Administrations- und Kontrollbürokraten und den von ihnen beaufsichtigten Wissenschaftskoryphäen.

Zwei Fragen stellen sich für den angehenden Wissenschaftler, der nur die Wissenschaft weiterbringen möchte und sonst nichts: Will er dafür ein Leben lang wegen der nötigen Mittel, Geld und sonstigen Zuwendungen barmen und feilschen, kriechen und hecheln? Und falls er gleich mit Ausstattungs- und Gehaltsgarantie versehen wird, will er dann auch noch um die Arbeit dazu betteln, um die Arbeit, die er nach seinem Dafürhalten machen muß?

Betteln muß er so oder so, tricksen, jonglieren, handeln, täuschen, kriechen und auch einiges riskieren dabei, das alles - wie gesagt - keineswegs für sich selber, nicht zuerst für die schönen Titel, für einträgliche

Ämter, Provisionen, Pensionen, sondern für „die Wissenschaft“, die sich damit dann aber noch lange nicht von selber tut, sondern auch noch gemacht werden will, und zwar halbwegs solide.

Es ist von daher kein Wunder, daß Wissenschaft meist nur als Muße reicher Leute erfolgreich zustande kam und kommt oder eben in stillen, vergessenen Winkeln des materiellen Überflusses. Wenn sie aber zustande kam, dann erbrachte sie immer wieder Erstaunliches.

Und wie geht es sonst zu in den heiligen Hallen?

Wer sich vieles merken und gut zählen kann, der kann dann vielleicht einmal leichthin über das Lebesguesche Maß schwätzen oder vom Krümmungstensor und seinen Transformationen, und es klingt, als trüge er damit den Kosmos persönlich auf seinen Händen.

Wer leicht alte Sprachen lernt, der kann Vomitus sagen statt Kotzen, oder Diarrhöe statt Dünnpfiff. Das macht ihn vornehm, aber nicht wirklich schlauer.

Wissenschaft ist im Übrigen innerhalb der Wissenschaft nicht so beliebt, wie man beim ersten, oberflächlichen Hinschauen vermeint. Die „Besserwisser“ verträgt man dort am schlechtesten. Aber sonst verträgt man erstaunlich viel.

Wissenschaftsbetrieb ist vor allem auch Schauspielkunst. Wer heute die großen Entertainer bewundert, die selber die Höhe ihrer Gagen bestimmen dürfen, der sollte sich klar machen, daß er überall in der Welt der Wissenschaft auch ein kleiner Entertainer werden kann, mit etwas geringerem Einkommen vermutlich, aber gesichert. Eine solide Schauspielausbildung ist für eine erfolgreiche Karriere am wissenschaftlichen Institut eine solidere Voraussetzung als gute Bekanntschaften auf Golf-Rasen oder Tennisplatz, wiewohl auch diese wichtig sind. Etliche wissen das nicht.

Doch auch hier gilt: Der Gute muß dem Besseren weichen, und kann dann am Ende vielleicht doch nur Taxifahrer werden. Allein mit Formeln und Flausen im Kopf wird er das aber gewiß, falls er keine reichen oder einflußreichen Eltern hat. Wissenschaft ist nichts für „Nur-Wissenschaftler“. Wissenschaft ist auch Marktwirtschaft. Nur die Allerbesten haben dort eine Chance. Zuweilen bestimmt allerdings auch nur der Zufall, wer „der Allerbeste“ ist.

Die erste Hürde ist die Ausbildung. Dort wird der Eleve derart mit Wissen aus dem großen Topf bombardiert, daß er Minderwertigkeitskomplexe bekommen könnte. Übersteht er diese unziemliche Tortur unbeschadet, folgt die nächste Hürde, die Suche nach einer festen Anstellung mit Pensionsanspruch. Diese ein halbes Leben lang anzustreben und dabei nicht den Humor zu verlieren, ist nicht jedem gegeben. Aber dazu gibt es eine Menge Tricks und Kniffe, nur lernt man die nicht im Seminar über Plato und die Seinen oder in einer Vorlesung über die Makroökonomie, schon eher im Betriebspraktikum, wenn dort „alte Hasen" mal zeigen wollen, wie sie das Leben packen, oder wenn man zufällig belauscht, was hinter der Zimmerlinde getuschelt wird. Dann sollte man die Ohren spitzen. Ansonsten muß man es einfach im Urin haben, wie es so geht im Leben und aufgeweckt in die Welt gucken und dort auch immer gleich unters Sofa - aber letzteres nur, wenn es die anderen nicht merken.

Wer das alles endlich geschafft hat, hat gewonnen und lehnt sich zurück und verteilt wohlwollend Lob und Tadel an die, die noch zappeln. Vielleicht macht er jetzt sogar Wissenschaft. Aber nötig hat er das nicht mehr. Vielleicht hat er das nun auch verlernt - falls er es je lernte. Es gab Wichtigeres zu tun und auch Kurzweiligeres. Und immer noch gibt es naheliegendere und lohnendere Dinge als eine wissenschaftliche Wissenschaft, und die sind aufreibend genug.

Doch will man das alles auch wirklich? Nun ja, es bleibt einem zuweilen gar nichts anderes übrig, als genau das wollen zu müssen. Der Wissenschaftler wird dafür bezahlt, daß er Wissenschaftler ist, nicht dafür, daß er Wissenschaft macht. Wer will beurteilen, was „Wissenschaft" ist, was echt ist und was nur so mühsam wie kunstvoll getakelte Attrappe? Die als Wissenschaftler angestellten und berufenen Leute kennen diese heikle Frage bestens und wissen seit langem, worauf es ankommt, wenn sie jederzeit und überall effektiv, sicher und ohne Zweifel beantwortet werden soll.

Sie sprechen dazu die Sprache, die die Hörer hinreißt wie das Jaulen der Sirenen. Sie haben den gewissen Ausdruck in ihrer Haltung, der sogleich lähmt wie der Blick des Basilisken. Sie tragen das nötige Gehabe vor sich her, als wären sie die Personifikation aller Weltweisheit persönlich und von noch etwas mehr, was sie für gute Freunde in der Hinterhand bereithalten. Sie führen ein großes Laboratorium mit teuren Instrumenten. Wer wollte ernstlich behaupten, daß diese nur stehen und brummen und kosten, sonst nichts, zumal ja viele Leute davor hocken und an ihnen fummeln und dazu wie ausländisch reden?

Das alles ist imposant - und kann doch zugleich ganz dumm sein. Die Blender und Hochstapler aller Zeiten und Metiers haben gezeigt, wie gut das geht. Wenn sie ihre Diplome sicher in ihrem Vertiko liegen haben, geht es überhaupt ganz ungefährdet - darum aber keineswegs besser.

Vielfach gibt es im angespannten Wissenschaftsbetrieb nicht einmal Dummheit, sondern nur Öde, einfach mangels einer Substanz, die tatsächlich auch dumm sein könnte (so etwa nach dem Motto: „Es irrt der Mensch, solang er strebt"). Das ist überhaupt ein häufiger Fall („Definition von Wissenschaft"). Öde kann eine kostbare Sache werden, wenn sie so angestrengt wie bedacht gestaltet und zugleich gut bezahlt wird.

Ansonsten ist die Wissenschaft voller Umtriebigkeit, Erfolgszwang, Leistungsstreß und voller Überraschungen wie das Leben selbst, welches auch anderswo nur so sprudelt, daß es davon geradewegs überschäumt.

Wer in mehr kurzweiliger Weise über das Wesen des „wirklichen" Wissenschaftsbetriebes belehrt werden möchte, der kann dazu unter anderem bei einem Autor wie Sinclair Lewis nachlesen. Dessen Roman „Arrosmith" zelebriert penibel die ganze, etwas trübe Wahrheit. Der Leser wird sie aber dennoch nicht erfassen, eben weil das zugleich eine „kurzweilige" Geschichte ist, beinahe ein „Arztroman" mit Liebe und Leid und Milliardären und so in dieser belletristischen Art. Zum wirklichen Verstehen brauchte er vielmehr auch noch einen gewissen eigenen Einblick. Einblick bekommt er aber erst, wenn er zugelassen wird zur Wissenschaft. Und zugelassen wird er nicht ohne die höheren Weihen, die ja eigens gemacht wurden, um die Unwürdigen fernzuhalten. Also wird er auch bei diesem Lewis so manches lesen - und doch nur wenig verstehen. Doch so ist das Leben. Man kennt es bestens und begreift es überhaupt nicht. Auch das kann recht reizvoll und kurzweilig sein.

Die Wissenschaft jedenfalls ist auch innerhalb der Wissenschaft zumeist nur das fünfte Rad am Wagen. Das ist dumm. Und das ist schade - sehr schade.

Sexualität

Die Sexualität ist hier nur darum interessant, weil sie jenes Gebiet im Leben „der Gesellschaft" ist, mit dem die Menschen am wenigsten klarkommen. Das Sexuelle und der Umgang mit ihm wird damit so etwas wie ein interessanter Beleg für so manches andere.

Am bemerkenswertesten waren dabei immer wieder die Versuche zu seiner Tabuisierung. Man kam mit diesem Trieb nicht klar, also verbot man ihn. Man bewältigte das Sexuelle nicht wirklich, also schloß man es aus. Der Trieb war stärker und ließ sich weder ausschließen noch kultivieren - sonst wäre er ja womöglich (samt Mensch im Schlepptau) auch schon nicht mehr vorhanden.

Dieser ewige Eiertanz der Menschen um ihre tierhaft-menschliche Wesensart wird nirgends so deutlich wie im sexuellen Verhalten. Das Sexuelle durchkreuzt immer wieder all die erhabenen und listigen Strukturen und Fassaden, die sich der Mensch zu seiner eigenen Beweihräucherung verpaßt. Auch darum haßt er „eigentlich" das Sexuelle und steht ihm frustriert gegenüber.

Die Natur hat dabei bisher die Oberhand behalten und die Menschheit darum auch noch nicht aussterben lassen, denn irgendwie waren oder wurden die Menschen - als geistige Wesen - gewissermaßen sogar für das Sexuelle zu dumm. Vielleicht fühlten sie sich aber auch nur zu edel dafür. Darum verheimlichten sie es vor sich selber und betrieben es dennoch. Dann aber trieben sie es auch ganz unheimlich. Unzählige Nashörner, Hirsche und sonstiges Getier mußte bereits mit dem Leben dafür büßen - wegen der nötigen Potenzmittel. Auch auf sexuellem Gebiet ist der Mensch nicht unbedingt ein Vegetarier.

Mit Tierhaftigkeit und einer Erhöhung über diese hat das alles weniger zu tun, denn auf anderen Gebieten ist der Mensch diesbezüglich gar nicht so eigen. Wer sich einst von einer holden Weiblichkeit Blumen in die Gewehrläufe stecken ließ, um dann als kultivierter Germane daraus dem ebenso oder eher noch etwas mehr kultivierten „Franzmann" die Kaldaunen im Leibe zu zerschießen, der machte das nur der „reißenden Bestie" nach. Oder sollte gerade das besonders menschenwürdig sein? Remarque hatte dazu die passende erotische Metapher gestaltet, als er in einem seiner Romane die mutigen jungen Krieger erstmal aus dem Freudenhaus verweisen ließ, mit der Bemerkung, daß sie „dafür" dann wohl doch noch etwas zu jung wären.

Es geht bei der Sexualität immer auch um dieselbe Moral, die auch sonst überall am Wirken ist. Das Sexuelle lockt und verbietet, es reizt und ekelt zugleich. Es ist, als käme es damit nicht klar, was es nun eigentlich will - und weiß doch immer ganz genau, was es will (oder „will es wissen"). Genau damit aber wird das Sexuelle Vorbild für „Moral" ganz allgemein und diese so grundsätzlich verbogen und verlogen, wie sie nun einmal ist - immer aber auch großartig und pathetisch.

Eine fast historische Rolle spielte die Sexualität als sündhaftes Tun. Damit wurde sie eine wohlfeile und sicher funktionierende Zuchtrute. Was war leichter, als etwas zu verbieten, was zwar peinlich ist von Natur aus, darum aber noch lange nicht zu verbieten geht? Der Mensch sollte sich über dieses Tierhafte erheben, sollte „Mensch" werden oder noch mehr: reiner Geist ohne Leidenschaften. Das wurde versucht. Es gelang nie und endete zuweilen tödlich. Denn geistig sollte der Mensch dann auch wieder nicht sein. Das machte ihn zu schlau für die Demut, die man ihm abverlangte. Was aber sollte er dann eigentlich werden in seiner Entwicklung hinauf zum Höheren? Sicher gibt es Leute, die das wissen - und die gut bezahlt werden dafür.

Das Wunder der Dummheit macht vor der Liebe nicht halt, denn diese ist wunderbar, und dumm ist sie auch. Auch für das Moralitäre ist das Sexuelle nicht ohne Bedeutung und umgekehrt.

Die Liebe ist vielleicht das Schönste, was mit der konstruktiven Hemmung entstand. Nicht daß das Männchen einfach nur über das Weibchen herfällt (oder sie über ihn), sondern daß es „Hemmungen" hat, daß es „schüchtern" ist und erst einmal ein Zweiglein verschenkt oder einen Granatring oder einen Treueschwur. Vergewaltiger lieben nicht, aber sie pflanzen sich trotzdem fort.

Die Liebe ganz allgemein jedoch ist mehr als nur Sexualität. Sie ist die einzige Kraft, die dem Leben einen zuverlässigen und dauernden Wert verleiht - dabei ist sie ganz umsonst und zwar grundsätzlich, sonst nämlich wäre sie nicht „die Liebe". Wenn man auf so manchem Grabstein lesen kann, daß Liebe ewig währet, so ist damit genau das gemeint - weniger die Ewigkeit.

Darum sollte man der Liebe seine ganz besondere Aufmerksamkeit schenken, Fürsorge und Toleranz. In der hier vorliegenden Abhandlung ist dafür jedoch weder Platz noch die rechte Nachbarschaft. Wohl aber kann dieser Text aufzeigen, wo der Platz für die Liebe eher nicht zu suchen ist.

Ausblick - Zukunft

Bei der „Dummheit" geht es keineswegs darum, diese zu diffamieren, sie ausrotten zu wollen und die Welt durch ihre Bekämpfung zu verbessern. Es geht vielmehr darum, die Dummheit überhaupt erst einmal als etwas sehr Eigenes zu erkennen, sie anzuerkennen, sie als eine Kraft bzw. als den Zustand einer Kraft zu begreifen, einer merkwürdigen, divergierenden, dissipierenden Wesenheit, die universell ist, überall und immer, mal mehr, mal weniger dumm und intensiv. Es geht darum, die Dummheit als den Untergrund aller Schlauheit, aller Vernunft immer wieder aufzuspüren und an ihr dann bescheiden und zurückhaltend zu werden. Es geht darum, die falschen Phrasen von der hohen Vernunft und der umfassenden Weisheit als das zu erkennen, was sie sind, nämlich immer wieder auch einmal (und mehr oder weniger bewußt, zuweilen sogar böswillig) als Aktiva getarnte Dummheiten.

Dummheit ist peinlich. Aber sie ist wie manches andere Peinliche real und reell.

Das „Wunder der Dummheit" ist zugleich das Wunder des Systems. Das Dumme dabei ist lediglich der teilweise Ausschluß des Menschen aus dem Leben dieser systemaren Strukturen, die tatsächlich auch nur oder „schon wieder" biologisch ablaufen. So wie das Leben selber unabhängig von seinen Kreaturen funktioniert, unabhängig also auch vom Menschen und seinem Wollen, genauso funktioniert das System. Da läuft dann so manches dumm und tragisch, nicht anders wie im sonstigen Leben auch. Vieles aber läuft auch großartig, fantastisch und wunderbar. Das sind dann die Wunder des Lebens ebenso wie die Wunder der Technik.

Man nehme als Beispiel die Vielzahl von Bombenflugzeugen, die während des zweiten Weltkrieges in Europa und anderswo am Fließband produziert wurden. War das nicht wie ein Wunder, wie das dann von den Bändern lief und über die Länder flog? Und war es nicht so fürchterlich wie dumm, wie es da dann auch bombte? Was sagten die Kommentare dazu? Waren die nicht voller Übermut hier oder voller Abscheu da, voller Haß auf der einen Seite und voller Lob auf der anderen?

War das nun alles klug - oder war es dumm? Und was gab es da noch so alles zu lesen oder zu hören über diese eine, sehr spezielle Tragödie? War es ein Verhängnis oder ein Wunder, oder war das alles nur wunderlich? Die Zeiten jedenfalls sind darüber hingegangen. Neue Zeiten werden kommen.

Das System ist weder dumm noch schlau, weder böse noch gut. Es funktioniert einfach nur. Und der Mensch, der schlaue, kommentiert das alles nicht unbedingt immer sehr weise.

Die Dummheit geht durch die Welt, ehern und stur wie eine Dampfwalze. Sie schaut nicht nach links, nicht nach rechts, sie geht nur und geht, wie die Zeit selber ohne Sinn und Verstand, aber mit immer neuen und erstaunlichen Wucherungen, dies und das, erträglich oder unerträglich und immer wieder neu, immer wieder modern und immer so weiter, immer aber in der Zeit, jedenfalls irgendwie. Und alles geht mit - solange es kann.

Solange „der einfache Mensch von der Straße" nicht jede Gelegenheit nutzt, um sich zu bilden, Klarheit über sich und die Welt zu gewinnen und seinen neugierigen Geist nicht einfach nur zu befriedigen, abfüttern zu lassen mit irgendwas (damit er Ruhe gibt, falls er denn überhaupt Unruhe machte), bleibt er manipulierbar. Wenn er also nicht versucht zu denken, um seine Einfachheit oder Primitivität zu überwinden, und solange er nicht den Mut findet, seine Erkenntnisse auszusprechen und zu ihnen zu stehen, solange muß er sich gefallen lassen, daß er nützlicher Spielball oder unnützes Objekt jener Mächte und Kräfte wird, die nicht zu Unrecht als Finsternis, Dunkelmännertum, als Scharlatanerie oder Demagogie bezeichnet werden.

„Der einfache Mensch von der Straße" ist an seiner Existenz als solcher auch selbst mitschuldig. Und oft ist er wohl auch mit dieser Rolle recht zufrieden. Unzufrieden ist er aber immer mit den unguten Konsequenzen, die sich zwangsläufig daraus für ihn ergeben.

Man hat oft schon gefragt, warum die Menschen, die doch so helle, genialische Spezialisten sind, die unterdessen Tauchboote in die tiefsten Meerestiefen schickten, die auf dem Mond umherwandelten, die Raumsonden an den Rand des Sonnensystems schickten, nur so schlecht oder gar nicht in der Lage sind, ihre ureigensten Geschicke zu meistern und ihre Erde in ein Paradiesgärtlein zu verwandeln, zumal sie genau das doch alle zu wünschen und anzustreben scheinen. (Lieber möchten sie auf den Mars auswandern, so hört man gelegentlich).

Der Gründe dafür sind mehrere, und einige davon sind recht simpel. Die Menschen wollen sich nämlich einfach nicht genauso betrachten und behandeln lassen wie eine Meerestiefe, ein Tauchboot, eine Planetensonde oder einen Quantenkosmos. Sie wollen sie selber sein und bleiben und kein technisches Gerät werden. Sie wollen frei sein und nicht abhängig von einer Mechanik, auch wenn die ihnen das Glück verheißt - und es auch schon schmiedet.

Wenn man allerdings genau hinschaut, kann man schon bemerken, daß besonders bei Letzterem die Leute immer hin- und hergerissen waren und sind zwischen Mechanismus und Freiheit, zwischen Megamaschine und Individualität. Schaut man noch genauer hin, dann gibt es ja diese Megamaschine auch, und es gibt dazu etliche Leute, die daran kurbeln, die einen hier, die anderen da, in diese Richtung oder in die andere. Diese Maschine ist nun aber leider etwas sehr groß und vor allem, sie ist noch ganz frei und sie selber, und die wenigsten wollen, daß sie wem gehört.

Zufälligerweise war und ist es die Intelligenz (nicht immer eine weise oder kluge), die das System so groß gemacht hat, so gewaltig, so wuchtig, so energiegeladen. Intelligenz war es, die in unzählbaren Einzelaktionen die fossilen Energien der Erde, dazu die atomare Energie der wenigen Uranüberbleibsel aus den Sternenexplosionen in Bewegung umzusetzen ermöglichte, in systemare Bewegung, in Durchsatz und Wucht, damit die dann in den Weltraum verpufft wie die Energie der Sterne überhaupt.

Die fossilen Energien werden in diesen menschlichen Aktivitäten wieder lebendig, heben, graben, fördern, pumpen sich gewissermaßen selber aus den Tiefen der Erde. Ein Drittel des Energiegewinnes aus der einstigen Braunkohle in Ostdeutschland wurde dabei gleich wieder für ihre eigene Förderung verbraucht, um den vielen Sand über der wenigen Kohle hinwegzuheben.

Für derartige Prozesse ist Intelligenz unabdingbare Voraussetzung. Denn in den Tiefen der Erde können diese Energien nicht verbrennen und dann Hitze, Wind und Sturm verursachen. Erst Intelligenz - zur Zeit fast immer noch humane Intelligenz - mußte dazu kommen, mußte den fossilen Energien den Weg aus der Tiefe zeigen.

Die Bewegungen, die damit erzeugt werden, sind systemare und mechanische, Stoffdurchsatz, Entropievermehrung, Wertstoffverdünnung, Konsumverbrauch, Zerstörung (erhöhter Durchsatz durch Kriege), Wegwerfpraktiken, Müllproduktion, Monumentalbauten (viel Zement brennen und als Beton vergießen), Flugzeugreisen (zum Swimmingpool auf der anderen Seite der Erde), Autoverkehr - und alles oft sinnarm, leer, trivial, aber in beachtlicher Bewegung, Bewegung auf jeden Fall, Umsatz, Durchsatz, Wachstum, Wucht. Zuletzt muß noch die primitivste menschliche Geilheit bemüht werden, um diesen Apparat zu noch weiteren Bewegungsäußerungen anzuheizen - Machtgier, Freßgier, Zerstörungswut, Modewahn, und sonst welche grotesken Eskapaden.

Intelligenz war und blieb in diesem systemaren Systemzusammenhang also immer ambivalent, fragwürdig, problematisch. Für die Ersterzeugung des Stoffdurchsatzes war sie lebensnotwendig („Wissen ist Macht"). Für die stationäre Gewalt, die „Hoheit", die Macht des Systems (und seiner vielen dort eingefilzten Systemherren) war sie aber stets kontraproduktiv, verdächtig, gefährlich und zuweilen mußte Intelligenz regelrecht vernichtet werden (Kulturrevolution in China, Vernichtungsorgien in Kambodscha, Intelligenzfeindlichkeit des deutschen Faschismus oder auch gewisser Religionen).

Intelligenz nämlich, die das System in Bewegung setzt, gewinnt dabei eine eigene, eigentümliche Macht, die auch die Macht anderer Menschen (Systemfunktionäre) in Frage stellen muß, egal ob sie dabei von konstruktiven oder dynamistischen Antrieben motiviert wird. Diese Macht ist die Technik. Und sie hat den Menschen längst überholt.

Während sich der Einfluß der Technik anfangs noch darauf beschränkte, selber als Technik für den Menschen unabkömmlich, unverzichtbar zu werden, beginnt sich heute immer deutlicher abzuzeichnen, daß die Technik nicht nur immer unverstehbarer, sondern auch immer weniger steuerbar wird. Die Megamaschine beginnt sich zu verselbständigen, und zwar in einer Weise, die den Menschen schließlich einfach nur noch lästig und überflüssig macht.

Der Mensch als Verbraucher wird für die Technik immer unattraktiver. Da aber Technik nicht (noch nicht) imstande ist, sich „den neuen", den „besseren Menschen" zu basteln, muß sie andere Wege gehen. Sie muß sich vom Menschen befreien.

Wozu eigentlich gibt es immer neue, immer bessere Kommunikationswege, Vernetzungen, Informationsflüsse, wenn sich die Menschen doch eigentlich kaum noch etwas zu sagen haben, wenn sie vor dem Fernseher nur noch nicken oder mit dem Kopf schütteln dürfen oder vielleicht auch mal hysterisch kreischen - was nirgends noch registriert wird, von einer individuellen Antwort ganz zu schweigen?

Wozu eigentlich Forschung für ein noch längeres Leben des Menschen, wenn wir doch überall schon von zu vielen Menschen bedrängt werden? Sind diese Zuvielen nicht die Hungerleider, dann sind es unterdessen die „Touristen". Und was ist mit noch mehr Freizeit, wenn diese dann von Animateuren getürkt werden muß? Einfalt wäre da immer noch der größere Segen. Schafft eine neue Einfältigkeit, könnte man rufen.

Es ist so, weil das alles längst nicht mehr „unser" Leben ist, sondern das Leben eben dieser Technik, die den Menschen noch immer braucht, und die will, daß es so ist und wird und nicht anders.

Wenn heute gelegentlich von Endzeitstimmung die Rede ist (jede Woche flimmert über die diversen Fernsehkanäle zur Zeit mindestens ein Weltuntergangsfilm), dann kommt das in diesem Fall genau aus dem Gefühl der Ohnmacht gegenüber den Systemkräften.

Das Technische selbst ist daran erst einmal unschuldig. Es ist das System, welches sich sowohl mit dieser Technik und den naturwissenschaftlichen Erkenntnissen dafür als auch mit den vielen so bornierten wie eifrigen, egoistischen wie hingebungsvollen Adepten so unmäßig mästet - und von besitzenden Profiteuren dieses Systems und dieser Technik blind und gierig für das eigene, begrenzte Privatglück benutzt wird.

Ein Ende von Technik und Fortschritt muß es darum nicht geben. Aber die Zeit für den von der Industrie so sehr verwöhnten Menschen kann damit durchaus einmal schnell zu Ende gehen. Ein überzeugendes Bild, wie das aussehen könnte, findet sich bei Stanislav Lem in seinen diversen Science-fiction-Romanen.

Eine Schöpfung aus Lehm (der Homunkulus) könnte dann tatsächlich den kleinen Rest des Weltalls „erobern" - vielleicht ein Siliziumwesen, welches weder Vakuum, kosmische Strahlung, kosmische Kälte stört, welches auf dem trockenen Mond ein besseres Fortkommen fände als auf der feuchten Erde. Es gibt Stimmen, die solches nicht mehr für ausgeschlossen halten. Manches davon bleibt moderat, manches ähnelt einem technoiden Pseudorassismus, den es mit der Technik immer schon gab, denn Technik fasziniert enorm.

Allerdings muß sich die Technik beeilen, sonst könnte sie „das Leben bestrafen, weil sie zu spät kommt". Noch nämlich gibt es keine künstliche Intelligenz mit einem eigenen Impetus zum Leben.

Folgt man Luc Steels, Direktor des Institutes für künstliche Intelligenz Brüssel: ... so hat der Homo sapiens keine Zukunft mehr, jedenfalls nicht in seiner jetzigen Form. Steels' Ansicht nach antiquiert der Mensch zusehends und gerät in Gefahr, von seinen eigenen technischen Prothesen an Intelligenz und Leistungsvermögen überrundet zu werden.

Norman Stuart Sutherland 1968: „Tatsächlich kann der Zeitpunkt kommen, wo wir in der Lage sind, eine mit höherer Intelligenz begabter Spezies zu schaffen, die uns als Herren der Erde verdrängt."
(Bernd Flessner, Zeitschrift Kultur und Technik 1997/1)

„Wir sind aber eigentlich als menschliche Wesen erfolglos. Unser Gedächtnis ist zu klein, wir denken zu langsam, und wir leben nicht lange genug."
(Marvin Minsky)
(Nach Marvin Minsky verwandeln sich Menschen in Maschinen, um das ewige Leben zu erlangen)

„Lösung irdischer Probleme durch Schaffung einer neuen, künstlichen Spezies, ohne die Beschränktheiten und Eigenschaften des biologischen Menschen."
(Hans Moravec)

„Doch wer sich für maschinewürdig hält, erklärt sein Einverständnis mit der Liquidation der eigenen Art und der Übernahme des zivilisatorischen Erbes durch Geschöpfe, die uns, die wir hinfällig, sterblich, in Geist und Zeit beschränkt sind, in keiner Hinsicht auch nur im geringsten ähneln."
(Stanislav Lem)

Systemwachstum wird Fortschritt genannt. Systemdegeneration, Nachlassen von Durchsatz, Wucht, Bewegung ist demnach dann Rückschritt. Da heute der Kulminationspunkt des Systemdurchsatzes erreicht und überschritten sein dürfte, wäre jede weitere Entwicklung Rückschritt, Rückbau, Degeneration, Verfall - bewußt oder unbewußt. Der „Fortschritt" ist vorbei, selbst wenn es hier und da noch Maßnahmen gibt, die diese Degeneration bremsen oder aufhalten wollen. Die Bewegung geht weiter. Sie wandelt sich jetzt aber vom Steigen zum Fallen.

Das zu begreifen fällt vielen heute immer noch sehr schwer, besonders den Intelligenten und in der Intelligenz Aktiven. Sie denken immer noch, es geht vorwärts, aufwärts zu noch mehr Durchsatz, Umsatz, Kraft, Energie, Monumentalität.

Es geht tatsächlich vorwärts, es geht immer nur vorwärts, zugleich aber geht es von nun an abwärts. Das ist das Neue, das zunächst Fremde und schwer Begreifliche. Der Mensch wird sich daran gewöhnen. Er muß es, auch wenn er es nicht will und nicht mag. Die Zeiten der gigantischen Macher sind vorbei, sie haben sich ausgetan, sie sterben weg. Die Technik hat die Menschen überholt und produziert ins Blaue hinein. Die „Entwickler" hecheln längst nur noch hinterdrein.

Fortschritt

Vorwärts geht es immer, rückwärts nimmer. Das Rad der Geschichte läßt sich tatsächlich nicht zurückdrehen - außer im Fortschreiten. Zeit zeigt immer nur in eine Richtung. Struktur kann sich immer wieder bilden.

Kann sie sich aber auch zurückbilden?

Im Parasiten bildet sich Struktur zurück, langsam und allmählich. Sie bildet sich zurück, weil sich der Parasit in einen Überfluß einfügt, welcher eigene Struktur überflüssig und teuer macht, lästig und anfällig. Der Parasit überlebt, weil er robust geworden ist, doch zugleich auch nur, weil er von anderen Strukturen ernährt wird und an ihnen partizipiert.

Kann Technik sich zurückentwickeln? Kann sich die dialektische Spirale der „Negation der Negation" auch nach unten drehen?

Selten werden Häuser Stein für Stein so abgetragen, wie sie aufgebaut wurden. Man überläßt das dem Wetter oder sprengt sie oder stößt sie um. Vor allem aber, wozu sollen Häuser Stein für Stein abgetragen werden, wenn damit nichts Neues oder Anderes geschaffen wird, wenn einfach nur „zurückgebaut" werden soll. Und was macht man mit den Steinen? Und wer kann das überhaupt bezahlen?

Ein Film, der rückwärts läuft, bringt einiges ans Licht, was in der Realität so niemals funktioniert, prinzipiell nicht. In der Realität ist das Ende meist ein Sturz ins Bodenlose. Wer hoch steigt, wird tief fallen. Dann erst geht es wieder vorwärts, von klein auf und relativ gemächlich.

Nicht „die Menschheit" entwickelte sich in den letzten Jahrtausenden „hinauf", sondern das System wurde und wuchs irgendwohin, allerdings rasant. Eine rein biologische Höherentwicklung, die der Mensch in den letzten dreihundert Jahren gemacht haben könnte, ist nicht festzustellen. Das hat schon manchen gewundert, der in den nach Gutenbergs Buchdruckkunst allgemein gewordenen geistigen Ergüssen einen gewissermaßen „genetischen" Fortschritt der Menschen erblicken wollte und sich dann wunderte, wie es doch immer wieder zu so merkwürdigen „Rückfällen" kam (besonders eklatant z.B. beim „Volk der Dichter und Denker"). Die eigene Kreativität des Menschen allgemein und im Besonderen liefert auch heute nur einen winzigen Bruchteil aller Leistungen. Das System lebt von der Massenproduktion, mit der Vervielfältigung von Bewährtem.

Eine andere Frage ist auch noch, was es überhaupt heißt, „die Menschheit voranbringen". Das Erste, was dazu zu sagen ist, wäre, daß sich die Menschheit ganz gerne „voran" bringen läßt, wenn das „Spaß macht" und Leid verhindert. Das Zweite aber schon besagt, daß das die Natur als Ganzes erst und nur insofern „interessiert", wie es ihre Evolution, ihr weiteres Werden befördert - Vermehrung, Fortpflanzung, Industriewachstum. Nur was wächst, hat Lebenschance, solange es bleibt und weiter wächst. Je mehr davon dann vorhanden ist (wenn es am Rande des Unterganges steht), um so mehr davon wird diesen Untergang - vielleicht - auch überleben.

Die besondere Liebe zu den Dingen und zu den Gedanken, die Liebe zum Sein aber ist beim Menschen eine eher zufällige Angelegenheit, weil sie zufällig seine Existenz stabilisierte. Sie ist so wenig zwangsläufig, wie es Lebewesen auf der Welt gibt, die offensichtlich erfolgreich auch ohne Sinn und Verstand leben. Wenn also der Mensch dieses Interesse an den Dingen und am Denken kultivieren will, also aus dem allgemein Zufälligen des Entstehens und Vergehens herausnehmen möchte, dann stellt er sich damit zugleich auch gegen die Natur. Das ist das Dilemma. Sein Erfolg in dieser Richtung ist grundsätzlich begrenzt. Prinzipiell ganz unmöglich dürfte er aber nicht sein.

Die Frage nämlich ist die, ob es der Mensch trotzdem versucht oder ob er sich der natürlichen Gärung des Sumpfes überläßt, diesem alltäglichen Panoptikum aus Anmaßung und Fatalismus, Ignoranz und Arroganz, Eifer und Dummheit, Faulheit und Ehrgeiz und dergleichen aparte Paarungen mehr. Diese Frage wird jeder für sich allein beantworten. Die Gemeinschaft als Ganzes aber wird eine ordentliche Antwort vermutlich nicht zustande bringen.

Vordergründig „steht der Mensch im Mittelpunkt". Das klingt so gut und so beruhigend. Aber „es" geht nicht um das Wohl der Menschen, es geht auch nicht um Fortschritt, nicht einmal um Erkenntnis. Das alles sind und bleiben vordergründige Argumente. Es geht vielmehr um die Stabilität der großen Maschinerie, wie immer diese auch gerade geartet sei, samt dieser Stabilität, die ja eine eigenartige ist und sich auch im

Wandel zeigt. Es geht bestenfalls noch um Wachstum und Machtexpansion. Von untergeordneter Bedeutung scheint dabei sogar zu bleiben, wohin sich ein System entwickelt.

Erfindungen und Entdeckungen waren immer schon etwas Geheimnisvolles. Das war nicht nur darum so, weil man damit Geschäfte machen wollte. Man liebte das Neue nicht unbedingt. Es störte fast immer irgendwen, es war anstrengend, es machte eifersüchtig, es brachte den Alltag durcheinander, und es brach die fest gefügten Hierarchien auf. Nur wenn man das Neue wirklich dringend brauchte, weil die Not groß war oder weil es sehr unmittelbar und direkt Macht und Reichtum versprach, dann hatte es überhaupt eine Chance, anerkannt und schließlich auch einverleibt zu werden. Aber das setzte immer das seltene Zusammenfallen besonderer Umstände mit eben diesem Neuen voraus. Ansonsten taten die Erfinder und Entdecker besser daran, wenn sie ihre Entdeckungen und Erfindungen für sich behielten, um damit keinen Anstoß zu erregen. Noch heute rühmen sich zuweilen die Wissenschaftler, wenn sie denn überhaupt in der Forschung erfolgreich sind, daß sie es verstehen, „für die Schublade zu forschen", um dann bei passender Gelegenheit ihre Kreationen meistbietend zu offerieren. Von Kreativität und Fortschritt wird gerne viel geredet, gar so gern gesehen sind diese „Tugenden" aber nicht.

Es hat sich immer wieder gezeigt, daß Erfindungen ebenso wie Behauptungen oft ungeplant und unpassend daherkommen und sich dann so in die Welt setzen und einbürgern, daß man meint, man sei in einem von Fruchtbarkeit gesegneten Irrenhaus. Das beweist aber nur, wie wenig bei der vielen Planung, die in der Welt umgeht und sie in ihre Korsette zwängt, tatsächlich gut bedacht und sorgfältig erwogen ist. Die Fehlplanung ist so verbreitet wie alle sonstige Kreativität, die rein zufällig irgendwo und irgendwie zu Stuhle kommt.

Der Konstruktive sollte beizeiten lernen und begreifen, daß seine kreative Konstruktivität nicht nur andauernd und überall gefährdet ist, sondern daß sie in einer Welt der Dynamiker und auch unter Primitiven nicht eigentlich erwünscht ist, daß sie stört, daß sie von daher fast schon „polizeilich" überwacht und gegebenenfalls sogar verfolgt wird. Faulenzen, Gammeln, Nichtstun, Kaspern, Blödeln, Stümpern, so tun „als ob", das alles wird auch in einer „Leistungsgesellschaft" immer wieder geduldet und moderat verziehen - selbständige Konstruktivität niemals wirklich. Sie bleibt verdächtig.

Selbständige Konstruktivität erzeugt Befürchtungen, erweckt Neider, macht begierig, stört die Ruhe, muß kontrolliert und unterjocht werden, muß ausgebeutet werden und befand sich im Besitz eigentlich immer schon derer, die sie dann nur mal ausnahmsweise gestatteten.

Es gehört zu den ganz normalen Eiertänzen des modernen Lebens, die unverzichtbare Konstruktivität immer wieder zu animieren und zugleich zu ersticken, wieder hervorzulocken und umgehend zu ersäufen, geschickt zu ködern und wieder ebenso geschickt, nun aber anders zu diffamieren.

Das „Moderne" ist nicht nur das Neueste, was sich aus dem Alten entwickelte und den Menschen aktuell macht. Modern ist auch das Letzte, was aus der Welt verschwinden wird, was nicht bleiben kann, was nur gelegentlich ist und war und gewesen sein wird - einfach weil es auch noch in der Zeit ist.

> Die große Selbstbesinnung der Menschen angesichts der Evolution, die er „nun" in der Hand hat, findet noch nicht statt und wird vielleicht niemals stattfinden. Das bißchen Umweltschutz ist es jedenfalls nicht.
> (Walter Böckmann)

Rückschritt

Die moderne Sorge um die Welt und ihren Erhalt betrifft lediglich eine spezifisch konstruktive Glücksvorstellung, daß nämlich das, was die Konstruktivität geschaffen hat (und das ist schließlich ganz erheblich viel), auch bewahrt und erhalten bleibt und weiter vermehrt werden sollte. Genau das aber wird von der Zukunft, die da dräut, durchaus in Frage gestellt.

Dynamiker sehen die Krise, die Zerstörung, den „Weltuntergang" anders. Sie entwickeln für dergleichen nur ein begrenztes Verständnis. Ihr „Schaffen" ist von anderer Art.

Natürlich haben auch sie Bedenken vor einer Katastrophe. Aber sie sehen sie moderater, nämlich als eine Herausforderung, als eine Bewährung im Lebenskampf, vielleicht sogar als eine Chance für Umsturz und Revolution und neue Macht für neue Leute. Sie brauchen originär keine konstruktiven Werte. Gegen diese hegen sie ohnehin immer schon ein tiefes Mißtrauen, wenn sie sie auch gut brauchen und verbrauchen können und als Schmuck und Statussymbol überall und gerne vor sich hertragen lassen.

Den Dynamikern reicht die Macht zum Leben. Und die müssen sie sich ohnehin - so oder so, ob im steinzeitlichen Urwald oder in den klimatisierten Chefetagen - andauernd neu erkämpfen. Für sie wäre eine „Katastrophe" auch nur wieder einmal „so eine Episode" unter vielen. So war es immer schon bei ihnen, so wird es bleiben.

Wird es aber zu einer globalen Katastrophe kommen? Das ahnen viele, denn die Welt ist unterdessen auch ein Pulverfaß. Es könnte sein - und warum eigentlich nicht? Problematischer als die Sprengung der Welt mit Bomben ist das Ausgehen des Treibstoffs. Als Hitlers Generäle 1942 in den russischen Südosten aufbrachen, sollen sie an das deutsche Hauptquartier telegraphiert haben: „Vor uns kein Feind, hinter uns kein Nachschub." Das Ende davon kennt man.

Die Frage ist nicht, ob das Erdöl alle wird, sondern was wird, wenn man es nicht mehr bezahlen kann? Was wird, wenn immer mehr Menschen immer mehr Konsumprodukte zum Wegwerfen benötigen, wenn immer mehr Konsumartikel immer mehr Rohstoffe verlangen, wenn immer mehr Rohstoffe von immer weiter hergeholt, aus immer tieferen Löchern gegraben und aus immer ärmeren Erzen gewaschen werden müssen? Was wird, wenn es auf einmal nicht mehr vorwärts geht mit noch mehr Durchsatz, mit noch größeren Tankschiffen, mit noch gewaltigeren Müllverbrennungsanlagen? Was wird, wenn nur noch Stehplätze auf der Erde angeboten werden können - wenigstens für die werdenden Mütter und ihren Nachwuchs, denn der Rest balanciert längst übereinander?

Kann man solch ein hohes zivilisatorisches Niveau dann wenigstens noch halten und bewahren, oder bricht irgendwann einfach mal irgendwo ein Stützpfeiler weg - und keiner baut ihn wieder auf? Und da bricht dann auch schon der nächste - vielleicht nur angestoßen vom Flügelschlag des nun schon legendären Schmetterlings?

Die Frage ist: Ist ein Rückbau möglich, gibt es noch ein Zurück zur Natur?

Letzteres gibt es auf jeden Fall. Nur sieht das vermutlich ziemlich anders aus, als gemeinhin erwünscht und erwartet. Man wird sehen und sich dann damit einzurichten haben. „Wunder über Wunder erfüllten einst die Welt" - Und wir (heute noch) sind dabei gewesen!

Unterdessen wollen wir alle immer schön weiter, brav und positiv (aber vielleicht doch nicht ganz so dynamisch wie bisher) hoffen, daß diese schöne Welt nicht kollabiert, sondern daß sie immer nur immer weiter immer schöner wird!

Der Klimawandel ist möglicherweise nicht das Kardinalproblem, vor dem die Menschenwelt heutzutage steht. Unabhängig davon, ob es einen vom Menschen verursachten Treibhauseffekt gibt oder nicht, blieben dessen durchaus gravierende Schäden relativ überschaubar.

Beachtliche Probleme und Zukunftsgefahren recht eigener Art verbergen sich auch hinter weniger popularisierten Schlagworten wie „Peak Oil" und „Olduvai".

Die Utopie der Weltverbesserung

Weltverbesserungsversuche gibt es, seit die Welt selber denken kann. Warum auch nicht? Eine bessere Welt ist vermutlich besser als eine nicht ganz so gute.

Die Realwelt aus großartiger Fassade und schon prinzipiell schwer durchschaubarer systemischer Basis, mit Konstruktiven und Dynamikern, liefert zugleich die Erklärung für das Entstehen der diversen Utopien, z.B. auch der speziellen Idee vom Kommunismus.

In dieser Realwelt leben die Realisten - aber auch die, welche für die angenehmen Träume zuständig sind. Und beides zusammen will nicht so recht in den einen Topf, in dem gekocht wird - muß aber hinein. Der „Kommunismus" sticht unter den anderen Utopien nur darum hervor, weil er über ein Jahrhundert lang die Welt in Atem hielt und zu tatsächlicher Macht gelangte - lange genug, um sich über Gehalt und Wert von „real existierendem" Kommunismus ein hinreichend instruktives Bild zu machen.

Man muß Utopien nicht erst wirklich produzieren. Es genügt, ihre Baupläne zu lesen, um sich klar zu werden, wie schlecht sie funktionieren werden. Fast immer handelt es sich dabei um eine Art von „domestizierten" (gewissermaßen in Kaninchenställen gehaltenen) Menschen, verwaltet meist von „weisen" und erwählten Führern, „Gelehrten" womöglich, oder sonst welchen Besonderen, denen „das Glück aller" irgendwie bereits im Blut liegt. Denn Utopien sollen die Menschen „zum Guten", also zu ihrem Glück zwingen - Maschinerien als ideale Staatswesen und entsprechend exhuman gestaltet. Man riecht auch gleich, daß es dabei nicht um Gesellschaft geht, sondern um Nutzen, Benutzung, Gewinn, Prosperität, Erlös und immer auch um die nötige Ordnung dazu. Klassische Utopien entsprangen offenbar einem naiven Glauben an „die gute Macht" eines perfekten Staates. Der Mensch kann viel erdulden, unter Umständen vermag er auch Utopien zu ertragen, zumindest zeitweilig.

> Das Studium der Geschichte beweist nur, daß der Mensch aus der Geschichte nie etwas gelernt hat. In der Regel liefen die Mittel der Propheten darauf hinaus, vom Menschen eine „Besserung" seiner Natur zu fordern ... Damit begann die Herrschaft der Pfuscher. Jeder hielt sich für berufen, dem Menschen Vorschriften zu machen. Der Staat, die Kirche, die Philosophen ...
> (Silvio Gesell)

(„Der Mensch" ist das eine - „die Menschen" aber sind dann vielleicht doch etwas anderes?)

Was nun aber die Freiheit betrifft, so ist diese auch immer die Freiheit der Dummheit, Freiheit für alle und jede Dummheit. Wenn die Freiheit am größten wird, erreicht auch die diesbezügliche Hoffnungslosigkeit ihre Höhepunkte.

Dann nämlich und nur dann erkennt man die ganze tragische Beschränktheit und Begrenztheit des Menschengeschlechtes deutlich und unmittelbar. In Zeiten von Not und Unfreiheit hingegen glaubt alle Welt, daß mit der Beseitigung von Unterdrückung und Armut auch die allgemeine geistige Enge beseitigt werden wird. Das ist eine schöne Illusion. Tatsächlich nämlich sind Borniertheit und Dummheit Ursache für humanes Elend und menschliche Not - und nicht umgekehrt.

In den Zeiten der Not hat sich immer auch Dummheit ihrer selbst entäußert, hat sich materialisiert und ist als Hunger, Krieg, Krankheit, Terror, Gewalt den Menschen gegenüber gestanden. Dann sehen sie nicht mehr die eigene Dummheit als Ursache des Übels, sondern einen fremden, frechen Feind, den man verantwortlich machen kann, anklagen darf und bekämpfen muß.

Ein häufiger und bewußt gepflegter Irrtum ist es anzunehmen, daß Revolutionen stets von unterdrückten Konstruktiven gegen eine etablierte Macht von Dynamikern veranstaltet würden. Revolutionen werden von

Dynamikern gegen Dynamiker gemacht - vielleicht mit Hilfe der Konstruktiven und vor allem mit deren Ideen, Hoffnungen und Illusionen. Bei Revolten und politisch inszenierten Putschen geht es um die Macht, um irgendeine Macht, nicht aber um eine konstruktive Welt. Diese ist mit Umsturz und Gewalt gar nicht zu schaffen. Sie wächst von allein - oder eben nicht.

Erst, wenn es gelingt, das System abzuschaffen, wird der Mensch frei und souverän, wird er zum „eigentlichen Menschen" werden, zu jener Art Mensch jedenfalls, von welcher der Mensch selber immer schon träumte und den niemand mehr fürchten muß.

Dann wird er frei genug werden, um in jedem menschlichen Individuum mit dem ganzen Kosmos wie mit einem Gott zu reden.

Das hatten so ähnlich auch schon die Marxisten gesehen, nur daß sie diesen Gedanken in andere Begriffe zwängten.

Den Kommunisten gelang es nicht, das System abzuschaffen für ihre „bessere Welt". Anderen Weltverbesserern wird das vermutlich genauso wenig gelingen. Das System kann nur von selber verfallen. Das aber könnte schon in baldiger Zukunft passieren, wenn es - überfettet und überspezialisiert, wie es unterdessen geworden ist - nicht mehr genug zum Fressen findet - und dann auch nicht mehr den Weg „zurück" (Rückbauproblematik).

Für die Konstruktiven in dieser Welt geht es immer wieder und immer wieder neu darum, daß sie das wirklich Positive darin nicht immer nur den Primitiven und den Nassauern überlassen und daß sie sich von diesen Typen auch nicht definieren lassen, was „positiv" sei, sondern daß sie es selber bestimmen, sich selber zum Nutzen. Das ist ganz und gar nicht einfach, denn die Verwirrung darüber wird allemal gestiftet und gehört zum so uralten wie verborgenen Gaunerhandwerk ebenso mit dazu wie zur satten Bequemlichkeit der Primitiven.

Damit dann wird die Welt so bescheiden und eigentümlich, wie sie die Primitiven nicht besser kennen und können und wie die Dynamiker sie nicht anders wollen. Für diese nämlich ist die Welt längst die beste aller Welten - außer daß es ab und an mal etwas rauh und zugig zugeht darinnen und einer sie vors Schienbein tritt. Doch sie sind „hart im Nehmen". Solches regt sie auch an. Dann langen sie sogar besonders zupackend zu.

An dieser Stelle soll auch vor der Illusion gewarnt werden, daß man etwa durch eine sorgfältigere Organisation der Konstruktivität besondere humanitäre Fortschritte oder entsprechende Verbesserungen erreichen könnte. Die Konstruktivität jedoch ist (ihrem Wesen nach) weder politik- noch parteifähig und läßt sich in eine aktive Politik daher auch nicht „konstruktiv" einbinden (das sieht zuweilen lediglich so aus).

Was diesbezüglich dennoch möglich ist, das findet im übrigen längst statt, und das ist nicht wenig. Politisch ließe sich eventuell an eine voll- kommen machtfreie „konstruktive Plattform" denken. Mit einer solchen Einrichtung könnte man allerdings im Laufe der Zeit dann vermutlich auch studieren, wie sie entweder durchgängig unbedeutend wird und dann belanglos bleibt, oder wie sie sich - „systembedingt" - in etwas an- deres verwandelt, welches die sonderbare Tugend der Konstruktivität nur noch im Namen trägt.

Dort wo der Mensch sich heute schon vom System emanzipiert - in vergessenen Nischen, in seiner Freizeit hier und da, in privilegierten Pfründen innerhalb der Systemumgebung („privat" gewissermaßen) - da ist der Mensch auch heute schon frei und braucht eigentlich nichts ande- res mehr.

Das selbständige Individuum ist der natürliche Widerpart des Sys- tems, indem es sich selber nicht aufgeben will. Schon die Gemeinschaft, die sich eigentlich auch nicht selber aufgeben möchte, neigt dazu, Schutz beim System zu suchen („Althergebrachtes") und sich dort dann womög- lich auch gleich in Marschordnung aufstellen zu lassen.

Gegen das System handelt man oft am vernünftigsten, indem man nichts tut. Denn wer gegen das System opponiert, agiert zugleich dafür - auf einer anderen Seite gewissermaßen. Durch Nichtstun, Nichtagieren, Nichteinwirken und nur das Nötigste und das nach reiflicher Überlegung machen trocknet das System - vielleicht - allmählich aus. Es reduziert sich derart auf überschaubare Strukturen, die dann vielleicht bewußt und konstruktiv „humanisiert" werden könnten.

Solch eine Verfahrensweise bleibt natürlich Illusion, solange andere Aktivisten weiterhin einwirken und eifrig die entstandenen Leerräume so- gleich wieder voll ausfüllen. Und das tun sie ganz unbedingt - denn was sollten sie sonst tun, alle die vielen Tätigen und Tüchtigen?

Sie sind tüchtig und sie bleiben tätig. Sie agieren, sie schaffen Fakten und Realitäten und stehen in gehörigen Machtpositionen dabei, so daß es tatsächlich so aussieht, als hätten sie dieses Tun auch selbst veranlaßt und könnten es auch wirklich selber verantworten - obwohl sie doch nur im Sinne des Systems agieren, welches sie nicht kennen und in seiner Ge- samtheit nicht begreifen, was ihnen aber im Moment gerade günstig, richtig und kompetent erscheint und sie zugleich hinreichend legitimiert. Das System verstärkt alle diese Kräfte, und die Macher dünken sich darin wie eine eigene Kraft - und zuweilen fast schon gottgleich.

Indem sie sich jedoch erst bei einem geeignetem Ergebnis dazu auch bekennen, bleiben es dann doch wieder nur „Die" („die anderen"), die dafür die Verantwortung übernehmen oder gewisse Zwänge, „der Befehlsnotstand" usw. also das System.
Wer wollte die Kräfte des Systems übertreffen?

Was also gibt es zu tun?
Zu tun gibt es nichts - weil alles schon getan wird, weil alles schon schön wunderbar gebosselt ist. Das Leben ist, wie es ist, der Mensch ebenso. Er könnte auch anders sein, doch genau das ist er nicht. Anders wird „der Mensch" so schnell auch nicht werden. Und solange noch irgendwo reichlich genug Ressourcen strömen, bleibt die Dummheit erste Weltmacht - einfach weil sie hinreichend funktioniert im Überfluß des Überflüssigen.

Die reale moderne Menschenwelt ist keine Welt des Geistes sondern vielmehr eine Welt der Macherei - unablässig. Das scheint sehr grundsätzlich zu gelten - sogar für Idealisten - eine Beliebigkeitskultur im Wohlstandsrausch.

Aber einrichten kann man sich in dieser Welt. Dazu sollte man etwas wissen. Man sollte etwas mehr wissen als das, was über „die beste aller Welten" gemeinhin bekannt ist und offiziell „gelehrt" wird. Man sollte daran denken, daß man zur Gattung des „Homo sapiens" gehört und daher auch denken kann. Man sollte diese Gnade des Schicksals nutzen und damit vielleicht ein bißchen mehr verstehen wollen als nur das, was den eigenen Freßnapf betrifft - es könnte der letzte sein.

Und vielleicht findet sich unter dem übermächtigen Ideologienwust erfolgreicher Behaupter und unermüdlicher Belehrer in dieser Menschenwelt auch noch ein völlig unabhängiges, ganz und gar natürliches Lebenssinnprinzip, welches lohnt, erkannt zu werden?

Daher soll dieses Pamphlet zu Dummheit und Wunder abschließen mit einem netten Reim, der sich bei Friedrich Nietzsche finden läßt:

„Geh nur dir selber treulich nach: -
So folgst du mir - gemach! gemach!"

Ansonsten ist es schon viel, wenn man sich wundert über alles das, was einem tagtäglich so an Merkwürdigem begegnet und wenn man dann aus solcher Verwunderung auch keinen Hehl macht.

Es wird dem Leser überlassen, dem zu folgen oder daraus zu folgern, was immer er mag. Das ist der Sinn aller Rede - wenn sie nur frei ist. Ansonsten bleibt für diese unsere, etwas abgestandene, fade, emsig faule, faul eifernde und so schön selbstgefällige „Moderne" Staunen und Schweigen der einzig noch angemessene Kommentar - und schon wird er schamhaft übertüncht von einem allfälligen, flächendeckenden und ewig „positiven" Grinsen in Sprache und Bild „der Medien".

In unserer Epoche des eitlen „Funktionierens" in einer perfekt erscheinenden Systemmaschinerie, deren (eigentlich) gruselige Mechanismen darüber hinaus von der Fülle und dem Überfluß aus der Ressourcenplünderung so fein kaschiert werden, ist „die Dummheit" sowieso schon lange kein Thema mehr - spielt einfach keine Rolle, gehört („voll integriert") längst mit dazu - ganz und gar und in mancherlei Varianten.

Bestenfalls für einige wenige und merkwürdig interessierte Personen kann dieses keineswegs banale Phänomen eines allgemeinen intellektuellen Mangels vielleicht noch von einem gewissen, erklärenden Interesse sein. Faktisch muß man ja nie nichts mehr verstehen. Man muß - wie immer - nur mehr oder weniger gekonnt zupacken oder wenigstens „funktionieren" und zwischendurch auf das Ende warten. Und das bleibt gewiß. Dieses jeweils sehr konkrete Ende bildet gewissermaßen die Quintessenz allen Wissens - und des Unwissens sowieso.

So bleibt es bei der bloßen Gärung, die freilich eine hohe ist - gewaltig und umfassend mit Quantenyoga und Higgsboson, mit Urknall und homöopathischer Medizin, mit Bachblütentherapie, Finanzblasen, Klimawandel und dergleichen mehr.

Niemand muß sich noch sonderlich Gedanken machen, denn es wird alles längst erklärt und getan.

Was aber ist „Alles"? Und was wäre davon „das Wesentliche"?

Auch auf diese Fragen wurde hier schon mal nach einer Antwort gesucht.

Schluß

Im übrigen und wie bereits erörtert braucht das System die Dummheit
- damit es gegenüber „seinen Menschen" stets souverän auftreten kann.
Solcherart wird die Dummheit für das System zu einer Überlebensfrage.
Mit ihr hält es sich den lästigen Verstand und die störende Vernunft immer wieder hinreichend fern - braucht diese freilich auch, doch eben immer nur für besonders genutzte, eingegrenzte und geschützte Sonder-
optionen.

Es ist vor allem die Dummheit, welche immer wieder die nötige Virulenz und Lebenskraft für das System erzeugt. Darin besteht sogar so etwas wie das eigentliche Wesen der Dummheit - nämlich unablässig als
eine Art Treibstoff für die evolutionären Mutationen innerhalb des Systems zu sorgen, für hohen Durchsatz und für immer weiter wucherndes
Wachstum - und vollkommen ohne jedweden Sinn außerhalb aller natürlichen, evolutionär zufällig entstandenen Umtriebigkeiten mit und ohne
Pathos - gigantisch - und sehr bescheiden zugleich.

Dummheit allein ist keine Schande, gemeinsam mit agressiver Ignoranz jedoch kann sie bedenklich werden.

Zusammenfassung

Der Mensch" (als einstiges bloßes Tier) wandelte sich während langer Zeiten über „seine" Technik (beginnend mit dem „Werkzeuggebrauch der Primaten" etc.) zu einer Sonderbildung innerhalb der gesamten Lebenswelt auf dem Planeten Erde (mit unterdessen bereits geologischen Auswirkungen). Vor allem diese auf die Menschen zurück gehende Technik repräsentiert „das Wunder".

Indem diese Technik zugleich aber eigene Forderungen stellt, Zwänge erzeugt, Bedürfnisse weckt etc. und solcherart ein Eigenleben beginnt, ähnelt sie mehr einer „Gärung", einer bloßen stofflichen Reaktion.
Was führte dazu?
Die verschiedenen Menschen haben unterschiedliche Charaktere.
Diese lassen sich möglicherweise mittels „Charaktervariablen" beschreiben. Dabei können gewisse Eigenschaften des Charakters unterschiedliche „Werte" annehmen (ähnlich wie z.B. bei der Körpergröße oder beim Geschlecht etc.)
In der vorlegenden Darlegung wurden zwei Charaktervariable hervorgehoben:

- „Intellektualität"
Sie ist für die eigenen intellektuellen Befähigungen maßgeblich und auch für die persönliche Einstellung zum Geistigen überhaupt.
Intellektualität gliedert sich in: Einfachheit - Primitivität - Aufgeklärtheit.
Diese „Intellektualität" ist nicht direkt identisch mit Intelligenz.

- „Moralität"
Sie soll als grundlegend für soziales Verhalten betrachtet werden und bezieht sich wesentlich auf die Hemmungen gegenüber einer „Benutzung" (Vernutzung, Ausbeutung) von anderen Menschen allein zu eigenen Zwecken, aber auch gegenüber den „eigentlich" allen Menschen zustehenden Ressourcen.
Moralität gliedert sich in: Konstruktivität - (Ambivalenz) - Dynamizität.
Dieser hier gebrauchte Begriff der Moralität ist nicht unmittelbar identisch mit „Moral" oder „Ethik".

Das „Wunder der Dummheit" ergibt sich aus den verblüffenden Leistungen einer „modernen Technik" - ohne daß deren einzelne Urheber direkt erkennbar oder greifbar wären.

Dieses Wunder wird verstanden als („evolutionäre") Auslese aus diversen menschlichen Initiativen, Leistungen, Bewertungen, Nutzungen (unter anderem in Form von „Murksprozessen"), gekoppelt mit zunehmend ausufernden rein technischen Vorgängen („Wachstum"). Es wird erklärt aus der Existenz eines (weitgehend unbekannten oder ignorierten) „Systemwesens", welches hier als eine eigene und besondere Bildung der Evolution am Substrat des Menschen (bzw. der Menschheit) verstanden wird, auf welche die Menschen allgemein weniger Einfluß haben, als sie zu haben glauben.

Die hier vorliegenden Betrachtungen können weder die Welt „verbessern", noch sollen sie so etwas wie eine endgültige Erklärung für die Vorgänge in der Menschenwelt liefern. Sie wurden geschrieben, um ein ungefähres Erklärungsmodell für gewisse Ungereimtheiten und eigentümliche Vorgänge anzubieten und diese damit vielleicht ein wenig besser verstehbar machen.

Dazu wurde („kühn") behauptet, daß der vielzitierte Begriff der „Gesellschaft" für die Darstellung der Menschenwelt auf Irrtum oder Täuschung beruht, was entsprechende Konfusionen und Mißverständnisse im Schlepptau hat, die hiermit – vielleicht - ausgeräumt werden.

Nicht hinreichend beantwortet werden konnte hingegen die interessante Frage, wie und wieso sich mit der eines Tages auf der Erde neu entstehenden Spezies „Mensch" zugleich „Verstand" und „Vernunft" (samt innovativer Denkbefähigung) überhaupt entwickelt haben, da eine Notwendigkeit dazu nicht zu erkennen ist und der bloße Zufall zumindest merkwürdig wäre. War das eine bloße „Laune der Natur" oder doch der mysteriöse Akt eines weitgehend unbekannten Schöpfers?

Bücherliste - Einige (ältere) interessante Veröffentlichungen
im Zusammenhang zu diesem Text:

Andersen Nexö, Martin;
Die verlorene Generation - Erinnerungsroman;
Dietz Verlag, Berlin 1953

Arendt, Hannah;
- Elemente und Ursprünge totaler Herrschaft;
Verlag: R. Piper GmbH & Co. KG, München (1993),
(Erstausgabe 1951: The Origin of Totalitarianism, New York)
- Macht und Gewalt;
Verlag: R.Piper & Co 1995

Balandier, Georges;
Politische Anthropologie;
Nymphenburger Verlagsbuchhandlung GmbH. München, 1972

Barrow, John D.;
Die Natur der Natur - Wissen an den Grenzen von Raum und Zeit;
Verlag: Rowohlt, Reinbek bei Hamburg 1996

Baruzzi, Arno;
Philosophie der Lüge;
Verlag: Wiss. Buchges. Darmstadt 1996

Berne, Eric;
Spiele der Erwachsenen;
Verlag: Rowohlt, Reinbek bei Hamburg 1995

Bhagavadgita (Leopold von Schroeder [Hrsg.]);
Verlag: Diederichs, Köln 1985

Biermann, Wolf;
Der Sturz des Dädalus oder Eizes für die Eingeborenen
der Fidschi-Inseln und ...
Verlag: Kiepenheuer & Witsch, Köln 1992

Bittel, Karl;
Paracelsus, Leben und Lebensweisheit in Selbstzeugnissen;
Verlag Philipp Reclam Jun. Leipzig 1961

Bochenski J. M.;
Was ist Autorität? Einführung in die Logik der Autorität;
Verlag: Herder, Freiburg im Breisgau, Basel, Wien 1974

Böckmann, Walter;
Botschaft der Urzeit - Wurzeln menschlichen Verhaltens in unserer Zeit;
Econ-Verlag, Düsseldorf, Wien 1979

Bogen, Hans Joachim;
Mensch aus Materie - Werden und Wesen des Homo sapiens
aus biologischer Sicht;
Verlag: Droemer Knaur (1976)

Brant, Sebastian;
Das Narrenschiff;
Verlag Philipp Reclam jun. Leipzig 1986

Bräunlein, Jürgen;
Schön blöd! Vom unheimlichen Medienerfolg der Untalentierten;
Quadriga Generation Berlin Ullstein Buchverlage, Quadriga Verlag 1999

Brecht, Bertold;
Me-Ti, Buch der Wendungen;
Aufbau Verlag Berlin und Weimar 1975

Breitenstein, Rolf;
- Der Chef ist halb so wichtig;
Rowohlt-Taschenbuch-Verlag, Reinbek bei Hamburg 1977
- Das Kartoffel-Theorem -
der wahre Zusammenhang von Produktion und Verbrauch;
Econ-Verlag Wien, Düsseldorf 1974

Broad, William; Wade, Nicholas;
Betrug und Täuschung in der Wissenschaft;
Verlag: Birkhäuser, Basel, Stuttgart 1984

Burkhardt, Cornelia; Frankenhäuser, Gerald;
Warum lebt der Mensch moralisch?
Verlag: Haag und Herchen, Frankfurt am Main 1998

Busch, Wilhelm;
Summa Summarum, Sprüche;

Campanella, Thomas;
Der Sonnenstaat - Idee eines philosophischen Gemeinwesens
Akademie-Verlag Berlin 1955

Canetti, Elias;
Masse und Macht;
Fischer Taschenbuch Verlag 1960/1995

Ceram, C.W.;
Götter, Gräber und Gelehrte - Roman der Archäologie;
Verlag Volk und Welt Berlin 1980

de Bono, Edward;
Das spielerische Denken - Warum Logik dumm machen kann;
Verlag: Rowohlt, Reinbek bei Hamburg1972

Dery, Tibor;
Herr G.A. in X.;
S. Fischer Verlag, Frankfurt am Main 1964

Diamond, Jared;
Der dritte Schimpanse - Evolution und Zukunft des Menschen;
S. Fischer Verlag, Frankfurt am Main 1994

Dörner, Dietrich;
- Die Logik des Mißlingens -
Strategisches Denken in komplexen Situationen;
Rowohlt Taschenbuch Verlag GmbH 1992
- Bauplan für eine Seele;
Rowohlt Verlag GmbH 1999

Eckhart, Meister;
Vom Wunder der Seele - Eine Auswahl aus den Traktaten und Predigten;
Verlag: Philipp Reclam jun. Stuttgart,
Universal-Bibliothek Nr.:7319, 1951,1989, 1998

Eibl-Eibesfeldt, Irenäus;
- Und grün des Lebens goldner Baum;
Verlag: Kiepenheuer & Witsch 1992
- Die Biologie des menschlichen Verhaltens;
Verlag: Piper, München, Zürich 1995

Eigen, Manfred; Winkler, Ruthild;
Das Spiel - Naturgesetze steuern den Zufall;
Verlag: R. Piper & Co. Verlag, München, Zürich 1975

Emerson, Ralph Waldo (Hrsg. Mario Spiro);
Versuche;
Verlag: Deutsche Bibliothek in Berlin

Erasmus von Rotterdam
(Curt Woyte Hrsg. Heinrich Hersch Übersetzer);
Das Lob der Torheit;
Verlag Philipp Reclam Jun. Leipzig 1961

Fischer, Anton;
Die philosophischen Grundlagen der wissenschaftlichen Erkenntnis;
Verlag: Springer, Wien, New York 1967

Flessner, Bernd (Hrsg.);
Nach dem Menschen - der Mythos einer zweiten Schöpfung
und das Entstehen einer posthumanen Kultur;
Verlag: Rombach, Freiburg im Breisgau, 2000

Fromm, Erich;
- Haben oder Sein - Die seelischen Grundlagen einer neuen Gesellschaft;
Deutscher Taschenbuch Verlag 1979/1995
- Die Seele des Menschen - Ihre Fähigkeit zum Guten und zum Bösen;
Deutsche Verlagsanstalt GmbH, Stuttgart 1979

Galbraith, John Kenneth;
- Anatomie der Macht;
Verlag: C. Bertelsmann 1987

Gesell, Silvio;
Der Aufstieg des Abendlandes;
Verlag: Telos-KG, Berlin[West] 1980

Geyer Horst;
Über die Dummheit - Ursachen und Wirkungen;
VMA-Verlag Wiesbaden 1954/1984)

Gruhl, Herbert;
Himmelfahrt ins Nichts - der geplünderte Planet vor dem Ende;
Albert Langen / Georg Müller Verlag 1992

Gürster, Eugen;
Die Macht der Dummheit;
Verlag Herder KG Freiburg im Breisgau 1974

Guyau, Jean Marie;
Jean Marie Guyaus Werke in Auswahl;
Verlag: Klinkhardt, Leipzig 1912

Haken, Hermann;
Erfolgsgeheimnisse der Natur
Synergetik - Die Lehre vom Zusammenwirken
Rowohlt Taschenbuch Verlag GmbH, Reinbek bei Hamburg 1995

Hammer, Felix;
Macht, Wesen-Formen-Grenzen. Aus: Grenzfragen zwischen Theologie,
Philosophie und Sozialwissenschaft, Band 28;
Peter Hanstein Verlag GmbH, Königstein/Ts. 1979

Hassenstein, Bernhard;
(Innere Widersacher gegen Vernunft und Humanität);
Verl. Darmstädter Blätter, Darmstadt 1969

Havemann, Robert;
Kommunismus-Utopie und Wirklichkeit;
Deutsche Zeitschrift für Philosophie 9(1991/2)

Heidegger, Martin;
Was heißt Denken? Vorlesungen Wintersemester 1951/52;
Verlag: Philipp Reclam jun. Stuttgart, 1992, 1999,
Universal-Bibliothek Nr.:8805

Heim, Karl;
Glaubensgewißheit -
eine Untersuchung über die Lebensfrage der Religion;
I.C.Hinrichs'sche Buchhandlung, Leipzig 1920

Heinsohn, Gunar; Steiger, Otto;
Eigentum, Zins und Geld - ungelöste Rätsel der Wirtschaftswissenschaft;
Verlag: Rowohlt 1996

Helmholtz, Herrmann;
Schriften zur Erkenntnistheorie;
Verlag: Julius Springer, Berlin 1921

Hermann, Adam;
Bausteine der Volkswirtschaftslehre;
Bund-Verl. Köln1995

Heym, Stefan;
- Der König David Bericht; Buchverlag der Morgen, Berlin 1974;
Reclam (1989);
- Einmischungen - Gespräche-Reden-Essays;
Verlag: Bertelsmann, München 1990

Hobbes, Thomas;
Leviathan;
Verlag: Philipp Reclam jun. Stuttgart 1970, 1998

Hume, David;
Eine Untersuchung über die Prinzipien der Moral;
Verlag: Philipp Reclam jun. Stuttgart, 1951,1989, 1998,
Universal-Bibliothek Nr.:7319

Huxley, Aldous;
Schöne neue Welt;
Verlag: Reclam, Leipzig 1988

Jantsch, Erich;
Die Selbstorganisation des Universums.
Vom Urknall zum menschlichen Geist;
Deutscher Taschenbuch Verlag GmbH & Co. KG, 1982

Jun, Gerda;
Wissenschaft und Fortschritt 4/1991

Kant, Immanuel;
Die Religion innerhalb der Grenzen der bloßen Vernunft;
Verlag von Philipp Reclam jun. Leipzig, um 1900

Kertesz, Akos;
Das verschenkte Leben des Ferenz Makra;
Verlag Volk und Welt, Berlin 1978

Keynes, John Maynard;
Allgemeine Theorie der Beschäftigung, des Zinses und des Geldes;
Verlag: Duncker & Humblot Berlin[West] 1983

Kleemann, Georg;
Feig aber glücklich - Warum der Zeitgenosse Ur-Mensch
nicht kämpfen will - Eine boshafte Anthropologie;
Verlag: Ullstein, Frankfurt/M., Berlin[West], Wien 1981

Knigge, Adolf Freiherr;
Über den Umgang mit Menschen;
Verlag: Philipp Reclam jun. Leipzig, um 1900

Koestler, Arthur;
Der Mensch, Irrläufer der Evolution - die Kluft zwischen Denken
und Handeln, eine Anatomie menschlicher Vernunft und Unvernunft;
Fischer Taschenbuch Verlag 1978/1993

Kolakowski, Leszek;
Die Hauptströmungen des Marxismus - Entstehung Entwicklung Zerfall;
R. Piper & Co. Verlag, München, Zürich 1977

Korda, Michael;
Macht und wie man mit ihr umgeht
Mosaik Verlag München 1975

Kramm, Lothar;
Politische Ökonomie - Eine kritische Darstellung;
Verlag: C. H. Beck, München 1979

Krieger, David J.
Einführung in die allgemeine Systemtheorie
Wilhelm Fink Verlag München 1996

Küppers, Günter (Herausgeber);
Chaos und Ordnung -
Formen der Selbstorganisation in Natur und Gesellschaft;
Verlag: Philipp Reclam jun. Stuttgart 1996

Langer, Jaroslav;
Grenzen der Herrschaft - Die Endzeit der Machthierarchien;
Westdeutscher Verlag, Opladen 1988

Laszlo, Erich;
Evolution - die neue Synthese - Wege in die Zukunft;
Europaverlag Wien, Zürich 1987

Lay, Ruppert;
Dialektik für Manager - Einübung in die Kunst des Überzeugens;
Verlag: Rororo 1985

Le Bon, Gustave;
Psychologie der Massen;
Verlag: Kröner, Stuttgart 1961

Lem, Stanislav;
- Die Technologiefalle - Essays;
Insel Verlag Frankfurt am Main und Leipzig 2000
- Sterntagebücher;
Verlag Volk und Welt Berlin 1973

Lenski, Gerhard;
Macht und Privileg - Eine Theorie der sozialen Schichtung;
Verlag: Suhrkamp Taschenbuch Wissenschaft, Frankfurt a. M. 1977

Lewis, Sinclair
Dr. med. Arrosmith, Roman,
Paul List Verlag Leipzig 1961

Ludwig, Günther,
Einführung in die theoretische Physik;
Bertelsmann-Universitätsverlag, Düsseldorf 1974

Luhmann, Niklas;
Macht;
Ferdinand Enke Verlag, Stuttgart 1988

Machiavelli, Nicolo (Hrsg.: Werner Bahner);
Der Fürst;
Verlag Philipp Reclam jun. Leipzig, um 1963

Maier, Roland;
Umwelt - Depot des Lebens - Wohin neigt sich die ökologische Waage?
Verlag Neues Leben, Berlin 1987

Marcuse, Herbert;
Der eindimensionale Mensch;
Verlag: Luchterhand, Neuwied, Berlin 1970

Meadows, D.H.; Meadows, D.L.; Randers, Jörgen;
Die neuen Grenzen des Wachstums;
Verlag: Rowohlt 1995

Meinel, Erhard u.a.;
Das Unbehagen gegenüber den Wissenschaften;
Verlag: v. Decker, Heidelberg 1989

Mendelssohn, Kurt;
Das Rätsel der Pyramiden;
Weltbild Verlag, Augsburg 1994

Miegel, Meinhard; Wahl, Stefanie;
Das Ende des Individualismus -
Die Kultur des Westens zerstört sich selbst;
Verlag Bonn Aktuell im verlag moderne industrie 1993

Minsky, Marvin;
Mentopolis;
Verlag: Klett-Cotta, Stuttgart,1990 (?)

Mohr, Hans;
Biologische und kulturelle Evolution der Moral;
Verlag: Wissenschaftliche Buchgesellschaft, Darmstadt 1987

Monod, Jacques;
Zufall und Notwendigkeit - Philosophische Fragen
der modernen Biologie;
R. Pieper & Co. Verlag, München 1971

Montaigne, Michel de (Auswahl, Übers. Arthur Franz);
Die Essays;
Dieterichsche Verlagsbuchhandlung Leipzig 1953

Müller, Peter;
Struktur der Macht - das Wesen eines sozialen Naturelements;
Agentur freier Autoren e.V. Hamburg 2a 1992

Moravec, Hans;
Computer übernehmen die Macht -
vom Siegeszug der künstlichen Intelligenz;
Verlag: Hoffmann und Campe, Hamburg 1998

Morus, Thomas;
Utopia;
Verlag: Philipp Reclam jun. Stuttgart,
Universal-Bibliothek Nr.:513, 1964/1997

Mumford, Lewis;
Mythos der Maschine;
Fischer Taschenbuch Verlag 1962/1984

Musil, Robert
Über die Dummheit
edition holbach, Martigny 2020 (Erstausgabe: Wien 1937)

Noll, Peter;
Der kleine Machiavelli -
Handbuch der Macht für den alltäglichen Gebrauch;
pendo-verlag, zürich 1987

Packard, Vance;
- Erfolgsrezepte für Führungskräfte;
Econ-Verl. Düsseldorf, Wien 1965
- Die Pyramidenkletterer;
Verlag: Dt. Buch-Gemeinschaft, Berlin, Darmstadt, Wien 1967

Parkinson, Cyril Northcote;
- Favoriten und Außenseiter;
Verlag: Rowohlt, Reinbek bei Hamburg 1971
- Parkinsons Gesetz;
Econ-Verlag, Düsseldorf, Wien 1982

Pascal, Blaise;
Gedanken (pensées);
In der Dieterich'schen Verlagsbuchhandlung zu Leipzig;

Peter, Laurence J.; Hull, Raymond;
Das Peterprinzip oder die Hierarchie der Unfähigen;
Verlag: Rowohlt 1970

Pourroy, Gustav Adolf,
Das Prinzip Intrige - über die gesellschaftliche Funktion eines Übels;
Edition Interfrom Zürich Verlag A. Fromm, Osnabrück 1986

Riedl, Rupert;
Biologie der Erkenntnis -
d. stammesgeschichtlichen Grundlagen der Vernunft;
Deutscher Taschenbuch-Verlag, München, 1988

Rilke, Rainer Maria;
Die Gedichte, Insel Verlag 1986/1999

Schlick, Moritz;
Aphorismen;
Selbstverl. d. Hrsg. Wien 1962

Schönberger, Margit;
Mein Chef ist ein Arschloch, Ihrer auch? Ein Überlebenstraining;
Mosaik Verlag 2001

Schopenhauer, Arthur;
- Schriften zur Naturphilosophie und Ethik I. Über den Willen
in der Natur II. Die beiden Grundprobleme der Ethik;
Verlag: F.A. Brockhaus, Leipzig 1938
- Preisschrift über die Grundlage der Moral,
nicht gekrönt von der Königlich Dänischen Societät der Wissenschaften,
Kopenhagen, am 30.Januar 1840;
Verlag: F.A. Brockhaus, Leipzig 1938
- Eristische Dialektik oder die Kunst, Recht zu behalten
in 38 Kunstgriffen dargestellt;
Haffmans Verlag AG Zürich 1983
- Philosophische Aphorismen;
Insel-Verlag, Leipzig 1924

Schumacher, E.F.
Es geht auch anders -
Jenseits des Wachstums - Technik und Wirtschaft nach Menschenmaß;
Verlag: Desch, München, Wien, Basel 1974

Schumann, Harry;
Wege zum All;
Carl Reissner Verlag, Dresden 1927

Schütze, Christian;
Das Grundgesetz vom Niedergang - Arbeit ruiniert die Welt;
Carl Hauser Verlag München Wien 1989

Schweizer, Albert;
Die Lehre der Ehrfurcht vor dem Leben;
Union Verlag, Berlin 1963

Sire, Marcel;
Social Life of Animals;
Verlag: Studio Vista 1965

Smith, Adam;
Theorie der ethischen Gefühle;
Verlag: Meiner, Hamburg 1977

Spaemann, Robert;
Moralische Grundbegriffe;
Verlag: Beck, München 1986

Stadelmann, Ludwig;
Volkswirtschaft für Anfänger;
Verlag Neues Leben, Bad Goisern 1977

Stanton, St.B.;
Vom höheren Sinn des Alltags;
Julius Hoffmann Verlag, Stuttgart 1929

Sutherland, Norman Stuart;
Maschinen wie Menschen. In: Jungk R, Mundt HJ (Hrsg.);
Fischer Verlag, 1973

Tiedemann, Paul;
Über den Sinn des Lebens - Die perspektivische Lebensform;
Verlag: Wiss. Buchges. [Abt. Verl.] Darmstadt 1993

Treiber, Hubert; Steinert, Heinz;
Die Fabrikation des zuverlässigen Menschen;
Verlag: Moos, München 1980

Vilar, Esther;
Der betörende Glanz der Dummheit;
Deutscher Taschenbuch Verlag, München 1987

Vogt, Walter;
Der Wiesbadener Kongreß - Roman,
Verlag der Arche, Zürich 1972

Voltaire;
Sämtliche Romane und Erzählungen - Der Mann mit den vierzig Talern;
Verlag: Dieterich Leipzig 1964

Weber, Max;
Schriften zur Soziologie;
Verlag: Philipp Reclam jun. Stuttgart 1995

Weinich, Detlef;
Aussterben, Niedergang und Verfall - Der Zivilisationsprozeß
aus biologisch-soziologischer Sicht;
Verlag: J.H. Röll, Dettelbach 1977

Weizsäcker, Carl Friedrich von;
Zum Weltbild der Physik,
S. Hirzel Verlag, Stuttgart 1958

Weiss, Arthur;
Der Gedankenkreis der Betriebswirtschaft;
Verl. Wilh. Langguth, Eßlingen a.N. 1925?

Welk, Ehm;
Die Lebensuhr des Gottlieb Grambauer;
Hinstorff Verlag, Rostock 1959

Wertheimer, Jürgen; Zima, Peter V. [Hrsg.];
Strategien der Verdummung - Infantilisierung in der Fun-Gesellschaft;
Verlag C.H. Beck oHG, München 2001

Wickler, Wolfgang; Seibt, Uta;
Das Prinzip Eigennutz - Zur Evolution sozialen Verhaltens
R. Piper GmbH & Co. KG, München 1991

Wiener, Norbert;
Mensch und Menschmaschine;
Athenäum Verl. Frankfurt a.M. Bonn 1966

Williams, Bernhard;
Der Begriff der Moral - Eine Einführung in die Ethik;
Verlag: Philipp Reclam jun. Stuttgart Nr.9882, 1972/1998

Wilson, Edward O.;
Biologie als Schicksal - die soziobiologischen Grundlagen
des menschlichen Verhaltens;
Verlag: Ullstein Frankfurt a.M., Berlin, Wien 1980

Wischmeyer, Dietmar;
Eine Reise durch das Land der Bekloppten und Bescheuerten;
Ullstein Verlag 1997/2004

Wolf, Christa;
Kassandra;
Aufbau-Verlag, Berlin, Weimar 1983

Wuketis, Franz M.;
Soziobiologie - Die Macht der Gene
und die Evolution sozialen Verhaltens;
Spektrum Akademischer Verlag, Heidelberg Berlin Oxford 1997

Alle jene, die sich in dieser Schrift ungerechtfertigt zitiert fühlen oder
ihre Nennung vermissen, bitte ich um Nachsicht. Es liegt mir fern, fremden, guten Geist auszubeuten oder zu ignorieren.   J. G.